Koordination
Hannelore Grill
Hans Perczynski

D1672500

Rechnungswesen und Steuerung

für Bankkaufleute

von
Thomas Int-Veen
Hans Perczynski

6. Auflage

Stand: 1. Januar 2013

Bestellnummer 00365S

Bildungsverlag EINS

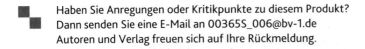

Haben Sie Anregungen oder Kritikpunkte zu diesem Produkt?
Dann senden Sie eine E-Mail an 00365S_006@bv-1.de
Autoren und Verlag freuen sich auf Ihre Rückmeldung.

Die in diesem Produkt gemachten Angaben zu Unternehmen (Namen, Internet- und E-Mail-Adressen, Handelsregistereintragungen, Kontonummern, Steuer-, Telefon- und Faxnummern und alle weiteren Angaben) sind i. d. R. fiktiv, d. h., sie stehen in keinem Zusammenhang mit einem real existierenden Unternehmen in der dargestellten oder einer ähnlichen Form. Dies gilt auch für alle Kunden, Lieferanten und sonstigen Geschäftspartner der Unternehmen wie z. B. Kreditinstitute, Versicherungsunternehmen und andere Dienstleistungsunternehmen. Ausschließlich zum Zwecke der Authentizität werden die Namen real existierender Unternehmen und z. B. im Fall von Kreditinstituten auch deren Bankleitzahlen, IBAN- und Swift-Codes verwendet.

Bildquellenverzeichnis

Bergt, Raimo/BV1, Berlin, S. 9, 12

Umschlagfoto: Fotolia Deutschland GmbH, Berlin (Thomas Reimer)

www.bildungsverlag1.de

Bildungsverlag EINS
Hansestraße 115, 51149 Köln

ISBN 978-3-441-**00365**-6

© Copyright 2013: Bildungsverlag EINS GmbH, Köln
Das Werk und seine Teile sind urheberrechtlich geschützt. Jede Nutzung in anderen als den gesetzlich zugelassenen Fällen bedarf der vorherigen schriftlichen Einwilligung des Verlages.
Hinweis zu § 52a UrhG: Weder das Werk noch seine Teile dürfen ohne eine solche Einwilligung eingescannt und in ein Netzwerk eingestellt werden. Dies gilt auch für Intranets von Schulen und sonstigen Bildungseinrichtungen.

Vorwort

Zur Berufskompetenz von Bankkaufleuten gehört neben ausgeprägter Markt- und Kundenorientierung die Fähigkeit, Geschäfte zu kalkulieren, Ergebnisse der geschäftlichen Tätigkeit zu dokumentieren und zu analysieren sowie Geschäftsdokumentationen von Kunden lesen, auswerten und interpretieren zu können. Fertigkeiten und Kenntnisse sollen so vermittelt werden, dass Auszubildende zur Ausübung einer qualifizierten beruflichen Tätigkeit befähigt werden, die insbesondere selbstständiges Planen, selbstständiges Durchführen und selbstständiges Kontrollieren einschließt.

Das vorliegende Buch soll den Erwerb dieser Fähigkeiten unterstützen. Die Autoren versuchen, Fachkompetenz und Methodenkompetenz zu fördern und Anregungen zu selbstständigem Lernen zu geben. Das Buch beruht auf dem Rahmenlehrplan für den Ausbildungsberuf Bankkaufmann/Bankkauffrau (Beschluss der Ständigen Konferenz der Kultusminister vom 17. Oktober 1997) und den darin beschriebenen Lernfeldern.

Die **Besonderheiten des Buches** sind:
- In einem Eingangskapitel werden **Methoden** für das selbstständige Arbeiten in der Aus- und Weiterbildung dargestellt.
- Die Hauptkapitel der Lernfelder beginnen mit einem **Problem oder** einem **Sachverhalt**, zu dem **Handlungsaufträge** formuliert sind. Sie fordern auf, vorhandenes Wissen anzuwenden, neues Wissen zu erwerben und Lösungsvorschläge zu erarbeiten. Sie stehen in enger Verbindung zu den Informationen in der anschließenden Hauptspalte.
- Die Hauptspalte mit ihren Informationen wird ergänzt durch eine breite Randspalte. Sie ergänzt die Hauptspalte durch Beispiele, Erläuterungen, Hinweise und Definitionen. Sie enthält vor allem aber Fragen, Aufträge und Bearbeitungshinweise zum Text in der Hauptspalte. Sie sind durch einen vorangestellten Pfeil (▶) besonders gekennzeichnet.
- Das **Strukturwissen** am Ende der Hauptkapitel bietet Zusammenfassungen und Übersichten. Es kann als Lerngerüst und für Wiederholungen genutzt werden.
- **Aufgaben** bieten Möglichkeiten zur Anwendung, Erprobung und Vertiefung erworbener Kenntnisse und Methoden.

4

Inhaltsverzeichnis

**Kosten und
Erlöse ermitteln
und beeinflussen**

**Dokumentierte
Unternehmenslei-
stungen auswerten**

Methoden für die Arbeit mit diesem Buch

BEISPIEL FÜR DIE DURCHFÜHRUNG:

1. Brainstorming

Brainstorming ist eine Methode zum Finden vieler kreativer Ideen für die Lösung eines Problems. Die Teilnehmer sammeln Ideen, die ihnen zum Thema einfallen, um daraus neue Denkanstöße zu gewinnen. Ein Brainstorming besteht aus zwei Phasen:

1. Phase = Ideensammlung (Sammeln von Ideen zur Problemlösung),

2. Phase = Ideenauswertung (Analyse und Beurteilung der gefundenen Ideen für die Lösung des Problems).

▶ So funktioniert es:

Sammelphase
1. **Definieren Sie das Problem.**
2. **Sammeln Sie** möglichst viele, auch außergewöhnliche, **Ideen.** (Spontaneität geht dabei vor Qualität.)
3. **Halten Sie die Ideen stichwortartig fest.**
4. **Vermeiden Sie** in dieser Phase jegliche **Kritik.** Jede Idee ist willkommen.
5. **Planen Sie** nach der Ideensammlung **eine kurze Pause** ein.

Auswertungsphase
6. **Ordnen Sie** die gefundenen **Ideen.**
7. **Analysieren und bewerten Sie die Ideen** im Hinblick auf das zu lösende Problem.

▶ Das ist zu bedenken:

Das Brainstorming kann über eine **Kartenabfrage** durchgeführt werden.

Sammelphase:
Problembeschreibung:
Kennzahlen, die geeignet sind, externen Bilanzlesern einen schnellen und sicheren Einblick in eine Bilanz zu geben und mit anderen Bilanzen vergleichen zu können
Ideen: Liquidität, Eigenkapitalanteil an der Bilanzsumme, Verhältnis Eigenkapital zu Anlagevermögen, Gewinn in Prozent des Eigenkapitals, Verhältnis Eigenkapital zu Fremdkapital. Deckung kurzfristig fälliger Verbindlichkeiten durch fällige Mittel, Verhältnis Forderungen zu Umlaufvermögen, Umlaufvermögen in Prozent des Eigenkapitals, Verhältnis Anlagevermögen zu Umlaufvermögen

Auswertungsphase:
- *Sortieren/Zuordnen:*
  - → *Kennzahlen der Aktivseite: Forderungen zu Umlaufvermögen; Anlagevermögen zu Umlaufvermögen…*
  - → *Kennzahlen der Passivseite: Eigenkapitalanteil an der Bilanzsumme, Eigenkapital zu Fremdkapital…*
  - → *Aktiv/Passivkennzahlen: Eigenkapital zu Anlagevermögen, Liquidität*
- *Auswerten: Zusammenstellung relevanter Kennzahlen*

▶ Im Rahmen eines Projektes sollen Jahresabschlüsse von Kreditinstituten verglichen werden.

ARBEITSTIPP:

Erarbeiten Sie mögliche Maßnahmen und ihre Einsatzmöglichkeiten in Gruppenarbeit.

ARBEITSTIPP:

Legen Sie im Protokoll fest, welche Aufgaben die einzelnen Gruppenmitglieder für die nächsten Gruppentreffen erledigen müssen.

ARBEITSTIPP:

Wählen Sie die Sitzordnung bei einer Gruppensitzung stets so, dass alle Gruppenmitglieder sich ansehen können.

2. Gruppenarbeit/Partnerarbeit

Gruppenarbeit ist eine Methode, Problemlösungen durch organisierte und zielgerichtete Zusammenarbeit von mehreren Personen zu erarbeiten. Bei einer Partnerarbeit besteht die Gruppe nur aus zwei Personen (Partnern).

▶ So funktioniert es:

1. **Klären Sie**, welche **Arbeitsaufgaben** zu erledigen sind.
2. In welchem **zeitlichen Rahmen** soll das geschehen?
3. **Vereinbaren Sie** das **Arbeitsverfahren**.
4. **Bestimmen Sie** einen oder zwei **Gruppensprecher**.
5. **Halten Sie** Ihre Arbeitsergebnisse **schriftlich** fest.
6. **Halten Sie** am Ende der Sitzung **fest, wer was bis wann erledigen muss.**
7. **Präsentieren Sie** die Arbeitsergebnisse.

▶ Das ist zu bedenken:

Fühlen Sie sich für Ihre Gruppe **verantwortlich**, und verstecken Sie sich nicht hinter anderen! Sprechen Sie auftretende Konflikte an, und versuchen Sie sie zu lösen!

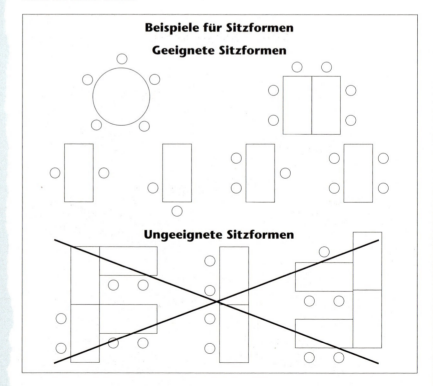

3. Kartenabfrage

Die Kartenabfrage ist eine Methode zur Erfassung offener Fragen, zur Problemerkennung sowie zur Strukturierung und Veranschaulichung von Ergebnissen. Die Teilnehmer halten ihre Aussagen stichwortartig auf Karten fest, die an Pinnwänden befestigt und beliebig umgesteckt werden können.

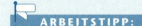

ARBEITSTIPP:

Nutzen Sie die Kartenabfrage.

▶ So funktioniert es:

1. **Notieren Sie die Leitfrage** an der Pinnwand, auf einem Flipchart oder an der Tafel.
2. **Schreiben Sie Ihre Antworten auf die ausgeteilten Karten** (höchstens 5 Wörter)! Bitte arbeiten Sie mit DRUCKBUCHSTABEN.
3. Notieren Sie **nur eine Aussage auf eine Karte.**
4. Die **Karten werden vorgelesen und an der Pinnwand befestigt.**
5. Anschließend werden die Karten unter gemeinsamen **Oberbegriffen** („Clustern") **zusammengefasst.**
6. **Diskutieren Sie, welche Konsequenzen für die weitere Arbeit** zu ziehen sind.

Pinnwand Phase 1 (unsortiert)

BEISPIEL FÜR DIE DURCHFÜHRUNG:

Das Brainstorming kann mit einer Kartenabfrage durchgeführt werden.
Jeder Teilnehmer erhält mehrere Karten und trägt darauf seine Vorschläge ein, z. B.:

Eigenkapitalrentabilität

Die Karten werden eingesammelt und an die Pinnwand geheftet. Sie können auch von den Teilnehmern selbst angeheftet werden. Doppelnennungen werden übereinander geheftet.
In der Auswertungsphase werden die Vorschläge diskutiert, die Karten neu geordnet, umgesteckt und geclustert.

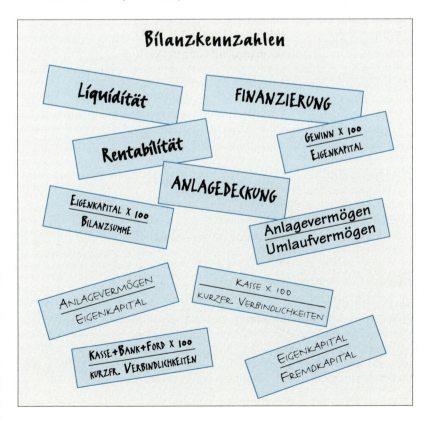

▶ Protokollieren Sie die Gruppensitzung zum Thema „Vergleich von Jahresabschlüssen".

BEISPIEL:

Protokoll Gruppensitzung
10. Mai

Thema: Jahresabschlüsse
von Kreditinstituten

Besprechungspunkte:
1. Gruppensprecher: Thorsten
2. Auswahl der Institute
3. Festlegung der Vergleichs-
*   kriterien*
*   – Art der Aufmachung*
*   – Aussagefähigkeit der*
*   Geschäftsberichte*
*   – Betriebsergebnisse*
*   – Wertansätze*
4. Arbeitsverteilung:
*   – Koordination: Thorsten*
*   – Einscannen der Bilanzen*
*   und Vergleich der Zahlen:*
*   Christiane + Rolf*
*   – Vergleich der Wertansät-*
*   ze:*
*   Simone + Petra*
*   – Entwicklung der Be-*
*   triebsergebnisse:*
*   Thorsten + Frank*
*   – Folien: Simone*
5. Termine:
*   – Vorstellung der Zwi-*
*   schenergebnisse:*
*   20. Mai*
*   – nächste Sitzung:*
*   24. Mai*
*   – Folien: 29. Mai*
*   – Präsentation: 30. Mai*
Datum: 10. Mai

4. Protokoll

Ein Protokoll ist eine schriftliche Aufzeichnung über Beobachtungen, mündliche Informationen, Gesprächsverläufe, Absprachen und Beschlüsse. Es kann als Gedächtnisstütze, als Arbeitsunterlage, als Entscheidungsgrundlage und als Beweis bei nachträglich auftretenden Unstimmigkeiten dienen.

▶ So funktioniert es:

1. **Notieren Sie Anlass, Datum und Zeit,** bei Besprechungen und Konferenzen auch die **Tagesordnung und die Teilnehmer.**
2. **Klären Sie** mit den Anwesenden, **ob ein Verlaufs- oder ein Ergebnisprotokoll** verfasst werden soll.
   Ein **Verlaufsprotokoll** orientiert sich an der Reihenfolge des Geschehens und wird ausführlich formuliert. Das **Ergebnisprotokoll** beschränkt sich auf Ergebnisse bzw. Beschlüsse.
3. **Notieren Sie das Gesagte bzw. die Ergebnisse** der Veranstaltung **in Stichworten.**
   Anträge und Beschlüsse müssen **mit dem genauen Wortlaut** aufgenommen werden.
5. **Lassen Sie** stets **einen breiten Rand** für Ergänzungen.
6. **Fragen Sie bei Unklarheiten nach.**
7. **Schreiben Sie das endgültige Protokoll möglichst zeitnah** zur Veranstaltung.

▶ Das ist zu bedenken:

Besprechungen, Sitzungen, Konferenzen, Gruppenarbeiten, Interviews und Unterrichtsstunden sollten grundsätzlich protokolliert werden. Was nicht protokollarisch festgehalten wird, ist nicht kontrollierbar, kann schnell vergessen sein und anderen nicht zugänglich gemacht werden. Protokolle müssen jedem Teilnehmer übergeben werden oder für jeden zugänglich sein. Sie sollten stets genehmigt werden.

5. Mindmap

Eine Mindmap ist eine Methode, mit der sowohl Ideen entwickelt als auch Ergebnisse strukturiert festgehalten werden können. Ausgehend von einem Begriff, einem Sachverhalt oder einem Problem werden Teilaspekte und Teilprobleme zugeordnet und dargestellt.

▶ Erstellen Sie eine Mindmap zu den Einsatzmöglichkeiten dieser Methode.

▶ So funktioniert es:

1. Legen Sie ein Blatt DIN A4 oder DIN A3 quer.
2. **Schreiben Sie das Thema in die Mitte** des Blattes und kreisen Sie es ein.
3. **Richten Sie „Äste" ein** und notieren Sie darüber Ihre Ideen oder Ergebnisse in Druckbuchstaben.
4. Richten Sie nach Bedarf **weitere „Äste" und „Zweige"** ein.
5. **Verwenden Sie** unterschiedliche **Farben.**
   Scheuen Sie sich nicht, **Zeichen und Symbole** zu nutzen. Die Übersichtlichkeit der Mindmap wird darunter nicht leiden.

▶ Das ist zu bedenken:

Die Mindmap kann jederzeit ergänzt werden. Sollte Ihr erster Versuch misslingen, probieren Sie es ein zweites Mal.

BEISPIEL:

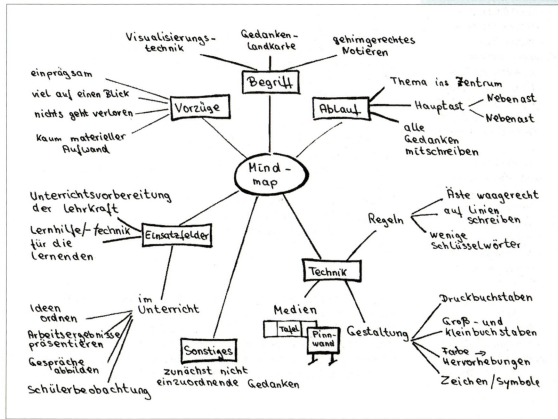

▶ Vergleichen Sie die Bewertung von Wertpapieren des Handelsbestandes nach HGB und nach IAS.

ARBEITSTIPP:

Benutzen Sie eine Tabelle.

ERLÄUTERUNG:

Strukturmuster sind z. B. Gliederungen, Strukturbäume, Tabellen, Flussdiagramme und Netzstrukturen.

– Strukturbäume ordnen Informationen ausgehend von Oberbegriffen in Teilaspekte oder ordnen Teilaspekte bestimmten Oberbegriffen zu.
– Flussdiagramme sind für die Strukturierung von Abläufen und Abhängigkeiten geeignet.
– Tabellen ordnen Begriffe, Sachverhalte und Zahlen einander zu.
– Netzstrukturen können komplexe Informationen veranschaulichen, die nicht hierarchisch geordnet sind.

6. Strukturieren

Strukturieren ist eine Methode des Ordnens von Informationen durch logisches Gliedern. Ziel des Strukturierens ist es, das Wesentliche herauszuarbeiten, um sich Übersicht zu verschaffen. Strukturierte Informationen erleichtern das Lernen und das Behalten.

▶ So funktioniert es:

1. **Markieren Sie** in Texten **Oberbegriffe und Schlüsselwörter** oder notieren Sie Hinweise am Rand.
2. **Fassen Sie** die wichtigsten Informationen eines Textes **mit eigenen Worten zusammen.**
3. **Notieren Sie** im Unterricht, in Seminaren und bei Vorträgen **die wichtigsten Aspekte.**
4. **Übertragen Sie wichtige Informationen** in Listen, Übersichten und Zusammenstellungen.
5. **Verwenden Sie Muster (Strukturen), die Ihnen geläufig sind** und die Ihrem Lerntyp entsprechen.

▶ Das ist zu bedenken:

Verwenden Sie für Ihre Aufzeichnungen möglichst stets das gleiche Papier-Format (DIN A3, DIN A4 oder DIN A5). Beachten Sie auch die Beschreibungen zum Protokoll und zur Mindmap.

BEISPIEL: *Strukturbaum*

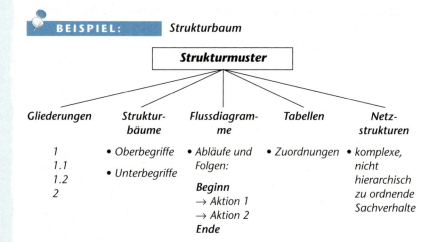

BEISPIEL: *Flussdiagramm*

Bareinzahlung eines Sparers → Zunahme Spareinlagen → Konto: Spareinlagen → Spareinlagen = Passivkonto → Anfangsbestand im Haben → Zugänge auf der Seite, wo der Anfangsbestand steht → Buchung im Haben

7. Szenario-Methode

Die Szenario-Methode dient dem Entwurf von Zukunftsbildern. Mit ihrer Hilfe sollen mögliche Entwicklungen in Wirtschaft, Politik und Gesellschaft vorausgedacht werden, um bereits heute mögliche Lösungsansätze zu entwickeln.

▶ So funktioniert es:

1. **Definieren Sie das Problem.**
2. **Fertigen Sie** eine **Problembeschreibung** an.
3. **Legen Sie die Einflussfaktoren fest,** die die Probleme der Zukunft beeinflussen.
4. **Bilden Sie Arbeitsgruppen** und **diskutieren Sie Ihre Zukunftseinschätzungen.**
5. **Entscheiden Sie sich** in Ihrer Gruppe **für ein positives oder ein negatives Zukunftsbild. Entwickeln Sie ein Extremszenario.**
6. **Halten Sie Ihr Szenario schriftlich fest.** Konzentrieren Sie sich dabei auf die wichtigsten Einflussfaktoren.
7. **Präsentieren Sie Ihr Szenario** möglichst kreativ.
8. **Entwickeln Sie Strategien und Maßnahmen** zur Problemlösung:
   – Wie kann eine **gewünschte Entwicklung verstärkt** werden?
   – Wie kann eine **unerwünschte Entwicklung verhindert** werden?

▶ Das ist zu bedenken:

Ausgangslage für ein Szenario ist immer die **Gegenwart.** Sie ist fortzuschreiben. Im Anschluss an die Entwicklung von Extremszenarien kann ein **Trendszenario als realistischer Mittelweg** diskutiert werden.

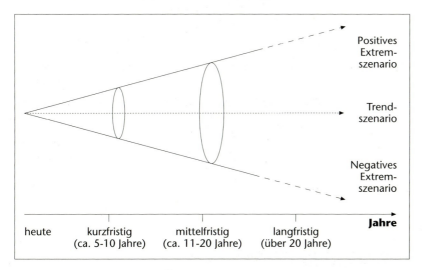

heute | kurzfristig (ca. 5-10 Jahre) | mittelfristig (ca. 11-20 Jahre) | langfristig (über 20 Jahre) — **Jahre**

Positives Extremszenario / Trendszenario / Negatives Extremszenario

▶ Wie wird der Arbeitstag von Auszubildenden in Kreditinstituten im Jahr 2022 aussehen?

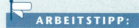

ARBEITSTIPP:

Verwenden Sie die Szenario-Methode.

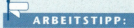

ARBEITSTIPP:

Orientieren Sie sich bei der Problembeschreibung an den folgenden Leitfragen:
– Welche Erscheinungen sind zu beobachten?
– Wer ist betroffen?
– Welche Sachverhalte und Zusammenhänge sind bekannt?
– Durch welche Sachverhalte und Ereignisse wird das Problem ausgelöst?

Lernfeld 3

Unternehmensleistungen erfassen und auswerten

1 Dokumentation von Bankleistungen

Geschäfte eines Bankhauses

Das Bankhaus Molineus & Co. OHG betreibt Geschäfte mit Kunden und Geschäfte für eigene Rechnung. Es nimmt Einlagen an, gibt Kredite, führt Zahlungsaufträge aus, kauft und verkauft Wertpapiere und bietet weitere Dienstleistungen für Kunden an. Es betreibt Geschäfte im eigenen Namen und für eigene Rechnung, z. B. werden Wertpapiere und Devisen für den eigenen Bestand gekauft und aus dem eigenen Bestand verkauft. Um diese Geschäfte durchführen zu können, benötigt das Bankhaus u. a. qualifizierte Mitarbeiter, Geschäftsräume, Betriebseinrichtungen, liquide Mittel und ein angemessenes Eigenkapital.

Handlungsaufträge

1 Beschreiben Sie ausgewählte Bankleistungen.

2 Erläutern Sie am Beispiel von Einlagen- und Kreditgeschäft, wie Einnahmen und Ausgaben sowie Aufwendungen und Erträge entstehen.

3 Begründen Sie, dass Kreditinstitute alle Geschäftsvorfälle sofort und vollständig dokumentieren müssen.

4 Vergleichen Sie die Aufgaben der Buchführung mit den Aufgaben der Kosten- und Erlösrechnung.

1.1 Die wirtschaftliche Notwendigkeit zur Dokumentation

Kreditinstitute erstellen **Bankleistungen.** Bankleistungen sind Zahlungsverkehrsleistungen, Geldanlageleistungen, Finanzierungsleistungen und andere Leistungen, z. B. Vermögensverwaltungen, die Kreditinstitute für ihre Kunden oder für sich selbst erbringen. Zur Erstellung und zur Verwertung der Leistungen benötigen die Kreditinstitute **Produktionsfaktoren.** Das sind

ERLÄUTERUNG:
Dokumentation von Bankleistungen bedeutet, Geschäftsvorfälle zahlen- und vorgangsmäßig zu erfassen und beweisbar zu machen.

- Mitarbeiter,
- Sachmittel, z. B. Grundstücke, Gebäude, Geschäfts- und Kommunikationseinrichtungen, Betriebsmittel,
- liquide Mittel und haftendes Kapital.

Die **Erstellung** und der **Absatz** von Bankleistungen verursachen **Geschäftsvorfälle.** Bei der Beschaffung von Produktionsfaktoren entstehen **Ausgaben.** Bei der Nutzung und beim Verbrauch der Produktionsfaktoren entstehen **Aufwendungen.** Bei der Verwertung von Bankleistungen entstehen **Einnahmen** und **Erträge.**

Erträge und Aufwendungen
Um Kredite zur Verfügung stellen und dadurch Zinserträge erzielen zu können, muss eine Bank Einlagen beschaffen. Einlagen verursachen Zinsaufwendungen. Kreditnehmer und Anleger müssen betreut werden. Dadurch entstehen weitere Aufwendungen. Die Bank führt Konten und stellt im Rahmen der Kontoverbindung Dienstleistungen zur Verfügung, z. B. die Ausführung von Überweisungen oder die Beratung über Geldanlagen. Um diese Leistungen erbringen zu können, muss die Bank Personal und Betriebsmittel einsetzen. Das verursacht Personalaufwendungen, z. B. Gehälter und Sozialabgaben, und Aufwendungen für Betriebsmittel.

Kreditinstitute müssen alle Vorgänge (Geschäftsvorfälle) sorgfältig, genau und zeitnah dokumentieren. Kunden werden ihrem Kreditinstitut nur dann Mittel anvertrauen, wenn sie jederzeit Rechenschaft über die Anlage ihrer Mittel erhalten können. Banken sind schon aus diesem Grunde gezwungen, alle Geschäftsvorfälle zu dokumentieren.

ERLÄUTERUNG:

Ausgaben sind Geldmittelabflüsse. Einnahmen sind Geldmittelzuflüsse. Aufwendungen sind der Gegenwert für die in einem bestimmten Zeitraum verbrauchten Produktionsfaktoren. Erträge sind die in einem bestimmten Zeitraum erzielten Wertzuwächse.

▶ **Nennen Sie weitere Gründe für die Dokumentation von Geschäftsvorfällen.**

1.2 Die rechtliche Verpflichtung zur Dokumentation

Die Vorschriften zur Rechnungslegung sind im Dritten Buch des Handelsgesetzbuches (HGB) zu finden.

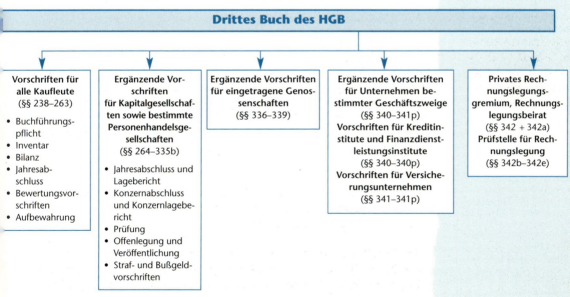

Drittes Buch des HGB				
Vorschriften für alle Kaufleute (§§ 238–263) • Buchführungspflicht • Inventar • Bilanz • Jahresabschluss • Bewertungsvorschriften • Aufbewahrung	Ergänzende Vorschriften für Kapitalgesellschaften sowie bestimmte Personenhandelsgesellschaften (§§ 264–335b) • Jahresabschluss und Lagebericht • Konzernabschluss und Konzernlagebericht • Prüfung • Offenlegung und Veröffentlichung • Straf- und Bußgeldvorschriften	Ergänzende Vorschriften für eingetragene Genossenschaften (§§ 336–339)	Ergänzende Vorschriften für Unternehmen bestimmter Geschäftszweige (§§ 340–341p) Vorschriften für Kreditinstitute und Finanzdienstleistungsinstitute (§§ 340–340p) Vorschriften für Versicherungsunternehmen (§§ 341–341p)	Privates Rechnungslegungsgremium, Rechnungslegungsbeirat (§§ 342 + 342a) Prüfstelle für Rechnungslegung (§§ 342b–342e)

▶ An die Bankbuchführung werden zusätzliche Anforderungen gestellt:
– Tagfertigkeit,
– Zuverlässigkeit,
– Wirtschaftlichkeit.
Erläutern und begründen Sie diese Anforderungen.

1.2.1 Vorschriften zur Buchführung der Kreditinstitute

§ 238 Handelsgesetzbuch (HGB) verpflichtet jeden Kaufmann,

• Bücher zu führen und

• darin seine Handelsgeschäfte und die Lage seines Vermögens deutlich zu machen.

Die Buchführung muss den Grundsätzen ordnungsmäßiger Buchführung entsprechen. Sie muss einem sachverständigen Dritten in angemessener Zeit einen Überblick über die Geschäftsvorfälle und über die Lage des Unternehmens ermöglichen. Die Geschäftsvorfälle müssen sich in ihrer Entstehung und Abwicklung verfolgen lassen.

Wer nach dem Handelsrecht buchführungspflichtig ist, muss diese Verpflichtung gemäß § 140 Abgabenordnung (AO) auch für die Besteuerung erfüllen.

 HINWEIS:

Ein Vergleich des Wortlauts der handelsrechtlichen Vorschriften mit dem Wortlaut der steuerrechtlichen Vorschriften zeigt inhaltliche und weitgehend sogar wörtliche Übereinstimmung.

Grundlegende Vorschriften zur Buchführung

HGB Handelsrechtliche Vorschriften	**AO** Steuerrechtliche Vorschriften
• **§ 238**: Buchführungspflicht • **§ 239**: Führung der Handelsbücher • **§ 257**: Aufbewahrung von Unterlagen, Aufbewahrungsfristen	• **§ 140**: Buchführungs- und Aufzeichnungspflichten nach anderen Gesetzen • **§ 145**: Allgemeine Anforderungen an Buchführung und Aufzeichnungen • **§ 146**: Ordnungsvorschriften für die Buchführung und für Aufzeichnungen • **§ 147**: Ordnungsvorschriften für die Aufbewahrung von Unterlagen

Vorschriften des HGB zur Buchführung

▶ Was muss aus den Büchern eines Kaufmanns ersichtlich sein?

§ 238 Buchführungspflicht

(1) Jeder Kaufmann ist verpflichtet, Bücher zu führen und in diesen seine Handelsgeschäfte und die Lage seines Vermögens nach den Grundsätzen ordnungsmäßiger Buchführung ersichtlich zu machen. Die Buchführung muss so beschaffen sein, dass sie einem sachverständigen Dritten innerhalb angemessener Zeit einen Überblick über die Geschäftsvorfälle und über die Lage des Unternehmens vermitteln kann. Die Geschäftsvorfälle müssen sich in ihrer Entstehung und Abwicklung verfolgen lassen.

(2) Der Kaufmann ist verpflichtet, eine mit der Urschrift übereinstimmende Wiedergabe der abgesandten Handelsbriefe (Kopie, Abdruck, Abschrift oder sonstige Wiedergabe des Wortlauts auf einem Schrift-, Bild- oder anderen Datenträger) zurückzubehalten.

§ 239 Führung der Handelsbücher

(1) Bei der Führung der Handelsbücher und bei den sonst erforderlichen Aufzeichnungen hat sich der Kaufmann einer lebenden Sprache zu bedienen. Werden Abkürzungen, Ziffern, Buchstaben oder Symbole verwendet, muss im Einzelfall deren Bedeutung eindeutig festlegen.

(2) Die Eintragungen in Büchern und die sonst erforderlichen Aufzeichnungen müssen vollständig, richtig, zeitgerecht und geordnet vorgenommen werden.

▶ Welche Anforderungen werden an die Eintragungen gestellt?

(3) Eine Eintragung oder eine Aufzeichnung darf nicht in einer Weise verändert werden, dass der ursprüngliche Inhalt nicht mehr feststellbar ist. Auch solche Veränderungen dürfen nicht vorgenommen werden, deren Beschaffenheit es ungewiss lässt, ob sie ursprünglich oder erst später gemacht worden sind.

(4) Die Handelsbücher und die sonst erforderlichen Aufzeichnungen können auch in der geordneten Ablage von Belegen bestehen oder auf Datenträgern geführt werden, soweit diese Formen der Buchführung einschließlich des dabei angewandten Verfahrens den Grundsätzen ordnungsmäßiger Buchführung entsprechen. Bei der Führung der Handelsbücher und der sonst erforderlichen Aufzeichnungen auf Datenträgern muss insbesondere sichergestellt sein, dass die Daten während der Dauer der Aufbewahrungsfrist verfügbar sind und jederzeit innerhalb angemessener Frist lesbar gemacht werden können. Absätze 1 bis 3 gelten sinngemäß.

> ▶ Wie müssen Handelsbücher geführt werden?

§ 257 Aufbewahrung von Unterlagen. Aufbewahrungsfristen

(1) Jeder Kaufmann ist verpflichtet, die folgenden Unterlagen geordnet aufzubewahren:

1. Handelsbücher, Inventare, Eröffnungsbilanzen, Jahresabschlüsse nach § 325 Abs. 2a, Lageberichte, Konzernabschlüsse, Konzernlageberichte sowie die zu ihrem Verständnis erforderlichen Arbeitsanweisungen und sonstigen Organisationsunterlagen,
2. die empfangenen Handelsbriefe,
3. Wiedergaben der abgesandten Handelsbriefe,
4. Belege für Buchungen in den von ihm nach § 238 Abs. 1 zu führenden Büchern (Buchungsbelege).

> ▶ Stellen Sie in einer Tabelle zusammen, welche Unterlagen mit welchen Fristen aufbewahrt werden müssen.

(2) Handelsbriefe sind nur Schriftstücke, die ein Handelsgeschäft betreffen.

(3) Mit Ausnahme der Eröffnungsbilanzen, Jahresabschlüsse und der Konzernabschlüsse können die in Absatz 1 aufgeführten Unterlagen auch als Wiedergabe auf einem Bildträger oder auf anderen Datenträgern aufbewahrt werden, wenn dies den Grundsätzen ordnungsmäßiger Buchführung entspricht und sichergestellt ist, dass die Wiedergabe oder die Daten

1. mit den empfangenen Handelsbriefen und den Buchungsbelegen bildlich und mit den anderen Unterlagen inhaltlich übereinstimmen, wenn sie lesbar gemacht werden,
2. während der Dauer der Aufbewahrungsfrist verfügbar sind und jederzeit innerhalb angemessener Frist lesbar gemacht werden können.

Sind Unterlagen aufgrund des § 239 Abs. 4 Satz 1 auf Datenträgern hergestellt worden, können statt des Datenträgers die Daten auch ausgedruckt aufbewahrt werden; die ausgedruckten Unterlagen können auch nach Satz 1 aufbewahrt werden.

(4) Die in Absatz 1 Nr. 1 und 4 aufgeführten Unterlagen sind zehn Jahre, die sonstigen in Absatz 1 aufgeführten Unterlagen sechs Jahre aufzubewahren.

(5) Die Aufbewahrungsfrist beginnt mit dem Schluss des Kalenderjahrs, in dem die letzte Eintragung in das Handelsbuch gemacht, das Inventar aufgestellt, die Eröffnungsbilanz oder der Jahresabschluss festgestellt, der Einzelabschluss nach § 325 Abs. 2a oder der Konzernabschluss aufgestellt, der Handelsbrief empfangen oder abgesandt worden oder der Buchungsbeleg entstanden ist.

> ▶ Ein Handelsbuch wurde am 12.06.2009 geschlossen. Wann endet die Aufbewahrungspflicht?

1.2.2 Vorschriften zum Jahresabschluss der Kreditinstitute

Grundlegende Vorschriften zum **Jahresabschluss**, insbesondere zur Bilanz und zur Gewinn- und Verlustrechnung, finden sich im **Handelsgesetzbuch (HGB)**, in der **Verordnung über die Rechnungslegung der Kreditinstitute und Finanzdienstleistungsinstitute (RechKredV)** sowie im Kreditwesengesetz, im Aktiengesetz, im GmbH-Gesetz und im Genossenschaftsgesetz. Die Kreditinstitute haben außerdem die Bekanntmachungen der Bundesanstalt für Finanzdienstleistungsaufsicht (BaFin) zu beachten.

▶ Warum gibt es spezielle Vorschriften über den Jahresabschluss der Kreditinstitute?

▶ Warum ist ein Teil dieser Vorschriften nicht im HGB, sondern in einer Rechtsverordnung geregelt?

Vorschriften zum Jahresabschluss

HGB Allgemeine und spezielle Vorschriften	**RechKredV** Spezielle Vorschriften für Kreditinstitute
• **§ 264:** Pflicht zur Aufstellung • **§ 265:** Allgemeine Grundsätze für die Gliederung • **§§ 268-274:** Vorschriften zur Bilanz • **§§ 275-278 + 340c:** Vorschriften zur GuV • **§§ 252-256 + §§ 340e-340g:** Bewertungsvorschriften • **§ 290 ff.:** Konzernabschluss • **§ 316 ff. + § 340k:** Prüfung • **§ 325 ff. + § 340l:** Offenlegung • **§ 331 ff. + § 340m ff.:** Straf- und Bußgeldvorschriften	• **§§ 2-11:** Übergreifende Vorschriften zur Bilanz und zur Gewinn- und Verlustrechnung, u. a. Formblätter, Fristengliederung, Verrechnung • **§ 12 ff.:** Posten der Aktivseite • **§ 21 ff.:** Posten der Passivseite • **§ 28 ff.:** Vorschriften zu einzelnen Posten der GuV • **§ 37:** Konzernrechnungslegung

1.2.3 Grundsätze ordnungsmäßiger Buchführung

Die **Grundsätze ordnungsmäßiger Buchführung (GoB) sind handelsrechtliche Grundsätze.** Sie finden sich aber nicht nur im HGB, sondern werden auch im Steuerrecht angesprochen.

Die Grundsätze ordnungsmäßiger Buchführung dienen auch dazu,

▶ Welche Bedeutung haben die Grundsätze ordnungsmäßiger Buchführung?

• Gesetzeslücken auszufüllen und Zweifelsfragen bei der Auslegung von Gesetzen zu klären,

✎ ERLÄUTERUNG:

Grundsätze zur Dokumentation sind z. B.
• Vollständigkeit,
• Richtigkeit,
• Zeitgerechtheit,
• Geordnetheit,
• Verständlichkeit,
• Erkennbarkeit von Veränderungen.

• Rechtsvorschriften flexibel an veränderte wirtschaftliche Verhältnisse anzupassen.

Die Grundsätze ordnungsmäßiger Buchführung umfassen den gesamten Bereich der Rechnungslegung. Zu ihnen zählen

• die **Grundsätze ordnungsmäßiger Buchführung (im engeren Sinne),**

• die **Grundsätze ordnungsmäßiger Inventur,**

• die **Grundsätze ordnungsmäßiger Bilanzierung.**

Lernfeld **3**

Abschnitt 6.1

Die **Grundsätze ordnungsmäßiger Buchführung** im engeren Sinne betreffen die Dokumentation der Geschäftsvorfälle in der Buchführung (§§ 238 und 239 HGB) sowie die ordnungsmäßige Aufbewahrung von Büchern und Belegen (§ 257 HGB). Die Dokumentation und Aufbewahrung auf einem Bildträger oder einem anderen Datenträger ist zulässig, wenn sie den Grundsätzen ordnungsmäßiger Buchführung entspricht.

1.3 Die Teile des Rechnungswesens und ihre Aufgaben

Das betriebliche Rechnungswesen soll Vergangenheit, Gegenwart und Zukunft des Unternehmens zahlenmäßig darstellen. Es besteht aus drei Teilen, die zusammenhängen und einander ergänzen.

Die Buchführung wird in Abgrenzung zur Kosten- und Erlösrechnung auch als **Finanzbuchführung** bezeichnet.

Die **Buchführung** ist eine **Zeitraumrechnung**. Ihre Aufgabe besteht darin, alle **Geschäftsvorfälle** (Umsätze) eines Geschäftsjahres in ihrer zeitlichen Folge und in einer sachlichen Ordnung zu erfassen.

Die **Buchführung** soll

- **Bestände** (Vermögen und Kapital) und
- **Erfolge** (Aufwendungen und Erträge)

erfassen und dokumentieren.

Der **Jahresabschluss** ist eine **Zeitpunktrechnung** (Stichtagsrechnung). Er soll am Ende des Geschäftsjahres eine Übersicht geben über

- die Vermögens- und Kapitalbestände am Bilanzstichtag und
- die Summen der Aufwendungen und Erträge des abgelaufenen Geschäftsjahres.

Der **Jahresabschluss der Kreditinstitute** umfasst

- die **Bilanz**,
- die **Gewinn- und Verlustrechnung und**
- den **Anhang**.

Kreditinstitute müssen darüber hinaus einen

- **Lagebericht** aufstellen, in dem der Geschäftsverlauf und die wirtschaftliche Lage einschließlich der voraussichtlichen Entwicklung sowie ihre Risiken dargestellt werden.

Buchführung und Jahresabschluss liefern den Kreditinstituten selbst und Außenstehenden Informationen.

Außenstehende sind Kunden und Gesellschafter der Kreditinstitute, der Staat und die Öffentlichkeit. Kunden benötigen Informationen über Ge-

HINWEIS:

Früher wurde auch die Statistik als Teil des betrieblichen Rechnungswesens angesehen. Heute wird Statistik als Methode in allen Bereichen des betrieblichen Rechnungswesens eingesetzt.

ERLÄUTERUNG:

Die Bilanz dient der übersichtlichen Darstellung der Vermögens- und Kapitalwerte am Abschlussstichtag. Die Gewinn- und Verlustrechnung dient der übersichtlichen Darstellung der während des abgelaufenen Geschäftsjahres entstandenen Aufwendungen und Erträge. Der Anhang dient zur Erläuterung der Bilanz und der Gewinn- und Verlustrechnung.

ERLÄUTERUNG:

Buchführung und Jahres-
abschluss werden auch als
externes Rechnungswesen
bezeichnet, da ihre Werte
auch für Außenstehende
bestimmt sind.

 Abschnitt 1

ERLÄUTERUNG:

Die Kosten- und Erlösrechnung dient der Information
der Geschäftsleitung, der
Überwachung und Lenkung
des Unternehmens in Bezug
auf gesetzte Ziele, der Kalkulation von Bankleistungen
und der Erfolgs- und Wirt-
schaftlichkeitskontrolle.

ERLÄUTERUNG:

Kosten- und Erlösrechnung
und Planungsrechnung sind
Instrumente des Controllings.
Controlling ist ein Konzept zur
ertragsorientierten Unterneh-
menssteuerung.

▶ **Warum wird die Kosten-
und Erlösrechnung als
internes Rechnungs-
wesen bezeichnet?**

schäftsvorfälle, die sie selbst betreffen. Gesellschafter wollen Informationen über die Entwicklung der Unternehmen, an denen sie beteiligt sind.
Der Staat will informiert sein, um Grundlagen für die Festsetzung von Abgaben (Steuern) zu haben. Die Steuerbilanz zählt daher ebenfalls zum externen Rechnungswesen. Der Staat will auch Informationen haben, um die
Einhaltung bestimmter von ihm getroffener Regelungen überwachen zu
können. Die Bankenaufsicht (Bundesanstalt für Finanzdienstleistungsaufsicht, Deutsche Bundesbank) und die Öffentlichkeit sind aus gesamtwirt-
schaftlichem Interesse an Informationen über Kreditinstitute interessiert.

Um Entscheidungen über die Beschaffung und den Einsatz der Produktionsfaktoren treffen zu können, müssen Kreditinstitute wissen,

- welche **Kosten** die Beschaffung und der Einsatz von Produktionsfaktoren bei der Erstellung und beim Absatz der einzelnen Bankleistungen
verursachen,
- welche **Erlöse** aus der Verwertung der einzelnen Bankleistungen entstehen.

Diese Informationen liefert die **Kosten- und Erlösrechnung.**

Die Kosten- und Erlösrechnung ist ein Instrument der Geschäftspolitik der
Kreditinstitute. Sie hat **Lenkungs- und Steuerungsfunktionen**.

Die **Planungsrechnung** dient der Vorbereitung unternehmerischer (ge-
schäftspolitischer) Entscheidungen. Zu unterscheiden ist die auf längere
Sicht angelegte **strategische Planung** (Planung der Gesamtentwicklung
des Unternehmens, Festlegung global formulierter Strategien) und die
operative Planung (Festlegung detaillierter, meist kurzfristig ausgerichte-
ter Zielvorgaben in Form von Planzahlen [**Budgetierung**]).

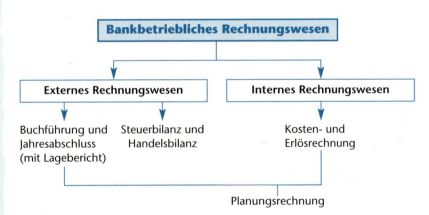

Strukturwissen

Dokumentationspflicht	Jeder Kaufmann ist verpflichtet, Bücher zu führen und in diesen seine Handelsgeschäfte und die Lage seines Vermögens und der Schulden nach den Grundsätzen ordnungsmäßiger Buchführung ersichtlich zu machen (§ 238 Abs. 1 Satz 1 HGB).
Form der Dokumentation	Der Kaufmann hat Handelsbücher zu führen. Die Führung der Handelsbücher ist auch zulässig – in Form geordneter Ablage von Belegen, – auf Bild- und anderen Datenträgern, soweit diese Formen den Grundsätzen ordnungsmäßiger Buchführung entsprechen (§ 239 Abs. 4 Satz 1 HGB).
Anforderungen an die Buchführung	Die Buchführung muss so beschaffen sein, dass sie einem sachverständigen Dritten innerhalb angemessener Zeit einen Überblick über die Geschäftsvorfälle und über die Lage des Unternehmens vermitteln kann. Die Geschäftsvorfälle müssen sich in ihrer Entstehung und Abwicklung verfolgen lassen (§ 238 Abs. 1 Sätze 2 und 3 HGB). Die Eintragungen in Büchern und die sonst erforderlichen Aufzeichnungen müssen vollständig, richtig, zeitgerecht und geordnet vorgenommen werden (§ 239 Abs. 2 HGB). Bei der Führung der Handelsbücher und der Aufzeichnungen auf Datenträgern muss sichergestellt sein, dass die Daten während der Aufbewahrungsfrist verfügbar sind und jederzeit lesbar gemacht werden können (§ 239 Abs. 4 Satz 2 HGB).

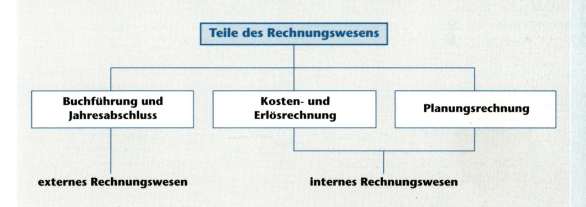

Einfaches Modell für den Zusammenhang von Ausgaben, Einnahmen, Aufwand und Ertrag

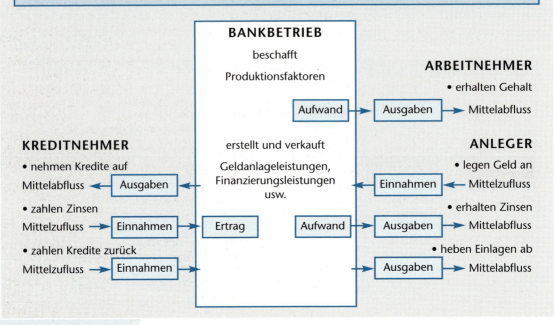

Aufgaben

1 Begründen Sie die Notwendigkeit der Erfassung und Dokumentation der Geschäftsvorfälle und der Lage des Vermögens und der Schulden eines Kreditinstituts.

2 Stellen Sie die Aufgaben dar:
a) von Buchführung und Jahresabschluss,
b) der Kosten- und Erlösrechnung,
c) der Planungsrechnung.

3 Stellen Sie aus den §§ 238, 239 und 257 HGB mindestens fünf wichtige Anforderungen zusammen, die jedes Kreditinstitut bei seiner Rechnungslegung beachten muss.

4 Wie werden die während eines Geschäftsjahres getätigten Ausgaben und die erzielten Einnahmen in der Jahresbilanz dokumentiert?

5 Vergleichen Sie die Bankleistung mit der Leistung eines Industrieunternehmens. Beschreiben Sie die Besonderheiten der Bankleistung.

6 Erläutern Sie die Zusammenhänge zwischen Ausgaben, Aufwendungen, Einnahmen und Erträgen am Beispiel einer Spareinlage, die als Kredit ausgeliehen wird.

2 Bilanz, Inventur, Inventar

Das Bankhaus Ernst Molineus & Co. OHG veröffentlicht seine Bilanz

Das Bankhaus Ernst Molineus & Co. OHG, Berlin, veröffentlicht in der Berliner Zeitung die folgende Bilanz:

ERLÄUTERUNG:

Bilanzposten mit Ziffern sind Hauptposten. Posten mit Buchstaben sind Unterposten.

Bankhaus Ernst Molineus & Co. OHG
Berlin

Aktiva	Bilanz zum 31. Dezember 20..			Passiva		
	Tsd. Euro	Tsd. Euro		Tsd. Euro	Tsd. Euro	Tsd. Euro
1. Barreserve			1. Verbindlichkeiten gegenüber			
a) Kassenbestand	522		Kreditinstituten			149 302
b) Guthaben bei Zentralnotenbanken	12 678	13 200	2. Verbindlichkeiten gegenüber			
2. Forderungen an Kreditinstitute		124 563	Kunden			
3. Forderungen an Kunden		288 443	a) Spareinlagen		8 8921	
4. Schuldverschreibungen und andere			b) andere Verbindlichkeiten			
festverzinsliche Wertpapiere		58 421	ba) täglich fällig	108 367		
5. Aktien und andere nicht festverzinsliche			bb) mit vereinbarter Laufzeit			
Wertpapiere		22 399	oder Kündigungsfrist	137 408	245 775	334 696
6. Sachanlagen		4 972	3. Eigenkapital			28 000
		511 998				511 998

Handlungsaufträge

1 Untersuchen Sie, warum das Bankhaus eine Bilanz aufstellt und veröffentlicht.

2 Beschreiben Sie Art und Umfang der Informationen, die Sie der Bilanz entnehmen können.

3 Erklären Sie den Unterschied zwischen Aktiva und Passiva.

4 Begründen Sie die Reihenfolge der Aktiva und der Passiva.

5 § 240 HGB fordert die Aufstellung eines Inventars. Worin unterscheiden sich Inventar und Bilanz?

▶ Beschaffen Sie sich die Bilanz Ihres Ausbildungsbetriebs.

▶ Vergleichen Sie die Bilanz Ihres Ausbildungsbetriebs mit der Bilanz des Bankhauses Ernst Molineus & Co. OHG.

HINWEIS:

Die Aufstellung der Bilanz ist durch § 242 ff. HGB vorgeschrieben.

2.1 Bilanz

Die Bilanz ist eine kurz gefasste, wertmäßige Darstellung des Vermögens und des Kapitals eines Unternehmens. Vermögens- und Kapitalwerte werden in Kontoform gegenübergestellt. Die linke Seite der Bilanz zeigt das Vermögen oder die Aktiva des Unternehmens, die rechte Seite der Bilanz zeigt das Kapital oder die Passiva des Unternehmens.

Für jede Bilanz gilt die Bilanzgleichung:

Summe der Aktiva	=	Summe der Passiva

ERLÄUTERUNG:

Aktiva hängt zusammen mit lateinisch agere = tätig sein, agieren, Passiva mit lateinisch pati = ruhen, stillhalten und Bilanz mit italienisch bilancia = Waage.

▶ Begründen Sie die Bilanzgleichung.

 HINWEIS:

Kreditinstituten ist die Gliederung ihrer Bilanz durch die
Rechnungslegungsverord-
nung vorgeschrieben
(→ Lernfeld 3, Abschnitt 6.2).

HINWEIS:

Nur bei den Verbindlichkeiten
gegenüber Kunden werden
die eigentlich langfristigen
Spareinlagen vor die täglich
fälligen Sichteinlagen und die
kürzerfristigen Termineinlagen
gestellt.

▶ **Nennen Sie Vermögens-
werte, die der laufen-
den Umsatzerzielung
dienen.**

▶ **Warum soll das Anlagevermögen möglichst
mit Eigenkapital finan-
ziert sein?**

▶ **Begründen Sie, warum
für Kreditinstitute be-
sondere Vorschriften
zum haftenden Eigen-
kapital, zur Liquidität
und zu Beteiligungen
gelten.**

 **ERLÄUTERUNG:**

Einlagenkreditinstitute sind
Kreditinstitute, die Einlagen
oder andere rückzahlbare
Gelder des Publikums
entgegennehmen und das
Kreditgeschäft betreiben
(§ 1 Abs. 3d KWG).

Die **Aktiva** werden in der Bankbilanz **nach zunehmender Dauer der Mit-
telbindung** (abnehmender Liquidität) geordnet. Kassenbestand und Guthaben bei Zentralnotenbanken sind absolut liquide Mittel. Sie werden als
Barreserve zusammengefasst. Sachanlagen sind schwer liquidierbare
Werte. Zu ihnen gehören Grundstücke, Gebäude sowie Betriebs- und
Geschäftsausstattung. Die Gliederung der Aktiva nach der Liquidität soll
die Bedeutung der jederzeitigen Zahlungsfähigkeit der Kreditinstitute in
der Bilanz sichtbar werden lassen.

Die **Passiva** werden in der Bankbilanz grundsätzlich **nach zunehmender
Dauer der Kapitalüberlassung** (zunehmender Fristigkeit) geordnet. Das
Eigenkapital wird am Schluss aufgeführt, weil es unbefristet zur Verfügung
steht.

Die **Aktivseite** zeigt, wie ein Unternehmen die ihm zur Verfügung stehenden Mittel eingesetzt hat. Dabei wird unterschieden zwischen

- Mitteln, die dem Unternehmen zur laufenden Umsatzerzielung dienen
  (**Umlaufvermögen**),
- Mitteln, die vom Unternehmen längerfristig angelegt werden (**Anlage-
  vermögen**).

Die **Passivseite** zeigt, woher das Unternehmen das Kapital beschafft hat.
Dabei wird unterschieden zwischen

- Mitteln, die von Nichteigentümern (Gläubigern) zur Verfügung gestellt
  wurden (**Fremdkapital**),
- Mitteln, die von den Eigentümern des Unternehmens zur Verfügung gestellt wurden (**Eigenkapital**).

Für **Kreditinstitute** gelten **besondere Vorschriften zur Investierung und
Finanzierung:**

- **Kreditinstitute** müssen **angemessene Eigenmittel** haben, um jederzeit
  die Verpflichtungen gegenüber ihren Gläubigern erfüllen und die
  Sicherheit der ihnen anvertrauten Vermögenswerte gewährleisten zu
  können (§ 10 KWG).
- Kreditinstitute müssen ihre Mittel so anlegen, dass **jederzeit eine ausreichende Zahlungsbereitschaft** gewährleistet ist (§ 11 KWG).
- Einlagenkreditinstitute dürfen an einem Unternehmen, das weder Institut, Kapitalanlagegesellschaft, Finanzunternehmen, Erst- oder Rück-
  versicherer noch Anbieter von Nebenleistungen ist, keine qualifizierten

Beteiligungen halten, dessen Anteil am Nennkapital 15 % ihres haftenden Eigenkapitals übersteigt (§ 12 KWG).

Die **Bilanz dient** der Information von **Kapitalgebern und** – soweit sie veröffentlicht wird – der **Öffentlichkeit**. Kapitalgeber und Öffentlichkeit
können sich aus der Bilanz ein Bild über die wirtschaftliche Lage des Unternehmens verschaffen. Sie können Vergleiche mit vorausgegangenen
Rechnungsperioden (Zeit- oder Periodenvergleiche) oder mit anderen Unternehmen der gleichen Branche (Betriebs- oder Branchenvergleiche) vornehmen. Bilanzvergleiche können Grundlage für Anlageentscheidungen
sein. Dem **Staat** dienen Bilanzen als Unterlagen für die Besteuerung und
die Kontrolle von Unternehmen.

Bilanzen der Kreditinstitute müssen der Bundesanstalt für Finanzdienstleistungsaufsicht (BaFin) und der Deutschen Bundesbank eingereicht werden.

HINWEIS:
§ 26 KWG (vgl. Lernfeld
3, Abschnitt 6.1.3)

Vorschriften des HGB zur Bilanz

§ 242 Pflicht zur Aufstellung

(1) Der Kaufmann hat zu Beginn seines Handelsgewerbes und für den Schluss eines
jeden Geschäftsjahrs einen das Verhältnis seines Vermögens und seiner Schulden
darstellenden Abschluss (Eröffnungsbilanz, Bilanz) aufzustellen. Auf die Eröffnungsbilanz sind die für den Jahresabschluss geltenden Vorschriften entsprechend anzuwenden, soweit sie sich auf die Bilanz beziehen.

(2) Er hat für den Schluss eines jeden Geschäftsjahrs eine Gegenüberstellung der
Aufwendungen und Erträge des Geschäftsjahrs (Gewinn- und Verlustrechnung)
aufzustellen.

(3) Die Bilanz und die Gewinn- und Verlustrechnung bilden den Jahresabschluss.
...

§ 243 Aufstellungsgrundsatz

(1) Der Jahresabschluss ist nach den Grundsätzen ordnungsmäßiger Buchführung
aufzustellen.

(2) Er muss klar und übersichtlich sein.

(3) Der Jahresabschluss ist innerhalb der einem ordnungsmäßigen Geschäftsgang
entsprechenden Zeit aufzustellen.

§ 244 Sprache. Währungseinheit

Der Jahresabschluss ist in deutscher Sprache und in Euro aufzustellen.

§ 245 Unterzeichnung

Der Jahresabschluss ist vom Kaufmann unter Angabe des Datums zu unterzeichnen. Sind mehrere persönlich haftende Gesellschafter vorhanden, so haben sie alle
zu unterzeichnen.

2.2 Inventur, Inventar

ERLÄUTERUNG:
Inventur und Inventar sind
Grundlage der Bilanz.

§ 240 Abs. 1 und 2 HGB bestimmt, dass jeder Kaufmann zu Beginn seines
Handelsgewerbes und für den Schluss eines jeden Geschäftsjahres ein Inventar aufzustellen hat. Er muss darin Grundstücke, Forderungen, Wertpapiere, Vorräte, Bargeld und sonstige Vermögenswerte seines Unternehmens und seine Schulden einzeln aufzeichnen und den Wert der einzelnen Vermögensgegenstände und der Schulden genau angeben.

▶ Mittels Inventur und Inventar werden die Vermögensgegenstände und die Schulden zum Bilanzstichtag im Einzelnen erfasst und bewertet. Diese Werte werden gleichzeitig in der Finanzbuchhaltung aufgrund der während des Geschäftsjahres verbuchten Geschäftsvorfälle ermittelt. Warum sind für die Bilanz die Inventurwerte maßgeblich?

Zusammenhang von Inventar und Bilanz

Inventar	**Bilanz**
• genaues Verzeichnis, das mengen- und wertmäßig alle Vermögensgegenstände und Schulden einzeln ausweist	• kurz gefasste, übersichtliche Gegenüberstellung von Vermögen und Kapital ohne Einzelangaben über Art und Mengen

Voraussetzung für die Aufstellung des Inventars ist die **Inventur**. Inventur ist die Tätigkeit der mengen- und wertmäßigen Aufnahme der Vermögensgegenstände und der Schulden eines Unternehmens. Sie ist körperliche Bestandsaufnahme durch Zählen, Messen oder Wiegen, z. B. durch Zählen von Bargeld, oder nicht körperliche Bestandsaufnahme anhand von Kontoauszügen oder Saldenlisten, z. B. bei Forderungen, und anschließendes Bewerten der aufgenommenen Bestände. Für die Bewertung der Vermögenswerte und der Schulden gelten handelsrechtliche Vorschriften.

Grundsätze ordnungsgemäßer Inventarisierung sind:

- **Vollständigkeit**: Alle Vermögensgegenstände und Schulden sind zu erfassen.

- **Richtigkeit:** Arten, Mengen und Werte der Vermögensgegenstände und Schulden müssen zutreffend erfasst werden.

- **Einzelerfassung**: Jeder Vermögenswert und jede Schuld muss einzeln und gesondert erfasst und bewertet werden.

- **Nachprüfbarkeit**: Inventur und Inventar müssen so durchgeführt und aufgestellt werden, dass sie jederzeit durch sachverständige Dritte überprüfbar sind.

In der Praxis besteht das Inventar aus der geordneten Ablage aller Inventurunterlagen wie z. B. Konto- und Depotauszüge, Saldenlisten, Kassenbestandsmeldungen, Inventarverzeichnisse, Zähllisten, Bestandsprotokolle, Vertragsunterlagen. Die Inventurunterlagen werden in einigen Unternehmen noch einmal in Inventarübersichten zusammengestellt.

ERLÄUTERUNG:

Für die Aufstellung des Inventars gibt es keine Formvorschriften.

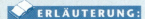

ERLÄUTERUNG:

In Nebenrechnungen zum Inventar können Eigenkapital und Gesamtkapital ermittelt werden. Durch Vergleich mit den Vorjahreszahlen kann der Gewinn errechnet werden.

Vorschriften des HGB zum Inventar

§ 240 Inventar

(1) Jeder Kaufmann hat zu Beginn seines Handelsgewerbes seine Grundstücke, seine Forderungen und Schulden, den Betrag seines baren Geldes sowie seine sonstigen Vermögensgegenstände genau zu verzeichnen und dabei den Wert der einzelnen Vermögensgegenstände und Schulden anzugeben.

(2) Er hat demnächst für den Schluss eines jeden Geschäftsjahres ein solches Inventar aufzustellen. Die Dauer des Geschäftsjahrs darf zwölf Monate nicht überschreiten. Die Aufstellung des Inventars ist innerhalb der einem ordnungsmäßigen Geschäftsgang entsprechenden Zeit zu bewirken.

...

Bankhaus Ernst Molineus & Co. OHG
Berlin

Inventar zum 31. Dezember 20..

A. Vermögen	Euro	Euro
1. Kassenbestand		
a) Haupt- und Nebenkassen (lt. Kassenbestandsmeldungen)	509 071,29	
b) Banknoten und Münzen in fremder Währung		
(laut Einzelaufstellungen)	12 722,11	521 793,40
2. Guthaben bei der Deutschen Bundesbank		
(laut Kontoauszug)		12 678 421,19
3. Forderungen an Kreditinstitute		
a) Bankhaus Wadenkamp & Hüter, Bremen	8 451 996,98	
b) Europabank AG, Brüssel	74 037 400,00	
c) Westdeutsche Vereinsbank AG, Düsseldorf	42 073 896,19	124 563 293,17
4. Forderungen an Kunden (laut Saldenliste)		288 442 622,62
5. Schuldverschreibungen und andere		
festverzinsliche Wertpapiere (gemäß Depotaufstellung)		58 421 388,75
6. Aktien und andere nicht festverzinsliche		
Wertpapiere (gemäß Depotaufstellung)		22 398 760,00
7. Betriebs- und Geschäftsausstattung		
(gemäß Einzelaufstellungen)		
a) Büromöbel und Büroeinrichtungen	1 359 856,20	
b) Kommunikationseinrichtungen	2 789 200,00	
c) Fahrzeuge	822 943,80	4 972 000,00
Summe des Vermögens		**511 998 279,13**
B. Schulden		
1. Verbindlichkeiten gegenüber Kreditinstituten		
(laut Kontoauszügen in der Anlage)		149 301 765,99
2. Verbindlichkeiten gegenüber Kunden (laut Saldenlisten)		
a) Sichteinlagen	108 366 934,53	
b) Termineinlagen	137 408 311,86	
c) Spareinlagen	88 921 266,75	334 696 513,14
Summe der Schulden		**483 998 279,13**
C. Errechnung des Reinvermögens		
Summe des Vermögens		511 998 279,13
./. **Summe der Schulden**		483 998 279,13
Reinvermögen		**28 000 000,00**

Berlin, 2. Januar 20..

▶ Der Gewinn eines Unternehmens lässt sich durch Inventarvergleich errechnen. Ermitteln Sie für das Bankhaus Ernst Molineus & Co. OHG, Berlin,

a) den im abgelaufenen Jahr erzielten Gewinn,

b) die prozentuale Steigerung des Vermögens,

c) die prozentuale Steigerung der Schulden.

Die Vorjahreswerte betrugen:
Vermögen:
   482 800 236,10 Euro,
Schulden:
   457 800 236,10 Euro.

▶ Wie kann der Gewinn durch Inventarvergleich ermittelt werden, wenn zwischenzeitlich eine Kapitalerhöhung stattgefunden hat?

▶ Warum wird in der Inventarübersicht des Bankhauses Ernst Molineus & Co. OHG bei den Vermögenswerten und den Schulden auf Einzelaufstellungen, Listen, Kontoauszüge u. Ä. verwiesen?

Strukturwissen

Bilanz	Die Bilanz ist eine kurz gefasste, wertmäßige Gegenüberstellung des Vermögens und des Kapitals eines Unternehmens in Kontoform.
Handelsbilanz	Handelsbilanz heißt die Bilanz, die nach handelsrechtlichen Vorschriften (§§ 242 ff., 264 ff. HGB) als Teil des Jahresabschlusses aufgestellt wird.
Steuerbilanz	Als Steuerbilanz wird eine aufgrund steuerlicher Vorschriften korrigierte Handelsbilanz bezeichnet. Sie bildet die Grundlage für die steuerliche Gewinnermittlung (§ 5 Abs. 1 EStG).
Inventur	Inventur ist die Tätigkeit der mengen- und wertmäßigen Erfassung der Vermögenswerte und der Schulden.
Inventar	Das Inventar ist das ausführliche, mengen- und wertmäßige Verzeichnis aller Vermögensgegenstände und Schulden eines Unternehmens.

Aktiva · **Bankbilanz** · Passiva

Vermögen (Gliederung nach abnehmender Liquidität)	Fremdkapital (Gliederung nach zunehmender Fristigkeit)
	Eigenkapital

Aktiva · **Bilanzen von Industrie- und Handelsunternehmen** · Passiva

Anlagevermögen	Eigenkapital
Umlaufvermögen	Fremdkapital

Bilanzaussagen	
• Die Aktivseite zeigt die dem Unternehmen zur Verfügung stehenden Zahlungsmittel, Forderungen, Beteiligungen und Sachgüter (= Investierung). • Die Aktivseite zeigt die Verwendung der beschafften Mittel (= Mittelverwendung). • Die Aktivseite gibt Antwort auf die Fragen: → Wie hat das Unternehmen die zur Verfügung stehenden Mittel eingesetzt? → Wie hat das Unternehmen die beschafften Mittel angelegt (investiert)?	• Die Passivseite zeigt das vom Unternehmen beschaffte Kapital (= Finanzierung). • Die Passivseite zeigt die Herkunft des beschafften Kapitals (= Kapitalherkunft). • Die Passivseite gibt Antwort auf die Fragen: → Welche Mittel hat das Unternehmen beschafft? → Woher wurde das Kapital des Unternehmens beschafft?

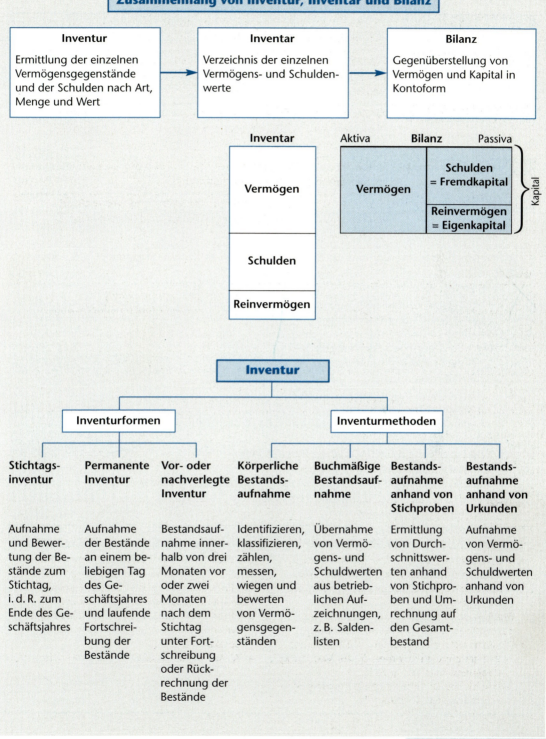

Zusammenhang von Inventur, Inventar und Bilanz

Inventur

Ermittlung der einzelnen Vermögensgegenstände und der Schulden nach Art, Menge und Wert

Inventar

Verzeichnis der einzelnen Vermögens- und Schulden-werte

Bilanz

Gegenüberstellung von Vermögen und Kapital in Kontoform

Inventar

Vermögen

Schulden

Reinvermögen

Aktiva **Bilanz** Passiva

Vermögen

Schulden = Fremdkapital

Reinvermögen = Eigenkapital

Kapital

Inventur

Inventurformen

Inventurmethoden

Stichtags-inventur

Aufnahme und Bewer-tung der Be-stände zum Stichtag, i. d. R. zum Ende des Ge-schäftsjahres

Permanente Inventur

Aufnahme der Bestände an einem be-liebigen Tag des Ge-schäftsjahres und laufende Fortschrei-bung der Bestände

Vor- oder nachverlegte Inventur

Bestandsauf-nahme inner-halb von drei Monaten vor oder zwei Monaten nach dem Stichtag unter Fort-schreibung oder Rück-rechnung der Bestände

Körperliche Bestands-aufnahme

Identifizieren, klassifizieren, zählen, messen, wiegen und bewerten von Vermö-gensgegen-ständen

Buchmäßige Bestandsauf-nahme

Übernahme von Vermö-gens- und Schuldwerten aus betrieb-lichen Auf-zeichnungen, z. B. Salden-listen

Bestands-aufnahme anhand von Stichproben

Ermittlung von Durch-schnittswer-ten anhand von Stichpro-ben und Um-rechnung auf den Gesamt-bestand

Bestands-aufnahme anhand von Urkunden

Aufnahme von Vermö-gens- und Schuldwerten anhand von Urkunden

Aufgaben

1 Stellen Sie für die Volksbank Neustadt eG formgerecht die Bilanz zum 31. Dezember 20.. auf. Verwenden Sie das Gliederungsschema auf den Seiten 96 und 97.

	Euro
Forderungen an Kreditinstitute	4 862 000,00
Schuldverschreibungen	3 375 000,00
Betriebs- und Geschäftsausstattung	277 300,00
Spareinlagen	7 076 000,00
Kassenbestand	133 000,00
Sichteinlagen von Kunden	5 132 000,00
Forderungen an Kunden	14 189 000,00
Verbindlichkeiten gegenüber Kreditinstituten	5 483 000,00
Guthaben bei der Deutschen Bundesbank	2 519 700,00
Aktien	923 000,00
Geschäftsguthaben der Genossenschaftsmitglieder (Eigenkapital)	1 310 000,00
Termineinlagen von Kunden	7 278 000,00

2 Erstellen Sie das Inventar und die Bilanz des Bankhauses Richard Stapenbeck e. K., Frankfurt am Main.

	Euro
Inländisches Bargeld:	
– Hauptkasse (lt. Aufstellung)	45 743,58
– Nebenkassen (lt. Aufstellung)	4 617,12
Guthaben:	
– bei der Deutschen Bundesbank	654 185,88
– bei der Frankfurter Handelsbank AG	183 526,00
Gewährte Kredite:	
– an Bankhaus Bothmann KG, Nürnberg	206 923,00
– an Kunden (lt. Saldenliste)	7 756 517,96
Banknoten und Münzen in Fremdwährungen (lt. Aufstellung)	3 847,36
Wertpapiere:	
– 1 000 Stück Edelmetall AG-Aktien (Kurs 11,10)	11 100,00
– 500 Stück Schubag-AG-Aktien (Kurs 18,40)	9 200,00
– 100 000 Euro Pfandbriefe der Hessischen Hypothekenbank AG (Kurs 96 %)	96 000,00
Betriebs- und Geschäftsausstattung	114 931,70
Grundstücke und Gebäude	420 000,00
Aufgenommene Kredite:	
– beim Bankhaus Graf Schwarzmann & Co. OHG, Frankfurt am Main	2 400 000,00
Einlagen:	
– Industriebank AG, Frankfurt am Main	178 927,85
– Sichteinlagen von Kunden (lt. Saldenliste)	5 183 672,39
– Spareinlagen (lt. Saldenliste)	921 526,00
– Termineinlagen von Kunden (lt. Saldenliste)	327 500,00

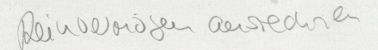

3 Stellen Sie für das Bankhaus Otto W. Schickler e. K., Köln, das Inventar und die Bilanz auf.

	Euro
Grundstücke und Gebäude	830 000,00
Betriebs- und Geschäftsausstattung	215 000,00
Verbindlichkeiten gegenüber Kunden:	
– Sichteinlagen	14 220 000,00
– Spareinlagen	9 950 000,00
– Termineinlagen	6 000 000,00
Forderungen an Kunden	25 445 000,00
Forderungen an Kreditinstitute:	
– Kölner Privatbank AG, Köln	824 000,00
– Handelsbank AG, Düsseldorf	5 000 000,00
Verbindlichkeiten gegenüber Kreditinstituten:	
– Rheinische Bank AG, Bonn	2 000 000,00
– Bankhaus Peter M. Stahl e. K., Dortmund	800 000,00
Wertpapiere:	
– 2 000 000 Euro Nordrhein-Westfalen Anleihe	2 200 000,00
– 1 000 000 Euro Kölner Stadtanleihe	1 050 000,00
– 6 000 Stück Aktien der Bergbau AG	960 000,00
Guthaben bei der Deutschen Bundesbank	3 300 000,00
Hauptkasse	233 000,00
Sortenkasse: 1 000 USD	1 017,47

4 Stellen Sie das Inventar und die Bilanz für das Bankhaus Schrader Gebrüder OHG, Nürnberg, auf.

	Euro
Bargeld (lt. Aufstellung)	227 000,00
Spareinlagen von Kunden (lt. Saldenliste)	3 752 000,00
Sichteinlagen von Kunden (lt. Saldenliste)	12 073 000,00
Einlagen von Kreditinstituten:	
– Bankhaus Bender & Co. KG, Nürnberg	1 418 000,00
– Mittelstandsbank AG, Würzburg	178 000,00
Guthaben bei Kreditinstituten:	
– Main-Neckar-Bank AG, Frankfurt	2 216 000,00
– Südbank AG, München	2 000 000,00
Guthaben bei der Deutschen Bundesbank	2 834 000,00
An Kunden gewährte Kredite (lt. Saldenliste)	14 110 000,00
An Kreditinstitute gewährte Kredite:	
– Bankhaus Hans Falkenhagen KG, Nürnberg	1 220 000,00
– Creditbank AG, Fürth	441 000,00
Wertpapiere (lt. besonderen Aufstellungen):	
– Schuldverschreibungen des Bundes und der Länder	585 000,00
– Schuldverschreibungen von Industrieunternehmen	230 000,00
– Pfandbriefe und Kommunalschuldverschreibungen	481 000,00
– Aktien	1 749 000,00
Einlagen von Kunden, die nach Ablauf einer vereinbarten Festlegungsfrist fällig sind (lt. Saldenliste)	4 220 000,00
Betriebs- und Geschäftsausstattung	215 000,00
Grundstücke und Gebäude	510 000,00

3 Erfassung von Geschäftsvorfällen

3.1 Wertveränderungen in der Bilanz

ERLÄUTERUNG:

Deutsche Zentralnotenbank ist die Deutsche Bundesbank.

Geschäftsvorfälle verändern die Bilanz

Das Bankhaus Otto M. Seiler e. K., München, hat die folgende Eröffnungsbilanz aufgestellt.

Aktiva			Eröffnungsbilanz			Passiva
	Euro	Euro			Euro	Euro
Barreserve			Verbindlichkeiten			
a) Kassenbestand	10 000		gegenüber Kunden			
b) Guthaben bei Zentralnotenbanken	100 000	110 000	a) Spareinlagen		140 000	
Forderungen an Kunden		270 000	b) Sichteinlagen		250 000	390 000
Aktien		45 000	Eigenkapital			75 000
Sachanlagen		40 000				
		465 000				465 000

Am 2. Januar erledigt das Bankhaus folgende Geschäftsvorfälle:

ERLÄUTERUNG:

Debitoren sind Schuldner aus Kontokorrentkrediten (Kreditnehmer). Kontokorrentkredite sind Forderungen der Bank an ihre Kunden. Kreditoren sind Gläubiger von Sichteinlagen (Einleger). Einlagen sind Verbindlichkeiten der Bank gegenüber ihren Kunden.

1. Über die Deutsche Bundesbank geht eine Überweisung in Höhe von 1 000,00 Euro für einen Kontokorrentkunden (Debitor) ein.
2. Ein Kontokorrentkunde (Kreditor) lässt 3 000,00 Euro auf sein Sparkonto umbuchen.
3. Ein Sparer zahlt 500,00 Euro bar auf sein Sparkonto ein.
4. Ein anderer Sparer hebt von seinem Sparkonto 800,00 Euro ab.

Handlungsaufträge

1. ▶ Untersuchen Sie, wie die Geschäftsvorfälle die Bilanz des Bankhauses verändern.

2. ▶ Stellen Sie Art und Umfang der Bilanzveränderungen dar.

3. ▶ Stellen Sie Regeln auf, die sich aus der Analyse dieser Geschäftsvorfälle für Bilanzveränderungen gewinnen lassen.

4. ▶ Stellen Sie die Regeln übersichtlich zusammen.

Geschäftsvorfälle sind z. B. Einzahlungen, Auszahlungen, Lastschriften und Überweisungen. Geschäftsvorfälle **verändern Vermögenswerte** bzw. **Kapitalwerte**. Diese Veränderungen müssen im Rechnungswesen erfasst werden.

Geschäftsvorfälle werden auch als **Umsätze** bezeichnet.

1. Geschäftsvorfall:

Für einen Debitor geht über die Deutsche Bundesbank eine Überweisung ein	1 000,00 Euro

Welche Veränderungen ergeben sich für die Bilanz?

1. Das Guthaben der Bank bei der Deutschen Bundesbank nimmt zu, da der Überweisungseingang das vorhandene Guthaben erhöht.
2. Die Forderungen der Bank an den Kunden nehmen ab, da der Überweisungseingang die Schuld des Debitors mindert.

Welche Zahlenwerte muss die Bilanz nach dem Geschäftsvorfall ausweisen? (Bilanzdarstellung in vereinfachter Form)

Bundesbank-Guthaben
+ 1 000,00
Forderungen an Kunden
./. 1 000,00

Aktiva	Bilanz nach dem 1. Geschäftsvorfall		Passiva
Kasse	10 000,00	Spareinlagen	140 000,00
Bundesbank-Guthaben	101 000,00	Sichteinlagen	250 000,00
Ford. an Kunden	269 000,00	Eigenkapital	75 000,00
Aktien	45 000,00		
Sachanlagen	40 000,00		
	465 000,00		465 000,00

Welche Wirkung ist festzustellen?

1. Zwei Posten wurden verändert: Bundesbank-Guthaben und Forderungen an Kunden.
2. Es handelt sich um einen Austausch zwischen zwei Aktivposten.
3. Die Bilanzsumme wurde nicht verändert.
4. Die Bilanzgleichung Aktiva = Passiva bleibt gewahrt.

2. Geschäftsvorfall:

Ein Kreditor lässt eine Sichteinlage in eine Spareinlage umwandeln	3 000,00 Euro

Welche Veränderungen ergeben sich für die Bilanz?

1. Die Sichteinlagen nehmen ab.
2. Die Spareinlagen nehmen zu.

Welche Zahlenwerte muss die Bilanz nach dem Geschäftsvorfall ausweisen? (Bilanzdarstellung in vereinfachter Form)

Aktiva	Bilanz nach dem 2. Geschäftsvorfall		Passiva
Kasse	10 000,00	Spareinlagen	143 000,00
Bundesbank-Guthaben	101 000,00	Sichteinlagen	247 000,00
Ford. an Kunden	269 000,00	Eigenkapital	75 000,00
Aktien	45 000,00		
Sachanlagen	40 000,00		
	465 000,00		465 000,00

Spareinlagen + 3 000,00
Sichteinlagen ./. 3 000,00

Welche Wirkung ist festzustellen?

1. Zwei Posten wurden verändert: Sichteinlagen und Spareinlagen.
2. Es handelt sich um einen Austausch zwischen zwei Passivposten.
3. Die Bilanzsumme wurde nicht verändert.
4. Die Bilanzgleichung Aktiva = Passiva bleibt gewahrt.

ARBEITSTIPP:

Beachten Sie bei Ihren Entscheidungen die Bilanzgleichung.

---

3. Geschäftsvorfall:

Ein Sparkunde zahlt bar auf sein Sparkonto ein   500,00 Euro

Welche Veränderungen ergeben sich für die Bilanz?

1. Der Kassenbestand nimmt zu.
2. Der Bestand an Spareinlagen nimmt zu.

Welche Zahlenwerte muss die Bilanz nach dem Geschäftsvorfall aufweisen? (Bilanzdarstellung in vereinfachter Form)

Aktiva	Bilanz nach dem 3. Geschäftsvorfall		Passiva
Kasse	10 500,00	Spareinlagen	143 500,00
Bundesbank-Guthaben	101 000,00	Sichteinlagen	247 000,00
Ford. an Kunden	269 000,00	Eigenkapital	75 000,00
Aktien	45 000,00		
Sachanlagen	40 000,00		
	465 500,00		465 500,00

Kasse + 500,00

Spareinlagen + 500,00

Welche Wirkung ist festzustellen?

1. Zwei Posten wurden verändert: Kassenbestand und Spareinlagen.
2. Ein Aktivposten und ein Passivposten nahmen zu.
3. Die Bilanzsumme wurde größer.
4. Die Bilanzgleichung Aktiva = Passiva bleibt gewahrt.

---

4. Geschäftsvorfall:

Ein Kunde hebt bar von seinem Sparkonto ab   800,00 Euro

Welche Veränderungen ergeben sich für die Bilanz?

1. Der Kassenbestand nimmt ab.
2. Der Bestand an Spareinlagen nimmt ab.

Welche Zahlenwerte muss die Bilanz nach dem Geschäftsvorfall aufweisen? (Bilanzdarstellung in vereinfachter Form)

Aktiva	Bilanz nach dem 4. Geschäftsvorfall		Passiva
Kasse	9 700,00	Spareinlagen	142 700,00
Bundesbank-Guthaben	101 000,00	Sichteinlagen	247 000,00
Ford. an Kunden	269 000,00	Eigenkapital	75 000,00
Aktien	45 000,00		
Sachanlagen	40 000,00		
	464 700,00		464 700,00

Kasse ./. 800,00

Spareinlagen ./. 800,00

Welche Wirkung ist festzustellen?

1. Zwei Posten wurden verändert: Kassenbestand und Spareinlagen.
2. Ein Aktivposten und ein Passivposten nahmen ab.
3. Die Bilanzsumme wurde kleiner.
4. Die Bilanzgleichung Aktiva = Passiva bleibt gewahrt.

Strukturwissen

Auswirkungen von Geschäftsvorfällen auf die Bilanz	Geschäftsvorfälle verändern Bilanzposten. Jeder Geschäftsvorfall verändert (mindestens) zwei Bilanzposten: → Handelt es sich um zwei Posten der gleichen Bilanzseite, bleibt die Bilanzsumme unverändert. → Handelt es sich um je einen Posten der Aktiv- und der Passivseite, erhöht oder vermindert sich die Bilanzsumme. Die Bilanzgleichung Aktiva = Passiva bleibt in allen Fällen gewahrt.

Die 4 möglichen Bilanzveränderungen

	Veränderung der Aktiva	Passiva	Art der Bilanzveränderung	Wirkung auf die Bilanzsumme
1.	+ ./.		Aktivtausch	Bilanzsumme bleibt unverändert
2.		+ ./.	Passivtausch	Bilanzsumme bleibt unverändert
3.	+	+	Aktiv-Passivmehrung	Bilanzsumme wird größer
4.	./.	./.	Aktiv-Passivminderung	Bilanzsumme wird kleiner

Aufgaben

 Stellen Sie die Wertveränderungen in der Bilanz des Bankhauses Carl Röthel & Söhne OHG dar.

Beantworten Sie dabei immer folgende Fragen:
a) Welche Bilanzposten sind betroffen?
b) Wie verändern sich die Werte dieser Bilanzposten?
c) Wie verändert sich die Bilanzsumme?

Aktiva	Bilanz des Bankhauses Carl Röthel & Söhne OHG zum 31. Dezember 20..		Passiva
	Euro		Euro
1. Kassenbestand	151 000,00	1. Verbindlichkeiten gegenüber Kunden	
2. Guthaben bei Zentralnotenbanken	2 921 000,00	a) Spareinlagen	6 649 000,00
3. Forderungen an Kunden	18 798 000,00	b) Sichteinlagen	14 346 000,00
4. Sachanlagen	230 000,00	2. Eigenkapital	1 105 000,00
	22 100 000,00		22 100 000,00

Geschäftsvorfälle:

	Euro
1. Auf dem Girokonto der Bank bei der Deutschen Bundesbank geht zugunsten eines Sparkunden eine Überweisung ein	8 000,00
2. Kreditoren heben Sichteinlagen bar ab	18 000,00
3. Im Auftrag von Debitoren führt die Bank Überweisungsaufträge über ihr Girokonto bei der Deutschen Bundesbank aus	11 000,00
4. Die Bank hebt von ihrem Bundesbank-Guthaben bar ab	20 000,00
5. Sparkunden zahlen an der Kasse der Bank bar ein	12 000,00
6. Auf dem Girokonto der Bank bei der Deutschen Bundesbank gehen zugunsten eines Debitors ein	20 000,00
7. Ein Kreditor lässt eine Sichteinlage auf sein Sparkonto umbuchen	5 000,00
8. Sparkunden heben an der Kasse der Bank von ihrem Guthaben bar ab	9 000,00

Stellen Sie dar, wie die folgenden Geschäftsvorfälle bei der Finanzbank AG Bilanzpositionen verändern.

	Euro
1. Ein Sparer zahlt bar ein	500,00
2. Eingang auf dem Girokonto der Bank bei der Deutschen Bundesbank zugunsten eines Debitors	800,00
3. Ein Kreditor gibt einen Überweisungsauftrag, den das Kreditinstitut über die Bundesbank ausführt	1 600,00
4. Nicht benötigter Kassenbestand der Bank wird auf das Girokonto der Bank bei der Deutschen Bundesbank eingezahlt	20 000,00
5. Das Kreditinstitut verkauft an einen Kreditor Schuldverschreibungen	1 800,00
6. Ein Sparer hebt bar ab	5 000,00
7. Die Bundesbank schreibt der Bank zugunsten eines Kreditors gut	800,00
8. Das Kreditinstitut kauft von einem Sparer Schuldverschreibungen (Gutschrift auf Sparkonto)	600,00
9. Ein Kreditor hebt bar ab	1 000,00

 Beschreiben Sie die Veränderungen in der Bilanz der Peter Müller Bank OHG.

Aktiva		Bilanz der Peter Müller Bank OHG		Passiva
	Euro	Euro	Euro	Euro
1. Barreserve			1. Verbindlichkeiten gegenüber Kreditinstituten	1 040 000,00
a) Kassenbestand	30 000,00		2. Verbindlichkeiten gegenüber Kunden	
b) Guthaben bei Zentralnotenbanken	300 000,00	330 000,00	a) Spareinlagen 1 740 000,00	
2. Forderungen an Kreditinstitute		1 300 000,00	b) Sichteinlagen 2 250 000,00	3 990 000,00
3. Forderungen an Kunden		2 750 000,00	3. Eigenkapital	500 000,00
4. Schuldverschreibungen		600 000,00		
5. Aktien		300 000,00		
6. Sachanlagen		250 000,00		
		5 530 000,00		5 530 000,00

Geschäftsvorfälle:

	Euro
1. Die Bank erwirbt für eigene Rechnung Schuldverschreibungen. Der Gegenwert wird aus dem Guthaben gezahlt, das die Bank bei einer Korrespondenzbank unterhält	100 000,00
2. Die Bank führt einen Überweisungsauftrag eines Debitors über die Deutsche Bundesbank aus	20 000,00
3. Von einer Korrespondenzbank, die bei der Müller Bank OHG ein Guthaben unterhält, erhält die Müller Bank einen Überweisungseingang zugunsten eines Debitors	10 000,00
4. Die Bank verkauft Aktien aus dem eigenen Bestand an einen Sparer. Der Gegenwert wird von dessen Sparkonto abgebucht	40 000,00
5. Die Bank erhält von der Deutschen Bundesbank eine Kontogutschrift zugunsten eines Kreditors	50 000,00
6. Die Bank kauft einen Schaukasten für eine Geschäftsstelle. Der Lieferant erhält den Kaufpreis auf seinem Girokonto gutgeschrieben. Sein Konto wird kreditorisch geführt	5 000,00

3.2 Bestandskonten

Eine wirtschaftliche Lösung

Das Bankhaus Otto M. Seiler e. K., München, hat weitere Geschäftsvorfälle zu erfassen:

5. Ein Debitor erteilt einen Überweisungsauftrag über 1 200,00 Euro, der über die Deutsche Bundesbank ausgeführt wird.
6. Das Bankhaus hebt 10 000,00 Euro bar von seinem Guthaben bei der Deutschen Bundesbank ab, um hinreichend liquide Mittel für erwartete Barabhebungen der Kunden zu haben.
7. Das Bankhaus verkauft Aktien aus dem eigenen Bestand an einen Debitor und belastet dessen Konto mit 4 000,00 Euro.
8. Ein Kreditor hebt 500,00 Euro bar von seinem Guthaben ab.
9. Auf dem Girokonto der Bank bei der Deutschen Bundesbank gehen 300,00 Euro zugunsten eines Kreditors ein.

Handlungsaufträge

1 Erfassen Sie diese Geschäftsvorfälle in der Bilanz des Bankhauses im Anschluss an die vier bereits gebuchten Umsätze.

2 Das Erstellen immer neuer Bilanzen ist aufwendig. Entwickeln Sie Anforderungen an ein wirtschaftlicheres Verfahren.

3 Im folgenden Kapitel wird vorgeschlagen, die Bilanz in Konten aufzulösen und die Geschäftsvorfälle auf Konten zu erfassen. Entscheiden Sie aufgrund der von Ihnen aufgestellten Anforderungen, ob dieses Verfahren wirtschaftlicher ist als das bisher benutzte Verfahren.
Begründen Sie Ihre Entscheidung.

Es ist nicht wirtschaftlich, nach jedem Geschäftsvorfall eine neue Bilanz aufzustellen. Für jeden Bilanzposten wird daher während des Geschäftsjahres eine zweiseitige Einzelrechnung geführt. Sie heißt **Konto**.
Die linke Seite des Kontos wird mit **Soll**, die rechte Seite mit **Haben** bezeichnet.

Soll	KONTO	Haben

Konten werden aus der Bilanz abgeleitet. Sie erfassen die Veränderung der Bilanzbestände während des Geschäftsjahres. Da sie Bestände und Bestandsveränderungen von Vermögens- und Kapitalwerten ausweisen, werden sie **Bestandskonten** genannt. Sie sind Aktivkonten oder Passivkonten:

• **Aktivkonten erfassen Aktiva**, das heißt **Bestände und Bestandsveränderungen von Vermögenswerten**.
• **Passivkonten erfassen Passiva**, das heißt **Bestände und Bestandsveränderungen des Fremd- und Eigenkapitals**.

3.2.1 Auflösung der Bilanz in Konten

▶ Lösen Sie die Bilanz des Bankhauses Carl Röthel & Söhne OHG (Seite 37, Aufgabe 1) in Konten auf.

Der Betrag jedes Bilanzpostens wird auf den Bestandskonten als Anfangsbestand eingesetzt. Bei Aktivkonten wird der Anfangsbestand auf der Sollseite eingetragen, bei Passivkonten wird der Anfangsbestand auf der Habenseite eingetragen.

BEISPIEL: Auflösung der Bilanz in Konten

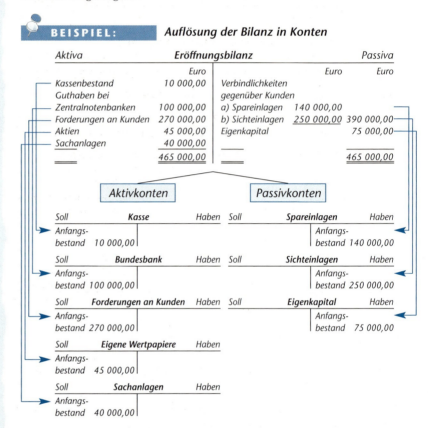

◆ **ERLÄUTERUNG:**

Die Bezeichnung des Kontos kann von der Bezeichnung des Bilanzpostens abweichen. Beispiele:
- Konto: Kasse ↔ Bilanzposten: Kassenbestand
- Konto: Bundesbank ↔ Bilanzposten: Guthaben bei Zentralnotenbanken
- Konto: Eigene Wertpapiere ↔ Bilanzposten: Aktien und Schuldverschreibungen

◆ **ERLÄUTERUNG:**

Ein Vergleich von Bilanz und Konto zeigt, dass die Bilanz eine zweiseitige Rechnung über die Vermögens- und Kapitalbestände eines Unternehmens an einem Stichtag ist, während Konten zweispaltige Rechnungen zur Erfassung von Geschäftsvorfällen während des Geschäftsjahres sind.

3.2.2 Buchungen auf Konten

Nach der Auflösung der Bilanz in Konten und der Eintragung der Anfangsbestände können die Geschäftsvorfälle (Umsätze) gebucht werden.

Jeder Geschäftsvorfall verändert Bestände auf mindestens zwei Konten. Er löst auf einem Konto eine Buchung im Soll und dem anderen Konto eine Buchung im Haben aus. Dabei gilt:

▶ Wie lauten die Buchungsregeln
a) für Aktivkonten,
b) für Passivkonten?

- Zugänge werden auf der Kontoseite gebucht, auf der der Anfangsbestand steht.
- Abgänge werden auf der entgegengesetzten Kontoseite gebucht.

1. Geschäftsvorfall:

Überweisungseingang über die Deutsche Bundesbank zugunsten eines Debitors   **1 000,00 Euro**

Beispiel für Buchungen auf Aktivkonten

Welche Konten werden betroffen?

Soll	Bundesbank	Haben	Soll	Forderungen an Kunden	Haben

Zu welcher Kontoart zählen die betroffenen Konten?

Bundesbank = Aktivkonto   Forderungen an Kunden = Aktivkonto

Soll	Bundesbank	Haben	Soll	Forderungen an Kunden	Haben
Anfangs-bestand	100 000,00		Anfangs-bestand	270 000,00	

Wie wird der Kontostand verändert?

Zunahme Bundesbank   Abnahme Forderungen an Kunden

Wie werden die Bestandsveränderungen auf den Konten erfasst?

Bundesbank	Forderungen an Kunden
= **Aktivkonto**	= **Aktivkonto**
Anfangsbestand im Soll	Anfangsbestand im Soll
Zunahme im Soll	Zunahme im Soll
Abnahme im Haben	Abnahme im Haben

Wie muss die Buchung lauten?

Bundesbank → Soll 1 000,00 Euro   Forderungen an Kunden
→ Haben 1 000,00 Euro

Soll	Bundesbank	Haben	Soll	Forderungen an Kunden	Haben
Anfangs-bestand	100 000,00		Anfangs-bestand	270 000,00	1. Bundesbank 1 000,00
1. Forderungen an Kunden	1 000,00				

ERLÄUTERUNG:

Bei jeder Buchung wird auf den Konten das jeweilige Gegenkonto angegeben.

2. Geschäftsvorfall:

Umwandlung einer Sichteinlage in eine Spareinlage   **3 000,00 Euro**

Beispiel für Buchungen auf Passivkonten

Welche Konten werden betroffen?

Sichteinlagen   Spareinlagen

Zu welcher Kontoart zählen die betroffenen Konten?

Sichteinlagen = Passivkonto   Spareinlagen = Passivkonto

Wie wird der Kontostand verändert?

Abnahme Sichteinlagen   Zunahme Spareinlagen

Wie werden die Bestandsveränderungen auf den Konten erfasst?

Sichteinlagen = **Passivkonto**	Spareinlagen = **Passivkonto**
Anfangsbestand im Haben	Anfangsbestand im Haben
Zunahme im Haben	Zunahme im Haben
Abnahme im Soll	Abnahme im Soll

Wie muss die Buchung lauten?

Sichteinlagen → Soll 3 000,00   Spareinlagen → Haben 3 000,00

Soll	Sichteinlagen	Haben	Soll	Spareinlagen	Haben
2. Spar-einlagen	3 000,00	Anfangs-bestand 250 000,00			Anfangs-bestand 140 000,00
					2. Sichteinlagen 3 000,00

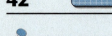

BEISPIEL:

Beispiel für Buchungen auf Aktiv- und Passivkonten (Bestandsmehrung)

3. Geschäftsvorfall:

Bareinzahlung zugunsten eines Sparkontos   **500,00 Euro**

Welche Konten werden betroffen?
Kasse   Spareinlagen

Zu welcher Kontoart zählen die betroffenen Konten?
Kasse = Aktivkonto   Spareinlagen = Passivkonto

Wie wird der Kontostand verändert?
Zunahme Kasse   Zunahme Spareinlagen

Wie werden die Bestandsveränderungen auf den Konten erfasst?
Kasse = **Aktivkonto**   Spareinlagen = **Passivkonto**
    Anfangsbestand   Anfangsbestand im
      im Soll   Haben
    Zunahme im Soll   Zunahme im Haben
    Abnahme im Haben   Abnahme im Soll

Wie muss die Buchung lauten?
Kasse → Soll 500,00 Euro   Spareinlagen → Haben 500,00 Euro

Soll	Kasse	Haben		Soll	Spareinlagen	Haben
Anfangs-bestand	10 000,00				Anfangs-bestand	140 000,00
3. Spar-einlagen	500,00				2. Sichteinlagen	3 000,00
					3. Kasse	500,00

BEISPIEL:

Beispiel für Buchungen auf Aktiv- und Passivkonten (Bestandsminderung)

4. Geschäftsvorfall:

Barabhebung von einem Sparkonto   **800,00 Euro**

Welche Konten werden betroffen?
Spareinlagen   Kasse

Zu welcher Kontoart zählen die betroffenen Konten?
Spareinlagen = Passivkonto   Kasse = Aktivkonto

Wie wird der Kontostand verändert?
Abnahme Spareinlagen   Abnahme Kasse

Wie werden die Bestandsveränderungen auf den Konten erfasst?
Spareinlagen = **Passivkonto**   Kasse = **Aktivkonto**
    Anfangsbestand   Anfangsbestand
      im Haben   im Soll
    Zunahme im Haben   Zunahme im Soll
    Abnahme im Soll   Abnahme im Haben

Wie muss die Buchung lauten?
Spareinlagen → Soll 800,00 Euro   Kasse → Haben 800,00 Euro

Soll	Spareinlagen	Haben		Soll	Kasse	Haben
4. Kasse	800,00	Anfangs-bestand 140 000,00		Anfangs-bestand	10 000,00	4. Spar-einlagen 800,00
		2. Sichteinlagen 3 000,00		3. Spar-einlagen	500,00	
		3. Kasse 500,00				

3.2.3 Buchungssätze

Die **Anweisung zur Buchung** wird durch einen **Buchungssatz** ausgedrückt.

Geschäftsvorfall	Buchung	Buchungssatz
Überweisungseingang über die Deutsche Bundesbank zugunsten eines Debitors 1 000,00 Euro	Bundesbank Buchung im Soll 1 000,00 Forderungen an Kunden Buchung im Haben 1 000,00	**Bundesbank** **an Forderungen an Kunden 1 000,00**

BEISPIEL:

Beispiel für einfachen Buchungssatz

Im Buchungssatz wird zunächst das Konto genannt, auf dem im Soll gebucht wird, danach das Konto, auf dem im Haben gebucht wird. Zwischen den beiden Konten wird das Wort „**an**" eingefügt. Dieses Wort kann als Anweisung verstanden werden, im Haben zu buchen.

Ein Geschäftsvorfall kann auch mehrere Soll- und Habenbuchungen auslösen. In diesem Fall muss der Buchungssatz Anweisungen für Buchungen auf mehreren Konten geben. Er wird dann als **zusammengesetzter Buchungssatz** bezeichnet.

▶ **Bilden Sie Buchungssätze für die Geschäftsvorfälle der Finanzbank AG (Seite 38, Aufgabe 2).**

Geschäftsvorfall	Buchung	Buchungssatz

Überweisungseingänge über die Deutsche Bundesbank zugunsten eines Kreditors 2 000,00 Euro und zugunsten eines Sparkontos 1 000,00 Euro	Bundesbank
	Buchung im Soll
	   3 000,00
	Sichteinlagen
	Buchung im Haben
	   2 000,00
	Spareinlagen
	Buchung im Haben
	   1 000,00
		Bundesbank 3 000,00
		
		   an Sichteinlagen 2 000,00
		
		   an Spareinlagen 1 000,00

Barauszahlungen an einen Debitor 2 000,00 Euro und an einen Sparer 4 000,00 Euro	Forderungen an Kunden
	Buchung im Soll
	   2 000,00
	Spareinlagen
	Buchung im Soll
	   4 000,00
	Kasse
	Buchung im Haben
	   6 000,00
		Forderungen an Kunden 2 000,00
		
		Spareinlagen 4 000,00
		
		   an Kasse 6 000,00

BEISPIELE:

Beispiele für zusammengesetzte Buchungssätze

3.2.4 Belege

Die **Informationen (Daten)** für die Buchung von Geschäftsvorfällen stammen aus **Belegen.** Belege sind wichtige Organisationsmittel des Bankbetriebs.

Ohne Beleg darf keine Buchung ausgeführt werden. Belege sind die Bindeglieder zwischen den Geschäftsvorfällen und den Buchungen. Der Belegzwang gilt auch für die Erfassung elektronischer Geschäfte.

Belege müssen zehn Jahre geordnet aufbewahrt werden. Sie geben der Buchführung Beweiskraft.

▶ **Legen Sie dar, wie der Grundsatz „Keine Buchung ohne Beleg" bei elektronischer Geschäftsabwicklung erfüllt werden kann.**

HINWEIS:

§ 257 HGB, § 147 AO

3.2.5 Grundbuch und Hauptbuch

ERLÄUTERUNG:

Die Grundsätze ordnungs-
mäßiger Buchführung
verlangen:
1. Erfassung jedes Geschäftsvorfalls in einem Beleg
2. Zeitnahe Erfassung der
   Belege in Grundbüchern
3. Systematisierung der Geschäftsvorfälle im Hauptbuch

Alle Geschäftsvorfälle werden zunächst als Buchungssätze im Grundbuch erfasst und anschließend auf die Konten im Hauptbuch übertragen.

- Im Grundbuch werden die Geschäftsvorfälle in zeitlicher Reihenfolge festgehalten.
- Im Hauptbuch werden die Geschäftsvorfälle systematisch geordnet auf Hauptbuchkonten gebucht.

Grundbuch und Hauptbuch werden heute nicht mehr als gebundene Bücher geführt. Sie bestehen aus Dateien und werden elektronisch auf Datenträgern gespeichert.

ERLÄUTERUNG:

Geschäftsvorfälle (dokumentiert durch Belege)

1. Erfassen der Geschäftsvorfälle im Grundbuch

Erfassung im Grundbuch und Hauptbuch	
Geschäftsvorfälle	**Euro**
1. Überweisungseingang über die Deutsche Bundesbank zugunsten eines Debitors	1 000,00
2. Umwandlung einer Sichteinlage in eine Spareinlage	3 000,00
3. Bareinzahlung zugunsten eines Sparkontos	500,00
4. Barabhebung von einem Sparkonto	800,00
5. Überweisungsauftrag eines Debitors wird über das Girokonto der Bank bei der Deutschen Bundesbank ausgeführt	1 200,00
6. Barabhebung der Bank von ihrem Guthaben bei der Deutschen Bundesbank	10 000,00
7. Verkauf von Aktien aus dem Bestand der Bank an einen Debitor	4 000,00
8. Kreditor hebt Bargeld ab	500,00
9. Überweisungseingang auf dem Konto der Bank bei der Deutschen Bundesbank zugunsten eines Kreditors	300,00

Grundbuch

1. Bundesbank
   an Forderungen
   an Kunden 1 000,00 Euro

2. Sichteinlagen
   an Spareinlagen 3 000,00 Euro

3. Kasse
   an Spareinlagen 500,00 Euro

4. Spareinlagen
   an Kasse 800,00 Euro

5. Forderungen
   an Kunden
   an Bundesbank 1 200,00 Euro

6. Kasse
   an Bundesbank 10 000,00 Euro

7. Forderungen an Kunden
   an Eigene Wertpapiere 4 000,00 Euro

8. Sichteinlagen
   an Kasse 500,00 Euro

9. Bundesbank
   an Sichteinlagen 300,00 Euro

Hauptbuch

Soll	Kasse		Haben
Anfangsbestand	10 000,00	4. Spareinlagen	800,00
3. Spareinlagen	500,00	8. Sichteinlagen	500,00
6. Bundesbank	10 000,00		

Soll	Spareinlagen		Haben
4. Kasse	800,00	Anfangsbestand	140 000,00
		2. Sichteinlagen	3 000,00
		3. Kasse	500,00

Soll	Bundesbank		Haben
Anfangsbestand	100 000,00	5. Forderungen an Kunden	1 200,00
1. Forderungen an Kunden	1 000,00	6. Kasse	10 000,00
9. Sichteinlagen	300,00		

Soll	Sichteinlagen		Haben
2. Spareinlagen	3 000,00	Anfangsbestand	250 000,00
8. Kasse	500,00	9. Bundesbank	300,00

Soll	Forderungen an Kunden		Haben
Anfangsbestand	270 000,00	1. LZB-Giro	1 000,00
5. Bundesbank	1 200,00		
7. Eigene Wertpapiere	4 000,00		

Soll	Eigenkapital		Haben
		Anfangsbestand	75 000,00

Soll	Eigene Wertpapiere		Haben
Anfangsbestand	45 000,00	7. Forderungen an Kunden	4 000,00

Soll	Sachanlagen		Haben
Anfangsbestand	40 000,00		

2. Übertragen der Geschäftsvorfälle ins Hauptbuch durch Buchung auf den Hauptbuchkonten

▶ **Buchen Sie die Geschäftsvorfälle des Bankhauses Carl Röthel & Söhne OHG (Seite 37, Aufgabe 1) im Grundbuch und im Hauptbuch.**

3.2.6 Abschluss der Konten

Gemäß § 242 Abs. 1 HGB muss am Schluss des Geschäftsjahres eine Bilanz aufgestellt werden. Dazu werden durch die Inventur die **Schlussbestände (Inventurwerte)** ermittelt. Die Schlussbestände werden in die Konten übernommen und in der **Schlussbilanz** ausgewiesen.
Konten werden durch Ermittlung des Saldos abgeschlossen.

Der **Saldo** ist der Unterschiedsbetrag zwischen der Soll- und der Habenseite des Kontos. Stimmt der Inventurwert mit dem Buchwert überein, ist der Saldo der Schlussbestand des Kontos. Weichen Inventurwert und Buchwert voneinander ab, ist der Inventurwert maßgebend.

ERLÄUTERUNG:

Saldieren ist die rechnerische Ermittlung des Unterschiedsbetrages zwischen den beiden Seiten eines Kontos.

Kontoabschluss durch Ermittlung des Saldos

Beispiel 1: Konto Kasse (Aktivkonto)	**Beispiel 2: Konto Spareinlagen (Passivkonto)**
1. Schritt: Addition der Sollseite (Ermittlung der Summe der Sollbuchungen)	1. Schritt: Addition der Habenseite (Ermittlung der Summe der Habenbuchungen)
2. Schritt: Addition der Habenseite (Ermittlung der Summe der Habenbuchungen)	2. Schritt: Addition der Sollseite (Ermittlung der Summe der Sollbuchungen)
3. Schritt: Summe der Sollbuchungen minus Summe der Habenbuchungen = Saldo des Kontos	3. Schritt: Summe der Habenbuchungen minus Summe der Sollbuchungen = Saldo des Kontos

ERLÄUTERUNG:

Wenn im Folgenden keine anders lautenden Hinweise gegeben werden, stimmen die Inventurwerte jeweils mit den Buchwerten überein.

▶ **Schließen Sie die Konten des Bankhauses Carl Röthel & Söhne OHG im Hauptbuch ab.**

BEISPIEL: *Abschluss der Hauptbuchkonten*

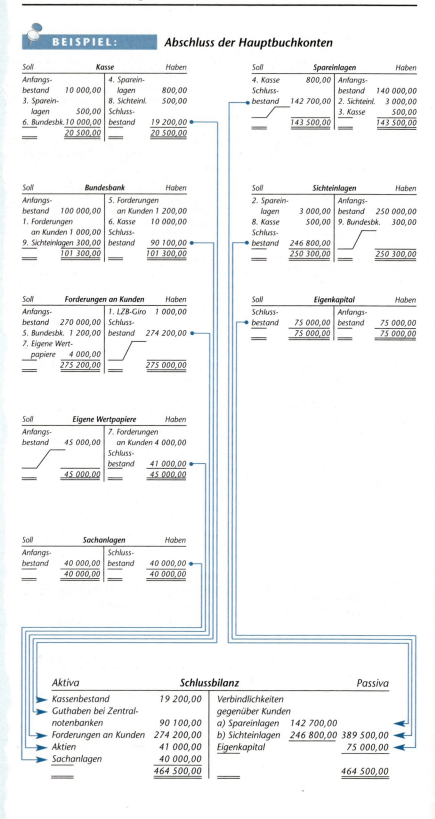

Soll	Kasse		Haben
Anfangs-bestand	10 000,00	4. Sparein-lagen	800,00
3. Sparein-lagen	500,00	8. Sichteinl.	500,00
6. Bundesbk.	10 000,00	Schluss-bestand	19 200,00
	20 500,00		20 500,00

Soll	Spareinlagen		Haben
4. Kasse	800,00	Anfangs-bestand	140 000,00
Schluss-bestand	142 700,00	2. Sichteinl.	3 000,00
		3. Kasse	500,00
	143 500,00		143 500,00

Soll	Bundesbank		Haben
Anfangs-bestand	100 000,00	5. Forderungen an Kunden	1 200,00
1. Forderungen an Kunden	1 000,00	6. Kasse	10 000,00
9. Sichteinlagen	300,00	Schluss-bestand	90 100,00
	101 300,00		101 300,00

Soll	Sichteinlagen		Haben
2. Sparein-lagen	3 000,00	Anfangs-bestand	250 000,00
8. Kasse	500,00	9. Bundesbk.	300,00
Schluss-bestand	246 800,00		
	250 300,00		250 300,00

Soll	Forderungen an Kunden		Haben
Anfangs-bestand	270 000,00	1. LZB-Giro	1 000,00
5. Bundesbk.	1 200,00	Schluss-bestand	274 200,00
7. Eigene Wert-papiere	4 000,00		
	275 200,00		275 000,00

Soll	Eigenkapital		Haben
Schluss-bestand	75 000,00	Anfangs-bestand	75 000,00
	75 000,00		75 000,00

Soll	Eigene Wertpapiere		Haben
Anfangs-bestand	45 000,00	7. Forderungen an Kunden	4 000,00
		Schluss-bestand	41 000,00
	45 000,00		45 000,00

Soll	Sachanlagen		Haben
Anfangs-bestand	40 000,00	Schluss-bestand	40 000,00
	40 000,00		40 000,00

Aktiva	Schlussbilanz		Passiva
Kassenbestand	19 200,00	Verbindlichkeiten gegenüber Kunden	
Guthaben bei Zentral-notenbanken	90 100,00	a) Spareinlagen	142 700,00
Forderungen an Kunden	274 200,00	b) Sichteinlagen 246 800,00	389 500,00
Aktien	41 000,00	Eigenkapital	75 000,00
Sachanlagen	40 000,00		
	464 500,00		464 500,00

Strukturwissen

Bestandskonten	Bestandskonten erfassen Bestände und ihre Veränderungen. Aktivkonten (aktive Bestandskonten) werden für Vermögenswerte geführt. Passivkonten (passive Bestandskonten) werden für Kapitalwerte geführt.

Buchungssatz	Jeder Geschäftsvorfall löst mindestens eine Buchung im Soll und eine Buchung im Haben aus. Dieser Vorgang wird durch einen Buchungssatz ausgedrückt.

> Name des Kontos, auf dem im SOLL gebucht wird,
> **an** Name des Kontos, auf dem im HABEN gebucht wird,
> + Betragsangabe

kurz: **Soll**
      an Haben

Grundbuch	Im Grundbuch werden alle Geschäftvorfälle chronologisch geordnet erfasst. Es wird in Kreditinstituten auch als Primanote, Journal oder Memorial bezeichnet.

Hauptbuch	Im Hauptbuch werden alle Geschäftsvorfälle systematisch auf Konten erfasst.

Saldo	Der Saldo eines Kontos ist der Unterschiedsbetrag zwischen den Summen der beiden Kontoseiten.

Buchungsregeln für Aktivkonten	Aktivkonten haben ihren Anfangsbestand im Soll. Daher stehen → Zugänge auf Aktivkonten im Soll, → Abgänge auf Aktivkonten im Haben. Der Schlussbestand ergibt sich im Haben.

Soll	Aktivkonto	Haben
Anfangsbestand	Abgänge (./.)	
Zugänge (+)	Schlussbestand	

Buchungsregeln für Passivkonten	Passivkonten haben ihren Anfangsbestand im Haben. Daher stehen → Zugänge auf Passivkonten im Haben, → Abgänge auf Passivkonten im Soll. Der Schlussbestand ergibt sich im Soll.

Soll	Passivkonto	Haben
Abgänge (./.)	Anfangsbestand	
	Zugänge (+)	
Schlussbestand		

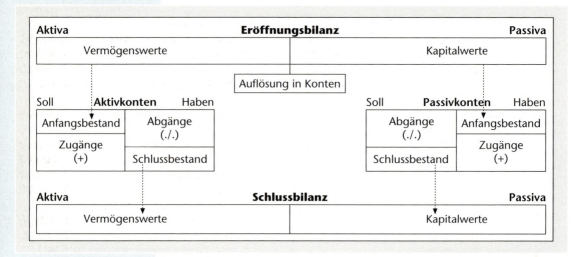

Aktiva	Eröffnungsbilanz	Passiva
Vermögenswerte		Kapitalwerte

Auflösung in Konten

Soll	Aktivkonten	Haben		Soll	Passivkonten	Haben
Anfangsbestand	Abgänge (./.)			Abgänge (./.)	Anfangsbestand	
Zugänge (+)	Schlussbestand			Schlussbestand	Zugänge (+)	

Aktiva	Schlussbilanz	Passiva
Vermögenswerte		Kapitalwerte

Aufgaben

 1 Stellen Sie die Eröffnungsbilanz des Bankhauses Zehn & Mattes OHG, Dresden, auf und übernehmen Sie die Anfangsbestände auf Konten.
Buchen Sie die Geschäftsvorfälle im Grundbuch und Hauptbuch.
Schließen Sie die Konten ab und stellen Sie die Schlussbilanz auf.

Vermögens- und Kapitalwerte: Euro

Sachanlagen	48 000,00
Sichteinlagen	1 858 000,00
Kassenbestand	86 000,00
Guthaben bei der Deutschen Bundesbank	594 000,00
Aktien	239 000,00
Spareinlagen	1 239 000,00
Forderungen an Kunden	2 293 000,00

Konten:
Kasse, Bundesbank, Forderungen an Kunden, Eigene Wertpapiere, Sachanlagen, Spareinlagen, Sichteinlagen, Eigenkapital

Geschäftsvorfälle: Euro

1. Sparkunden zahlen an der Kasse des Bankhauses ein 12 000,00
2. Auf dem Girokonto der Bank bei der Deutschen Bundesbank gehen zugunsten eines Debitors ein 20 000,00
3. Ein Kreditor lässt eine Sichteinlage auf sein Sparkonto umbuchen 5 000,00
4. Sparkunden heben an der Kasse des Bankhauses von ihren Guthaben ab 9 000,00

2 Bilden Sie Buchungssätze. Euro

1. Ein Sparer hebt Bargeld von seinem Sparkonto ab 800,00
2. Ein Kreditor zahlt Bargeld auf sein Kontokorrentkonto ein (Sichteinlage) 1 000,00
3. Ein Debitor hebt Bargeld an der Kasse des Kreditinstituts ab 4 000,00
4. Ein Sparer zahlt an der Kasse auf sein Sparkonto ein 2 500,00
5. Auf dem Girokonto des Kreditinstituts bei der Bundesbank geht eine Gutschrift für einen Kreditor ein 1 200,00
6. Ein Debitor lässt auf sein Sparkonto umbuchen 200,00

3 Bilden Sie zusammengesetzte Buchungssätze. Euro

1. Auf dem Bundesbankkonto gehen Überweisungen ein 12 345,00
   zugunsten Sparkunden 2 300,00
   zugunsten Debitoren 6 630,00
   zugunsten Kreditoren 3 415,00

2. Bareinzahlungen auf Konten
   von Kreditoren   1 258,00
   von Sparkunden   4 900,00
   von Debitoren   3 515,00
3. Vom Bundesbankkonto
   werden Überweisungen
   ausgeführt   2 400,00
   im Auftrag von Debitoren   772,00
   im Auftrag von Kreditoren   328,00
   im Auftrag der Bank zur
   Bezahlung eines
   Regals für Prospekte   1 300,00
4. Barauszahlungen   8 456,00
   an Kreditoren   3 786,00
   an Debitoren   1 200,00
   an Sparkunden   3 470,00
5. Überweisungsaufträge von
   Debitoren   3 675,00
   zugunsten Sichteinlagen   2 675,00
   zugunsten Sparkonten   1 000,00
6. Über das Bundesbankkonto
   werden Überweisungen
   ausgeführt   11 839,00
   im Auftrag von Kreditoren   7 572,00
   im Auftrag von Debitoren   4 267,00
7. Das Kreditinstitut verkauft
   Aktien aus dem
   eigenen Bestand   8 240,00
   an Sparkunden   4 780,00
   an Kreditoren   3 200,00
   an Debitoren   260,00
8. Überweisungsaufträge
   von Kreditoren   4 556,00
   zugunsten Debitoren   1 556,00
   zugunsten Sparkonten   3 000,00
9. Das Kreditinstitut kauft
   von Kunden Aktien
   für den eigenen Bestand   5 600,00
   von Sparkunden   1 200,00
   von Kreditoren   750,00
   von Debitoren   3 650,00

 4 Beschreiben Sie, welche Geschäftsvorfälle den folgenden Buchungen zugrunde liegen.   Euro
1. Kasse an Spareinlagen   8 000,00
2. Bundesbank   7 600,00
   an Forderungen an Kunden   5 000,00
   an Sichteinlagen   2 600,00

3. Sichteinlagen
   an Eigene Wertpapiere   6 200,00
4. Forderungen an Kunden   2 800,00
   Sichteinlagen   3 450,00
   an Bundesbank   6 250,00
5. Sachanlagen
   an Forderungen an Kunden   3 600,00
6. Bundesbank
   an Sichteinlagen   1 335,00
7. Sichteinlagen   800,00
   Spareinlagen   1 500,00
   an Kasse   2 300,00
8. Forderungen an Kunden
   an Bundesbank   8 650,00
9. Bundesbank   7 967,00
   an Spareinlagen   5 000,00
   an Forderungen an Kunden   2 967,00
10. Eigene Wertpapiere
    an Spareinlagen   2 280,00

5 Buchen Sie im Grundbuch.   Euro
1. Auf dem Bundesbankkonto
   des Kreditinstituts geht
   eine Gutschrift für einen
   Debitor ein   5 400,00
2. Ein Sparer kauft vom
   Kreditinstitut Aktien.
   Der Gegenwert wird
   seinem Sparkonto belastet   2 000,00
3. Ein Debitor erteilt einen
   Überweisungsauftrag,
   den das Kreditinstitut über
   sein Bundesbankkonto
   weitergibt   750,00
4. Ein Kreditor lässt auf sein
   Sparkonto umbuchen   1 000,00
5. Das Kreditinstitut kauft
   einen Schreibtisch und bezahlt über Bundesbankkonto   3 000,00
6. Ein Kreditor hebt an der
   Kasse des Kreditinstituts ab   500,00

 6 Stellen Sie die Eröffnungsbilanz der Volksbank Althausen eG auf. Übernehmen Sie die Anfangsbestände. Buchen Sie die Geschäftsvorfälle im Grundbuch und Hauptbuch. Schließen Sie die Konten ab und stellen Sie die Schlussbilanz auf.

Vermögens- und Kapitalwerte:	Euro
Spareinlagen	521 000,00
Kassenbestand	26 000,00
Forderungen an Kunden	683 000,00
Sichteinlagen	438 000,00
Eigenkapital	51 000,00
Aktien	96 000,00
Guthaben bei Zentralnotenbanken	183 000,00
Sachanlagen	22 000,00

Konten:

Kasse, Bundesbank, Forderungen an Kunden, Eigene Wertpapiere, Sachanlagen, Spareinlagen, Sichteinlagen, Eigenkapital

Geschäftsvorfälle:	Euro
1. Ein Sparkunde zahlt bar ein	2 500,00
2. Ein Debitor erteilt einen Überweisungsauftrag, der über die Deutsche Bundesbank ausgeführt wird	5 000,00
3. Die Bank kauft ein Kopiergerät und überweist den Rechnungsbetrag über ihr Bundesbankkonto	1 200,00
4. Ein Kreditor hebt bar ab	2 100,00
5. Auf dem Bundesbankkonto gehen zugunsten eines Debitors ein	3 000,00
6. Die Bank verkauft an der Börse Aktien aus ihrem Bestand. Der Erlös geht auf ihrem Bundesbankkonto ein	6 200,00
7. Ein Kreditor überweist auf sein Sparkonto	800,00
8. Ein Sparer verkauft an die Bank Aktien. Der Gegenwert wird seinem Sparkonto gutgeschrieben	4 200,00
9. Über die Bundesbank geht eine Überweisung zugunsten eines Kreditors ein	8 700,00
10. Ein Sparer hebt bar ab	1 200,00

 7 Stellen Sie die Eröffnungsbilanz des Bankhauses Möller & Peters OHG auf. Übernehmen Sie die Anfangsbestände auf Konten.

Buchen Sie die Geschäftsvorfälle im Grundbuch und im Hauptbuch. Schließen Sie die Konten ab und stellen Sie die Schlussbilanz auf.

Vermögens- und Kapitalwerte am 2. Januar 20..:	Euro
Sichteinlagen von Kunden	730 000,00
Aktien	55 000,00
Kassenbestand	28 000,00
Spareinlagen	596 500,00
Forderungen an Kunden	991 500,00
Guthaben bei Zentralnotenbanken	185 000,00
Sachanlagen	163 000,00
Eigenkapital	96 000,00

Konten:

Kasse, Bundesbank, Forderungen an Kunden, Eigene Wertpapiere, Sachanlagen, Spareinlagen, Sichteinlagen, Eigenkapital

Geschäftsvorfälle:	Euro
1. Sparer heben bar ab	3 000,00
2. Die Bank hebt Bargeld bei der Deutschen Bundesbank ab	35 000,00
3. Überweisungsaufträge werden über das Bundesbankkonto ausgeführt	
Aufträge von Debitoren	10 000,00
Aufträge von Kreditoren	15 000,00
4. Sparer zahlen bar ein	1 500,00
5. Sparer kaufen von der Bank Aktien	8 000,00
6. Die Bank kauft von einem Kreditor eine Aushangtafel. Der Betrag wird dem Kontokorrentkonto des Kreditors gutgeschrieben	300,00
7. Überweisungseingänge auf dem Bundesbankkonto	
zugunsten von Debitoren	23 300,00
zugunsten von Kreditoren	25 000,00
zugunsten von Sparern	11 000,00
8. Debitoren heben bar ab	2 800,00
9. Kreditoren lassen Guthaben auf Sparkonten übertragen	3 500,00
10. Ein Kreditor hebt bar ab	6 000,00

3.3 Erfolgskonten

Aufwendungen und Erträge verändern das Eigenkapital

Das Bankhaus Otto M. Seiler e. K., München, erzielt Erträge und hat Aufwendungen:

1. Das Bankhaus hat Geschäftsräume an ein Anwaltsbüro vermietet. Die Miete von 600,00 Euro geht auf dem Bundesbankkonto ein.
2. Die Bank überweist 1 500,00 Euro für eine Heizölrechnung, die das Bankgebäude betrifft, vom Bundesbankkonto.
3. Sparern werden 2 320,00 Euro Zinsen gutgeschrieben.
4. Kreditnehmer werden mit 14 400,00 Euro Zinsen belastet.
5. 8 500,00 Euro Gehälter an Angestellte der Bank werden auf deren Girokonten gutgeschrieben. Alle Konten werden kreditorisch beim Bankhaus Otto M. Seiler e. K. geführt.
6. Kontokorrentkunden werden mit 2 800,00 Euro Kontoführungskosten belastet. Davon betreffen 2 000,00 Euro Debitoren und 800,00 Euro Kreditoren.

Handlungsaufträge

1. ► Erläutern Sie, worin sich diese Geschäftsvorfälle von den bisher bearbeiteten Geschäftsvorfällen unterscheiden.

2. ► Aufwendungen und Erträge werden auf besonderen Erfolgskonten erfasst. Beschreiben Sie den Unterschied zu Bestandskonten.

3. ► Vergleichen Sie das Gewinn- und Verlustkonto mit der Schlussbilanz.

Aufwendungen und Erträge verändern das Eigenkapital eines Unternehmens. **Aufwendungen** vermindern das Eigenkapital, **Erträge** vermehren das Eigenkapital.

Aufwendungen und Erträge werden auf Erfolgskonten gebucht. Erfolgskonten sind Hauptbuchkonten.

Erfolgskonten sind Vorkonten bzw. Unterkonten des Passivkontos Eigenkapital. Sie sind aus dem Konto Eigenkapital ausgegliedert. Erfolgskonten haben keinen Anfangsbestand. Auf Erfolgskonten wird in gleicher Weise wie auf dem Eigenkapitalkonto gebucht. Aufwendungen sind Eigenkapitalminderungen, Erträge Eigenkapitalmehrungen.

Beim Abschluss müssen die Salden der Erfolgskonten auf das Eigenkapitalkonto übertragen werden. Damit das Eigenkapitalkonto übersichtlich bleibt, wird zwischen Erfolgskonten und Eigenkapitalkonto ein **Sammelkonto** geschaltet: das **Gewinn- und Verlustkonto (GuV-Konto)**. Der **Saldo** auf dem Gewinn- und Verlustkonto ist der **Erfolg des Unternehmens**. Er wird auf das Konto **Eigenkapital** übertragen.

 **ERLÄUTERUNG:**

Aufwendungen und Erträge werden unter der Bezeichnung Erfolge zusammengefasst.

▶ Bilden Sie
Buchungssätze:
a) Die Bank schreibt
   Zinsen gut
   – für Spareinlagen
     20 000 Euro,
   – für Sichteinlagen
     2 500 Euro.
b) Die Bank zahlt 28 000
   Euro Gehälter.
   Alle Angestellten
   haben kreditorisch
   geführte Konten bei
   der Bank.
c) Die Bank überweist
   Miete für eine Ge-
   schäftsstelle zulasten
   Bundesbankkonto
   9 000 Euro.
d) Die Bank schreibt
   einem Bürowaren-
   händler 5 000 Euro
   für geliefertes Büro-
   material gut. Der
   Händler ist Kunde
   der Bank. Sein Konto
   ist überzogen.
e) Die Bank belastet
   Debitoren mit
   Kreditzinsen
   56 000 Euro.
f) Die Bank belastet
   Kontoführungsent-
   gelte
   – für Debitoren
     8 000 Euro,
   – für Kreditoren
     3 000 Euro.
g) Die Bank bucht mit
   Lastschrift 4 000 Euro
   vom kreditorisch ge-
   führten Konto eines
   Anwaltsbüros für ver-
   mietete Büroräume
   ab, die Eigentum der
   Bank sind. Einzugs-
   ermächtigung des
   Anwaltsbüros liegt
   vor.

Erfolgskonten

Aufwandskonten

- **Zinsaufwendungen**
  (Zinsen für Sicht- und Spareinlagen)

- **Löhne und Gehälter**
  (Lohn- und Gehaltszahlungen an
  Mitarbeiter der Bank)

- **Aufwendungen für
  Sachanlagen**
  (Aufwendungen für Grundstücke, Betriebs- und Geschäftsausstattung, Fuhrpark)

- **Mietaufwendungen**
  (Mietausgaben für angemietete
  Geschäftsräume)

- **Allgemeine Verwaltungsauf-
  wendungen**
  (Aufwendungen für
  Büromaterial, Vordrucke,
  Telekommunikationskosten usw.)

Ertragskonten

- **Zinserträge aus Kreditgeschäften**
  (Zinsen aus Krediten, die Kunden bei der Bank in Anspruch
  nehmen)

- **Provisionserträge**
  (Provisionen, die Kunden für
  Dienstleistungen des Kredit-
  instituts, z. B. Kontoführung,
  Wertpapierverwahrung,
  bezahlen müssen)

- **Mieterträge**
  (Mieteinnahmen aus vermiete-
  ten Büros und Wohnungen im
  Eigentum der Bank)

- **Zinserträge aus Wertpapieren**
  (Zinsen aus Schuldverschreibungen und anderen festverzinslichen Wertpapieren, die der
  Bank gehören)

- **Dividendenerträge**
  (Dividenden aus Aktien, die
  der Bank gehören)

Der **Saldo des Gewinn- und Verlustkontos** ist ein

- **Gewinn, wenn die Erträge größer sind als die Aufwendungen,**
- **Verlust, wenn die Aufwendungen größer sind als die Erträge.**

Erfassung von Erfolgen im Grundbuch und Hauptbuch

Geschäftsvorfälle

1. Eingang einer Mietzahlung auf Bundesbankkonto	600,00 Euro
2. Überweisung einer Heizölrechnung zulasten Bundesbankkonto	1 500,00 Euro
3. Sparern werden Zinsen gutgeschrieben	2 320,00 Euro
4. Kreditnehmer (Debitoren) werden mit Zinsen belastet	14 400,00 Euro
5. Gehaltszahlungen, Gutschrift auf kreditorisch geführte Konten	8 500,00 Euro
6. Belastung von Kontoführungsentgelt:	
– Debitoren	2 000,00 Euro
– Kreditoren	800,00 Euro

Grundbuch

Buchung der Geschäftsvorfälle	Euro
1. Bundesbank	
an Mieterträge	600,00
2. Aufwendungen für Sachanlagen	
an Bundesbank	1 500,00
3. Zinsaufwendungen	
an Spareinlagen	2 320,00
4. Forderungen an Kunden	
an Zinserträge	14 400,00
5. Löhne und Gehälter	
an Sichteinlagen	8 500,00
6. Forderungen an Kunden	
an Provisionserträge	2 800,00

Abschluss der Erfolgskonten	Euro
Gewinn- und Verlustkonto	
an Zinsaufwendungen	2 320,00
Gewinn- und Verlustkonto	
an Löhne und Gehälter	8 500,00
Gewinn- und Verlustkonto	
an Aufwendungen für Sachanlagen	1 500,00
Zinserträge	
an Gewinn- und Verlustkonto	14 400,00
Provisionserträge	
an Gewinn- und Verlustkonto	2 800,00
Mieterträge	
an Gewinn- und Verlustkonto	600,00
Gewinn- und Verlustkonto	
an Eigenkapital	**5 480,00**

Hauptbuch

Soll	Zinsaufwendungen		Haben
3. Spareinlagen	2 320,00	GuV	2 320,00
	2 320,00		2 320,00

Soll	Zinserträge		Haben
GuV	14 400,00	4. Ford. an Kd.	14 400,00
	14 400,00		14 400,00

Soll	Löhne und Gehälter		Haben
5. Sichteinl.	8 500,00	GuV	8 500,00
	8 500,00		8 500,00

Soll	Provisionserträge		Haben
GuV	2 800,00	6. Ford. an Kd.	2 000,00
		2. Sichteinl.	800,00
	2 800,00		2 800,00

Soll	Aufwendungen für Sachanlagen		Haben
2. Bundesbank	1 500,00	GuV	1 500,00
	1 500,00		1 500,00

Soll	Mieterträge		Haben
GuV	600,00	1. Bundesbank	600,00
	600,00		600,00

Soll	Gewinn- und Verlustkonto	Haben	
Zinsaufwendungen	2 320,00	Zinserträge	14 400,00
Löhne und Gehälter	8 500,00	Provisionserträge	2 800,00
Aufwendungen für Sachanlagen	1 500,00	Mieterträge	600,00
Gewinn (Ek)	5 480,00		
	17 800,00		17 800,00

Soll	Eigenkapital	Haben	
Schlussbestand	80 480,00	Anfangsbestand	75 000,00
		Gewinn (GuV)	5 480,00
	80 480,00		80 480,00

Ermittlung des neuen Eigenkapitals

Altes Eigenkapital	75 000,00 Euro
+ Gewinn	5 480,00 Euro
Neues Eigenkapital	80 480,00 Euro

h) Clearstream zahlt der Bank über die Deutsche Bundesbank Zinsen in Höhe von 20 000 Euro und Dividenden in Höhe von 10 000 Euro aus sammelverwahrten eigenen Wertpapieren der Bank.

HINWEIS:

Im abgebildeten Hauptbuch werden nur die Erfolgskonten, das GuV-Konto und das Konto Eigenkapital dargestellt.

▶ Wie verändert sich das Eigenkapital des Bankhauses, wenn die Zinsaufwendungen statt 2 320 Euro 9 400 Euro betragen?

ERLÄUTERUNG:

Die Buchungen dienen der zeitlichen Erfolgsabgrenzung. Da sie vor Abschluss des GuV-Kontos erfolgen, werden sie auch als Vorabschlussbuchungen bezeichnet.

HINWEIS:

Der am Jahresende zu buchende Betrag ist immer der Betrag, der das neue Geschäftsjahr betrifft. Da der Betrag ins neue Jahr übergeht, werden die Buchungen auch als transitorische Rechnungsabgrenzung bezeichnet (lat.: transire = hinübergehen).

In der Praxis kommt es vor, dass die auf Erfolgskonten erfassten Aufwendungen und Erträge **nicht** nur das laufende Geschäftsjahr, sondern auch das nächste betreffen. Da aber die Buchhaltung den Erfolg des abgelaufenen Geschäftsjahres erfassen soll, muss vor Abschluss der Erfolgskonten über das Gewinn- und Verlustkonto eine Korrektur des erfassten Betrages vorgenommen werden. Der Betrag, der das nächste Jahr betrifft, muss aus der Erfolgsrechnung des laufenden Jahres herausgenommen werden. Für die Gegenbuchung steht das Konto „Aktive Rechnungsabgrenzung" bzw. „Passive Rechnungsabgrenzung" zur Verfügung. Durch diese Korrektur werden die Aufwendungen und Erträge **periodengerecht**, d. h. in ihrer Höhe genau passend zur betrachteten Rechnungsperiode, dem abgelaufenen Geschäftsjahr, ausgewiesen. Die Bestände der Konten Rechnungsabgrenzung werden in der Bilanz auf der Aktiv- bzw. Passivseite ausgewiesen.

§ 250 Rechnungsabgrenzungsposten

Als Rechnungsabgrenzungsposten sind auf der Aktivseite Ausgaben vor dem Anschlussstichtag auszuweisen, soweit sie Aufwand für eine bestimmte Zeit nach diesem Tag darstellen.
Auf der Passivseite sind als Rechnungsabgrenzungsposten Einnahmen vor dem Abschlussstichtag auszuweisen, soweit sie Ertrag für eine bestimmte Zeit nach diesem Tag darstellen.

BEISPIEL: *Aufwendungen und Erträge, die in ihrer Höhe nicht das gesamte Geschäftsjahr betreffen*

Die Bank zahlt am 01.10. die jährliche Feuerversicherungsprämie von 1 200,00 Euro an die Versicherungsgesellschaft über das Konto der Deutschen Bundesbank.
Buchung am 01.10.:
Versicherungsbeträge an Bundesbank   *1 200,00 Euro*

Zum 31.12. Ermittlung des Betrags, der nicht in das laufende Geschäftsjahr gehört:
1 200,00 Euro : 12 Monate = 100 Euro pro Monat x 9 Monate = 900 Euro und Korrektur des Aufwandskontos vor Abschluss über GuV über das Konto Aktive Rechnungsabgrenzung

Buchung am 31.12.:
Aktive Rechnungsabgrenzung an Versicherungsbeiträge   *900,00 Euro*
GuV an Versicherungsbeiträge   *300,00 Euro*

Die Bank erhält am 15.12. per Überweisung auf das Konto bei der Deutschen Bundesbank einen Beitrag von 150,00 Euro von einem Garagenmieter. Der Mieter hat damit die Monatsmiete von jeweils 75,00 Euro für die Monate Dezember und Januar beglichen.

Buchung am 15.12.:
Bundesbank an Mieterträge   *150,00 Euro*

Zum 31.12. Korrektur des Ertragskontos vor Abschluss über GuV über das Konto Passive Rechnungsabgrenzung

Buchung am 31.12.:
Mieterträge an Passive Rechnungsabgrenzung   *75,00 Euro*
Mieterträge an GuV   *75,00 Euro*

Strukturwissen

Erfolgskonten	Erfolgskonten erfassen Aufwendungen und Erträge. Es handelt sich um Unterkonten bzw. Vorkonten des Eigenkapitalkontos.
Aufwendungen	Aufwendungen sind Wertabflüsse. Sie vermindern das Eigenkapital eines Unternehmens.
Erträge	Erträge sind Wertzuwächse. Sie vermehren das Eigenkapital eines Unternehmens.
Gewinn- und Verlustkonto	Das Gewinn- und Verlustkonto dient dem Abschluss der Erfolgskonten. Die Salden der Aufwands- und Ertragskonten werden auf das Gewinn- und Verlustkonto übertragen. Der Saldo des Gewinn- und Verlustkontos ergibt den Gewinn oder den Verlust des Unternehmens. Er wird über das Konto Eigenkapital abgeschlossen. Bei Kapitalgesellschaften und Genossenschaften wird er in die Schlussbilanz übernommen.
Buchungsregeln für Erfolgskonten	Aufwendungen werden auf Aufwandskonten im Soll gebucht. Erträge werden auf Ertragskonten im Haben gebucht.

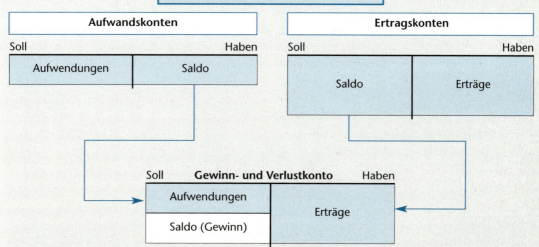

Der Saldo des Gewinn- und Verlustkontos wird über das Konto Eigenkapital abgeschlossen. Er ist

- ein Gewinn, wenn die Erträge größer sind als die Aufwendungen,
- ein Verlust, wenn die Aufwendungen größer sind als die Erträge.

Aufgaben

1 Buchen Sie im Grundbuch.

	Euro
1. Das Kreditinstitut schreibt Sparern Zinsen gut	8 233,00
2. Das Kreditinstitut überweist über die Bundesbank Miete für gemietete Geschäftsräume	2 650,00
3. Das Kreditinstitut erhält über die Bundesbank eine Zinsgutschrift für Schuldverschreibungen, die ihm gehören	4 200,00
4. Das Kreditinstitut belastet Debitoren mit Kreditzinsen	9 750,00
5. Das Kreditinstitut zahlt Gehälter auf Gehaltskonten (Kreditoren)	8 769,00
6. Das Kreditinstitut belastet Kreditoren mit Kontoführungsentgelt	3 188,00
7. Das Kreditinstitut bezieht Formulare von einem Verlag. Der Kaufpreis wird dem Konto des Verlags (Debitor) beim Kreditinstitut gutgeschrieben	896,00
8. Das Kreditinstitut belastet Kreditoren mit Zinsen für kurzfristige Überziehungen	620,00
9. Das Kreditinstitut hat Ladenräume im Erdgeschoss der Zentrale vermietet. Der Mieter ist Debitor des Kreditinstituts und wird mit der Monatsmiete belastet	1 600,00
10. Das Kreditinstitut bezahlt eine Rechnung über Fachbücher durch Überweisung vom Bundesbankkonto	2 865,00

2 Buchen Sie im Grund- und Hauptbuch des Bankhauses Spitz & Anker OHG auf Erfolgskonten und schließen Sie diese Konten ab.

Geschäftsvorfälle:

	Euro
1. Überweisung der Feuerversicherungsprämie für das Bankgebäude über die Bundesbank	3 850,00
2. Überweisung für Fachzeitschriftenabonnements vom Bundesbankkonto	4 637,00
3. Zinsgutschriften für Sparkonten	5 713,00
4. Überweisung der Miete für angemietete Geschäftsräume der Bank Der Vermieter ist Kreditor der Bank	3 900,00
5. Belastung von Debitoren mit Kreditzinsen	19 460,00
mit Kontoführungsentgelt	2 930,00

Der Anfangsbestand des Eigenkapitals beträgt 228 950,00 Euro. Ermitteln Sie das neue Eigenkapital.

3 Führen Sie einen Geschäftsgang von Bilanz zu Bilanz durch.

Anfangsbestände der Vermögens- und Kapitalwerte:

	Euro
Kassenbestand	18 700,00
Sichteinlagen	568 300,00
Sachanlagen	25 700,00
Schuldverschreibungen	78 200,00
Eigenkapital	48 500,00
Guthaben bei Zentralnotenbanken	103 600,00
Spareinlagen	332 700,00
Forderungen an Kunden	723 300,00

Konten:
Kasse, Bundesbank, Forderungen an Kunden, Eigene Wertpapiere, Sachanlagen, Sichteinlagen, Spareinlagen, Eigenkapital

Zinsaufwendungen, Mietaufwendungen, Allgemeine Verwaltungsaufwendungen, Zinserträge aus Kreditgeschäften, Zinserträge aus Wertpapieren, Provisionserträge, Gewinn- und Verlustkonto

Geschäftsvorfälle: Euro

1. Die Bank führt Überweisungsaufträge über ihr
   Bundesbankkonto aus   13 500,00
   von Debitoren   8 200,00
   von Kreditoren   5 300,00
2. Die Bank schreibt Sparern
   Zinsen gut   10 800,00
3. Die Bank kauft Büromaterial.
   Der Rechnungsbetrag wird
   dem Konto des Verkäufers
   (Kreditor) gutgeschrieben   1 300,00
4. Die Bank belastet Kunden
   für die Kontoführung   4 600,00
   Debitoren   3 600,00
   Kreditoren   1 000,00
5. Die Bank erhält eine Zinsgutschrift für festverzinsliche
   Wertpapiere auf ihrem
   Bundesbankkonto   6 100,00
6. Überweisungseingänge
   auf Bundesbankkonto   13 200,00
   zugunsten Debitoren   6 900,00
   zugunsten Kreditoren   5 300,00
   zugunsten Sparkunden   1 000,00
7. Die Bank zahlt Miete für
   ihre Geschäftsräume. Der
   Betrag wird über Bundesbankkonto überwiesen   2 200,00
8. Die Bank belastet Debitoren
   mit Sollzinsen   6 200,00

a) Stellen Sie die Eröffnungsbilanz auf,
   richten Sie die Konten im Hauptbuch
   ein und übernehmen Sie die Bestände.
b) Buchen Sie die Geschäftsvorfälle im
   Grund- und Hauptbuch.
c) Schließen Sie zunächst die Erfolgskonten und danach die Bestandskonten ab.
d) Stellen Sie die Schlussbilanz auf.

4 Führen Sie einen Geschäftsgang von
Bilanz zu Bilanz durch.

**Anfangsbestände der Vermögens- und
Kapitalwerte:** Euro

Kassenbestand	37 000,00
Guthaben bei Zentralnotenbanken	212 000,00
Aktien	59 000,00

Forderungen an Kunden	963 000,00
Sachanlagen	70 000,00
Sichteinlagen	853 000,00
Spareinlagen	416 000,00
Eigenkapital	72 000,00

Konten:

Kasse, Bundesbank, Forderungen an Kunden, Eigene Wertpapiere, Sachanlagen, Sichteinlagen, Spareinlagen, Eigenkapital

Zinsaufwendungen, Löhne und Gehälter, Mietaufwendungen, Allgemeine Verwaltungsaufwendungen, Zinserträge aus Kreditgeschäften, Provisionserträge, Gewinn- und Verlustkonto

Geschäftsvorfälle: Euro

1. Gehälter der Bankangestellten werden auf Konten (Kreditoren) gutgeschrieben   12 000,00
2. Rechnung für Büromaterial wird
   zulasten Bundesbankkonto überwiesen   1 000,00
3. Barabhebung eines Sparers   500,00
4. Miete der Bank für gemietete
   Geschäftsräume wird
   zulasten Bundesbankkonto überwiesen   2 100,00
5. Eingänge auf
   Bundesbankkonto
   zugunsten von Sparern   5 000,00
   zugunsten von Debitoren   12 600,00
6. Zinsgutschriften der Bank
   für Sparer   4 300 00
   für Kreditoren   5 600,00
7. Belastungen der Bank für Debitoren
   Kreditzinsen (Sollzinsen)   27 100,00
   Kontoführungsentgelte   6 700,00
8. Barabhebung vom
   Bundesbankkonto   50 000,00
9. Aktienverkauf an Sparer   5 000,00
10. Debitoren erteilen Überweisungsaufträge
    zugunsten von Kreditoren   1 800,00
    zugunsten von Kunden bei
    anderen Kreditinstituten
    (Ausführung über
    Bundesbank)   3 000,00

3.4 Gemischte Konten

ERLÄUTERUNG:

Kreditinstitute müssen im Hinblick auf die Bewertung unterscheiden zwischen
- Wertpapieren des Handelsbestandes,
- Wertpapieren des Anlagevermögens,
- Wertpapieren der Liquiditätsreserve.

Einzelheiten siehe Lernfeld 3, Abschnitt 7.4.

Ein großes Durcheinander

Das Bankhaus Otto M. Seiler e. K. hat ein Problem. Es hat 1000 Metall-AG-Aktien zu 15,00 Euro gekauft und später 600 Stück davon zu 17,00 Euro verkauft. Den Gegenwert beider Geschäfte hat es auf dem Konto Eigene Wertpapiere verbucht. Beim Abschluss stellt es fest, dass der Saldo auf dem Konto und das Ergebnis aus der Inventur nicht übereinstimmen:

Schlussbestand laut Inventur: 400 Metall-AG-Aktien
- bei Bewertung zum Anschaffungspreis
  von 15,00 Euro   6 000,00 Euro
- bei Bewertung zum Börsenkurs am
  Bilanzstichtag von 18,50 Euro   7 400,00 Euro

Abschluss des Hauptbuchkontos:

Soll	Eigene Wertpapiere		Haben
1. Bundesbank	15 000,00	2. Bundesbank	10 200,00
		Saldo	4 800,00
	15 000,00		15 000,00

Handlungsaufträge

1 Analysieren und beschreiben Sie das Problem.

2 Erarbeiten Sie einen Lösungsvorschlag.

3 Begründen Sie, warum für die Bilanz das Inventurergebnis maßgeblich ist.

4 Stellen Sie zusammen, bei welchen anderen Vermögenswerten des Kreditinstituts das gleiche Problem auftreten kann.

▶ Wie wäre die Ausgangssituation, wenn das Bankhaus die 600 Aktien für 12,00 Euro je Stück verkauft hätte?

Wertpapiere werden in der Regel zu unterschiedlichen Kursen gekauft und verkauft.

- Liegen die Verkaufskurse über den Ankaufskursen, werden beim Verkauf **Kursgewinne** realisiert.
- Liegen die Verkaufskurse unter den Ankaufskursen, werden beim Verkauf **Kursverluste** realisiert.

Kursgewinne und Kursverluste aus Wertpapiergeschäften sind Erfolgsvorgänge.

Wenn die Erlöse aus Verkäufen **während des Geschäftsjahres** auf dem Konto Eigene Wertpapiere verbucht werden, weist das Konto **nicht nur Bestandsveränderungen, sondern auch Erfolge** aus.

Beim Jahresabschluss müssen Bestände und Erfolge aber **getrennt werden**. Dazu ist es zunächst notwendig, die Stückzahl bzw. den Nennwert der Wertpapiere festzustellen, die sich noch im Bestand befinden. Anschließend müssen diese Wertpapiere bewertet werden.

ERLÄUTERUNG:

Konten, auf denen sowohl
- Bestände
  als auch
- Erfolge
erfasst werden, heißen gemischte Konten.

Für die Bewertung kommen mehrere Kurse infrage, z.B. der Anschaffungskurs am Kauftag oder der Tageskurs im Bilanzstichtag. **Nach dem HGB muss jeweils der niedrigere dieser beiden Kurse gewählt werden (Niederstwertprinzip).** Dies bedeutet, dass der Anschaffungskurs am Kauftag mit dem Börsenkurs am Bilanzstichtag verglichen und der niedrigere der beiden Werte für die Bewertung zugrunde zu legen ist.

Durch Bewertung der Bestände wird der **Inventurwert** ermittelt. Er wird auf dem Konto Eigene Wertpapiere als **Schlussbestand** eingesetzt. Der sich dann ergebende **Saldo** ist

- ein **Kursgewinn**, wenn die Habenseite größer ist als die Sollseite,
- ein **Kursverlust**, wenn die Sollseite größer ist als die Habenseite.

 BEISPIEL:

Abschluss des Kontos Eigene Wertpapiere beim Bankhaus Otto M. Seiler e. K.

1. *Ermittlung des Bestands:*
   Kauf 1 000 Stück ./. Verkauf 600 Stück = 400 Stück

2. *Ermittlung des Niederstwerts:*

Anschaffungskurs	*15,00 Euro*
Börsenkurs am Bilanzstichtag	*18,50 Euro*
Niederstwert	*15,00 Euro*

3. *Ermittlung des Inventurwerts:*
   400 Stück x 15,00 Euro = 6 000,00 Euro

Hauptbuch

Soll	Eigene Wertpapiere		Haben
1. Bundesbank	15 000,00	2. Bundesbank	10 200,00
Kursgewinne		Schluss-	
Wertpapiere	1 200,00	bestand	6 000,00
	16 200,00		16 200,00

Soll	Kursgewinne Wertpapiere		Haben
		Eigene Wertpapiere	1 200,00

Das Niederstwertverfahren entspricht dem Grundsatz der Vorsicht, denn

- **Kursverluste** werden als Aufwendungen erfasst,
- **Kursgewinne** werden nur dann als Erträge erfasst, wenn sie durch Verkäufe realisiert sind. Nicht realisierte Kursgewinne werden nicht gebucht.

ERLÄUTERUNG:

Einige Kreditinstitute, z.B. die Sparkassen, führen das Konto Eigene Wertpapiere als reines Bestandskonto. Sie ermitteln bei jedem Verkauf sofort den realisierten Kursgewinn oder -verlust. Sie buchen den Verkauf auf dem Konto Eigene Wertpapiere zum ursprünglichen Anschaffungspreis und den realisierten Erfolg auf den Konten Kursgewinne bzw. Kursverluste.

ERLÄUTERUNG:

An dieser Stelle werden nur realisierte Kursgewinne und Kursverluste gebucht. Zur Erfassung unrealisierter Gewinne und unrealisierter Verluste siehe Lernfeld 3, Abschnitt 7.4.

▶ Das Niederstwertprinzip dient dem Gläubigerschutz. Begründen Sie diese Aussage.

▶ Stellen Sie den Abschluss des Kontos Eigene Wertpapiere für den Fall dar, dass der Verkauf der 600 Metall-AG-Aktien zu 12,00 Euro erfolgt.

Strukturwissen

Gemischte Konten

Gemischte Konten weisen sowohl
→ Bestände und Bestandsveränderungen als auch
→ Erfolge aus.

```
                        ┌─────────────────┐
                        │    Kontoarten   │
                        └─────────────────┘
        ┌───────────────────────┼───────────────────────┐
Bestandskonten          Gemischte Konten          Erfolgskonten
```

Erfolge auf dem Konto Eigene Wertpapiere

Realisierte Kursgewinne	**Realisierte Kursverluste**
Buchungssatz Eigene Wertpapiere an Kursgewinne Wertpapiere	Buchungssatz Kursverluste Wertpapiere an Eigene Wertpapiere

Aufgaben

1 Buchen Sie Geschäfte in Wertpapieren im Grundbuch. Euro
1. Die Bank kauft 500 Stück X-AG-Aktien zum Kurs von 42,00 (Verrechnung des Gegenwerts über Bundesbankkonto)
2. Die Bank verkauft 500 Stück X-AG-Aktien an Sparer, Kurs 42,00

2 Buchen Sie bei der Volksbank Sommershausen eG auf den Konten Eigene Wertpapiere, Kursverluste Wertpapiere bzw. Kursgewinne Wertpapiere. Euro

Wertpapierkäufe	200 000,00
Wertpapierverkäufe	130 000,00
Bilanzwert des Wertpapierbestandes lt. Inventur	55 000,00

3 Buchen Sie bei der Unionbank AG, Hannover, auf den Konten Eigene Wertpapiere, Kursverluste Wertpapiere bzw. Kursgewinne Wertpapiere.
Euro

Wertpapierkäufe	100 000,00
Wertpapierverkäufe	80 000,00

Bilanzwert des Wertpapierbestands lt. Inventur 30 000,00

4 Buchen Sie beim Bankhaus Brockmann & Behrens KG, Schwerin, auf den Konten Eigene Wertpapiere, Kursverluste Wertpapiere bzw. Kursgewinne Wertpapiere. Euro
1. Das Bankhaus kauft 500 Stück Chemie AG-Aktien zum Kurs von 20,00 an der Börse (Verrechn. üb. Bundesbank)
2. Das Bankhaus verkauft 300 Stück Chemie AG-Aktien zum Kurs von 23,00 an Kreditoren.
3. Das Bankhaus verkauft 100 Stück Chemie AG-Aktien zum Kurs von 19,00 an der Börse (Verrechn. üb. Bundesbank)

Börsenkurs am Bilanzstichtag 20,00

a) Buchen Sie die Geschäftsvorfälle im Grund- und Hauptbuch.
b) Ermitteln Sie den Inventurwert der Wertpapiere.
c) Schließen Sie die Konten Eigene Wertpapiere und Kursverluste Wertpapiere bzw. Kursgewinne Wertpapiere im Hauptbuch ab.

3.5 Der Buchungsablauf mit Einschaltung von EBK und SBK

Regelverstöße?

Das Bankhaus Otto M. Seiler e. K., München, hat die Bestandskonten eröffnet, indem es die Anfangsbestände ohne Buchung aus der Eröffnungsbilanz übernommen hat. Ebenso wurden beim Abschluss der Bestandskonten die Schlussbestände ohne Buchung übernommen. Die Wirtschaftsprüfer beanstanden dieses Verfahren.

Handlungsaufträge

1 Erläutern Sie die Beanstandung der Wirtschaftsprüfer.

2 Begründen Sie die Notwendigkeit eines Eröffnungsbilanzkontos zu Beginn und eines Schlussbilanzkontos am Ende einer Buchungsperiode.

3 Vergleichen Sie Schlussbilanzkonto und Schlussbilanz.

ARBEITSTIPP:

Wiederholen Sie die Regeln der doppelten Buchführung.

■ Die Eröffnungsbilanz

Die Vermögens- und Kapitalbestände am Anfang des Geschäftsjahres werden der Eröffnungsbilanz entnommen. Sie stimmen grundsätzlich mit den Werten der Schlussbilanz des vorangegangenen Geschäftsjahres überein. In der Praxis wird daher in der Regel auf Eröffnungsbilanzen verzichtet. Die Schlussbilanz des abgelaufenen Geschäftsjahres ist gleichzeitig die Eröffnungsbilanz des folgenden Jahres.

■ Die Eröffnung der Hauptbuchkonten

Am Anfang des Geschäftsjahres werden die Vermögens- und Kapitalbestände als Anfangsbestände auf die Hauptbuchkonten übertragen. Nach den **Regeln der doppelten Buchführung** muss jede Buchung eine Gegenbuchung haben. Die Konten müssen daher mit Buchungen eröffnet werden (**Eröffnungsbuchungen**). Als Gegenkonto wird das **Eröffnungsbilanzkonto (EBK)** eingeschaltet. Das **Eröffnungsbilanzkonto** ist ein Spiegelbild der Eröffnungsbilanz. Die Kontenbezeichnungen der Bestandskonten sind in der Praxis nicht immer identisch mit den Bezeichnungen der Bilanzposten. Ein Bilanzposten kann auch auf mehrere Bestandskonten aufgeteilt werden, umgekehrt können auch mehrere Bilanzposten in einem Hauptbuchkonto zusammengeführt werden.

■ Die Buchung der Geschäftsvorfälle

Nach Eröffnung der Konten werden die Geschäftsvorfälle chronologisch im **Grundbuch** als Buchungssätze und systematisch im **Hauptbuch** auf Konten gebucht. Diese Buchungen heißen **Umsatzbuchungen**.

BEISPIELE:

Bilanzposten:
- *Sachanlagen*
  - → *Hauptbuchkonten:*
  - *Grundstücke und Gebäude*
  - *Betriebs- und Geschäftsausstattung*

Bilanzposten:
- *Schuldverschreibungen*
- *Aktien*
  - → *Hauptbuchkonto:*
  - *Eigene Wertpapiere*

▱ ERLÄUTERUNG:

Die Hauptbuchkonten eines Kreditinstituts finden sich im Kontenplan des Instituts. Ein Beispiel für einen Kontenplan einer Privatbank ist im Anhang zu diesem Buch abgedruckt. Der Kontenplan wird aus dem Kontenrahmen der jeweiligen Institutsgruppe abgeleitet. Die Verbände der Kreditbanken (Großbanken, Regionalbanken, Privatbankiers), der Kreditgenossenschaften und der Sparkassen haben unterschiedliche Kontenrahmen erarbeitet.

BEISPIEL:

Ein Beispiel für eine vorbereitende Abschlussbuchung ist der Abschluss der auf dem Konto Eigene Wertpapiere ermittelten Kursgewinne bzw. Kursverluste.

Buchung im Grundbuch:
→ Kursgewinne:
  Eigene Wertpapiere
    an Kursgewinne Wertpapiere
→ Kursverluste:
  Kursverluste Wertpapiere
    an Eigene Wertpapiere

■ Der Abschluss der Hauptbuchkonten

Am Schluss des Geschäftsjahres werden die Hauptbuchkonten abgeschlossen:

- **Bestandskonten** werden über das **Schlussbilanzkonto (SBK)** abgeschlossen.
- **Erfolgskonten** werden über das **Gewinn- und Verlustkonto (GuV-Konto)** abgeschlossen.
- **Gemischte Konten** werden über das **Schlussbilanzkonto (SBK)** und über andere Erfolgskonten bzw. das **Gewinn- und Verlustkonto (GuV-Konto)** abgeschlossen.
- **Das Gewinn- und Verlustkonto** wird über das Konto **Eigenkapital** abgeschlossen.

Buchungen, mit denen Bestandskonten über das Schlussbilanzkonto und Erfolgskonten über das Gewinn- und Verlustkonto abgeschlossen werden, heißen **Abschlussbuchungen**.

Buchungen am Jahresende, mit denen Salden auf andere Konten als auf das SBK und GuV-Konto übertragen werden, heißen **vorbereitende Abschlussbuchungen** (bei Sparkassen: Vorabschlussbuchungen).

■ Die Schlussbilanz

Aus der Inventur wird die Schlussbilanz zum 31. Dezember aufgestellt. Die Inventurwerte der Schlussbilanz sind die tatsächlich im Unternehmen vorhandenen Vermögens- und Kapitalwerte (Istwerte). Sie müssen mit den auf den Konten ermittelten Beständen (Sollwerte = Buchwerte) übereinstimmen, sodass Schlussbilanz und Schlussbilanzkonto die gleichen Werte ausweisen.

Bei Abweichungen zwischen Inventurwerten (Istwerten) und Buchwerten (Sollwerten) müssen die Buchwerte durch entsprechende Buchungen berichtigt werden. Maßgebend sind stets die Inventurwerte (Istwerte).

Strukturwissen

Eröffnungsbuchungen	Mit Eröffnungsbuchungen werden die Bestände vom Eröffnungsbilanzkonto (EBK) auf die Bestandskonten übertragen.
Umsatzbuchungen	Mit Umsatzbuchungen werden die Geschäftsvorfälle während des Geschäftsjahres im Grundbuch und im Hauptbuch erfasst.
Abschlussbuchungen	Mit Abschlussbuchungen werden Bestandskonten auf das Schlussbilanzkonto (SBK) und Erfolgskonten auf das Gewinn- und Verlustkonto (GuV-Konto) übertragen.
Vorbereitende Abschlussbuchungen	Vorbereitende Abschlussbuchungen sind Buchungen beim Kontenabschluss, mit denen Salden auf andere Konten als SBK und GuV-Konto übertragen werden.

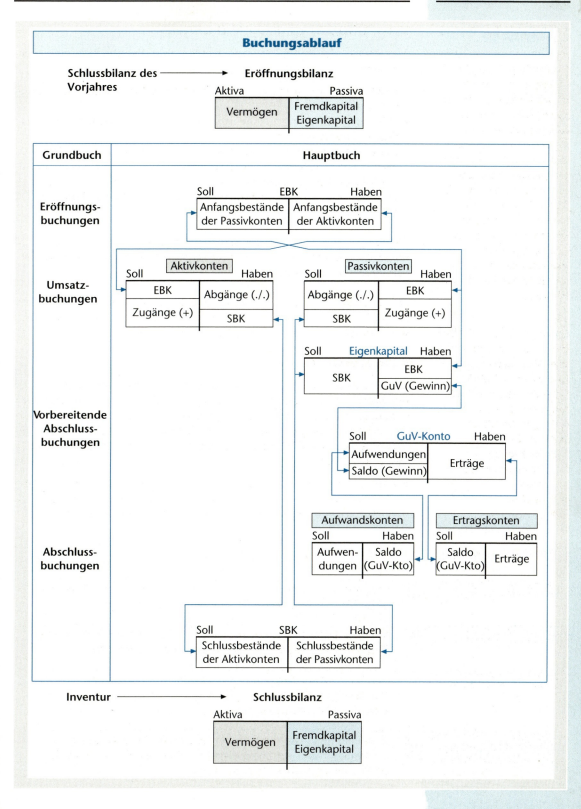

Aufgaben

 1 Führen Sie einen Geschäftsgang von Bilanz zu Bilanz für das Bankhaus Carl Stein & Co. OHG, Erfurt, durch.

Anfangsbestände der Vermögens- und Kapitalwerte:

	Euro
Kassenbestand	37 000,00
Guthaben bei Zentralnotenbanken	212 000,00
Forderungen an Kunden	963 000,00
Aktien	59 000,00
Sachanlagen	70 000,00
Spareinlagen	416 000,00
Sichteinlagen von Kunden	853 000,00
Eigenkapital	72 000,00

Konten:

Kasse, Bundesbank, Forderungen an Kunden, Eigene Wertpapiere, Sachanlagen, Spareinlagen, Sichteinlagen, Eigenkapital

Zinsaufwendungen, Löhne und Gehälter, Mietaufwendungen, Allgemeine Verwaltungsaufwendungen, Zinserträge aus Kreditgeschäften, Provisionserträge, Kursgewinne Wertpapiere

EBK, SBK, Gewinn- und Verlustkonto

Geschäftsvorfälle:

		Euro
1. Gehälter der Bankangestellten werden auf Konten (Kreditoren) gutgeschrieben		12 000,00
2. Rechnung für Büromaterial wird zulasten Bundesbankkonto überwiesen		1 000,00
3. Barabhebung eines Sparers		500,00
4. Überweisungsausgang über die Deutsche Bundesbank: Miete des Bankhauses für gemietete Geschäftsräume		2 100,00
5. Eingänge auf Bundesbankkonto	zugunsten von Sparern	5 000,00
	zugunsten von Debitoren	12 600,00
6. Zinsgutschriften des Bankhauses	für Sparer	4 300,00
	für Kreditoren	5 600,00
7. Das Bankhaus belastet Debitoren	Kreditzinsen (Sollzinsen)	27 100,00
	Kontoführungsentgelt	6 700,00
8. Aktienverkauf an einen Sparer		5 000,00
9. Debitoren erteilen Überweisungsaufträge zugunsten von Kreditoren		1 800,00
zugunsten von Kunden bei anderen Kreditinstituten (Ausführung über die Deutsche Bundesbank)		3 000, 00
10. Wertpapierverkauf an der Börse (Verrechnung des Gegenwerts über die Deutsche Bundesbank)		30 000,00

a) Stellen Sie die Eröffnungsbilanz auf, richten Sie die Konten im Hauptbuch ein und eröffnen Sie die Konten (Grundbuch und Hauptbuch).

b) Buchen Sie die Geschäftsvorfälle im Grundbuch und im Hauptbuch.

c) Buchen Sie die vorbereitenden Abschlussbuchungen (Grundbuch und Hauptbuch). Bilanzwert der eigenen Wertpapiere lt. Inventur 29 000,00 Euro

d) Schließen Sie die Erfolgskonten im Grundbuch und im Hauptbuch ab.

e) Schließen Sie die Bestandskonten ab (Grundbuch und Hauptbuch).

f) Stellen Sie die Schlussbilanz auf.

Führen Sie einen Geschäftsgang von Bilanz zu Bilanz durch.

Anfangsbestände der Vermögens- und Kapitalwerte: Euro

	Euro
Kassenbestand	74 000,00
Guthaben bei Zentralnotenbanken	424 000,00
Schuldverschreibungen	118 000,00
Forderungen an Kunden	1 926 000,00
Sachanlagen	140 000,00
Spareinlagen	832 000,00
Sichteinlagen von Kunden	1 706 000,00
Eigenkapital	144 000,00

Konten:

Kasse, Bundesbank, Forderungen an Kunden, Eigene Wertpapiere, Sachanlagen, Spareinlagen, Sichteinlagen, Eigenkapital

Zinsaufwendungen, Löhne und Gehälter, Mietaufwendungen, Allgemeine Verwaltungsaufwendungen, Zinserträge aus Kreditgeschäften, Zinserträge aus Wertpapieren, Provisionserträge, Kursgewinne Wertpapiere

EBK, SBK, Gewinn- und Verlustkonto

Geschäftsvorfälle: Euro

1. Gehälter der Bankangestellten werden auf Konten (Kreditoren) gutgeschrieben — 16 000,00
2. Rechnung für Büromaterial wird zulasten Bundesbankkonto überwiesen — 4 000,00
3. Barabhebung eines Sparers — 1 500,00
4. Überweisungsausgang über die Deutsche Bundesbank:
   Miete der Bank für gemietete Geschäftsräume — 2 400,00
5. Eingänge auf Bundesbankkonto — zugunsten von Sparern — 15 000,00
   zugunsten von Debitoren — 14 600,00
6. Zinsgutschriften der Bank — für Sparer — 7 300 00
   für Kreditoren — 6 600,00
7. Belastungen der Bank für Debitoren
   Kreditzinsen (Sollzinsen) — 49 100,00
   Kontoführungsentgelt — 8 800,00
8. Wertpapierverkauf an Sparer — 15 000,00
9. Debitoren erteilen Überweisungsaufträge
   zugunsten von Kreditoren — 11 800,00
   zugunsten von Kunden bei anderen Kreditinstituten
   (Ausführung über die Deutsche Bundesbank) — 43 000,00
10. Wertpapierverkauf über die Börse (Verrechnung über Bundesbankkonto) — 55 000,00
11. Belastung von Kreditoren für Kontoführungsentgelt — 3 000,00
12. Zinsgutschrift für Wertpapiere geht über die Deutsche Bundesbank ein — 4 800,00

a) Stellen Sie die Eröffnungsbilanz auf, richten Sie die Konten im Hauptbuch ein, und eröffnen Sie die Konten über das Eröffnungsbilanzkonto.

b) Buchen Sie die Geschäftsvorfälle im Grund- und Hauptbuch.

c) Buchen Sie die vorbereitenden Abschlussbuchungen im Grundbuch und im Hauptbuch. Inventurwert der eigenen Wertpapiere 50 000,00 Euro

d) Schließen Sie die Erfolgskonten ab (Grund- und Hauptbuch).

e) Schließen Sie die Bestandskonten über das Schlussbilanzkonto ab (Grund- und Hauptbuch). Stellen Sie die Schlussbilanz auf.

Führen Sie einen Geschäftsgang von Bilanz zu Bilanz durch.

Anfangsbestände der Vermögens- und Kapitalwerte:

	Euro
Sichteinlagen von Kunden	846 000,00
Schuldverschreibungen	83 000,00
Kassenbestand	37 500,00
Spareinlagen	512 500,00
Forderungen an Kunden	981 000,00
Guthaben bei Zentralnotenbanken	191 000,00
Eigenkapital	81 000,00
Sachanlagen	147 000,00

Von den Sachanlagen betreffen Betriebs- und Geschäftsausstattung 27 000,00 Euro, Grundstücke und Gebäude 120 000,00 Euro.

Konten:

Kasse, Bundesbank, Forderungen an Kunden, Eigene Wertpapiere, Grundstücke und Gebäude, Betriebs- und Geschäftsausstattung, Spareinlagen, Sichteinlagen, Eigenkapital
Zinsaufwendungen, Löhne und Gehälter, Mietaufwendungen, Allgemeine Verwaltungsaufwendungen, Zinserträge aus Kreditgeschäften, Provisionserträge, Zinserträge aus Wertpapieren, Kursgewinne Wertpapiere
EBK, SBK, Gewinn- und Verlustkonto

Geschäftsvorfälle:

		Euro
1. Sparer heben bar ab		2 500,00
2. Die Bank hebt Bargeld vom Bundesbankkonto ab		40 000,00
3. Überweisungsaufträge werden zulasten des Bundesbankkontos der Bank ausgeführt	Aufträge von Debitoren	15 000,00
	Aufträge von Kreditoren	10 000,00
4. Die Bank bezahlt Büromaterial durch Bundesbank-Überweisung		1 600,00
5. Die Bank überweist Miete auf das Konto des Vermieters (Kreditor)		1 200,00
6. Sparer zahlen bar ein		2 000,00
7. Sparer kaufen von der Bank Schuldverschreibungen		19 500,00
8. Die Bank kauft von einem Kreditor Büromöbel		4 500,00
9. Zinsgutschriften für Kreditoren		3 760,00
10. Kreditoren werden mit Kontoführungsentgelt belastet		4 390,00
11. Debitoren erhalten Kontoabrechnung	Zinsen	45 800,00
	Kontoführungsentgelte	6 300,00
12. Überweisungseingänge auf dem Bundesbankkonto der Bank		
zugunsten von Debitoren		15 000,00
zugunsten von Kreditoren		22 400,00
zugunsten von Sparern		12 000,00
13. Barauszahlungen an Debitoren		3 700,00
14. Kreditoren kaufen von der Bank Wertpapiere		15 000,00
15. Ein Kreditor lässt auf sein Sparkonto übertragen		7 000,00
16. Ein Kreditor hebt bar ab		5 000,00
17. Die Bank erhält über die Deutsche Bundesbank eine Gutschrift für Zinsen aus Wertpapieren		6 000,00
18. Die Bank zahlt Gehälter (Überweisungen auf Kreditoren-Konten)		18 500,00

a) Stellen Sie die Eröffnungsbilanz auf, richten Sie die Konten im Hauptbuch ein und eröffnen Sie die Konten über das Eröffnungsbilanzkonto (Grundbuch und Hauptbuch).

b) Buchen Sie die Geschäftsvorfälle im Grund- und Hauptbuch.

c) Buchen Sie den Erfolg des Wertpapiergeschäfts (Grundbuch und Hauptbuch). Bilanzwert lt. Inventur: 50 000,00 Euro

d) Schließen Sie im Grundbuch und im Hauptbuch die Erfolgskonten und die Bestandskonten ab. Stellen Sie die Schlussbilanz auf.

4 Kundenkontokorrent und Bankenkontokorrent

4.1 Kundenkontokorrent

Alle Debitoren und Kreditoren auf einem einzigen Konto?

Das Bankhaus Kai-Uwe Fischer & Söhne OHG, Bremen, führt eine große Zahl von Kontokorrentkonten für seine Kunden. Die Kunden wickeln darüber vor allem ihren Zahlungsverkehr ab. Zu diesem Zweck unterhalten sie als Kreditoren Guthaben, oder sie nehmen als Debitoren Kredite in Anspruch.

Im Hauptbuch führt das Bankhaus dagegen nur ein einziges Konto Kundenkontokorrent. Auf diesem Konto verbucht es sowohl sämtliche täglich fälligen Forderungen an seine Kunden als auch sämtliche täglich fälligen Verbindlichkeiten gegenüber seinen Kunden.

Handlungsaufträge

1. Bisher wurden Forderungen an Kunden, d. h. Debitoren, und Sichteinlagen, d. h. Kreditoren, auf getrennten Konten gebucht. Das Bankhaus Kai-Uwe Fischer & Söhne OHG führt ein gemeinsames Konto. Welche Probleme entstehen durch die Zusammenfassung von Debitoren und Kreditoren auf einem Konto?

2. Untersuchen Sie den Widerspruch zwischen der Aussage „Das Bankhaus führt eine große Zahl von Kontokorrentkonten für seine Kunden" und der Aussage „Das Bankhaus führt nur ein einziges Kundenkontokorrent-Konto". Begründen Sie Ihr Ergebnis.

3. Wie kann das Hauptbuchkonto Kundenkontokorrent abgeschlossen werden?

4. Guthaben der Kunden werden in der Bilanz eines Kreditinstituts auf der Passivseite als Verbindlichkeiten gegenüber Kunden erfasst. In der Bilanz der Kunden stehen sie dagegen als Forderungen an Kreditinstitute auf der Aktivseite. Umgekehrt werden Kredite an Kunden in der Bilanz eines Kreditinstituts als Aktiva ausgewiesen und in den Bilanzen der Kunden als Passiva. Begründen Sie diesen Tatbestand.

■ Das Hauptbuchkonto Kundenkontokorrent

Kontokorrentkredite an Kunden wurden bisher über das Hauptbuchkonto Forderungen an Kunden (Aktivkonto) gebucht, Verbindlichkeiten gegenüber Kunden aus täglich fälligen Einlagen über das Hauptbuchkonto Sichteinlagen (Passivkonto).

Soll	**Forderungen an Kunden**	Haben
Anfangsbestand	Abnahme (./.)	
Zunahme (+)	Schlussbestand	

Soll	**Sichteinlagen**	Haben
Abnahme (./.)	Anfangsbestand	
Schlussbestand	Zunahme (+)	

ERLÄUTERUNG:

Bei einem Wechsel vom Debitor zum Kreditor und umgekehrt wäre der Umsatz aufzuspalten in einen debitorischen und einen kreditorischen Anteil.

ERLÄUTERUNG:

Kontokorrentkredite an Kunden und Sichteinlagen von Kunden werden auf einem Hauptbuchkonto gebucht.

▶ **Warum bedarf es nicht mehr der Angabe, ob ein Kunde Debitor oder Kreditor ist?**

Dieses Verfahren ist bei der Abwicklung von Zahlungsaufträgen unpraktisch. Vor jeder Buchung ist zu prüfen, ob ein Debitoren- oder ein Kreditorenumsatz vorliegt und ob aus Debitoren bei Gutschriften Kreditoren werden bzw. aus Kreditoren bei Belastungen Debitoren.

Debitoren- und Kreditorenumsätze und -bestände werden in der Praxis auf **einem gemeinsamen Hauptbuchkonto**, dem Konto **Kundenkontokorrent (Kunden-KK), gebucht.** Dieses Konto fasst die Konten Forderungen an Kunden und Sichteinlagen zusammen. Es ist zugleich Aktiv- und Passivkonto.

Buchungen auf dem Hauptbuchkonto Kunden-KK

Geschäftsvorfälle	Erläuterungen	Grundbuch	

Anfangsbestände:
Forderungen an
Kunden 85 000,00 Euro
Sichteinlagen 125 000,00 Euro
	Übernahme der Bestände aus der Eröffnungsbilanz	Kunden-KK
		  an EBK (Forderungen an Kunden)
		EBK (Sichteinlagen)
		  an Kunden-KK
			85 000,00 Euro
			
			125 000,00 Euro

1. Ein Debitor hebt bar ab 2 000,00 Euro	Zunahme des Debitorenbestandes	Kunden-KK an Kasse	2 000,00 Euro
2. Eingang auf dem Bundesbankkonto zugunsten eines Kreditors 12 000,00 Euro	Zunahme des Kreditorenbestandes	Bundesbank an Kunden-KK	12 000,00 Euro
3. Ein Debitor zahlt bar ein 1 000,00 Euro	Abnahme des Debitorenbestandes	Kasse an Kunden-KK	1 000,00 Euro
4. Überweisungsauftrag eines Kreditors (Kontostand 1 500,00 Euro) wird über die Deutsche Bundesbank ausgeführt 3 500,00 Euro	Abnahme des Kreditorenbestandes um 1 500,00 Euro und Zunahme des Debitorenbestandes um 2 000,00 Euro	Kunden-KK an Bundesbank	3 500,00 Euro
5. Kunden zahlen bar ein 10 000,00 Euro	Zunahme des Kreditorenbestandes und/oder Abnahme des Debitorenbestandes	Kasse an Kunden-KK	10 000,00 Euro
6. Überweisungsaufträge von Kunden werden über die Deutsche Bundesbank ausgeführt 20 000,00 Euro	Zunahme des Debitorenbestandes und/oder Abnahme des Kreditorenbestandes	Kunden-KK an Bundesbank	20 000,00 Euro
7. Kunden werden mit Zinsen belastet 6 000,00 Euro	Zunahme des Debitorenbestandes und/oder Abnahme des Kreditorenbestandes	Kunden-KK an Zinserträge	6 000,00 Euro
8. Kunden erhalten Zinsgutschriften 1 000,00 Euro	Zunahme des Kreditorenbestandes und/oder Abnahme des Debitorenbestandes	Zinsaufwendungen an Kunden-KK	1 000,00 Euro

Schlussbestände:
Forderungen
an Kunden 114 000,00 Euro
Sichteinlagen 146 500,00 Euro
	Ermittlung der Schlussbestände durch Inventur	SBK (Forderungen an Kunden)
		  an Kunden-KK
		Kunden-KK
		  an SBK (Sichteinlagen)
			114 000,00 Euro
			
			146 500,00 Euro

Hauptbuch			
Soll		**Kunden-KK**	**Haben**
EBK (Forderungen an Kunden)	85 000,00	EBK (Sichteinlagen)	125 000,00
1. Kasse	2 000,00	2. Bundesbank	12 000,00
4. Bundesbank	3 500,00	3. Kasse	1 000,00
6. Bundesbank	20 000,00	5. Kasse	10 000,00
7. Zinserträge	6 000,00	8. Zinsaufwendungen	1 000,00
SBK (Sichteinlagen)	146 500,00	SBK (Forderungen an Kunden)	114 000,00
	263 000,00		263 000,00

Das **Hauptbuchkonto Kundenkontokorrent** weist **alle Kontokorrent-umsätze** ohne Trennung nach Debitoren und Kreditoren aus. Es hat aber zwei Anfangs- und zwei Schlussbestände:
- Forderungen an Kunden (Debitoren),
- Sichteinlagen (Kreditoren).

■ Die Personenkonten (Kundenkonten)

Um die Forderungen und Verbindlichkeiten der Bank gegenüber den einzelnen Kunden zu erfassen, werden **Personenkonten (Kundenkonten)** geführt. Sie sind **Konten einer Nebenbuchführung** und werden auch als **Skontren** (Kundenskontren) bezeichnet.

Auf den Personenkonten werden die einzelnen Umsätze kundenbezogen erfasst. Auf dem Hauptbuchkonto Kundenkontokorrent (Kunden-KK) werden die Umsätze summenmäßig zusammengefasst gebucht.

Das Kunden-KK lässt sich nicht durch Saldieren abschließen. Für einen ordnungsgemäßen Abschluss sind die Inventurbestände der Forderungen und der Sichteinlagen erforderlich. Sie lassen sich ermitteln, indem die einzelnen Kundenkonten (Skontren) saldiert und alle Salden getrennt nach Debitoren (Forderungen) und Kreditoren (Sichteinlagen) in **Saldenlisten** zusammengestellt werden.

 **ERLÄUTERUNG:**

Rechtlich ist jedes Kundenkonto ein selbstständiges Kontokorrent.

 **DEFINITION:**

Skontren sind Konten einer Nebenbuchführung.

 **ERLÄUTERUNG:**

Für Konten einer Nebenbuchführung gilt nicht das Prinzip der doppelten Buchführung.

 **BEISPIEL:** *KK-Buchungen im Grundbuch, auf dem Hauptbuchkonto Kunden-KK und auf Skontren*

Anfangsbestände

Anfangsbestände laut Eröffnungsbilanz:
Forderungen an Kunden (Debitoren)   100 000,00 Euro
Sichteinlagen (Kreditoren)   120 000,00 Euro

Debitoren und Kreditoren setzen sich gemäß Saldenliste folgendermaßen zusammen:

Debitoren		Kreditoren	
Bolten & Söhne	15 000,00 Euro	Dr. A. Asche	4 000,00 Euro
Werner Feldmann	60 000,00 Euro	Horst Diederichs	96 000,00 Euro
City Service GmbH	25 000,00 Euro	Claudia Hischemöller	20 000,00 Euro
	100 000,00 Euro		120 000,00 Euro

Geschäftsvorfälle

1. Am 2. Januar werden Überweisungsaufträge der Kunden über die Deutsche Bundesbank ausgeführt. Auftraggeber:

Bolten & Söhne	2 500,00 Euro
Dr. A. Asche	10 000,00 Euro
Claudia Hischemöller	22 500,00 Euro
	35 000,00 Euro

2. Am 2. Januar erhält die Bank Überweisungseingänge über die Deutsche Bundesbank. Empfänger:

Bolten & Söhne	21 000,00 Euro
Horst Diederichs	15 000,00 Euro
City Service GmbH	5 000,00 Euro
	41 000,00 Euro

 ERLÄUTERUNG:

Die Umsätze des Geschäftstages werden erfasst

- als Umsatzsummen im Grundbuch (Umsatzbuchungen) und im Hauptbuch,
- als Einzelumsätze auf den jeweils betroffenen Personenkonten (Skontren).

▶ **Erläutern Sie, wie die Schlussbestände des Hauptbuchkontos Kunden-KK ermittelt werden können.**

ERLÄUTERUNG:

Der Inventurbestand ergibt sich aus der Aufnahme der Salden der Kundenkonten.

Saldenlisten:

Debitoren

Feldmann	60 000,00
City Service	20 000,00
Asche	6 000,00
Hischemöller	2 500,00
	88 500,00

Kreditoren

Bolten	3 500,00
Diederichs	111 000,00
	114 500,00

Grundbuch

Eröffnungsbuchungen

Kunden-KK	
an EBK	100 000,00 Euro
EBK	
an Kunden-KK	120 000,00 Euro

Umsatzbuchungen

1. Kunden-KK	
an Bundesbank	35 000,00 Euro
2. Bundesbank	
an Kunden-KK	41 000,00 Euro

Abschlussbuchungen

SBK	
an Kunden-KK	88 500,00 Euro
Kunden-KK	
an SBK	114 500,00 Euro

Hauptbuch

Soll		Kunden-KK	Haben
EBK	100 000,00	EBK	120 000,00
1. Bundesbank	35 000,00	2. Bundesbank	41 000,00
SBK	114 500,00	SBK	88 500,00
	249 500,00		249 500,00

Skontren (Kundenkonten)

Bolten & Söhne	Euro		Dr. A. Asche	Euro
Saldovortrag	15 000,00 S		Saldovortrag	4 000,00 H
Überweisungsausgang	2 500,00 S		Überweisungsausgang	10 000,00 S
Überweisungseingang	21 000,00 H		Neuer Saldo	6 000,00 S
Neuer Saldo	3 500,00 H			

Werner Feldmann		Euro		Horst Diederichs		Euro
Saldovortrag		60 000,00 S		Saldovortrag		96 000,00 H
				Überweisungseingang		15 000,00 H
				Neuer Saldo		111 000,00 H
City Service GmbH		Euro		**Claudia Hischemöller**		
Saldovortrag		25 000,00 S		Saldovortrag		20 000,00 H
Überweisungseingang		5 000,00 H		Überweisungsausgang		22 500,00 S
Neuer Saldo		20 000,00 S		Neuer Saldo		2 500,00 S

Kreditinstitute müssen die **Höhe des Debitoren- und des Kreditorenbestandes täglich** ermitteln. In der Datenverarbeitung werden mit den täglichen Buchungen auf den Personenkonten die Umsätze getrennt nach Debitoren und Kreditoren gespeichert. Die Datenverarbeitung erfasst auch den anteiligen Debitoren- und Kreditorenumsatz, wenn auf einem Kundenkonto der Saldo wechselt. Durch Verrechnung mit den Vortagssalden können die Salden der Skontren täglich neu ermittelt und in Saldenlisten verfügbar gemacht werden.

▶ Informieren Sie sich, welche Hauptbuchkonten Ihr Ausbildungsinstitut im Kontokorrentbereich führt.

Strukturwissen

Kundenkontokorrent (Hauptbuchkonto)	Das Hauptbuchkonto Kundenkontokorrent erfasst sämtliche Umsätze, die ein Kreditinstitut mit seinen Kontokorrentkunden tätigt. Es ist sowohl aktives als auch passives Bestandskonto. Es hat zwei Anfangsbestände (Forderungen an Kunden, täglich fällig, und Verbindlichkeiten gegenüber Kunden, täglich fällig [Sichteinlagen]) und zwei Schlussbestände. Voraussetzung für seinen Abschluss ist die Erfassung der Forderungen und Verbindlichkeiten durch Inventur.
Personenkonten (Kundenkonten)	Die Kontokorrentkonten, die das Kreditinstitut für die einzelnen Kontokorrentkunden führt, sind Personenkonten oder Kundenkonten. Auf ihnen werden die Umsätze der einzelnen Kunden erfasst.
Skontren	Skontren sind Konten einer Buchführung neben dem Hauptbuch (Konten einer Nebenbuchführung). Beispiele sind die Kontokorrentkonten, Sparkonten und Depotkonten, die für die einzelnen Kunden geführt werden.

Soll	Kundenkontokorrent-Konto (Kunden-KK)	Haben
Anfangsbestand Forderungen an Kunden (Debitoren)		Anfangsbestand Sichteinlagen (Kreditoren)
Zunahme Debitoren		Zunahme Kreditoren
		Abnahme Debitoren
Abnahme Kreditoren		
Schlussbestand Sichteinlagen (Kreditoren)		Schlussbestand Forderungen an Kunden (Debitoren)

Aufgaben

 Führen Sie das Hauptbuchkonto Kunden-KK bei der Bremer Bank AG.

Anfangsbestände: Euro
Forderungen an Kunden 1 825 000,00
Sichteinlagen 1 980 000,00

Geschäftsvorfälle:
1. Bareinzahlung eines Kontokorrentkunden 8 000,00
2. Eingänge bei der Bundesbank zugunsten von Kontokorrentkunden 51 000,00
3. Barabhebung eines Kontokorrentkunden 2 400,00
4. Überweisungsaufträge von Kontokorrentkunden werden über die Bundesbank ausgeführt 58 000,00
5. Abbuchung der Miete für Büroräume im Hause der Bank vom Kontokorrentkonto eines Kunden 2 300,00
6. Belastung eines Kontokorrentkunden für einen Wertpapierkauf (Verkauf aus dem Handelsbestand der Bank) 7 500,00
7. Belastung von Kontokorrentkunden mit Sollzinsen 11 000,00
8. Gutschrift von Habenzinsen für Kontokorrentkunden 3 800,00
9. Belastung von Kontoführungsentgelt 12 000,00

Schlussbestände:
Forderungen an Kunden 1 859 700,00
Sichteinlagen 1 984 300,00

a) Führen Sie im Hauptbuch nur das Konto Kunden-KK. Eröffnen Sie das Konto mit Buchungen im Grund- und Hauptbuch.

b) Buchen Sie die Geschäftsvorfälle im Grund- und Hauptbuch.

c) Schließen Sie das Konto mit Buchungen im Grund- und Hauptbuch ab.

 Buchen Sie auf dem Hauptbuchkonto Kunden-KK und auf den Personenkonten (Skontren) bei der Volksbank Sindelfingen eG.

Bestände am 29. Dezember Euro
Forderungen an Kunden 158 270,00
Sichteinlagen 162 290,00

Debitoren:
Anton Braunkogel & Co. KG 13 850,00
Alexandra Eckermann 4 610,00
Marcus Wrängler 8 790,00
Futtermittel-Vertriebsgesellschaft mbH 43 960,00
Ellen & Katrin Porex 31 640,00
Sülfmeister AG 55 420,00

Kreditoren:
Bade, Plötz & Co. OHG 8 500,00
Eisenwerke Lachte AG 58 720,00
Anke Immenschur 19 450,00
Manfred Möller 8 630,00
Gerhard Santel 29 710,00
Elke Wolters 37 280,00

Geschäftsvorfälle am 30. Dezember
1. Bareinzahlungen
   zugunsten Alexandra Eckermann 8 470,00
   zugunsten Marcus Wrängler 3 500,00
   zugunsten Manfred Möller 12 320,00
2. Barabhebungen
   von Anton Braunkogel & Co. KG 6 000,00
   von Anke Immenschur 12 500,00
   von Elke Wolters 3 150,00
3. Überweisungsausgänge über die Bundesbank im Auftrag von Futtermittel-Vertriebsgesellschaft mbH 7 300,00
   von Sülfmeister AG 4 360,00
   von Bade, Plötz & Co. OHG 8 210,00
   von Manfred Möller 3 200,00
4. Überweisungseingänge auf Bundesbankkonto zugunsten Futtermittel-Vertriebsgesellschaft mbH 16 250,00
   zugunsten Anke Immenschur 11 920,00
   zugunsten Elke Wolters 8 290,00

5. Überweisungsausgänge
über die Bundesbank im Auftrag
	Euro
von Marcus Wrängler	9 300,00
von Bade, Plötz & Co. OHG	6 280,00
von Manfred Möller	810,00

6. Überweisungseingänge
auf Bundesbankkonto
	Euro
zugunsten Anton Braunkogel & Co. KG	1 220,00
zugunsten Futtermittel-Vertriebsgesellschaft mbH	4 790,00
zugunsten Elke Wolters	8 210,00

a) Führen Sie im Hauptbuch das Konto Kunden-KK und tragen Sie die Debitoren- und Kreditorenbestände des Vortages vor.

b) Richten Sie die Personenkonten (Skontren) ein. Übernehmen Sie die Debitoren- bzw. Kreditorenbestände vom 29. Dezember als Saldovorträge.

c) Buchen Sie die Geschäftsvorfälle im Grundbuch, im Hauptbuch und auf den Personenkonten.

d) Ermitteln Sie die Salden der Skontren am 30. Dezember.

e) Ermitteln Sie den Debitoren- und den Kreditorenbestand.

 Buchen Sie bei der Sparkasse Altendeich.

Debitoren- und Kreditorenbestand am 29. Dezember
	Euro
Forderungen an Kunden	102 460,00
Sichteinlagen	111 960,00

Debitoren:
	Euro
Alwin Baumeister	19 450,00
Corinna Delonge	26 600,00
Dieter Karstens KG	48 760,00
Bea Steinhoff	7 650,00

Kreditoren:
	Euro
A. F. H. Boltenbrück	26 500,00
Glücksbrau AG	17 850,00
Elisabeth Pohl	39 360,00
Friedrich Stehr OHG	28 250,00

Geschäftsvorfälle am 30. Dezember
	Euro
1. Eingänge auf dem Bundesbankkonto zugunsten:	
Dieter Karstens KG	8 300,00
Bea Steinhoff	4 250,00
Glücksbrau-AG	6 850,00
2. Überweisungsausgänge über die Bundesbank im Auftrag von:	
Alwin Baumeister	1 920,00
A. F. H. Boltenbrück	2 000,00
3. Bareinzahlungen von:	
Bea Steinhoff	1 200,00
Friedrich Stehr OHG	3 800,00
4. Barabhebung von	
Corinna Delonge	7 250,00

Geschäftsvorfälle am 31. Dezember
	Euro
1. Bareinzahlung von	
Alwin Baumeister	4 630,00
2. Überweisungen vom Bundesbankkonto im Auftrag von:	
Elisabeth Pohl	6 570,00
Friedrich Stehr OHG	3 200,00
3. Eingänge bei der Bundesbank zugunsten:	
Corinna Delonge	5 380,00
Bea Steinhoff	6 430,00
4. Bareinlösung eines Schecks, Aussteller Glücksbrau AG	5 600,00

a) Richten Sie im Hauptbuch das Konto Kunden-KK ein. Tragen Sie die Debitoren- und Kreditorenbestände vom 29. Dezember vor.

b) Richten Sie die Personenkonten (Skontren) ein. Übernehmen Sie die Bestände vom 29. Dezember als Saldovortrag.

c) Buchen Sie die Geschäftsvorfälle vom 30. und 31. Dezember im Grundbuch, auf dem Hauptbuchkonto Kunden-KK und auf den Personenkonten (Skontren).

d) Stellen Sie am 31. Dezember eine Saldenliste auf.

e) Stimmen Sie den Debitoren- und Kreditorenbestand per 31. Dezember ab und schließen Sie das Konto Kunden-KK im Grundbuch und im Hauptbuch ab.

4.2 Bankenkontokorrent

Kontokorrentkonten für Kreditinstitute

Das Bankhaus Kai-Uwe Fischer & Söhne OHG, Bremen, führt ein Kontokorrentkonto für die Gewerbebank AG. Das Konto weist ein Guthaben von 320 000,00 Euro auf. Außerdem unterhält das Bankhaus Kontokorrentkonten bei der Rhein-Bank AG und beim Bankhaus Hermann & Söhne GmbH. Bei der Rhein-Bank AG hat es einen Kredit in Höhe von 65 000,00 Euro in Anspruch genommen, beim Bankhaus Hermann & Söhne besteht ein Guthaben von 200 000,00 Euro.

Handlungsaufträge

1. Übertragen Sie die für das Kundenkontokorrent geltenden Aussagen auf die Verbuchung der Umsätze mit der Bankenkundschaft.

2. Erläutern Sie die Rechtsstellung des Bankhauses hinsichtlich des Guthabens der Gewerbebank AG, hinsichtlich des bei der Rhein-Bank AG aufgenommenen Kredits und für das eigene Guthaben beim Bankhaus Hermann & Söhne GmbH.

3. Die Einzelkonten (Skontren) Rhein-Bank AG und Bankhaus Hermann & Söhne GmbH sind sogenannte Nostrokonten. Das sind Gegenkonten zu den Originalskontren, die bei den kontoführenden Instituten bestehen. Erläutern Sie den Zusammenhang.

Kontokorrentumsätze mit der Bankenkundschaft werden auf dem Hauptbuchkonto Bankenkontokorrent und auf Skontren gebucht.

► **Vergleichen Sie Banken-KK und Kunden-KK.**

Das **Hauptbuchkonto Bankenkontokorrent (Banken-KK)** erfasst alle Umsätze, die die Bankenkundschaft betreffen. Es ist zugleich Aktiv- und Passivkonto. Es hat wie das Kunden-KK zwei Anfangsbestände und zwei Schlussbestände.

Für die einzelnen Banken, mit denen Geschäftsverbindungen bestehen, werden Skontren (Einzelkonten) geführt. Die Skontren sind – je nachdem welches Kreditinstitut kontoführende Stelle ist – **entweder Lorokonten oder Nostrokonten:**

ERLÄUTERUNG:

Kreditinstitute, mit denen Kontoverbindungen bestehen, werden als Korrespondenzbanken bezeichnet.

- Führt das Bankhaus Kai-Uwe Fischer & Söhne OHG, Bremen, das Konto für eine Korrespondenzbank unter deren Namen, so handelt es sich aus der Sicht des Bremer Bankhauses um ein **Lorokonto** („Euer Konto [bei uns]").

- Unterhält das Bankhaus Kai-Uwe Fischer & Söhne OHG, Bremen, für sich unter seinem Namen ein Konto bei einer Korrespondenzbank, führt es als Gegenrechnung ein **Nostrokonto** („unser Konto [bei Euch]").

Loro- und Nostrokonto

Das Bankhaus Kai-Uwe Fischer & Söhne OHG, Bremen, ist	Die Gewerbebank AG, Münster, ist
Kontoführer	**Kontoinhaber**
für die Gewerbebank AG	beim Bankhaus Kai-Uwe Fischer & Söhne

LORO			NOSTRO		
Soll	Gewerbebank AG	Haben	Soll	Bankhaus Fischer & Söhne	Haben
	Einlage 320 000,00 (Verbindlich- keit gegen- über Gewerbe- bank AG)		Guthaben 320 000,00 (Forderung an Bankhaus Fischer & Söhne)		

Originalrechnung — Gegenrechnung (Spiegelbild)

Kontoauszüge →

= LOROKONTO	**= NOSTROKONTO**
(Konto für eine Korrespondenzbank)	**(Eigenes Konto bei einer Korrespondenzbank)**

 **BEISPIEL:** *Buchungen im Grundbuch, auf dem Hauptbuchkonto Banken-KK sowie auf Loro- und Nostrokonten*

Anfangsbestände

Anfangsbestände laut Eröffnungsbilanz:

Forderungen an Kreditinstitute	*200 000,00 Euro*
Verbindlichkeiten gegenüber Kreditinstituten	*385 000,00 Euro*

Die Forderungen und Verbindlichkeiten setzen sich folgendermaßen zusammen:

Forderungen		**Verbindlichkeiten**	
Nostro Bankhaus Hermann & Söhne GmbH, Frankfurt am Main	*200 000,00 Euro*	*Loro Gewerbebank AG, Münster*	*320 000,00 Euro*
	200 000,00 Euro	*Nostro Rhein-Bank AG, Köln*	*65 000,00 Euro*
			385 000,00 Euro

Geschäftsvorfälle

1. *Wertpapierverkauf an die Gewerbebank AG, Münster* — *50 000,00 Euro*

2. *Tagesgeldaufnahme bei der Rhein-Bank AG, Köln. Das Tagesgeld wird auf dem Bundesbankkonto des Bankhauses Kai-Uwe Fischer & Söhne OHG bereitgestellt* — *500 000,00 Euro*

3. *Überweisungseingang vom Bankhaus Hermann & Söhne GmbH, Frankfurt, zugunsten eines Kontokorrentkunden* — *20 000,00 Euro*

> 4. Auftrag der Gewerbebank AG, Münster,
>   250 000,00 Euro auf ihr Konto bei der
>   Deutschen Bundesbank, Münster, zu übertragen   250 000,00 Euro
>
> 5. Überweisungsauftrag eines Kunden zugunsten
>   eines Kunden der Rhein-Bank AG, Köln   40 000,00 Euro

ERLÄUTERUNG:

Skontren können sowohl in Kontoform oder – wie nebenstehend – in Staffelform geführt werden.

Grundbuch		Skontren	
Eröffnungsbuchungen		**LORO Gewerbebank AG**	
Banken-KK			Euro
an EBK	200 000,00 Euro	Saldovortrag	320 000,00 H
EBK		Wertpapierkauf	50 000,00 S
an Banken-KK	385 000,00 Euro	Überweisung	250 000,00 S
			20 000,00 H
Umsatzbuchungen			
1. Banken-KK		**NOSTRO Hermann & Söhne GmbH**	
an Eigene			Euro
Wertpapiere	50 000,00 Euro	Saldovortrag	200 000,00 S
2. Bundesbank		Überweisung	20 000,00 S
an Banken-KK	500 000,00 Euro		220 000,00 S
3. Banken-KK			
an Kunden-KK	20 000,00 Euro	**NOSTRO Rhein Bank AG**	
4. Banken-KK			Euro
an Bundes-		Saldovortrag	65 000,00 H
bank	250 000,00 Euro	Tagesgeldaufnahme	500 000,00 H
5. Kunden-KK		Überweisung	40 000,00 H
an Banken-KK	40 000,00 Euro		605 000,00 H
Abschlussbuchungen			
SBK			
an Banken-KK	220 000,00 Euro		
Banken-KK			
an SBK	625 000,00 Euro		

ERLÄUTERUNG:

Der Inventurbestand ergibt sich aus der Aufnahme der Salden der Loro- und Nostrokonten:

Forderungen
Hermann & Söhne
220 000,00

Verbindlichkeiten

Gewerbebank AG	20 000,00
Rhein-Bank AG	605 000,00
	625 000,00

		Hauptbuch		
Soll		**Banken-KK**		**Haben**
EBK	200 000,00	EBK		385 000,00
1. Eigene Wertpapiere	50 000,00	2. Bundesbank		500 000,00
3. Kunden-KK	20 000,00	5. Kunden-KK		40 000,00
4. Bundesbank	250 000,00	SBK		220 000,00
SBK	625 000,00	—		
	1 145 000,00			1 145 000,00

Von den Besonderheiten der Loro- und Nostrokontoführung im Nebenbuch abgesehen entspricht das Bankenkontokorrentkonto dem Kundenkontokorrentkonto.

Strukturwissen

Bankenkontokorrent (Hauptbuchkonto)	Das Hauptbuchkonto Bankenkontokorrent (Banken-KK) erfasst alle Umsätze eines Kreditinstituts mit seiner Bankenkundschaft. Es ist sowohl aktives als auch passives Bestandskonto. Es hat zwei Anfangsbestände und zwei Schlussbestände (Forderungen an Kreditinstitute, täglich fällig, und Verbindlichkeiten gegenüber Kreditinstituten, täglich fällig).
Lorokonten und Nostrokonten	Korrespondenzbanken führen gegenseitig Einzelkonten (Skontren). Je nachdem, wer Kontoführer ist, handelt es sich um ein Lorokonto oder um ein Nostrokonto. Ein Lorokonto („Euer Konto") ist die Originalrechnung der Konto führenden Stelle für die Korrespondenzbank. Ein Nostrokonto („Unser Konto") ist die Gegenrechnung für das eigene Konto bei einer Korrespondenzbank.

Soll	Bankenkontokorrent-Konto (Banken-KK)	Haben
Anfangsbestand Forderungen an Kreditinstitute		Anfangsbestand Verbindlichkeiten gegenüber Kreditinstituten
Zunahme Forderungen an Kreditinstitute		Zunahme Verbindlichkeiten gegenüber Kreditinstituten
Abnahme Verbindlichkeiten gegenüber Kreditinstituten		Abnahme Forderungen an Kreditinstitute
Schlussbestand Verbindlichkeiten gegenüber Kreditinstituten		Schlussbestand Forderungen an Kreditinstitute

Aufgaben

 Buchen Sie auf dem Hauptbuchkonto Banken-KK und auf Loro- und Nostrokonten der Rhein-Bank AG, Düsseldorf.

Anfangsbestände:	Euro
Forderungen an Kreditinstitute	5 350 000,00
Verbindlichkeiten gegenüber Kreditinstituten	6 160 000,00

Forderungen:	
Nostro Merkur-Bank AG, Frankfurt am Main	2 850 000,00
Loro Handels- und Privatbank AG, München	2 500 000,00

Verbindlichkeiten:	
Loro Stuttgarter Investitions- und Handelsbank AG, Stuttgart	4 160 000,00
Nostro Hansabank AG, Hamburg	2 000 000,00

Geschäftsvorfälle: Euro

1. Die Rhein-Bank AG führt den Überweisungsauftrag eines Kontokorrentkunden zugunsten eines Kunden der Handels- und Privatbank AG aus   80 000,00
2. Die Rhein-Bank AG nimmt bei der Hansabank AG, Hamburg, Tagesgeld auf.
   Der Betrag wird auf dem Bundesbankkonto der Bank bereitgestellt   2 000 000,00
3. Auf dem Konto der Rhein-Bank AG bei der Merkurbank AG gehen
   zugunsten eines Sparkunden der Rhein-Bank AG ein   90 000,00
4. Die Handels- und Privatbank AG, München, zahlt Tagesgeld, das sie von der
   Rhein-Bank AG aufgenommen hatte, von ihrem Bundesbankkonto zurück   1 000 000,00

a) Richten Sie im Hauptbuch das Konto Banken-KK ein. Buchen Sie die Anfangsbestände im Grundbuch und auf dem Hauptbuchkonto Banken-KK.

b) Richten Sie die Skontren ein. Übernehmen Sie die Anfangsbestände als Saldovortrag.

c) Buchen Sie die Geschäftsvorfälle im Grundbuch, im Hauptbuch und auf den Skontren.

d) Ermitteln Sie die Schlussbestände auf den Skontren. Stellen Sie eine Saldenliste auf.

e) Schließen Sie das Konto Banken-KK im Grundbuch und im Hauptbuch ab.

2 Schließen Sie die Konten Kunden-KK und Banken-KK bei der Diskontbank AG, Frankfurt am Main, ab, und bilanzieren Sie die Bestände.

Die Konten Kunden-KK und Banken-KK der Diskontbank AG, Frankfurt am Main, weisen am 31. Dezember folgende Umsätze aus:

	Soll	Haben
Kunden-KK	50 000 000,00 Euro	53 500 000,00 Euro
Banken-KK	36 700 000,00 Euro	35 300 000,00 Euro

Der Inventur sind folgende Angaben zu entnehmen: Euro

1. Debitorenbestand (= kurzfristige Forderungen an Kunden)   5 500 000,00
2. Kreditorenbestand (Sichteinlagen = täglich fällige Verbindlichkeiten)   9 000 000,00
3. Forderungen gegenüber Kreditinstituten auf Nostrokonten:
   a) täglich fälliges Guthaben bei der Gewerbebank AG, Münster   2 400 000,00
   b) täglich fälliges Guthaben bei der Industrie- und Kreditbank AG, Hamburg   3 000 000,00
4. Verbindlichkeiten gegenüber Kreditinstituten auf Nostrokonten:
   aufgenommener Kredit bei der Merkur-Bank AG, Frankfurt am Main
   (täglich zur Rückzahlung fällig)   3 000 000,00
5. Forderungen gegenüber Kreditinstituten auf Lorokonten:
   an das Bankhaus W. Falkenhausen & Co. OHG, München,
   gewährter Kredit (täglich zur Rückzahlung fällig)   1 900 000,00
6. Verbindlichkeiten gegenüber Kreditinstituten auf Lorokonten:
   a) Sichteinlage des Bankhauses J.K. Heistmann e.K., Frankfurt am Main   2 000 000,00
   b) Sichteinlage des Bankhauses M.K. Rothman e.K., Düsseldorf   900 000,00

a) Richten Sie die Konten Kunden-KK und Banken-KK ein. Übernehmen Sie die Umsätze.

b) Schließen Sie die Konten ab. Buchen Sie im Grundbuch und im Hauptbuch.

c) In welchen Posten der Jahresbilanz werden die Bestände ausgewiesen?

5 Umsatzsteuer

Nachzahlung von Vorsteuer?

Die Steuerprüfung beanstandet die folgende Buchung einer Rechnung über den Kauf eines Selbstbedienungsterminals bei der Hansabank in Hamburg AG:

Betriebs- und Geschäftsausstattung	100 000,00 Euro
Vorsteuer	19 000,00 Euro
an Kunden-KK	119 000,00 Euro

Sie verlangt die sofortige Nachzahlung der unzulässig verkürzten Umsatzsteuer.

Handlungsaufträge

Kauf   Verkauf

1 Wodurch unterscheiden sich Vorsteuer und Umsatzsteuer?

2 Erläutern Sie das System der Umsatzsteuer.

3 Erklären Sie, warum die Umsatzsteuer in der Praxis auch als Mehrwertsteuer bezeichnet wird.

4 Begründen Sie, warum Vorsteuer bei Kreditinstituten nur bedingt von der Umsatzsteuerschuld abgezogen werden kann.

5.1 Das System der Umsatzsteuer

Umsatzsteuer wird auf alle Warenlieferungen und Dienstleistungen erhoben, die ein Unternehmer im Inland gegen Entgelt ausführt. Bemessungsgrundlage für die Umsatzsteuer ist das vereinbarte Entgelt.

Die Umsatzsteuer muss vom Unternehmer auf den Preis der Ware oder Dienstleistung aufgeschlagen und in der Rechnung gesondert ausgewiesen werden. Die vereinnahmte Steuer muss monatlich an das Finanzamt abgeführt werden. Steuerschuldner ist der Unternehmer, d. h. der Verkäufer der Ware bzw. der Dienstleister.

Die Umsatzsteuer wird auf allen Wirtschaftsstufen erhoben. Besteuert werden soll die auf der jeweiligen Stufe erzielte Wertschöpfung, d. h. der erzeugte Mehrwert. Aus diesem Grunde kann der Unternehmer Umsatzsteuer, die er auf bezogene Waren oder Dienstleistungen gezahlt hat, **als Vorsteuer** von seiner Umsatzsteuerschuld absetzen bzw. direkt vom Finanzamt zurückfordern. Damit wird erreicht, dass bei jedem Umsatz nur die Wertschöpfung der betreffenden Wirtschaftsstufe besteuert wird.

Träger der Umsatzsteuer ist der Verbraucher. Er kann bezahlte Umsatzsteuer nicht als Vorsteuer absetzen, da er für seine Leistungen keine Umsatzsteuer berechnen kann.

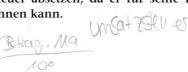

ERLÄUTERUNG:

Umsatzsteuer wird auf Warenlieferungen und Dienstleistungen erhoben. Sie zählt steuersystematisch zu den Verkehrssteuern, da sie durch die Teilnahme am Waren- und Dienstleistungsaustausch verursacht wird. Außerdem gehört sie zu den indirekten Steuern, weil Steuerschuldner und wirtschaftlich durch die Steuer Belasteter nicht identisch sind.

ERLÄUTERUNG:

Umsatzsteuer wird auf das vereinbarte Entgelt erhoben, z. B. auf
– den Preis (Nettopreis),
– eine Provision,
– eine Gebühr.

ERLÄUTERUNG:

Die Wertschöpfung ist der erzeugte Mehrwert. Die Umsatzsteuer wird daher auch als Mehrwertsteuer bezeichnet.

DEFINITION:

Vorsteuer = beim Kauf von Waren oder der Inanspruchnahme von Dienstleistungen gezahlte Umsatzsteuer

HINWEIS:

Umsatzsteuer wird nur auf gewerbliche Umsätze erhoben. Geschäfte zwischen Privatpersonen sowie Löhne und Gehälter sind umsatzsteuerfrei.

BEISPIEL: Besteuerung der Wertschöpfung auf den Wirtschaftsstufen mit Umsatzsteuer

ERLÄUTERUNG:

Der Steuersatz beträgt grundsätzlich 19 % (allgemeiner Steuersatz). Bei Lebensmitteln, Druckerzeugnissen und bestimmten im UStG ausdrücklich genannten Warengruppen gilt ein ermäßigter Steuersatz von 7 %.

▶ Stellen Sie das Beispiel „Besteuerung der Wertschöpfung" in Form eines Balkendiagramms dar. Stellen Sie die einzelnen Wirtschaftsstufen nebeneinander. Kennzeichnen Sie die Wertschöpfung der einzelnen Stufen durch eine Farbe oder durch eine Schraffur.

▶ Erläutern Sie, wieso Schuldner der Umsatzsteuer die Unternehmungen, Träger der Umsatzsteuer dagegen die Verbraucher sind.

1. Ein Industrieunternehmen verkauft eigene Erzeugnisse an einen Großhändler

Nettoverkaufspreis	1 000,00 Euro
+ 19 % Umsatzsteuer	190,00 Euro
= Bruttoverkaufspreis	1 190,00 Euro
→ **Umsatzsteuerschuld** (Zahllast)	**190,00 Euro**

2. Der Großhändler verkauft die Waren an einen Einzelhändler

Nettoeinkaufspreis	1 000,00 Euro
+ Wertschöpfung (Kosten und Gewinn)	600,00 Euro
= Nettoverkaufspreis	1 600,00 Euro
+ 19 % Umsatzsteuer	304,00 Euro
= Bruttoverkaufspreis	1 904,00 Euro
→ **Umsatzsteuerschuld** (Zahllast)	
(Umsatzsteuer 304,00 ./. Vorsteuer 190,00)	**114,00 Euro**

3. Der Einzelhändler verkauft die Waren an seine Kunden

Nettoeinkaufspreis	1 600,00 Euro
+ Wertschöpfung (Kosten und Gewinn)	800,00 Euro
= Nettoverkaufspreis	2 400,00 Euro
+ 19 % Umsatzsteuer	456,00 Euro
= Bruttoverkaufspreis	2 856,00 Euro
→ **Umsatzsteuerschuld** (Zahllast)	
(Umsatzsteuer 456,00 ./. Vorsteuer 304,00)	**152,00 Euro**

4. Steuerlast des Verbrauchers: 19 % auf seinen Nettoeinkaufspreis von 2 400,00 Euro (Nettoeinkaufspreis 2 400,00 + 19 % Umsatzsteuer 456,00 = Bruttoeinkaufspreis 2 856,00) **456,00 Euro**

Die Umsatzsteuer wird in voller Höhe vom Verbraucher getragen.

5.2 Die Umsatzsteuer bei Kreditinstituten

5.2.1 Steuerfreie und steuerpflichtige Umsätze

Die meisten Dienstleistungen der Kreditinstitute für Kunden (Umsätze mit Kunden) sind von der Umsatzsteuer befreit.

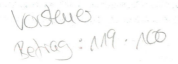

Umsatzsteuer bei Kreditinstituten

Umsatzsteuerpflichtige Geschäfte

- Vermittlungsgeschäfte, soweit sie nicht nach § 4 Nr. 8 UStG umsatzsteuerfrei sind

- Verkauf von Sicherungsgut im eigenen Namen des Kreditinstituts

- Verkauf von gebrauchten Anlagegegenständen, soweit sie nicht ausschließlich für umsatzsteuerfreie Tätigkeiten verwendet wurden

- Verwahrung und Verwaltung von Wertpapieren

- Vermögensverwaltungen

- Vermietungen von Schließfächern

- Kantinenumsätze

- Kfz-Überlassung an Mitarbeiter zur Privatnutzung

- Umsätze in Edelmetallen (ausgenommen Anlagegold)

Umsatzsteuerfreie Geschäfte
(§ 4 Nr. 8 und § 25c UStG)

- die Gewährung und Vermittlung von Krediten

- die Umsätze* von gesetzlichen Zahlungsmitteln (ausgenommen Zahlungsmittel, die wegen ihres Metall- oder Sammlerwerts umgesetzt werden)

- die Umsätze* im Einlagengeschäft, im Kontokorrentverkehr, im Zahlungs- und Überweisungsverkehr und das Inkasso von Handelspapieren

- die Umsätze* im Geschäft mit Wertpapieren (ausgenommen die Verwahrung und Verwaltung von Wertpapieren)

- die Umsätze* von Anteilen an Gesellschaften und anderen Vereinigungen

- die Übernahme von Verbindlichkeiten, von Bürgschaften und anderen Sicherheiten*

- die Verwaltung von Investmentvermögen

- Umsätze im Geschäft mit Anlagegold

* und die Vermittlung dieser Umsätze

5.2.2 Umsatzsteuer und Vorsteuer

Beim Verkauf steuerpflichtiger Bankleistungen müssen die Kreditinstitute Umsatzsteuer in Rechnung stellen.

Umsatzsteuer, die beim Einkauf bezahlt wurde (Vorsteuer), können Kreditinstitute nur dann von ihrer Umsatzsteuerschuld absetzen, wenn sie einem steuerpflichtigen Umsatz zugerechnet werden kann. Vorsteuer im Zusammenhang mit umsatzsteuerfreien Verkäufen oder Dienstleistungen kann dagegen nicht von der Umsatzsteuerschuld abgesetzt werden.

▶ Entscheiden Sie, ob auf die folgenden Geschäfte der Handels- und Privatbank AG Umsatzsteuer berechnet werden muss und welches Entgelt besteuert wird:
- Verkauf von Silberbarren (Nettoverkaufspreis oder Nettoeinkaufspreis),
- Verwaltung von Wertpapieren (Nennwert des Depots, Börsenwert des Depots oder Nettopreis für die Depotverwaltung),
- Immobilienvermittlung (Nettoverkaufspreis der Immobilie oder Betrag der Vermittlungsprovision),
- Vergabe eines Anschaffungskredits (Kreditbetrag, Zinsbelastung oder Bearbeitungsgebühr),
- Buchung einer Überweisung (Überweisungsbetrag, Nettobuchungsentgelt oder anteiliges Kontoführungsentgelt).

DEFINITION:

Anlagegold im Sinne des UStG sind:
1. Goldbarren mit einem Feingehalt von mind. 995/1000
2. Goldmünzen mit einem Feingehalt von mind. 900/1000, die gesetzliches Zahlungsmittel sind oder waren und deren Preis den Wert des Goldgehalts i. d. R. um nicht mehr als 80 Prozent übersteigt.

ERLÄUTERUNG:

Edelmetallankäufe von Kreditinstituten und gewerblichen
Unternehmen sind umsatz-
steuerpflichtig. Ankäufe von
Privatkunden unterliegen
nicht der Umsatzsteuer.

ERLÄUTERUNG:

Buchung des Kaufs:
Edelmetalle 11 000
Vorsteuer   2 090
  an Bundesbank   13 090
Buchung des Verkaufs:
Kunden-KK 14 875
  an Edelmetalle   12 500
  an Umsatzsteuer   2 375

▶ **Das Konto Edelmetalle
ist ein gemischtes
Konto. Begründen Sie
diese Aussage.**

ERLÄUTERUNG:

Buchung für den Abschluss
des Kontos Vorsteuer:
Umsatzsteuer
  an Vorsteuer   1 760

Buchung der Umsatzsteuer-
zahlung (der Zahllast):
Umsatzsteuer
  an Bundesbank   240

DEFINITION:

Zahllast =
auf die Wertschöpfung fällige
Umsatzsteuerschuld =
Umsatzsteuer ./. Vorsteuer

BEISPIEL: | *Vorsteuer und Umsatzsteuer bei Umsätzen mit Platinbarren*

Die Handels- und Privatbank AG kauft 5 Platinbarren im Gewicht von je 100 Gramm zum Preis von 2 200,00 Euro + 19 % Umsatzsteuer je Stück. Sie verkauft die Barren zum Preis von 2 500,00 Euro + 19 % Umsatzsteuer je Barren an einen Kontokorrentkunden.

Abrechnung des Platinkaufs	**Abrechnung des Platinverkaufs**
Ankauf	**Verkauf**
5 Barren Platin je 100 Gramm	5 Barren Platin je 100 Gramm
zu 2 200,00 Euro je Barren	zu 2 500,00 Euro je Barren
Nettopreis 11 000,00 Euro	Nettopreis 12 500,00 Euro
+ 19 % Umsatzsteuer 2 090,00 Euro	+ 19 % Umsatzsteuer 2 375,00 Euro
Rechnungspreis 13 090,00 Euro	Rechnungspreis 14 875,00 Euro

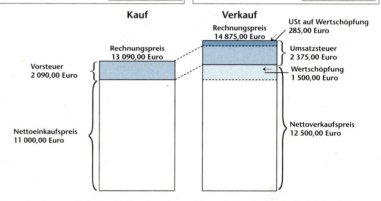

Umsatzsteuer, die beim Einkauf zu be-zahlen ist, wird als Vorsteuer bezeich-net. Sie ist eine Forderung an das Finanzamt. Sie wird erfasst auf dem Konto **Vorsteuer**

Umsatzsteuer, die beim Verkauf be-rechnet wird, ist eine Verbindlichkeit gegenüber dem Finanzamt. Sie wird erfasst auf dem Konto **Umsatzsteuer**

Das Konto Vorsteuer wird monatlich über das Konto Umsatzsteuer abge-schlossen. Der sich danach auf dem Konto Umsatzsteuer ergebende Saldo ist die vom Kreditinstitut abzuführende Umsatzsteuer (Zahllast).

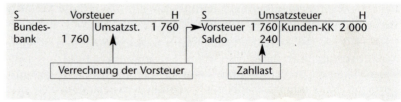

5.2.3 Vorsteuer beim Kauf von Anlagegegenständen und bei Verwaltungsaufwendungen

Vorsteuer kann nur abgesetzt werden, wenn der Vorgang direkt einem umsatzsteuerpflichtigen Verkauf oder einer umsatzsteuerpflichtigen Dienstleistung zugerechnet werden kann.

Abzug der Vorsteuer bei Kreditinstituten

Abzug in voller Höhe	teilweiser Abzug	kein Vorsteuerabzug
Die Anschaffung dient ausschließlich umsatzsteuerpflichtigen Geschäften	Die Anschaffung dient sowohl umsatzsteuerpflichtigen als auch umsatzsteuerfreien Geschäften	Die Anschaffung dient nur umsatzsteuerfreien Geschäften
Beispiel: Kauf einer Büroeinrichtung für den Arbeitsplatz eines Immobilienvermittlers	**Beispiel:** Kauf eines Pkw für die Hypotheken- und Immobilienabteilung	**Beispiel:** Kauf eines Geldtransportwagens
Nettopreis 50 000,00 Euro + USt 9 500,00 Euro = Bruttopreis 59 500,00 Euro	Nettopreis 50 000,00 Euro + USt 9 500,00 Euro = Bruttopreis 59 500,00 Euro (anteilige Nutzung: Immobilienkreditvergabe 80 % Immobilienvermittlung 20 %)	Nettopreis 100 000,00 Euro + USt 19 000,00 Euro = Bruttopreis 119 000,00 Euro
Erfassung auf dem Konto Sachanlagen mit 50 000,00 Euro Vorsteuer 9 000,00 Euro	Erfassung auf dem Konto Sachanlagen mit 57 600,00 Euro Vorsteuer 1 900,00 Euro	Erfassung auf dem Konto Sachanlagen mit 119 000,00 Euro Vorsteuer 0,00 Euro

Für Vorsteuer im Zusammenhang mit Aufwendungen gilt das Gleiche. Die Vorsteuer kann geltend gemacht werden, wenn der Aufwand ausschließlich mit umsatzsteuerpflichtigen Geschäften zusammenhängt, z. B. Aufwendungen im Zusammenhang mit Schließfachanlagen. Die meisten Aufwendungen, z. B. für Büromaterial, Telekommunikationsdienstleistungen, Leasingraten für Bürogeräte, lassen sich aber nicht umsatzsteuerpflichtigen Verkäufen und Dienstleistungen zuordnen. Die bezahlte Vorsteuer ist in diesen Fällen Bestandteil des Aufwands (nicht abzugsfähige Vorsteuer).

5.2.4 Umsatzsteuer beim Verkauf von Anlagegegenständen

Verkauft ein Kreditinstitut einen Anlagegegenstand, den es ausschließlich für umsatzsteuerfreie Tätigkeiten benutzt hat, ist dieser Verkauf umsatzsteuerfrei. Wurde der Anlagegegenstand dagegen ausschließlich für umsatzsteuerpflichtige Tätigkeiten benutzt, muss das Kreditinstitut beim Verkauf Umsatzsteuer in Rechnung stellen.

In der Praxis der Kreditinstitute werden viele Anlagegegenstände unmittelbar oder mittelbar auch für umsatzsteuerpflichtige Tätigkeiten verwendet. Da eine Aufteilung der Nutzung in der Regel aufwendig ist, verzichten viele Kreditinstitute auf den Nachweis des umsatzsteuerpflichtigen Anteils und stellen bei Verkäufen die volle Umsatzsteuer in Rechnung.

ERLÄUTERUNG:

Wenn ein Kreditinstitut den Abzug von Vorsteuer geltend machen will, muss es die ausschließliche oder anteilige Nutzung für umsatzsteuerpflichtige Dienstleistungen nachweisen. Sofern es diesen Nachweis nicht führt, kann es die Vorsteuer bei Anschaffungen nicht absetzen.

▶ Warum wird der Pkw mit 57 600 Euro bilanziert?

▶ Ermitteln Sie den zu verbuchenden Aufwand für die folgende Rechnung: Euro
Umdruckpapier 10 000
+ 19 % USt 1 900
Rechnungspreis 11 900

▶ Buchen Sie die Zahlung der Rechnung. Der Papierlieferant ist Kontokorrentkunde der Bank.

HINWEIS:

§ 4 Nr. 28 UStG

▶ Erstellen Sie eine Übersicht zur Umsatzsteuerberechnung beim Verkauf von Anlagegegenständen entsprechend der Übersicht im Abschnitt 5.2.3.

Strukturwissen

Umsatzsteuer	Umsatzsteuer ist eine Verkehrssteuer auf Lieferungen und sonstige Leistungen, die ein Unternehmer im Inland gegen Entgelt ausführt. Besteuerungsgrundlage ist der Nettoumsatz bzw. das Nettoentgelt. Steuerschuldner ist der Verkäufer bzw. Dienstleister. Träger der Steuerlast ist der Verbraucher. Bei Kreditinstituten sind gemäß § 4 Nr. 8 UStG viele Geschäfte von der Umsatzsteuer befreit.
Vorsteuer	Als Vorsteuer werden Umsatzsteuerbeträge bezeichnet, die dem Unternehmer von anderen Unternehmungen für Lieferungen und sonstige Leistungen in Rechnung gestellt wurden. Der Unternehmer kann Vorsteuerbeträge, die im Zusammenhang mit umsatzsteuerpflichtigen Leistungen stehen, vom Finanzamt zurückfordern bzw. mit seiner eigenen Umsatzsteuerschuld verrechnen. Der Vorsteuerabzug führt dazu, dass auf jeder Wirtschaftsstufe nur die Wertschöpfung dieser Stufe mit Umsatzsteuer belastet wird.
Zahllast	Zahllast ist die vom Unternehmer in der Regel monatlich an das Finanzamt abzuführende Umsatzsteuer. Sie ergibt sich als Saldo aus Umsatzsteuer und Vorsteuer.

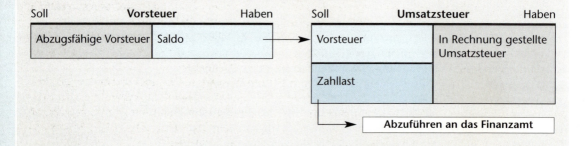

Aufgaben

 Ermitteln Sie die Zahllast der Handels- und Privatbank AG.

a) Monat Dezember
Umsätze:
– auf dem Konto Vorsteuer
    Soll   12 400,00 Euro
– auf dem Konto Umsatzsteuer
    Haben 26 800,00 Euro

b) Monat Januar
Umsätze:
– auf dem Konto Vorsteuer
    Soll   8 400,00 Euro
– auf dem Konto Umsatzsteuer
    Haben 11 800,00 Euro

 Buchen Sie Aufwendungen im Grundbuch des Bankhauses Molineus & Co. OHG, Berlin:

1. Das Bankhaus erwirbt Büromaterial:
Nettopreis   4 000,00 Euro
Umsatzsteuer   760,00 Euro
Rechnungspreis   4 760,00 Euro
Die Zahlung erfolgt auf das beim Bankhaus geführte Kontokorrentkonto des Lieferanten.

2. Für die Wartung der Terminals in der Kreditabteilung berechnet die Servicegesellschaft 1 500,00 Euro + 285,00 Euro Umsatzsteuer. Der Betrag wird auf das bei einer Korrespondenzbank geführte Konto überwiesen.

3. Für Malerarbeiten im Eingangsbereich geht eine Rechnung über 500,00 Euro + 95,00 Euro Umsatzsteuer ein. Der Gegenwert wird dem beim Bankhaus geführten Kontokorrentkonto des Malers gutgeschrieben.

4. Für den Kundentresor wurden neue Leuchtstoffröhren beschafft:
Nettopreis   250,00 Euro
Umsatzsteuer   47,50 Euro
Rechnungspreis   297,50 Euro
Der Einkauf wurde von der Hausverwaltung bar bezahlt.

5. Überweisung einer Rechnung für die Herstellung einer Informationsbroschüre für die Kunden mit Auslandsgeschäft:
Nettopreis   5 000,00 Euro
Umsatzsteuer   950,00 Euro
Rechnungspreis   5 950,00 Euro
Der Hersteller der Broschüre ist Kontokorrentkunde.

6. Telekomrechnung für den ausgelagerten Bereich Wertpapierverwaltung:
Nettopreis   22 200,00 Euro
Umsatzsteuer   4 218,00 Euro
Rechnungspreis   26 418,00 Euro
Der Betrag wird über die Deutsche Bundesbank überwiesen.

 Bei der Hansabank AG, Hamburg, sind Entscheidungen zu treffen, mit welchem Wert neu beschaffte Anlagegegenstände auf dem Hauptbuchkonto Betriebs- und Geschäftsausstattung zu erfassen sind.

1. Flachbildschirme für die Kreditabteilung, Nettopreis 16 000,00 Euro + 19 % Umsatzsteuer.

2. Schauvirtrinen für die Abteilung Immobilienvermittlung, Nettopreis 6 000,00 Euro + 19 % Umsatzsteuer.

3. Laptops für die Anlageberater der Bank, Nettopreis 12 000,00 Euro + 19 % Umsatzsteuer.

4. Ausstattungsgegenstände für das Projekt „Reisen für Kunden", mit dem die Bank ihren Kunden adressatengerechte und zugleich preisgünstige Reisen vermitteln will.
Nettoaufwand   50 000,00 Euro
Umsatzsteuer   9 500,00 Euro
Gesamtpreis   59 500,00 Euro

5. Selbstbedienungsterminals für die Privatkundschaft mit den Funktionen Aufruf und Ausdruck von Konto- und Depotinformationen, Eingabe von Zahlungsverkehrsaufträgen, Nettopreis 48 000,00 Euro + 19 % Umsatzsteuer.

6. Pkw für den Immobilienvermittler: Rechnungspreis 36 000,00 Euro + 19 % Umsatzsteuer. Der Pkw soll zu 30 % von der Kreditabteilung mitgenutzt werden.

7. Pkw für einen Filialleiter: Anschaffungspreis 71 400,00 Euro einschließlich 19 % Umsatzsteuer. Der Pkw wird vorrangig für Firmenkundenbesuche eingesetzt.

8. Stellwände für Werbemaßnahmen: 15 000,00 Euro + 19 % Umsatzsteuer. Die Stellwände sollen im Umfang von 25 % für Werbemaßnahmen eingesetzt werden, mit denen umsatzsteuerpflichtige Geschäfte beworben werden. Als Erstes ist eine Ausstellung zu Edelmetallangeboten der Bank geplant.

4 Die Sparkasse Birkenfeld beabsichtigt, nicht mehr benötigte Gegenstände der Geschäftsausstattung zu verkaufen. Beraten Sie den mit dem Verkauf beauftragten Mitarbeiter über die in Rechnung zu stellende Umsatzsteuer (In Klammern ist die Preisvorstellung der Bank ohne Umsatzsteuer angegeben).

1. 17-Zoll Bildschirme aus der Zahlungsverkehrsgruppe (120,00 Euro je Stück),
2. Schließfachanlage (100 000,00 Euro),
3. Kassenbox (4 000,00 Euro),
4. Schreibtische aus einer aufgelösten Filiale (200,00 Euro je Stück),
5. Stehpult aus dem Kundenbereich der Schließfachanlage (100,00 Euro)
6. Ausstellungsvitrinen aus dem Kundenbereich Kontoführung (120,00 Euro je Stück).

5 Die Sparkasse erwirbt eine Tresor-Schließfachanlage, deren Fächer an Kunden vermietet werden. Ermitteln Sie die Höhe der Anschaffungskosten gemäß § 255 Abs. 1 HGB.

	Euro
Kaufpreis	30 000,00
darauf USt 19 %	5 700,00
Der Sparkasse wird nachträglich ein Rabatt von 3 % gewährt	–1 071,00
Montage durch Dritte	5 000,00
darauf USt 19 %	950,00
Externe Transportkosten	500,00
darauf USt 19 %	95,00
Externe Schulungskosten für Mitarbeiter	200,00
Vom Controller geschätzte interne Kosten für den Erwerb der Anlage	400,00

1. Wie hoch sind die Anschaffungskosten?
2. Ermitteln Sie den Vorsteuerabzug.
3. Welcher Betrag ist als Aufwand zu erfassen?

§ 255 HGB Bewertungsmaßstäbe

(1) Anschaffungskosten sind die Aufwendungen, die geleistet werden, um einen Vermögensgegenstand zu erwerben und ihn in einen betriebsbereiten Zustand zu versetzen, soweit sie dem Vermögensgegenstand einzeln zugeordnet werden können. Zu den Anschaffungskosten gehören auch die Nebenkosten sowie die nachträglichen Anschaffungskosten. Anschaffungspreisminderungen sind abzusetzen.

6 Jahresabschlüsse und ihre Bestandteile

6.1 Der veröffentlichte Jahresabschluss

60 Seiten Geschäftsbericht und eine Einladung

Die Handels- und Privatbank AG, Frankfurt am Main, versendet ihren Geschäftsbericht und lädt ihre Aktionäre zur ordentlichen Hauptversammlung ein. Die ersten beiden Tagesordnungspunkte heißen:

1. Vorlage des festgestellten Jahresabschlusses und des Lageberichts für das abgelaufene Geschäftsjahr mit dem Bericht des Aufsichtsrats, Vorlage des Konzernabschlusses und des Konzernlageberichts (nach IAS/IFRS) für das abgelaufene Geschäftsjahr

2. Beschlussfassung über die Verwendung des Bilanzgewinns
Vorstand und Aufsichtsrat schlagen vor, den zur Verfügung stehenden Bilanzgewinn von 1 639 000,00 Euro wie folgt zu verwenden:

Ausschüttung einer Dividende von 2,20 Euro je Aktie auf 620 000 Aktien	1 364 000,00 Euro
Einstellung in die Gewinnrücklage	275 000,00 Euro
Bilanzgewinn	1 639 000,00 Euro

Handlungsaufträge

1 ► Worüber informiert der Jahresabschluss?

2 ► Warum spricht die Bank von einem festgestellten Jahresabschluss?

3 ► Neben dem Jahresabschluss wird von der Handels- und Privatbank AG ein Konzernabschluss vorgelegt. Worin unterscheiden sich die beiden Abschlüsse?

► Beschaffen Sie sich den Jahresabschluss Ihres Ausbildungsinstituts.

 **ERLÄUTERUNG:**

IAS = International Accounting Standards
IFRS = International Financial Reporting Standards
($\rightarrow$ Lernfeld 3, Abschnitt 6.3)

6.1.1 Aufgaben und Bestandteile des Jahresabschlusses

Der Jahresabschluss soll ein den tatsächlichen Verhältnissen entsprechendes Bild der Vermögens-, Finanz- und Ertragslage des Kreditinstituts vermitteln. Er dient Gläubigern, Anteilseignern, Staat, Bankenaufsicht und Öffentlichkeit zur Information. Kapitalgeber und interessierte Anleger erhalten aufgrund gesetzlicher Regelung der Aufstellung und Bewertung der Vermögens- und Kapitalwerte zum Bilanzstichtag sowie der Aufstellung der Aufwendungen und Erträge vergleichbare Aussagen für Vermögens- und Anlageentscheidungen über das Unternehmen. Der Jahresabschluss weist zudem den für eine Ausschüttung zur Verfügung stehenden Gewinn des abgelaufenen Geschäftsjahres aus.

 HINWEIS:

§ 340a Abs.1 HGB in Verbindung mit § 264 Abs. 2 HGB

► Begründen Sie die Aussage, dass ein Jahresabschluss Gläubigern und Anlegern in begrenztem Rahmen Schutz vor Übervorteilung und Verlust geben kann.

HINWEIS:

§ 340a Abs.1 HGB in
Verbindung mit § 289 HGB

▶ Stellen Sie die Bestandteile des Jahresabschlus-
ses und deren Aufga-
ben in einer Tabelle zu-
sammen.

DEFINITION:

Beteiligungen sind Anteile an
anderen Unternehmen, die
bestimmt sind, dem eigenen
Geschäftsbetrieb durch Herstellung einer dauernden Verbindung zu dienen (§ 271
HGB).

BEISPIEL:

*Die Handels- und Privatbank
AG als Mutterunternehmen
besitzt 60 % Kapitalanteile
der Privatleasing AG, Köln,
als Tochterunternehmen.*

▶ Bei wem sind zu
bilanzieren:
– ein gekauftes Gebäu-
de, das schon vom
Kreditinstitut genutzt,
aber im Grundbuch
noch nicht auf das
Kreditinstitut einge-
tragen ist,
– Baumaschinen, die
einem Kreditinstitut
zur Sicherheit über-
eignet worden sind,
– Wertpapiere eines
Kunden, die er dem
Kreditinstitut verpfän-
det hat?

**Der Jahresabschluss besteht aus der Bilanz (Jahresbilanz), der Gewinn-
und Verlustrechnung und dem Anhang**. Kreditinstitute müssen außerdem einen **Lagebericht** aufstellen.

**Die Jahresbilanz enthält die Aufstellung der Vermögens- und Kapital-
werte zum Bilanzstichtag**. Sie gibt Auskunft über die Vermögens- und
Finanzlage sowie die Liquidität des Kreditinstituts.

**Die Gewinn- und Verlustrechnung zeigt die Erträge und Aufwendun-
gen des Kreditinstituts**. Sie gibt Einblick in die Ertragsquellen und die
Aufwandsschwerpunkte.

Im **Anhang** werden Erläuterungen zur Jahresbilanz und zur Gewinn- und
Verlustrechnung gegeben, z. B. müssen dort die auf die Posten der Bilanz
und der Gewinn- und Verlustrechnung angewandten Bilanzierungs- und
Bewertungsmethoden angegeben werden.

Der **Lagebericht** muss über den Geschäftsverlauf, die Lage und die Risiken
des Kreditinstituts informieren. Er ist verbindlich von allen Kreditinstituten aufzustellen, ist aber kein Bestandteil des Jahresabschlusses.

Kreditinstitute sind zusätzlich zur **Aufstellung eines Konzernabschlusses
und eines Konzernlageberichts** verpflichtet, wenn sie **als Mutterunternehmen** an einem oder mehreren anderen Unternehmen (Tochterunternehmen) beteiligt sind. Als Beteiligung gelten im Zweifel Anteile an einer
Kapitalgesellschaft, die den fünften Teil des Nennkapitals dieser Gesellschaft überschreiten.

6.1.2 Aufstellung, Prüfung und Feststellung des Jahresabschlusses

■ Aufstellung des Jahresabschlusses

Kreditinstitute müssen den Jahresabschluss **in den ersten drei Monaten
nach Ablauf des Geschäftsjahres** aufstellen. Im Jahresabschluss müssen
sämtliche Vermögensgegenstände, Verbindlichkeiten, Rechnungsabgrenzungsposten, Aufwendungen und Erträge des Unternehmens aufgeführt
werden. Maßgebend für die **Wertansätze im Jahresabschluss sind die
durch Inventur und Bewertung festgestellten Vermögens- und Kapitalwerte** (Ist-Werte). Sie werden mit den Zahlen der Buchführung (Soll-
Werte) abgestimmt. Stimmen die Soll- und Ist-Werte nicht überein, müssen die Soll-Werte den Ist-Werten durch **vorbereitende Abschlussbuchungen** angepasst werden.

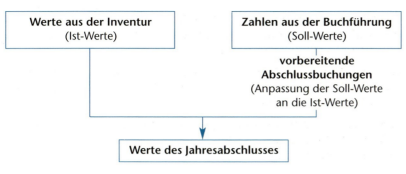

Werte aus der Inventur (Ist-Werte)	Zahlen aus der Buchführung (Soll-Werte)

vorbereitende Abschlussbuchungen (Anpassung der Soll-Werte an die Ist-Werte)

Werte des Jahresabschlusses

Der Jahresabschluss ist nach den **Grundsätzen ordnungsmäßiger Buchführung** aufzustellen. Er muss klar und übersichtlich sein. Er ist in deutscher Sprache und in Euro aufzustellen. Er muss unter Angabe des Datums rechtsverbindlich unterzeichnet werden.

Grundsätze ordnungsmäßiger Bilanzierung

Grundsatz	Inhalt
• Bilanzwahrheit	Die Bilanz darf keine fiktiven Werte ausweisen. Sie muss richtig und frei von Willkür sein. Die gesetzlichen Vorschriften müssen beachtet werden.
• Bilanzklarheit	Die Bilanz muss klar und übersichtlich sein. Aktivposten dürfen nicht mit Passivposten, Aufwendungen nicht mit Erträgen, Grundstücksrechte nicht mit Grundstückslasten verrechnet werden. Pensionsrückstellungen sind mit den zu ihrer Deckung bestimmten Vermögenswerten zu saldieren.
• Fortführung des Unternehmens (Going-concern)	Bei der Aufstellung der Bilanz ist von einer Fortführung der Geschäftstätigkeit des Unternehmens auszugehen.
• Bilanzidentität	Die Werte in der Eröffnungsbilanz des Geschäftsjahres müssen mit denen der Schlussbilanz des vorhergehenden Geschäftsjahres übereinstimmen.
• materielle Bilanzkontinuität	Die auf den vorhergehenden Jahresabschluss angewandten Bewertungsmethoden sind beizubehalten.
• formelle Bilanzkontinuität	Die Form der Darstellung, insbesondere die Gliederung der aufeinanderfolgenden Bilanzen und Gewinn- und Verlustrechnungen ist beizubehalten.
• Vollständigkeit	Der Jahresabschluss hat sämtliche Vermögensgegenstände, Schulden, Rechnungsabgrenzungsposten, Aufwendungen und Erträge aufzuführen.
• Vorsicht	Bei der Bewertung der Vermögens- und Schuldenwerte sind alle vorhersehbaren Risiken und Verluste zu berücksichtigen, die bis zum Abschlussstichtag entstanden sind, selbst wenn sie erst nach dem Abschlussstichtag bekannt geworden sind: • Gewinne sind nur zu berücksichtigen, wenn sie am Abschlusstag realisiert sind (Realisationsprinzip). • Verluste sind auch auszuweisen, wenn sie noch nicht realisiert sind (Ausweis unrealisierter Verluste).

▶ **§ 245 HGB verlangt:** „Der Jahresabschluss ist vom Kaufmann unter Angabe des Datums zu unterzeichnen. Sind mehrere persönlich haftende Gesellschafter vorhanden, so haben sie alle zu unterzeichnen."
Wer muss den Abschluss
– einer Aktiengesellschaft,
– einer OHG,
– einer Sparkasse,
– einer Volksbank eG,
– einer „GmbH"
unterzeichnen?

 HINWEISE:

§ 243 Abs. 2 und
§ 246 Abs. 2 HGB

§ 252 Abs. 1 Nr. 2 HGB

§ 252 Abs. 1 Nr. 1 HGB

§ 252 Abs. 1 Nr. 6 HGB

§ 265 Abs. 1 HGB
§ 246 Abs. 3 HGB
§ 246 Abs. 1 HGB

▶ **Das Prinzip der Vorsicht dient dem Gläubigerschutz. Es benachteiligt die Anteilseigner. Begründen Sie diese Aussagen.**

HINWEIS:

§ 252 Abs. 1 Nr. 4 HGB

§ 316 HGB, § 340k HGB

§ 317 HGB

§ 29 Abs. 1 KWG

BEISPIELE:

*Anzeigepflicht für Großkredite
und Millionenkredite*

Die Prüfung ist spätestens vor
Ablauf des fünften Monats
nach Ablauf des zu prüfenden
Geschäftsjahres vorzunehmen.
Danach ist der Jahresabschluss
unverzüglich von den zustän-
digen Gremien festzustellen
(§ 340k HGB).

■ Prüfung des Jahresabschlusses

Der Jahresabschluss und der Lagebericht sind durch einen Abschlussprüfer zu prüfen. In die Prüfung des Jahresabschlusses ist die Buchführung
einzubeziehen. Geprüft wird, ob die gesetzlichen Vorschriften und die sie
ergänzenden Bestimmungen der Gesellschaftsverträge und Satzungen beachtet sind. Der Lagebericht ist darauf zu prüfen, ob er mit dem Jahresabschluss im Einklang steht und ob die Risiken der künftigen Entwicklung
zutreffend dargestellt sind.

Bei der Prüfung von Jahresabschlüssen von Kreditinstituten hat der Prüfer
auch die wirtschaftlichen Verhältnisse des Kreditinstituts zu prüfen und
im Prüfungsbericht dazu Stellung zu nehmen. Er muss u. a. feststellen, ob
das Kreditinstitut

- die Verpflichtungen nach § 12 KWG (Begrenzung von Anlagen) und
  § 18 KWG (Offenlegung der wirtschaftlichen Verhältnisse bei Krediten)
  und
- die Anzeigepflichten nach dem Kreditwesengesetz
  erfüllt hat.

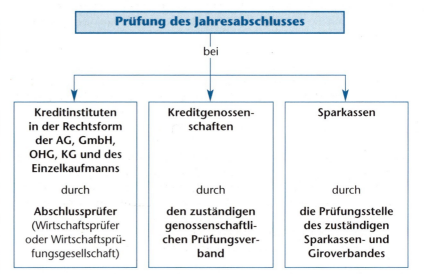

Der Abschlussprüfer muss das Ergebnis der Prüfung in einem Bestätigungsvermerk zusammenfassen.

■ Feststellung des Jahresabschlusses

Nach Aufstellung und Prüfung kann der Jahresabschluss durch die zu-
ständigen Gremien festgestellt werden. Bei einem Kreditinstitut in der
Rechtsform der Aktiengesellschaft wird der Jahresabschluss z. B. durch den
Aufsichtsrat festgestellt; es sei denn, Aufsichtsrat und Vorstand überlassen
die Feststellung der Hauptversammlung.

▶ Stellen Sie fest, wer
in Ihrem Ausbildungs-
institut für die Fest-
stellung (= formelle
Billigung) des Jahres-
abschlusses zuständig
ist.

6.1.3 Die Offenlegung des Jahresabschlusses

Die Jahres- bzw. Konzernabschlüsse sind unverzüglich nach ihrer Vorlage an die Gesellschafter, spätestens jedoch nach Ende des zwölften Monats nach dem Abschlussstichtag der Bundesanzeiger Verlagsgesellschaft mbH in Köln als Betreiber des elektronischen Bundesanzeigers in **elektronischer Form** einzureichen.

Zu veröffentlichen sind:
- der **Jahres- bzw. Konzernabschluss** (Bilanz, GuV und Anhang),
- der **Lagebericht** bzw. **Konzernlagebericht**,
- der **Bericht des Aufsichtsrats** bzw. **Verwaltungsrats**,
- der **Bestätigungsvermerk** des Abschlussprüfers (bzw. der Prüfungsstelle oder des Prüfungsverbandes),
- der **Vorschlag über die Ergebnisverwendung** und der **Beschluss** über die Verwendung des Ergebnisses,
- die **Entsprechungserklärung** zum Corporate Governance Kodex bei Banken in der Rechtsform der AG.

Die Abschlüsse werden im elektronischen Bundesanzeiger bekannt gemacht und dann in das zentrale elektronische Unternehmensregister aufgenommen. Die Einsicht in die Verzeichnisse ist auf beiden Internetseiten kostenlos.

Verstöße gegen die Publizitätspflicht werden vom Betreiber des elektronischen Bundesanzeigers dem Bundesamt für Justiz in Bonn gemeldet. Dieses verfolgt von Amts wegen den Verstoß bis zur Offenlegung durch die Festsetzung von Ordnungsgeldern von mindestens 2 500,00 Euro bis 25 000,00 Euro.

Zusätzlich zum Jahresabschluss müssen Kreditinstitute **mindestens jährlich**, spätestens bei Feststellung des Jahresabschlusses, qualitative und quantitative Informationen über ihr Eigenkapital, die eingegangenen Risiken und die Risikomanagementverfahren veröffentlichen (sogenannter **Offenlegungsbericht**). Zur Veröffentlichung sind
- die Internetseite des Kreditinstituts oder
- der elektronisch verfügbare Geschäftsbericht geeignet.

Eine Offenlegungspflicht besteht nicht für solche Informationen, die nicht wesentlich, rechtlich geschützt oder vertraulich sind. Kommt ein Institut seinen Offenlegungspflichten nicht rechtzeitig nach, kann die BaFin im Einzelfall Anordnungen treffen, die geeignet sind, die ordnungsgemäße Offenlegung der Informationen zu veranlassen.

 **HINWEIS:**

Elektronischer Bundesanzeiger:
www.ebundesanzeiger.de;
Elektronisches Unternehmensregister:
www.unternehmensregister.de

 **HINWEIS:**

§ 26a KWG i. V. m. SolVV

 **ERLÄUTERUNG:**

Mit der Offenlegung von Risiken an die Öffentlichkeit soll Marktdisziplin erreicht werden. Durch die Veröffentlichung der Risiken kann ein Anleger diese bewerten und als Marktteilnehmer in sein Handeln aufnehmen. Er kann Gelder abziehen oder höhere Risikoprämien verlangen.

Strukturwissen

Jahresabschluss	Der Jahresabschluss besteht gemäß HGB aus der Bilanz und der Gewinn- und Verlustrechnung (Jahresabschluss im engeren Sinne) und dem Anhang (erweiterter Jahresabschluss). Alle Kreditinstitute haben darüber hinaus einen Lagebericht aufzustellen, in dem Geschäftsverlauf, wirtschaftliche Lage und Risiken der künftigen Entwicklung darzustellen sind.
Konzernabschluss	Kreditinstitute mit Tochtergesellschaften müssen einen Konzernabschluss und einen Konzernlagebericht vorlegen.

Rechnungslegung der Kreditinstitute

Rechnungslegung des Einzelinstituts

Jahresabschluss (Einzelabschluss)
- Bilanz
- GuV-Rechnung
- Anhang

Lagebericht

Rechnungslegung des Konzerns

Konzernabschluss
- Konzernbilanz
- Konzern-GuV-Rechnung
- Konzernanhang

Konzernlage-bericht

Jahresabschluss der Kreditinstitute

	Aktiengesell-schaft	GmbH	Privatbankiers (Einzelkauf-mann, OHG, KG)	Sparkassen	Kreditgenos-senschaften
Aufstellung	Vorstand	Geschäfts-führer	Inhaber bzw. vertretungs-berechtigte Gesellschafter	Vorstand	Vorstand
Prüfung	Wirtschaftsprüfer, Wirtschaftsprüfungs-gesellschaft			Prüfungsstelle des zuständi-gen Spar-kassen- und Giroverbandes	zuständiger genossen-schaftlicher Prüfungs-verband
Feststellung	Aufsichtsrat oder Hauptver-sammlung	Gesellschafter-versammlung	Inhaber bzw. Gesellschafter	Verwaltungsrat	Generalver-sammlung bzw. Ver-treterver-sammlung
Offenlegung	Alle Kreditinstitute sind zur Offenlegung ihres Jahresabschlusses im elektronischen Bundesanzeiger verpflichtet.				

Grundsätze ordnungsmäßiger Bilanzierung

Dokumentationsgrundsätze

- Prinzip der Bilanzklarheit
- Prinzip der Bilanzidentität
- Prinzip der formellen Bilanzkontinuität
- Prinzip der Vollständigkeit

Bewertungsgrundsätze

- Prinzip der Bilanzwahrheit
- Prinzip der materiellen Bilanzkontinuität
- Prinzip der Fortführung des Unternehmens
- Prinzip der Vorsicht

Rechtsvorschriften zur Rechnungslegung der Kreditinstitute

Allgemeine Rechtsnormen

- **Vorschriften für alle Kaufleute**
  → HGB, 3. Buch: Handelsbücher,
    1. Abschnitt [§§ 238–263 HGB]
- **Ergänzende Vorschriften für Kapital-gesellschaften***
  → HGB, 3. Buch: Handelsbücher,
    2. Abschnitt [§§ 264–335b HGB]
- **Vorschriften für bestimmte Rechtsformen**
  → Aktiengesetz (Rechnungslegung – Gewinnverwendung [§§ 148–178 AktG])
  → GmbH-Gesetz [§§ 29, 33, 41–42a GmbHG]
  → Genossenschaftsgesetz [§§ 33, 48 und 53ff. GenossenschaftsG]

Besondere Rechtsnormen für Kreditinstitute

- **Vorschriften für alle Kreditinstitute**
  → HGB, 3. Buch, 4. Abschnitt: Ergänzende Vorschriften für Unternehmen bestimmter Geschäftszweige,
    1. Unterabschnitt: Ergänzende Vorschriften für Kreditinstitute und Finanzdienstleis-tungsinstitute [§§ 340–340o HGB]
  → Kreditwesengesetz 2. Abschnitt: Vorschrif-ten für die Institute,
    Unterabschnitte 5b und 5c Vorlage von Rechnungswesenunterlagen, Offenlegung und 6 Prüfung und Prüferbestellung
  → Verordnung über die Rechnungslegung der Kreditinstitute und Finanzdienstleistungs-institute [RechKredV]
- **Vorschriften für einzelne Arten von Kreditinstituten**
  → Sparkassengesetze der Länder
  → Bausparkassengesetz
    [§ 13 BausparkassenG]

* Alle Kreditinstitute sind – unabhängig von ihrer Rechtsform – verpflichtet, die Vorschriften für große Kapitalgesellschaften anzuwenden, soweit dies nicht im Einzelfall ausdrücklich ausgeschlossen ist.

Aufgaben

1 Welche Aufgaben soll der Jahresabschluss erfüllen?

2 Welche Bestandteile hat der Jahresabschluss bei Kreditinstituten?

3 Nennen und beschreiben Sie die Grundsätze ordnungsmäßiger Bilanzierung.

4 Erläutern Sie den Unterschied zwischen Rechnungslegung und Jahresabschluss.

5 Begründen Sie, warum es notwendig ist, neben dem Begriff „Jahresabschluss" den Begriff „Konzernabschluss" zu verwenden.

6 Abweichend vom Verrechnungsverbot zwischen Posten der Aktiv- und Passivseite regelt § 246 Abs. 2 Satz 2 HGB eine Verrechnungspflicht. Die für Pensionszusagen auf der Passivseite gebildeten Rückstellungen sind mit den zu ihrer Deckung dienenden insolvenzfesten Vermögenswerten auf der Aktivseite zu verrechnen.
a) Welchen Sinn hat die gesetzliche Vorschrift?
b) Welche Auswirkungen hat die Verrechnungs- bzw. Saldierungspflicht auf den Jahresabschluss?

7 Warum ist es aus der Sicht eines Außenstehenden sehr wichtig, dass bei der Aufstellung des Jahresabschlusses der Grundsatz der materiellen Bilanzkontinuität beachtet wird?

8 Entscheiden Sie für die in der Übersicht aufgeführten Kreditinstitute, wer jeweils für die genannten Aufgaben zuständig ist.

9 Treffen Sie Entscheidungen für die Südbank AG, München.
a) Das Geschäftsjahr der Südbank AG läuft vom 1. Januar bis 31. Dezember. Die Bank will einen Terminplan für Aufstellung, Prüfung und Feststellung des Jahresabschlusses aufstellen.
b) In der Abteilung Kommunikation und Öffentlichkeitsarbeit soll festgelegt werden, wie im Rahmen der Public-Relations-Arbeit Angaben aus Jahresabschluss und Lagebericht über die gesetzlich vorgeschriebene Publizität hinaus der Öffentlichkeit zugänglich gemacht werden sollen. Machen Sie Vorschläge.

10 Das HGB verpflichtet alle Kreditinstitute unabhängig von ihrer Rechtsform, die Rechnungslegungsvorschriften für große Kapitalgesellschaften anzuwenden. Begründen Sie diese Vorgabe.

Zuständigkeiten beim Jahresabschluss				
	Volksbank Düsseldorf eG	Sparkasse Leipzig	Südbank AG, München	Teilzahlungsbank GmbH, Hannover
Aufstellung				
Prüfung				
Feststellung				

6.2 Die Bestandteile des Jahresabschlusses und der Lagebericht

Eine Bilanzveröffentlichung

Die Handels- und Privatbank AG, Frankfurt am Main, veröffentlicht unter Finanzanzeigen in einer Wirtschaftszeitung die folgende Bilanz.

Aktiva	Bilanz der Handels- und Privatbank AG zum 31.12.20..		Passiva
	Tausend Euro		Tausend Euro
Barreserve	3 415	Verbindlichkeiten gegenüber Kreditinstituten	215 262
Geldmarktpapiere und Wechsel	8 748	Verbindlichkeiten gegenüber Kunden	246 627
Forderungen an Kreditinstitute	128 832	Verbriefte Verbindlichkeiten	33 577
Forderungen an Kunden	254 780	Rückstellungen	14 863
Wertpapiere und Beteiligungen	134 818	Sonstige Verbindlichkeiten	10 917
Sonstige Vermögenswerte	10 619	Genussrechtskapital	1 426
		Eigenkapital	18 540
	541 212		541 212

Handlungsaufträge

1 Prüfen Sie, ob diese Veröffentlichung den Anforderungen eines ordnungsmäßigen Jahresabschlusses entspricht. Begründen Sie Ihre Entscheidung.

2 Warum gelten für Kreditinstitute besondere Bilanzformblätter?

3 Erläutern Sie die für die Bankbilanz geltenden Gliederungsprinzipien.

6.2.1 Die Jahresbilanz

■ Inhalt und Gliederung der Bilanz

Kreditinstitute müssen anstelle der Bilanzgliederung, die § 266 HGB vorschreibt, eine andere Gliederung verwenden. Diese Gliederung ist durch die Verordnung über die Rechnungslegung der Kreditinstitute und Finanzdienstleistungsinstitute (RechKredV) vorgeschrieben und der Verordnung als Formblatt 1 (Bilanzformblatt) beigefügt. Diese Formblätter werden in der Praxis von den Kreditinstituten modifiziert.

▶ § 266 HGB schreibt vor, dass die Aktivseite in Anlagevermögen und Umlaufvermögen, die Passivseite in Eigenkapital, Rückstellungen und Verbindlichkeiten zu gliedern ist. Warum wird für Kreditinstitute eine andere Gliederung vorgeschrieben?

Jahresbilanz zum ....   **(Formblatt 1)**
der ....

Aktivseite

		EUR	EUR	EUR	TEUR
1.	**Barreserve**				
	a) Kassenbestand		....		
	b) Guthaben bei der Deutschen Bundesbank		....		
2.	**Schuldtitel öffentlicher Stellen und Wechsel, die zur Refinanzierung bei der Deutschen Bundesbank zugelassen sind**			....	
	a) Schatzwechsel und unverzinsliche Schatzanweisungen sowie ähnliche Schuldtitel öffentlicher Stellen			....	
	b) Wechsel				
3.	**Forderungen an Kreditinstitute**				
	a) täglich fällig		....		
	b) andere Forderungen		....		
4.	**Forderungen an Kunden**			....	
	darunter: durch Grundpfandrechte gesichert				(........)
	Kommunalkredite				(........)
5.	**Schuldverschreibungen und andere festverzinsliche Wertpapiere**				
	a) Geldmarktpapiere				
	aa) von öffentlichen Emittenten				
	darunter: beleihbar bei der Deutschen Bundesbank		....		(........)
	ab) von anderen Emittenten				
	darunter: beleihbar bei der Deutschen Bundesbank	....			(........)
	b) Anleihen und Schuldverschreibungen				
	ba) von öffentlichen Emittenten				
	darunter: beleihbar bei der Deutschen Bundesbank				(........)
	bb) von anderen Emittenten				
	darunter: beleihbar bei der Deutschen Bundesbank				(........)
	c) eigene Schuldverschreibungen		....		
6.	**Aktien und andere nicht festverzinsliche Wertpapiere**			....	
6a.	**Handelsbestand**			....	
7.	**Beteiligungen**			....	
	darunter:				
	an Kreditinstituten		....		(........)
	an Finanzdienstleistungsinstituten		....		(........)
8.	**Anteile an verbundenen Unternehmen**			....	
	darunter:				
	an Kreditinstituten		....		(........)
	an Finanzdienstleistungsinstituten		....		(........)
9.	**Treuhandvermögen**			....	
	darunter:				
	Treuhandkredite		....		(........)
10.	**Ausgleichsforderungen gegen die öffentliche Hand einschließlich Schuldverschreibungen aus deren Umtausch**			....	
11.	**Immaterielle Anlagewerte**				
	a) selbst geschaffene gewerbliche Schutzrechte und ähnliche Rechte und Werte		....		
	b) entgeltlich erworbene Konzessionen, gewerbliche Schutzrechte und ähnliche Rechte und Werte sowie Lizenzen an solchen Rechten und Werten		....		
	c) Geschäfts- oder Firmenwert		....		
	d) geleistete Anzahlungen		....		
12.	**Sachanlagen**			....	
13.	**Sonstige Vermögensgegenstände**			....	
14.	**Rechnungsabgrenzungsposten**			....	
15.	**Aktive latente Steuern**			....	
16.	**Aktiver Unterschiedsbetrag aus der Vermögensverrechnung**			....	

Summe der Aktiva

	Passivseite

	EUR	EUR	EUR	EUR	TEUR
1. Verbindlichkeiten gegenüber Kreditinstituten					
a) täglich fällig					
b) mit vereinbarter Laufzeit oder Kündigungsfrist					
2. Verbindlichkeiten gegenüber Kunden					
a) Spareinlagen					
aa) mit vereinbarter Kündigungsfrist von 3 Monaten					
ab) mit vereinbarter Kündigungsfrist von mehr als 3 Monaten					
b) andere Verbindlichkeiten					
ba) täglich fällig					
bb) mit vereinbarter Laufzeit oder Kündigungsfrist					
3. Verbriefte Verbindlichkeiten					
a) begebene Schuldverschreibungen					
b) andere verbriefte Verbindlichkeiten					
darunter:					
Geldmarktpapiere					
eigene Akzepte und Solawechsel im Umlauf					( )
3a. Handelsbestand					( )
4. Treuhandverbindlichkeiten					
darunter: Treuhandkredite					( )
5. Sonstige Verbindlichkeiten					
6. Rechnungsabgrenzungsposten					
6a. Passive latente Steuern					
7. Rückstellungen					
a) Rückstellungen für Pensionen und ähnliche Verpflichtungen					
b) Steuerrückstellungen					
c) andere Rückstellungen					
8. Sonderposten mit Rücklageanteil					
9. Nachrangige Verbindlichkeiten					
10. Genussrechtskapital					
11. Fonds für allgemeine Bankrisiken					
darunter: gem. § 340e Abs. 4 HGB					
12. Eigenkapital					
a) gezeichnetes Kapital *eig. rausgegebene Aktien*					
b) Kapitalrücklage					
c) Gewinnrücklagen					
ca) Sicherheitsrücklage					
cb) andere Rücklagen					
d) Bilanzgewinn					

Summe der Passiva

	EUR	EUR	EUR	EUR	TEUR
1. Eventualverbindlichkeiten					
a) Eventualverbindlichkeiten aus weitergegebenen abgerechneten Wechseln					
b) Verbindlichkeiten aus Bürgschaften und Gewährleistungsverträgen					
c) Haftung aus der Bestellung von Sicherheiten für fremde Verbindlichkeiten					
2. Andere Verpflichtungen					
a) Rücknahmeverpflichtungen aus unechten Pensionsgeschäften					
b) Platzierungs- und Übernahmeverpflichtungen					
c) Unwiderrufliche Kreditzusagen					

■ Inhalte wichtiger Posten der Aktivseite

Die Posten und Unterposten der Bilanz haben bestimmte, in der Rechnungslegungsverordnung und im Handelsgesetzbuch festgelegte Inhalte.

ERLÄUTERUNG:

Der Posten Barreserve zeigt die liquiden Mittel eines Kreditinstituts.

▶ Welcher Unterschied besteht zwischen den Vermögenswerten des Postens 2 und des Postens 5?

ERLÄUTERUNG:

Forderungen an Kreditinstitute und Forderungen an Kunden sind im Anhang nach Restlaufzeiten aufzugliedern:
• bis 3 Monate,
• mehr als 3 Monate bis 1 Jahr,
• mehr als 1 Jahr bis 5 Jahre,
• mehr als 5 Jahre.
Außerdem sind die Forderungen mit unbestimmter Laufzeit anzugeben.

Posten	Inhalte
1. Barreserve a) Kassenbestand b) Guthaben bei Zentralnoten- banken	Inländische und ausländische gesetzliche Zahlungsmittel (Noten und Münzen), Postwertzeichen, Gerichtsgebührenmarken Täglich fällige Guthaben einschließlich täglich fälliger Fremdwährungsguthaben bei Zentralnotenbanken und Postbanken der Niederlassungsländer des Kreditinstituts
2. Schuldtitel öffentlicher Stellen und Wechsel, die zur Refinanzierung bei Zentralnotenbanken zugelassen sind	Schatzwechsel, unverzinsliche Schatzanweisungen und ähnliche Schuldtitel öffentlicher Stellen Diskontierte Wechsel, die zur Refinanzierung bei den Zentralnotenbanken der Niederlassungsländer zugelassen sind
3. Forderungen an Kreditinstitute	Forderungen aus Bankgeschäften mit in- und ausländischen Kreditinstituten
4. Forderungen an Kunden	Forderungen aus Krediten an in- und ausländische Kunden, die keine Bankgeschäfte betreiben (Nichtbanken)
5. Schuldverschreibungen und andere festverzinsliche Wertpapiere	Börsenfähige festverzinsliche Schuldverschreibungen und andere verbriefte Rechte, z. B. Commercial Papers, Certificates of Deposit und Schuldbuchforderungen
6. Aktien und andere nicht festverzinsliche Wertpapiere	Aktien, Investmentanteile, Optionsscheine, Genussscheine und andere nicht festverzinsliche Wertpapiere, soweit sie nicht in die Posten „Beteiligungen (Nr. 7)" oder „Anteile an verbundenen Unternehmen (Nr. 8)" gehören
6a. Handelsbestand	Ausweis der zu Handelszwecken erworbenen Finanzinstrumente mit ihrem Zeitwert
7. Beteiligungen	Anteile an anderen Unternehmen, z. B. Aktien, die insgesamt den 5. Teil des Grundkapitals des Beteiligungsunternehmens überschreiten
11. Immaterielle Anlagewerte	Konzessionen, gewerbliche Schutzrechte und Lizenzen an anderen Rechten, die dazu bestimmt sind, dem Geschäftsbetrieb langfristig zu dienen. Hier werden auch selbst geschaffene immaterielle Anlagewerte ausgewiesen.
12. Sachanlagen	Grundstücke und Gebäude Betriebs- und Geschäftsausstattung, z. B. Büroeinrichtung, Kraftfahrzeuge usw.

13. Sonstige Vermögens-gegenstände	Forderungen und Vermögensgegenstände, die einem anderen Posten nicht zugeordnet werden können, z. B. Goldmünzen, Heizölbestände
14. Rechnungs-abgrenzungs-posten	Ausgaben, die vor dem Abschlussstichtag erfolgt sind, die aber Aufwand für eine bestimmte Zeit nach diesem Tag darstellen, z. B. im Voraus gezahlte Mieten

▶ Warum sind Ausgaben, die im alten Jahr für Aufwendungen des neuen Jahres geleistet wurden, also bereits abgeflossen sind, in die Bilanz aufzunehmen?

■ Inhalte wichtiger Posten der Passivseite

Posten	Inhalte
1. **Verbindlichkeiten gegenüber Kreditinstituten**	Verbindlichkeiten aus Bankgeschäften gegenüber in- und ausländischen Kreditinstituten
2. **Verbindlichkeiten gegenüber Kunden** a) Spareinlagen b) andere Verbindlichkeiten	Verbindlichkeiten gegenüber in- und ausländischen Kunden, die keine Bankgeschäfte betreiben (Nichtbanken) Als Spareinlagen dürfen nur unbefristete Gelder ausgewiesen werden, die den Erfordernissen von § 21 Abs. 4 RechKredV entsprechen. Andere Verbindlichkeiten sind Sichteinlagen und Termineinlagen von Kunden.
3. **Verbriefte Verbindlichkeiten**	Schuldverschreibungen und andere Verbindlichkeiten, für die nicht auf den Namen lautende übertragbare Urkunden ausgestellt sind
5. **Sonstige Verbindlichkeiten**	Verbindlichkeiten, die keinem anderen Passivposten zugeordnet werden können
6. **Rechnungsabgrenzungsposten**	Einnahmen, die vor dem Abschlussstichtag erfolgt sind, die aber Ertrag für eine bestimmte Zeit nach diesem Tag darstellen, z. B. im Voraus belastete Zinsen
7. **Rückstellungen**	Rückstellungen für Verbindlichkeiten und Verlustrisiken, deren Entstehung dem abgelaufenen oder einem früheren Geschäftsjahr zuzuordnen, deren Bestehen und/oder deren Höhe aber unbestimmt ist
11. **Fonds für allgemeine Bankrisiken**	Ausweis der offenen Vorsorgereserven nach § 340g HGB (→ LF3, Kapitel 8) mit der Reserve aus der Bewertung des Handelsbestandes (→ LF 3, Abschnitt 7.4)
12. **Eigenkapital** a) gezeichnetes Kapital b) Kapitalrücklage c) Gewinnrücklagen ca) gesetzliche Rücklage ... d) Bilanzgewinn	Grundkapital einer AG, Stammkapital einer GmbH usw. Aufgeld (Agio) bei der Ausgabe von Anteilen über dem Nennbetrag Gemäß § 150 AktG aus dem Jahresüberschuss zu bildende Rücklage Teil des Jahresüberschusses, der im kommenden Geschäftsjahr an die Anteilseigner ausgeschüttet werden soll

ERLÄUTERUNG:

Verbindlichkeiten gegenüber Kreditinstituten und gegenüber Kunden sind – wie die Forderungen – im Anhang nach Restlaufzeiten aufzugliedern.

▶ Welche vier Voraussetzungen müssen Spareinlagen erfüllen, damit sie im Posten Spareinlagen ausgewiesen werden können?

▶ Warum dürfen Bauspareinlagen nicht als Spareinlagen ausgewiesen werden?

▶ Wie unterscheiden sich aktive und passive Rechnungsabgrenzungsposten?

▶ Wie heißt das gezeichnete Kapital bei Privatbanken verschiedener Rechtsformen, bei Genossenschaftsbanken und bei Sparkassen?

ERLÄUTERUNG:

Im Unterposten „Gewinnrücklagen" sind z. B. die Sicherheitsrücklage der Sparkassen sowie die Ergebnisrücklage der Kreditgenossenschaften auszuweisen.

Unter der Bilanzsumme („**unter dem Strich**") müssen Kreditinstitute auf der Passivseite außerdem ihre **Eventualverbindlichkeiten** und **andere Verpflichtungen** angeben, in denen **Kreditrisiken** enthalten sein können.

6.2.2 Die Gewinn- und Verlustrechnung

■ Inhalte und Aussagen der Gewinn- und Verlustrechnung

In der **Gewinn- und Verlustrechnung** sind
- **alle Aufwendungen und**
- **alle Erträge**

auszuweisen, die dem Unternehmen im **abgelaufenen Geschäftsjahr** entstanden sind.

Da auch für die Gewinn- und Verlustrechnung das **Vorsichtsprinzip** gilt, werden Risiken und Verluste einerseits und Gewinne andererseits unterschiedlich behandelt:

- Gewinne dürfen nur ausgewiesen werden, wenn sie während des Geschäftsjahres, das heißt bis zum Bilanzstichtag, realisiert sind,

- Verluste und alle vorhersehbaren Risiken müssen ausgewiesen werden, wenn sie während des abgelaufenen Geschäftsjahres, das heißt bis zum Bilanzstichtag, entstanden oder erkennbar geworden sind, auch wenn sie nicht realisiert wurden.

Kreditinstitute haben für die **Gliederung der Gewinn- und Verlustrechnung** das Formblatt 2 oder das Formblatt 3 der Rechnungslegungsverordnung anzuwenden. Formblatt 2 gliedert die GuV in der **Kontoform**, Formblatt 3 gliedert die GuV in der **Staffelform**. **Erträge** werden nach bankbetrieblichen Leistungsbereichen, **Aufwendungen** nach den bankbetrieblichen Entstehungsbereichen gegliedert.

Die **GuV in Kontoform** erlaubt durch die Gegenüberstellung einander entsprechender Posten eine **Auswertung nach den Quellen des Geschäftsergebnisses**.

Die **GuV in Staffelform** ermöglicht den **Ausweis von Zwischenergebnissen**. Sie bietet damit eine **übersichtlichere Aufbereitung des Ergebnisses**. Direkt ablesbar sind:

- Ergebnis der normalen Geschäftstätigkeit (Nr. 19 Staffelform),

- Außerordentliches Ergebnis (Nr. 22 Staffelform),

- Jahresüberschuss/Jahresfehlbetrag (Nr. 25 Staffelform),

- Bilanzgewinn/Bilanzverlust (Nr. 29 Staffelform).

Mit der Staffelform kann der **Zusammenhang** zwischen **Jahresüberschuss und Bilanzgewinn** bzw. **Jahresfehlbetrag und Bilanzverlust** dargestellt werden.

DEFINITION:

Die unterschiedliche Behandlung von Verlusten und Gewinnen wird als Imparitätsprinzip bezeichnet.

ERLÄUTERUNG:

Die Entscheidung über die Form ist den Kreditinstituten freigestellt. Sie müssen aber grundsätzlich bei der einmal gewählten Form bleiben.

▶ Begründen Sie die Pflicht zur Beibehaltung der gewählten Form.

Aufbau der GuV in Kontoform

Aufwendungen	Erträge
1. Zinsaufwendungen	1. Zinserträge aus a) Kredit- und Geldmarktgeschäften b) festverzinslichen Wertpapieren und Schuldbuchforderungen
	2. Laufende Erträge aus a) Aktien und anderen nicht festverzinslichen Wertpapieren b) Beteiligungen c) Anteilen an verbundenen Unternehmen
2. Provisionsaufwendungen	3. Provisionserträge
3. Nettoaufwand des Handelsbestandes	4. Nettoertrag des Handelsbestandes

4. Allgemeine Verwaltungsaufwendungen
a) Personalaufwand
  aa) Löhne und Gehälter
  ab) Soziale Abgaben und Aufwendungen für Altersversorgung und für Unterstützung
b) andere Verwaltungsaufwendungen	

5. Abschreibungen und Wertberichtigungen auf Forderungen und bestimmte Wertpapiere sowie Zuführungen zu Rückstellungen im Kreditgeschäft	5. Erträge aus Zuschreibungen zu Forderungen und bestimmten Wertpapieren sowie aus der Auflösung von Rückstellungen im Kreditgeschäft
6. Abschreibungen und Wertberichtigungen auf Beteiligungen, Anteile an verbundenen Unternehmen und wie Anlagevermögen behandelte Wertpapiere	6. Erträge aus Zuschreibungen zu Beteiligungen, Anteilen an verbundenen Unternehmen und wie Anlagevermögen behandelten Wertpapieren
7. Außerordentliche Aufwendungen	7. Außerordentliche Erträge

Quellen des Geschäftsergebnisses:

Kredit- und Einlagengeschäft sowie Geldhandel im Interbankenmarkt; Wertpapierbereich einschl. Refinanzierung durch eigene Schuldverschreibungen und Genussrechte

Anlagen in Aktien und sonstigen Wertpapieren sowie Beteiligungen

Dienstleistungsgeschäft

Eigenhandelsgeschäft in Wertpapieren, Finanzinstrumenten, Devisen und Edelmetallen

Personalaufwand und Sachaufwand für den Geschäftsbetrieb

Kreditgeschäft und Wertpapiere der Liquiditätsreserve

Geschäfte in Finanzanlagen

Ergebnis aus Geschäften außerhalb der gewöhnlichen Geschäftstätigkeit

Aussagen der GuV in Staffelform

Erträge aus der normalen Geschäftstätigkeit	
./. Aufwendungen aus der normalen Geschäftstätigkeit	**Ergebnis aus der normalen Geschäftstätigkeit (Nr. 19)**
+ außerordentliche Erträge ./. außerordentliche Aufwendungen	**+ ./. außerordentliches Ergebnis (Nr. 22)**
	+ ./. Ertragssteuern (u. U. auch ./. sonstige Steuern)
	= Jahresüberschuss/Jahresfehlbetrag (Nr. 25)
	+ ./. Gewinnvortrag oder Verlustvortrag aus dem Vorjahr
	+ Entnahmen aus Gewinnrücklagen und/oder Genussrechtskapital
	./. Einstellungen in Gewinnrücklagen und/oder Genussrechtskapital
	= Bilanzgewinn/Bilanzverlust (Nr. 29)

▶ Gliedern Sie die GuV-Rechnung der Handels- und Privatbank AG (siehe Anhang) in Kontoform.

■ Gliederung der Gewinn- und Verlustrechnung (Staffelform)

Gewinn- und Verlustrechnung   **Formblatt 3 (Staffelform)**

der ....

für die Zeit vom .... 1. Januar bis zum 31. Dezember ....

	EUR	EUR	EUR	TEUR
1. Zinserträge aus				
a) Kredit- und Geldmarktgeschäften		....		....
b) festverzinslichen Wertpapieren und Schuldbuchforderungen		....		....
2. Zinsaufwendungen			....	....
3. Laufende Erträge aus				
a) Aktien und anderen nicht festverzinslichen Wertpapieren		....		(........)
b) Beteiligungen		....		(........)
c) Anteilen an verbundenen Unternehmen		....		(........)
4. Erträge aus Gewinngemeinschaften, Gewinnabführungs- oder Teilgewinnabführungsverträgen			....	....
5. Provisionserträge			....	(........)
6. Provisionsaufwendungen			....	(........)
7. Nettoertrag oder Nettoaufwand des Handelsbestandes				
8. Sonstige betriebliche Erträge darunter: Erträge der Fremdwährungsumrechnung .... EUR darunter: Zinseffekte aus der Abzinsung von Rückstellungen .... EUR				
9. Erträge aus der Auflösung von Sonderposten mit Rücklageanteil			....	....
10. Allgemeine Verwaltungsaufwendungen				
a) Personalaufwand				(........)
aa) Löhne und Gehälter		....		(........)
ab) Soziale Abgaben und Aufwendungen für Altersvorsorge und für Unterstützung darunter: für Altersversorgung .... Euro		....		(........) (........)
b) andere Verwaltungsaufwendungen		....		

	EUR	EUR	EUR	TEUR
11. **Abschreibungen und Wertberichtigungen auf immaterielle Anlagewerte und Sachanlagen**				....
12. **Sonstige betriebliche Aufwendungen** darunter: Aufwendungen aus Fremdwährungsumrechnung .... EUR darunter: Zinseffekte aus der Aufzinsung von Rückstellungen .... EUR				....
13. **Abschreibungen und Wertberichtigungen auf Forderungen und bestimmte Wertpapiere sowie Zuführungen zu Rückstellungen im Kreditgeschäft**		....		(.............)
14. **Erträge aus Zuschreibungen zu Forderungen und bestimmten Wertpapieren sowie aus der Auflösung von Rückstellungen im Kreditgeschäft**		....		(.............)
15. **Abschreibungen und Wertberichtigungen auf Beteiligungen, Anteile an verbundenen Unternehmen und wie Anlagevermögen behandelte Wertpapiere**		....		(.............)
16. **Erträge aus Zuschreibungen zu Beteiligungen, Anteilen an verbundenen Unternehmen und wie Anlagevermögen behandelten Wertpapieren**		....		(.............)
17. **Aufwendungen aus Verlustübernahme**				....
18. **Zuführungen/Entnahmen zu dem oder aus dem Fond für allgemeine Bankrisiken**				....
19. **Ergebnis der normalen Geschäftstätigkeit**				....
20. **Außerordentliche Erträge**		....		
21. **Außerordentliche Aufwendungen**		....		(.............)
22. **Außerordentliches Ergebnis**				(.............)
23. **Steuern vom Einkommen und vom Ertrag** darunter: Veränderung der Steuerabgrenzung nach § 274 HGB				(.............)
24. **Sonstige Steuern, soweit nicht unter Posten 12 ausgewiesen**				(.............)
25. **Jahresüberschuss/Jahresfehlbetrag**				....
26. **Gewinnvortrag/Verlustvortrag aus dem Vorjahr**				....
27. **Entnahmen aus Gewinnrücklagen** a) aus der Sicherheitsrücklage b) aus anderen Rücklagen		....	....	
28. **Einstellungen in Gewinnrücklagen** a) in die Sicherheitsrücklage b) in andere Rücklagen		....	....	(.............) (.............)
29. **Bilanzgewinn/Bilanzverlust**				....

■ Inhalte ausgewählter Posten der Gewinn- und Verlustrechnung

Die Posten und Unterposten der Gewinn- und Verlustrechnung haben bestimmte in der Rechnungslegungsverordnung festgelegte Inhalte.

▶ Mit welchen Aktiva werden Zinserträge erzielt?

▶ Welche Passiva verursachen Zinsaufwendungen?

✎ ERLÄUTERUNG:

Zu den Provisionserträgen gehören auch Provisionen im Zusammenhang mit Finanzdienstleistungen und aus der Vermittlertätigkeit bei Kredit-, Spar-, Bauspar- und Versicherungsverträgen, ferner Bonifikationen aus der Platzierung von Wertpapieren sowie Bürgschaftsprovisionen und Kontoführungsentgelte.

Abschnitt 6.3

Abschnitt 7

Posten (Staffelform)	Inhalte
1. **Zinserträge** aus a) Kredit- und Geldmarktgeschäften b) festverzinslichen Wertpapieren und Schuldbuchforderungen	Zinserträge und ähnliche Erträge aus dem Bankgeschäft, z. B. Zinsen aus Kontokorrentkrediten, Zinsen aus Schuldverschreibungen
2. **Zinsaufwendungen**	Zinsaufwendungen und ähnliche Aufwendungen aus dem Bankgeschäft, z. B. Zinsen für Sicht-, Termin- und Spareinlagen
5. **Provisionserträge**	Provisionen und ähnliche Erträge aus Dienstleistungsgeschäften, z. B. aus dem Zahlungsverkehr, dem Außenhandelsgeschäft, dem Wertpapierkommissions- und Depotgeschäft
6. **Provisionsaufwendungen**	Provisionen und ähnliche Aufwendungen aus Dienstleistungsgeschäften

10. **Allgemeine Verwaltungsaufwendungen**
a) Personalaufwand
  aa) Löhne und Gehälter
  ab) Soziale Aufwendungen für Altersvorsorge und Unterstützung
b) andere Verwaltungsaufwendungen
	Lohn- und Gehaltszahlungen an Arbeitnehmer
	Pflichtabgaben, z. B. gesetzliche Unfallversicherung, Arbeitgeberbeiträge zur Kranken-, Renten- und Arbeitslosenversicherung
	
	Raumkosten, Bürobetriebskosten, Kraftfahrzeugkosten und andere Aufwendungen sachlicher Art

13. **Abschreibungen und Wertberichtigungen auf Forderungen und bestimmte Wertpapiere sowie Zuführungen zu Rückstellungen im Kreditgeschäft** 14. **Erträge aus Zuschreibungen zu Forderungen und bestimmten Wertpapieren sowie aus der Auflösung von Rückstellungen im Kreditgeschäft**	Aufwendungen und Erträge aus der Bildung und Auflösung, z. B. • von Einzelwertberichtigungen und Pauschalwertberichtigungen, • von Vorsorgereserven auf Forderungen und Wertpapiere
20. **Außerordentliche Erträge** 21. **Außerordentliche Aufwendungen**	Erträge und Aufwendungen, die außerhalb der gewöhnlichen Geschäftstätigkeit anfallen
23. **Steuern vom Einkommen und vom Ertrag**	Gezahlte Körperschaftsteuer und Gewerbeertragsteuer

6.2.3 Anhang und Lagebericht

■ **Der Anhang**

Kreditinstitute müssen ihren Jahresabschluss um einen Anhang erweitern (§§ 264 Abs. 1 und 340a Abs. 1 HGB). Der **Anhang dient** im Wesentlichen **der Erläuterung der Bilanz und der Gewinn- und Verlustrechnung**. Darüber hinaus muss er eine Reihe von **Einzelangaben** liefern, die nicht aus der Bilanz und der Gewinn- und Verlustrechnung erkennbar, für die Beurteilung des Unternehmens aber wesentlich sind. Der Anhang muss u. a. folgende **Pflichtangaben** enthalten (§ 338 HGB):

- die auf die Posten der Bilanz und der Gewinn- und Verlustrechnung angewandten Bilanzierungs- und Bewertungsmethoden,
- die Grundlagen für die Umrechnung von Beträgen, die auf fremde Währung lauten oder ursprünglich auf fremde Währung lauteten,
- Begründungen für Änderungen von Bilanzierungs- und Bewertungsmethoden und Darstellungen über ihren Einfluss auf die Vermögens-, Finanz- und Ertragslage.

▶ **Worüber informiert der Anhang zum Jahresabschluss Ihres Kreditinstituts?**

■ **Der Lagebericht**

Kreditinstitute haben außerdem einen Lagebericht aufzustellen. Der **Lagebericht dient der Darstellung und Beurteilung der für das Kreditinstitut maßgeblichen wirtschaftlichen Zusammenhänge**. Im Lagebericht sollen der Geschäftsverlauf und die Lage des Kreditinstituts (Marktstellung, Konkurrenzsituation, Beschäftigung, Entwicklung von Kosten und Erlösen, Liquidität und Finanzierung) sowie bedeutende Vorgänge nach dem Bilanzstichtag dargestellt und die Zahlen des Jahresabschlusses ergänzt werden. Dabei soll auch auf die Risiken der künftigen Entwicklung eingegangen werden. Vielfach enthält der Lagebericht einen gesonderten **Risikobericht**, in dem die Grundsätze der Risikopolitik, die Risikokategorien und die Risikosteuerung (Risikocontrolling und Risikomanagement) dargestellt und erläutert werden. Das Adressenausfallrisiko, das Marktrisiko und das operationelle Risiko (Risiko von Verlusten durch fehlerhafte Systeme und Prozesse, durch menschliches oder technisches Versagen und durch externe Ereignisse, z. B. Systemausfälle) sind nach Basel II mit regulatorischem Kapital zu unterlegen. Kreditinstitute verbinden den Lagebericht in der Regel zusammen mit dem erweiterten Jahresabschluss zum **Geschäftsbericht**.

▶ **Worüber informiert der Lagebericht Ihres Kreditinstituts?**

6.2.4 Segmentberichterstattung und Kapitalflussrechnung

Die **Segmentberichterstattung** ergänzt die Gesamtschau des Konzernjahresabschlusses durch spezifische Informationen zu Arbeitsgebieten, z. B. Privatkundengeschäft, Firmenkundengeschäft, Investmentbanking, und Regionen bzw. Märkten, z. B. Deutschland, Europa, USA. Die **erweiterte Segmentberichterstattung** kann z. B. Umsätze, Erlöse, Forderungen und Verbindlichkeiten sektoral und regional aufschlüsseln.

ERLÄUTERUNG:

Im Rahmen einer freiwilligen Berichterstattung veröffentlichen viele Kapitalgesellschaften zusätzlich Sozial- und Umweltberichte.

ERLÄUTERUNG:

Eine Segmentberichterstattung ist für große Kapitalgesellschaften und Kreditinstitute durch § 314 Abs. 1 Nr. 3 HGB inhaltlich beschrieben. Mit diesen Angaben sollen Externe die Chancen und Risiken künftiger Unternehmensaktivitäten besser einschätzen können.

Konzerne müssen im Rahmen des Konzernabschlusses eine Kapitalflussrechnung (§ 297 Abs. 1 Satz 2 HGB) vorlegen.

Die **Kapitalflussrechnung** soll den Zahlungsmittelfluss eines Unternehmens transparent machen, Veränderungen des Liquiditätspotenzials quantifizieren und die Ursachen dieser Veränderungen aufzeigen.

Grobstruktur einer Kapitalflussrechnung
Mittelzufluss oder Mittelabfluss aus laufender Geschäftstätigkeit
+   Mittelzufluss oder ./. Mittelabfluss aus Investitionstätigkeit
+   Mittelzufluss oder ./. Mittelabfluss aus Finanzierungstätigkeit
=   Zahlungswirksame Veränderung der Finanzmittel
+   Finanzmittelbestand am Anfang des Geschäftsjahres
=   Finanzmittelbestand am Ende des Geschäftsjahres

Strukturwissen

Formblätter	Kreditinstitute haben für die Gliederung der Bilanz und für den Ausweis der Posten der Gewinn- und Verlustrechnung die in der Rechnungslegungsverordnung vorgeschriebenen Formblätter zu verwenden.
Aufgabe der Gewinn-und Verlustrechnung	Die Gewinn- und Verlustrechnung hat sämtliche Aufwendungen und Erträge des Unternehmens für das abgelaufene Geschäftsjahr auszuweisen und den Jahresüberschuss oder Jahresfehlbetrag zu zeigen. Im Gegensatz zur Bilanz, die eine Stichtagsrechnung ist, ist die Gewinn- und Verlustrechnung eine Zeitraumrechnung.

Alternative Formen der Gewinn- und Verlustrechnung

Staffelform	**Kontoform**

GuV-Rechnung

Ergebnis der normalen Geschäftstätigkeit
Außerordentliches Ergebnis
Jahresüberschuss oder Jahresfehlbetrag
Bilanzgewinn oder Bilanzverlust

Aufwendungen   **GuV-Rechnung**   Erträge

Aufwendungen	Erträge
Saldo: Jahresüberschuss	Saldo: Jahresfehlbetrag

Anhang	Der Anhang dient der Erläuterung der Rechnungslegung. Er ist Teil des Jahresabschlusses.
Lagebericht	Der Lagebericht soll ein den tatsächlichen Verhältnissen entsprechendes Gesamtbild der Lage des Kreditinstituts geben und den Geschäftsverlauf darstellen. Dabei soll auch auf die Risiken in der künftigen Entwicklung des Kreditinstituts eingegangen werden.

Aufgaben

Beantworten Sie Fragen zum Bilanzformblatt.

a) Welchen Vorteil für den außenstehenden Bilanzbetrachter hat der Ausweis der liquiden Mittel in einem zusammenfassenden Posten Barreserve?

b) Aus welchem Grunde ist es gerechtfertigt, auf den getrennten Ausweis von Grundstücken und Betriebs- und Geschäftsausstattung in der Bankbilanz zu verzichten?

c) Wie müssen Spareinlagen in der Bilanz untergliedert werden?

d) Worüber haben Kreditinstitute „unter dem Strich" der Passivseite Angaben zu machen?

Erstellen Sie anhand des Bilanzformblatts die Bilanz der Isarbank, München.

Aktiva:	Euro
Inländisches Bargeld	170 000,00
Sorten	10 000,00
Bundesbankguthaben	520 000,00
Schatzwechsel des Bundes	230 000,00
Sichtguthaben bei Banken	260 000,00
Forderungen an Kunden	1 600 000,00
Pfandbriefe	300 000,00
Aktien	400 000,00
Grundstücke und Gebäude (geschäftlich genutzt)	500 000,00
Betriebs- und Geschäftsausstattung	100 000,00
Aktive Rechnungsabgrenzungsposten	10 000,00

Passiva:	
Sichteinlagen von Kreditinstituten	400 000,00
Termineinlagen von Kreditinstituten	100 000,00
Spareinlagen	500 000,00

Sichteinlagen von Kunden	600 000,00
Termineinlagen von Kunden	500 000,00
Sparbriefe	400 000,00
Sonstige Verbindlichkeiten	50 000,00
Passive Rechnungsabgrenzungsposten	30 000,00
Rückstellungen für Pensionen	100 000,00
Rückstellungen für Steuern	60 000,00
Stammkapital	700 000,00
Genussscheine	300 000,00
Satzungsmäßige Rücklagen	200 000,00
Andere Gewinnrücklagen	160 000,00

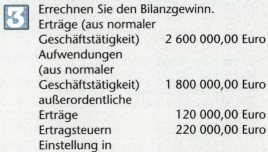
Errechnen Sie den Bilanzgewinn.

Erträge (aus normaler Geschäftstätigkeit)	2 600 000,00 Euro
Aufwendungen (aus normaler Geschäftstätigkeit)	1 800 000,00 Euro
außerordentliche Erträge	120 000,00 Euro
Ertragsteuern	220 000,00 Euro
Einstellung in Rücklagen	150 000,00 Euro

Wiederholungsfragen

1. Welche Formblätter sind für den Jahresabschluss zu verwenden?

2. Wie werden Forderungen in der Bilanz der Kreditinstitute untergliedert?

3. Wie werden Verbindlichkeiten in der Bilanz der Kreditinstitute untergliedert?

4. Nach welchem Schema ist die Staffelform der GuV-Rechnung aufgebaut?

5. Welche Aufgaben hat der Anhang zum Jahresabschluss?

6. Was haben die Kreditinstitute im Lagebericht darzustellen?

6.3 Jahresabschlüsse nach IFRS/IAS

Noch eine Bilanz?

Die Handels- und Privatbank AG veröffentlicht im Jahresbericht eine ganz andere Bilanz als in der Wirtschaftszeitung.

Konzernbilanz der Handels- und Privatbank per 31.12.20..

Aktiva	in Tausend Euro
Barreserve	7 346
Forderungen an Kreditinstitute	179 715
Forderungen an Kunden	321 578
Risikovorsorge	– 9 241
Handelsaktiva	106 397
Finanzanlagen	65 466
Sachanlagen	13 211
Ertragsteueransprüche	8 566
Sonstige Aktiva	5 875
	698 913

Passiva	in Tausend Euro
Verbindlichkeiten gegenüber Kreditinstituten	233 256
Verbindlichkeiten gegenüber Kunden	281 238
Verbriefte Verbindlichkeiten	52 670
Handelspassiva	26 479
Rückstellungen	18 531
Ertragsteuerverbindlichkeiten	7 215
Sonstige Passiva	21 487
Nachrangkapital	31 932
Eigenkapital	26 105
	698 913

Handlungsaufträge

1 Worin unterscheidet sich diese Bilanz von der Bilanz in der Finanzanzeige?

2 Entscheiden Sie, ob die Handels- und Privatbank mit dieser im offiziellen Jahresbericht veröffentlichten Bilanz gegen die Gliederungsvorschriften der RechKredV verstoßen hat.

3 In einem mit „Notes" überschriebenen Kapitel schreibt die Handels- und Privatbank AG im Jahresbericht: „Die Bilanzierung des Handels- und Privatbank-Konzerns erfolgt nach den International Financial Reporting Standards (IFRS) beziehungsweise International Accounting Standards (IAS); der Einzelabschluss der Handels- und Privatbank AG wird nach den Vorschriften des HGB aufgestellt." Erläutern Sie diese Aussage.

6.3.1 Grundlagen der Rechnungslegung nach IFRS/IAS

Gesellschaften, die dem Recht eines Mitgliedstaates der EU unterliegen, müssen konsolidierte Jahresabschlüsse (Konzernabschlüsse) nach den International Financial Reporting Standards (IFRS)/International Accounting Standards (IAS) aufstellen, wenn das Unternehmen

- sowohl konzernrechnungspflichtig ist, d.h., wenn eine Konzernbilanz aufzustellen ist,
- als auch kapitalmarktorientiert ist, d.h., wenn es sich um eine börsennotierte AG handelt oder wenn Anleihen oder Genussscheine des Unternehmens an einem geregelten Wertpapiermarkt notiert werden.

Nur wenn beide Voraussetzungen gegeben sind, ist der Konzernabschluss nach IFRS/IAS aufzustellen.

Ein Konzern ist ein Verbund rechtlich selbstständiger Unternehmen, die wirtschaftlich miteinander verflochten sind. Es gibt ein Mutterunternehmen und mindestens ein Tochterunternehmen.

 BEISPIEL: *Pflicht zur Aufstellung eines IFRS-Abschlusses*

Die Handels- und Privatbank AG hält eine Beteiligung von 60 % an der Netzbank GmbH, die übrigen 40 % gehören unabhängigen Gesellschaftern. Die Netzbank GmbH ist ein Tochterunternehmen der Handels- und Privatbank AG. Die Handels- und Privatbank AG hat als Mutterunternehmen einen HGB-Einzelabschluss aufzustellen. Zusätzlich muss sie einen Konzernabschluss aufstellen, der die Vermögens- und Kapitalwerte der Netzbank GmbH zusammen mit den Vermögens- und Kapitalwerten der Handels- und Privatbank AG ausweist.

Die International Financial Reporting Standards (IFRS)/International Accounting Standards (IAS) stellen kein umfassendes gesetzliches Regelwerk wie das HGB dar, sondern sind eine Sammlung von Einzelfallregelungen. Der Aufbau, die Reihenfolge und die Nummerierung der Regeln folgt keiner systematischen Ordnung. Die IFRS werden vom International Accounting Standards Board (IASB), einer nicht staatlichen Fachorganisation mit Sitz in London herausgegeben. Sie sind in englischer Sprache abgefasst. Dem IASB gehören über 150 Berufsverbände aus über 100 Ländern an.

Der Zweck der Rechnungslegung nach IFRS/IAS besteht in der Zurverfügungstellung von entscheidungsrelevanten Informationen für Kapitalgeber. Maßgeblich für den Jahresabschluss nach IFRS sind ausschließlich die Interessen der Kapitalgeber. Entsprechend dem Prinzip der Nützlichkeit (Decision Usefulness) soll der Jahresabschluss ihnen wesentliche, zuverlässige und vergleichbare Informationen geben, die helfen, die Vermögens-, Finanz- und Ertragslage eines Unternehmens zu bewerten und eigene wirtschaftliche Entscheidungen mit möglichst großer Sicherheit zu treffen. Erst nach Übernahme neu entwickelter Standards durch die EU sind die privatrechtlich entwickelten Vorschriften von börsennotierten Banken in Europa zu beachten.

 **HINWEIS:**

Art. 4 VO (EG) Nr. 1606/2002 des Europäischen Parlaments und des Rates vom 19.07.2002 betreffend die Anwendung internationaler Rechnungslegungsstandards

 DEFINITION:

Ein Tochterunternehmen liegt regelmäßig dann vor, wenn das Mutterunternehmen mehr als 50 % der Anteile hält.

HINWEIS:

Bis Mitte 2001 bezeichnete das IASB verabschiedete Standards als IAS, später verabschiedete Standards als IFRS. Bestehende IAS und neu verabschiedete IFRS bilden zusammen das Regelwerk IFRS.

 **ERLÄUTERUNG:**

Kapitalgeber sind:
- Anleger
- Investoren
- Kreditgeber

ERLÄUTERUNG:

Gläubigerschutz und Zahlungsbemessungsfunktion (Bemessung von Gewinnausschüttungen oder Steuerzahlungen) sind keine Aufgaben der Rechnungslegung nach IFRS.

HINWEIS:

Angaben im Abschluss von Banken und ähnlichen Finanzinstitutionen werden durch IAS 30 und IFRS 7 geregelt.

Zweck der Rechnungslegung bei Banken gemäß IAS 30 Nr. 7

Die Abschlussadressaten haben ein Interesse an der Liquidität und Solvenz einer Bank sowie an den Gefahren, die mit den bilanzierten Vermögenswerten und Schulden sowie den bilanzunwirksamen Posten oder Sachverhalten verbunden sind. Der Ausdruck Liquidität bezieht sich auf die Verfügbarkeit ausreichender Finanzmittel, um Kontoabhebungen vornehmen und andere finanzielle Verpflichtungen bei Fälligkeit begleichen zu können. Der Ausdruck Solvenz bezieht sich auf den Differenzbetrag zwischen Vermögenswerten und Schulden und folglich auf die angemessene Ausstattung einer Bank mit Eigenmitteln. Eine Bank ist einem Liquiditätsrisiko und anderen Risiken ausgesetzt, die sich aus Währungsschwankungen, Zinsänderungen, Veränderungen der Marktpreise oder aus Adressenausfällen ergeben. Diese Risiken können sich im Abschluss widerspiegeln. Den Abschlussadressaten wird jedoch ein vollständigeres Bild über die den Tätigkeiten der Bank immanenten Risiken vermittelt, wenn das Management in einer Erläuterung zum Abschluss auf Risikomanagement und -kontrolle eingeht.

Bei der Aufstellung des Jahresabschlusses müssen folgende Grundsätze beachtet werden:
- Verständlichkeit (Understandability),
- Relevanz für die Zielgruppe (Relevance).
- Vergleichbarkeit mit Abschlüssen anderer Unternehmen (Comparability),
- Zuverlässigkeit (Reliability).

Die Beachtung und Einhaltung dieser Grundsätze muss vom Abschlussprüfer bestätigt werden.

6.3.2 Bestandteile des Jahresabschlusses nach IFRS/IAS

ERLÄUTERUNG:

Die Bilanz kann in Kontoform, Staffelform oder in einer sonstigen Form aufgestellt werden.

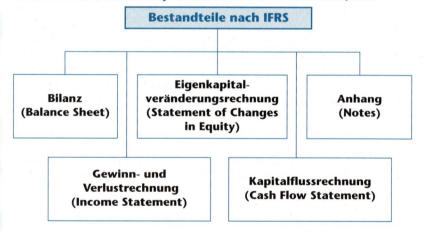

Bestandteile nach IFRS

- Bilanz (Balance Sheet)
- Eigenkapitalveränderungsrechnung (Statement of Changes in Equity)
- Anhang (Notes)
- Gewinn- und Verlustrechnung (Income Statement)
- Kapitalflussrechnung (Cash Flow Statement)

■ **Die Bilanz (Balance Sheet)**

ERLÄUTERUNG:

Die einmal gewählte Bilanzgliederung ist beizubehalten (Consistency of Presentation).

Kreditinstitute haben nach IAS 30 eine Bilanz vorzulegen, die die Vermögenswerte und getrennt davon die Schulden jeweils nach Arten zusammenfasst und nach deren relativer, abnehmender Liquidität anordnet. Eine bestimmte Gliederung ist nicht vorgeschrieben. Die Bilanz kann auf wenige Posten beschränkt werden. Allerdings müssen Aktiva und Passiva, die in der Bilanz zusammengefasst wurden, im Anhang zum Jahresabschluss aufgeschlüsselt werden.

Mindestangaben von Kreditinstituten in der Bilanz oder im Anhang zum Jahresabschluss	
Vermögenswerte:	**Schulden:**
• Barreserve und Guthaben bei der Zentralnotenbank	• Verbindlichkeiten gegenüber anderen Banken
• Schatzwechsel und andere rediskontfähige Wechsel	• andere Verbindlichkeiten aus Geldmarktgeschäften
• öffentliche und andere Wertpapiere des Handelsbestandes	• Verbindlichkeiten gegenüber anderen Kunden
• Forderungen und Kredite an andere Banken	• Einlagenzertifikate
• andere Geldmarktgeschäfte	• eigene Akzepte und andere verbriefte Schulden
• Forderungen an Kunden	• andere aufgenommene Gelder
• Wertpapiere des Anlagevermögens	

HINWEIS:

IAS 30 Nr. 19

Kreditinstitute müssen Vermögenswerte und Schulden zum Bilanzstichtag jeweils nach Restlaufzeiten in Gruppen zusammenfassen und angeben, wobei als Restlaufzeit die verbleibende Zeit zwischen Bilanzstichtag und vertraglicher Fälligkeit anzusehen ist.

■ Die Gewinn- und Verlustrechnung (Income Statement)

Kreditinstitute haben nach IAS 30 eine Gewinn- und Verlustrechnung vorzulegen, in der die Erträge und Aufwendungen nach Arten zu gruppieren und die Summe der Hauptertrags- und Hauptaufwandsarten anzugeben sind. Zu den Hauptertragsarten aus dem operativen Geschäft einer Bank gehören Zinserträge, Dienstleistungsentgelte, Provisionserträge und Handelsergebnisse. Zu den Hauptaufwandsarten zählen Zinsaufwendungen, Provisionsaufwendungen, Verluste aus dem Kreditgeschäft, Aufwendungen aufgrund der Verminderung des Buchwertes von Finanzinvestitionen und allgemeine Verwaltungsaufwendungen.

HINWEIS:

Auch für die Gewinn- und Verlustrechnung gibt es keine Gliederungs- oder Formvorschriften. International üblich ist die Veröffentlichung in Staffelform.

In der Gewinn- und Verlustrechnung oder im Anhang zum Abschluss sind mindestens folgende Ertrags- und Aufwandsposten anzugeben:
• Zinsen und ähnliche Erträge,
• Zinsen und ähnliche Aufwendungen,
• Dividendenerträge,
• Dienstleistungsentgelte und Provisionserträge,
• Provisionsaufwendungen,
• Gewinne abzüglich Verluste aus Wertpapieren des Handelsbestandes,
• Gewinne abzüglich Verluste aus Wertpapieren des Anlagevermögens,
• Gewinne abzüglich Verluste aus dem Devisenhandel,
• sonstige betriebliche Erträge,
• Verluste aus dem Kreditgeschäft,
• allgemeine Verwaltungsaufwendungen und
• sonstige betriebliche Aufwendungen.

HINWEIS:

IAS 30 Nr. 10

Ertrags- und Aufwandsposten dürfen nicht miteinander saldiert werden, ausgenommen Erträge und Aufwendungen, die aus Kurssicherungsgeschäften entstanden sind.

6.3.3 Vergleich der Rechnungslegungsvorschriften von HGB und IFRS/IAS

Vergleich der Rechnungslegungsvorschriften	
Handelsgesetzbuch (HGB)	International Financial Reporting Standards (IFRS)
Rechtssysteme	
Kodifiziertes Recht: HGB ist ein Gesetzbuch (Die Normenfestsetzung und Normenanpassung erfolgt durch den Gesetzgeber.)	Fallrecht: Sammlung von Einzelregelungen, die laufend aktualisiert und angepasst werden (Die Normenfestsetzung und Normenanpassung erfolgt durch private Organisationen.)
Zielsetzung	
Ermittlung der Vermögens- und Schuldenwerte am Bilanzstichtag unter dem Prinzip des Gläubigerschutzes (Gläubigerschutz geht vor Anlegerschutz) und Ermittlung des ausschüttbaren Gewinns	Verständliche, zuverlässige und entscheidungsrelevante Information der Anteilseigner für begründete finanzielle Entscheidungen (Shareholder-Value-Ansatz: Anlegerschutz geht vor Gläubigerschutz)
Ausgangslage	
Rechnungslegung im Interesse der Gläubiger	Rechnungslegung im Interesse der Eigentümer (Anteilseigner)
Bewertung	
Vermögenswerte werden grundsätzlich zum Niederstwert am Bilanzstichtag bewertet.	Die Bewertung der Vermögenswerte orientiert sich am Marktwert bzw. am Erfolgspotenzial.
Bildung stiller Reserven	
Im Rahmen der vorsichtigen Bewertung (Imparitätsprinzip) kommt es zwangsläufig zur Bildung stiller Reserven.	Stille Reserven dürfen nicht gelegt werden. Vermögensgegenstände und Schulden sind aktuell zu bewerten (Fair Value Prinzip).
Transparenz über Bankrisiken	
Geringe Transparenz, da • die Risikovorsorge in der Bilanz nicht offen gezeigt wird, • die Veränderung der Risikovorsorge in der GuV aufgrund der Überkreuzkompensation nicht erkennbar wird, • die Bildung stiller Vorsorgereserven (§ 340f HGB) möglich ist	Hohe Transparenz, da • die Risikovorsorge in der Bilanz offen von den Forderungen abgesetzt wird • die Veränderung der Risikovorsorge in der GuV offen erkennbar wird, • die Bildung stiller Vorsorgereserven nicht möglich ist
Stabilität der Vorschriften	
Relativ hohe Stabilität der Vorschriften. HGB-Änderungen werden i.d.R. durch die EU-Gesetzgebung ausgelöst, die in deutsches Recht übernommen wird.	Relativ geringe Stabilität der Vorschriften. Änderungen der IFRS werden durch die laufende Facharbeit des IASB ausgelöst und durch Bekanntgabe in Kraft gesetzt.

▶ Untersuchen Sie, ob folgende Kritik zutreffend sein kann: Die Bildung stiller Reserven kann zu einer Fehleinschätzung der Beurteilung der tatsächlichen Leistungsfähigkeit eines Unternehmens führen:
1. im Geschäftsjahr der Bildung, da Anlegern Ausschüttungen vorenthalten werden,
2. im Geschäftsjahr der Auflösung, da Negativentwicklungen von Unternehmen zu spät deutlich werden.

Strukturwissen

IFRS/IAS	**I**nternational **F**inancial **R**eporting **S**tandards bzw. **I**nternational **A**ccounting **S**tandards = Internationale Rechnungslegungsvorschriften, die vom International Accounting Standards Board (IASB), einer internationalen, nicht staatlichen Fachorganisation im Rahmen eines Standardisierungsprozesses (due process) herausgegeben werden. Es handelt sich um einzelfallbezogene Rechnungslegungsstandards, die keiner systematischen Ordnung folgen und inzwischen weltweit akzeptiert sind. Zielsetzung von Jahresabschlüssen nach IFRS/IAS ist es, Kapitalgebern entscheidungsrelevante Informationen über die Vermögens-, Finanz- und Ertragslage des Unternehmens sowie deren Veränderungen im Zeitablauf zu vermitteln. Im Gegensatz dazu orientiert sich ein Jahresabschluss nach HGB vorrangig am Gläubigerschutzgedanken.
Konzernabschluss/ konsolidierter Abschluss	Wenn Unternehmen in einem Konzern unter einheitlicher wirtschaftlicher Leitung einer Kapitalgesellschaft (Mutterunternehmen) stehen und dem Mutterunternehmen maßgebliche Anteile an einem oder mehreren Tochterunternehmen gehören, hat das Mutterunternehmen einen gemeinsamen Abschluss aufzustellen. In diesem Abschluss sind Doppelzählungen, z.B. des Eigenkapitals, und die gegenseitigen wirtschaftlichen Verflechtungen, z.B. gegenseitige Forderungen und Verbindlichkeiten herauszurechnen. Das Aussondern von Doppelzählungen und konzerninternen wirtschaftlichen Tatbeständen wird Konsolidierung genannt. Ein solcher Konzernabschluss wird deshalb auch als konsolidierter Abschluss bezeichnet.

Aktiva	**Beispiel einer Bankbilanz nach IFRS/IAS**	Passiva
Barreserve Forderungen an Kreditinstitute Forderungen an Kunden – Risikovorsorge Handelsaktiva Beteiligungen und Wertpapiere Sachanlagen Ertragssteueransprüche Sonstige Aktiva		Verbindlichkeiten gegenüber Kreditinstituten Verbindlichkeiten gegenüber Kunden Andere Verbindlichkeiten Handelspassiva Rückstellungen Ertragsteuerverpflichtungen Sonstige Passiva Nachrangkapital Eigenkapital

Kapitalfluss-rechnung	Sie zeigt die Zusammensetzung und die Veränderungen der Zahlungsmittelbestände eines Geschäftsjahres. Sie ist aufgeteilt in die Positionen operative Geschäftstätigkeit, Investitionstätigkeit und Finanzierungstätigkeit.
Anhang	Die Aufgabe des Anhangs besteht darin, das Zahlenwerk der übrigen Bestandteile des Jahresabschlusses verständlicher werden zu lassen. Die einzelnen Publizitätspflichten sind in verschiedenen Standards geregelt. Grundsätzlich sind die Angabepflichten sehr umfangreich. IAS 30 gibt Banken die Möglichkeit, bestimmte Publizitätsanforderungen wahlweise durch Posten in der Bilanz und Gewinn- und Verlustrechnung oder durch Erläuterungen im Anhang (notes) zu erfüllen.

Aufgaben

 Erläutern Sie die unterschiedliche Zielsetzung des Jahresabschlusses nach IFRS/IAS und HGB.

 Warum entspricht der IFRS/IAS-Abschluss dem Shareholder Value Konzept?

7 Bewertung ausgewählter Bilanzposten

7.1 Grundlagen der Bewertung

Entscheidungen bei der Erstellung des Jahresabschlusses

Die Hansabank AG will ihren Jahresabschluss aufstellen. Gemäß § 240 HGB muss sie hierzu zunächst ein Inventar erstellen und „dabei den Wert der einzelnen Vermögensgegenstände und der Schulden" angeben. Die Hansabank AG ist sich unschlüssig, mit welchem Wert die folgenden Vermögensgegenstände anzugeben sind:

- Im Kassenbestand befinden sich 100 000 US-Dollar. Sie wurden zu 1,11 US-Dollar je Euro gekauft. Der Referenzkurs der EZB wird am Bilanzstichtag mit 1,2495 US-Dollar je Euro festgestellt.
- Die Bank hat Anfang vorigen Jahres 10 Laptops zum Preis von 3 000,00 Euro je Stück erworben. Zum Zeitpunkt der Anschaffung wurde mit einer Nutzungsdauer von 5 Jahren und einem Wertverlust von 600,00 Euro pro Nutzungsjahr gerechnet. In der AfA-Tabelle des Bundesministeriums für Finanzen wird die betriebsgewöhnliche Nutzungsdauer mit 3 Jahren angegeben. Die Laptops könnten gegenwärtig zu Tagespreisen um 1 500,00 Euro bei deutlich verbessertem Leistungsumfang ersetzt werden.
- In den Forderungen an Kunden sind 750 000,00 Euro Kontokorrentforderungen enthalten, deren Rückzahlung ungewiss ist.
- Im Wertpapierbestand der Hansabank AG befinden sich u. a. folgende Wertpapiere:
  10 000 Stück Europabank AG-Aktien, Kauf am 30. Oktober zu 30,00 Euro/Stück, Börsenkurs am Bilanzstichtag 37,50 Euro/Stück, 50 000 Stück Euroweb.com AG-Aktien, Bilanzwert im letzten Jahresabschluss 400 000,00 Euro, Börsenkurs am Bilanzstichtag 5,00 Euro/Stück.
- Sichteinlagen der Chicago & Western Bank, Chicago, bei der Hansebank AG 100 000,00 US-Dollar, Dollarkurs bei Einlage 1,1144 US-Dollar je Euro, Referenzkurs der EZB am Bilanzstichtag 1,2495 US-Dollar je Euro, Dollar-Höchst- und Niedrigstkurse seit Bestehen der Einlage 1,0025 – 1,3600.

Handlungsaufträge

1 Erläutern Sie das Dilemma der Hansabank AG bei der Festsetzung der Werte für die genannten Vermögensgegenstände.

2 Erörtern Sie Lösungsvorschläge.

3 Untersuchen Sie, ob solche Probleme auch für andere Bilanzposten bestehen. Schildern Sie das jeweilige Problem und machen Sie Lösungsvorschläge.

4 Stellen Sie Ihre Lösungsvorschläge übersichtlich zusammen.

ERLÄUTERUNG:

AfA = Absetzung für Abnutzung

Die Hansabank AG muss neben
- der **Handelsbilanz nach den Vorschriften des Handelsrechts**
- eine **Steuerbilanz nach den Vorschriften des Steuerrechts**

aufstellen.

Da die Bewertung der Vermögenswerte und der Schulden über die Höhe des Bilanzgewinns entscheidet, bestehen **unterschiedliche Interessen:**
- **Gläubiger** (Fremdkapitalgeber) sind an einer vorsichtigen Bewertung des Vermögens und an einem niedrigen Gewinnausweis interessiert, um die Rückzahlung ihres Kapitals und die laufende Verzinsung zu sichern.
- Der **Staat** ist an einer zeitnahen Bewertung des Vermögens und an einem möglichst hohen Gewinnausweis interessiert, um möglichst hohe Steuereinnahmen zu erzielen.
- **Anteilseigner** (Eigenkapitalgeber) sind an einer möglichst zeitnahen Bewertung interessiert, die den Wert ihrer Investition zeigt. Sie bevorzugen eher hohe Vermögensansätze und Gewinnausweise, weil sie an hohen Börsenkursen und Dividenden interessiert sind. Andererseits haben sie aber kein Interesse an hohen Steuerzahlungen der Unternehmen.

▶ Untersuchen Sie die Interessenlage des Managements (Vorstand, Geschäftsführung) einer Kapitalgesellschaft hinsichtlich der Bewertung.

7.1.1 Bewertungsvorschriften im Handelsrecht

Das **HGB** verlangt, dass der Jahresabschluss „**ein den tatsächlichen Verhältnissen entsprechendes Bild der Vermögens-, Finanz- und Ertragslage der Kapitalgesellschaft** zu vermitteln" hat. Die Werte des ausgewiesenen Vermögens, der Schulden und des Eigenkapitals sollen „wahr" sein. Jede Bilanz wird zu einem bestimmten **Zeitpunkt** aufgestellt. Die in der Bilanz auszuweisenden Vermögens- und Schuldwerte müssen zu diesem Zeitpunkt bewertet werden. Jede Bewertung zu einem bestimmten Stichtag enthält **Unsicherheiten über die künftige Entwicklung**. Markt- und Preisentwicklungen, die tatsächliche Lebensdauer eines Anlagegegenstands oder die Höhe künftiger Forderungsausfälle lassen sich nicht exakt vorhersagen.

Um Bewertungswillkür zu begrenzen und um **möglichst einheitliche und damit vergleichbare Wertansätze** für Vermögens- und Schuldenwerte zu gewährleisten, enthält das HGB Bewertungs- und Bilanzierungsvorschriften. Dabei stellt das HGB die **Interessen der Fremdkapitalgeber**, d. h. den Gläubigerschutz, in den Vordergrund. Es gilt das Prinzip der vorsichtigen Bewertung. Vermögenswerte sind grundsätzlich zum Niederstwert und Schulden zum Höchstwert zu bilanzieren. Für den Gewinnausweis bedeutet dies:
- **Gewinne sind nur auszuweisen**, wenn sie am Abschlussstichtag **realisiert** sind (**Realisationsprinzip**),
- bei **Finanzinstrumenten im Handelsbestand** eines Kreditinstituts sind **Gewinne** auch dann auszuweisen, wenn sie **realisierbar** sind,
- **Verluste sind stets auszuweisen**, auch wenn sie am Abschlussstichtag (noch) **nicht realisiert** sind.

■ Bewertungsgrundsätze

Bei der Bewertung der im Jahresabschluss auszuweisenden Vermögensgegenstände und Schulden gilt:

HINWEIS:

§ 264 Abs. 2 HGB
Grundsatz der Bilanzwahrheit

ERLÄUTERUNG:

Realisierbare Gewinne im Handelsbestand entstehen aufgrund der Bewertung zum Zeitwert (vgl. Lernfeld 3, Abschnitt 7.4). Sofern Zeitwert > Anschaffungskosten liegt ein buchungstechnisch zu erfassender Gewinn vor. Er ist noch nicht realisiert, da das Finanzinstrument noch nicht verkauft wurde.

HINWEIS:

§ 252 HGB
Allgemeine Bewertungsgrundsätze

- Die Wertansätze in der Eröffnungsbilanz des Geschäftsjahres müssen mit denen der Schlussbilanz des vorhergehenden Geschäftsjahres übereinstimmen (Grundsatz der **Bilanzidentität**).
- Bei der Bewertung ist von der Fortführung der Unternehmenstätigkeit auszugehen (**Fortführungs- oder Going-concern-Prinzip**).
- Die Vermögensgegenstände und Schulden sind zum Abschlussstichtag einzeln zu bewerten (Grundsatz der **Einzelbewertung**).
- Alle vorhersehbaren Risiken und Verluste, die bis zum Abschlussstichtag entstanden sind, müssen berücksichtigt werden. Das gilt auch für Sachverhalte, die erst nach dem Bilanzstichtag, aber vor dem Tag der Aufstellung des Jahresabschlusses bekannt geworden sind (Grundsatz der **Vorsicht**).
- Aufwendungen und Erträge des Geschäftsjahres sind unabhängig von den Zeitpunkten der entsprechenden Zahlungen im Jahresabschluss zu berücksichtigen (Prinzip der **Periodenabgrenzung**).
- Die auf den vorhergehenden Jahresabschluss angewandten Bewertungsmethoden sind beizubehalten (Grundsatz der **Bewertungsstetigkeit**).

■ Bewertung der Vermögensgegenstände

Bei der Bewertung von Vermögensgegenständen ist zwischen Gegenständen des Anlagevermögens und des Umlaufvermögens zu unterscheiden. Auch Kreditinstitute müssen diese Zuordnung für die Bewertung vornehmen, obwohl das Bilanzgliederungsschema für Kreditinstitute diese Unterscheidung nicht vorsieht.

ERLÄUTERUNG:

Aktiva von großen und mittelgroßen Kapitalgesellschaften sind nach § 266 HGB zu untergliedern:

A. Anlagevermögen,
B. Umlaufvermögen,
C. Rechnungsabgrenzungsposten.

Für Kreditinstitute gilt ein eigenes Bilanzgliederungsschema, siehe Seite 96.

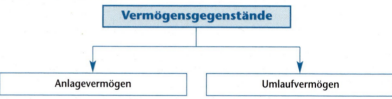

Zum Anlagevermögen gehören alle Vermögensgegenstände, die dazu bestimmt sind, dauernd dem Geschäftsbetrieb zu dienen.

ERLÄUTERUNG:

Immaterielle Vermögensgegenstände sind auszuweisen, wenn sie von Dritten gegen Entgelt erworben wurden. Ein derivativer Firmenwert entsteht als Differenz aus Kaufpreis ./. Substanzwert eines Unternehmens.

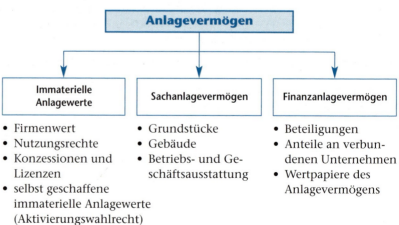

Zum Umlaufvermögen gehören alle Vermögensgegenstände, die dazu bestimmt sind, dem Geschäftsbetrieb nur vorübergehend zu dienen.

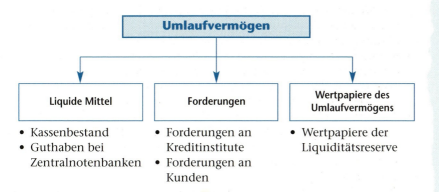

Umlaufvermögen

Liquide Mittel	Forderungen	Wertpapiere des Umlaufvermögens
• Kassenbestand • Guthaben bei Zentralnotenbanken	• Forderungen an Kreditinstitute • Forderungen an Kunden	• Wertpapiere der Liquiditätsreserve

ERLÄUTERUNG:

Wertpapiere gehören bei Kreditinstituten nur dann zum Anlagevermögen, wenn sie ausdrücklich und aktenkundig weder Handelsbestand sind noch als Liquiditätsreserve dienen.

Vermögensgegenstände sind höchstens mit den Anschaffungs- oder Herstellungskosten vermindert um Abschreibungen zu bewerten:

- **Bei Vermögensgegenständen des Anlagevermögens**, deren Nutzungsdauer zeitlich begrenzt ist (Gebäude, Betriebs- und Geschäftsausstattung), **müssen die Anschaffungs- oder Herstellungskosten um planmäßige Abschreibungen vermindert werden.** Liegt bei einem Anlagegut eine voraussichtlich dauernde Wertminderung vor, muss eine **außerplanmäßige Abschreibung** vorgenommen werden. Wenn sich in einem späteren Geschäftsjahr herausstellt, dass die Gründe für die Abschreibung nicht mehr bestehen, ist die Werterhöhung wieder zuzuschreiben.
- **Bei Vermögensgegenständen des Umlaufvermögens müssen Abschreibungen vorgenommen werden, wenn der Börsen- oder Marktpreis am Abschlusstag niedriger ist als die Anschaffungskosten.**

Eine Besonderheit im Handelsrecht ist die Bewertung von Vermögensgegenständen zum **beizulegenden Zeitwert**, der auch über den Anschaffungskosten liegen kann. Dies gilt nur für:

- Finanzinstrumente, die mit der Erzielung eines kurzfristigen Eigenhandelserfolgs gekauft und verkauft werden (**Handelsbestand**) und
- Vermögenswerte, die insolvenzsicher für die Deckung von Pensionszusagen verwendet werden sollen (sog. **Planvermögen**). Diese Aktiva werden mit den Rückstellungen für Pensionen verrechnet und sind dabei zum beizulegenden Zeitwert anzusetzen.

Für **Kreditinstitute** gelten außerdem in gewissem Umfang **Wertbeibehaltungsrechte** für
- **Forderungen** an Kunden und an Kreditinstitute,
- **Wertpapiere der Liquiditätsreserve.**

HINWEIS:

§ 253 HGB

Abschnitt 7.2

Abschnitt 7.4

▶ **Stellen Sie zusammen, für welche Werte Bewertungswahlrechte infrage kommen können.**

HINWEIS:

Für Kreditinstitute gelten unabhängig von ihrer Rechtsform die Vorschriften für mittlere und große Kapitalgesellschaften.

Abschnitt 7.3 + Abschnitt 8

Abschnitt 8

ERLÄUTERUNG:

Rückstellungen sind Verbindlichkeiten, bei denen weder die Schuldenhöhe noch der Zahlungstermin genau feststehen, z. B. Pensionsrückstellungen und Steuerrückstellungen.

 Abschnitt 8

■ Bewertung der Schulden

Verbindlichkeiten und Rückstellungen sind mit ihrem Erfüllungsbetrag zu bewerten und zu bilanzieren. Für ungewisse Verbindlichkeiten sind Rückstellungen in Höhe des Betrages zu bilden, der nach vernünftiger kaufmännischer Beurteilung notwendig ist. Dabei sind vorhersehbare Preis- und Kostensteigerungen mit einzubeziehen.

Kreditinstitute können auf der Passivseite **Vorsorgereserven für allgemeine Bankrisiken** ausweisen. Der Posten wird nach § 340g HGB gebildet.

7.1.2 Bewertungsvorschriften im Steuerrecht

In der **Steuerbilanz** geht es darum, den **Gewinn zu ermitteln**, der Bemessungsgrundlage für die Besteuerung des Unternehmens mit Einkommen- bzw. Körperschaftsteuer ist. Die **Bewertung** der Vermögensgegenstände und der Schulden **richtet sich nach den Bestimmungen des Einkommensteuergesetzes**.

Grundsätzlich hat das Unternehmen das Betriebsvermögen anzusetzen, „das nach den handelsrechtlichen Grundsätzen ordnungsmäßiger Buchführung anzusetzen ist" (**Maßgeblichkeit der Handelsbilanz** für die Steuerbilanz). Andererseits darf das Betriebsvermögen auch nicht zu ungünstig bewertet werden, um den steuerlichen Zweck einer an der Leistungsfähigkeit des Steuerpflichtigen orientierten Besteuerung nicht zu beeinträchtigen. Das Steuerrecht enthält daher ergänzende Vorschriften, die eine Bewertung nach unten begrenzen.

ERLÄUTERUNG:

Der Ansatz des nach handelsrechtlichen Grundsätzen ermittelten Betriebsvermögens für die Steuerbilanz wird als Maßgeblichkeit oder Maßgeblichkeitsprinzip bezeichnet.

DEFINITION:

Teilwert ist der Betrag, den ein Erwerber eines Unternehmens im Rahmen des Gesamtkaufpreises für jedes einzelne Wirtschaftsgut bezahlen würde. Dabei ist davon auszugehen, dass der Erwerber den Betrieb fortführt.

ERLÄUTERUNG:

Ausnahmen gelten nur, wenn Kursverluste durch Insolvenz des Emittenten oder bei über pari erworbenen Schuldverschreibungen durch nachhaltige Veränderung des Zinsniveaus entstanden sind.

Zu einer **unterschiedlichen Bewertung in Handels- und Steuerbilanz** kann es insbesondere dadurch kommen, dass das Steuerrecht Wertansätze unter dem maßgeblichen Buchwert (Anschaffungs- oder Herstellungskosten vermindert um planmäßige Abschreibungen) nur noch zulässt, wenn der Teilwert eines Vermögensgegenstandes durch eine voraussichtlich dauernde Wertminderung nachhaltig gesunken ist. Eine Wertminderung ist als nachhaltig anzusehen, wenn der Steuerpflichtige mit ihr am Bilanzstichtag aufgrund objektiver Anzeichen ernsthaft rechnen muss. Zusätzliche Erkenntnisse im Zeitraum zwischen Bilanzstichtag und Zeitpunkt der Bilanzaufstellung sind zu berücksichtigen. Maßgeblich ist die Art des Wirtschaftsgutes:

- Beim **abnutzbaren Anlagevermögen** muss der Teilwert des Wirtschaftsgutes mindestens für die halbe Restnutzungsdauer unter dem planmäßigen Restbuchwert liegen.
- Beim **nicht abnutzbaren Anlagevermögen** müssen die Gründe für die niedrigere Bewertung voraussichtlich anhalten. Kursschwankungen von börsennotierten Wertpapieren des Anlagevermögens gelten nicht als anhaltende Wertminderung.
- Beim **Umlaufvermögen** ist die Wertentwicklung zwischen dem Bilanzstichtag und dem Zeitpunkt der Bilanzaufstellung maßgeblich. Eine Wertminderung ist voraussichtlich von Dauer, wenn sie über den Bilanzstichtag hinaus bis zum Zeitpunkt der Bilanzaufstellung anhält.

 **BEISPIELE:** *Vergleich handelsrechtliche und steuerrechtliche Bewertung von Wertpapieren*

1. Festverzinsliche Wertpapiere im Anlagevermögen
Zinssatz 6 %; Restlaufzeit 4 Jahre; Rückzahlung bei Fälligkeit zu 100 %
Anschaffungskurs (= Buchwert) 100 %; Börsenkurs am Bilanzstichtag 99 %
Marktzins 7 % (nachhaltige Änderung des Zinsniveaus)
– handelsrechtlich: Abschreibung auf 99 % ist möglich (gemildertes Niederstwertprinzip).
– steuerrechtlich: Teilwertabschreibung auf 99 % ist nicht zulässig, da die Papiere bei Fälligkeit zum Nennwert zurückgezahlt werden. Der Anschaffungskurs von 100 % muss für die Bewertung beibehalten werden.

2. Festverzinsliche Wertpapiere im Anlagevermögen
Zinssatz 6 1/4 %; Restlaufzeit 4 Jahre; Rückzahlung bei Fälligkeit zu 100 %
Anschaffungskurs (= Buchwert) 102 %; Börsenkurs am Bilanzstichtag 96 %
Marktzins 7 % (nachhaltige Änderung des Zinsniveaus)
– handelsrechtlich: Abschreibung auf 96 % ist möglich.
– steuerrechtlich: Teilwertabschreibung auf 100 % ist möglich. Eine Teilwertabschreibung auf den niedrigeren Börsenkurs am Bilanzstichtag von 96 % ist nicht zulässig, da die Papiere bei Fälligkeit zum Nennwert zurückgezahlt werden.

3. Festverzinsliche Wertpapiere der Liquiditätsreserve
Anschaffungskurs (= Buchwert) 100 %, Börsenkurs am Bilanzstichtag 97 %;
Börsenkurs am Tag der Aufstellung der Bilanz 97,5 %
– handelsrechtlich: Abschreibung auf 97 % ist zwingend vorgeschrieben.
– steuerrechtlich: Teilwertabschreibung auf 97,5 % ist möglich. Eine Teilwertabschreibung auf 97 % ist nicht zulässig, da die zusätzlichen Erkenntnisse bis zur Bilanzaufstellung zu berücksichtigen sind.

4. Festverzinsliche Wertpapiere im Handelsbestand
Anschaffungskurs (= Buchwert) 100 %, Börsenkurs am Bilanzstichtag (beizulegender Zeitwert) 102 %. Börsenkurs am Tag der Aufstellung der Bilanz 101 %
– handelsrechtlich: Bewertung zum beizulegenden Zeitwert von 102 % erfolgt mit Wirkung für die GuV, ein angemessener Risikoabschlag ist zu berücksichtigen.
– steuerrechtlich: Bewertung zum beizulegenden Zeitwert von 102 % erfolgt mit Wirkung für die GuV, ein angemessener Risikoabschlag ist zu berücksichtigen (§ 6 Abs. 1 Nr. 2b EStG), eine Nachbetrachtung erfolgt nicht.

7.1.3 Besonderheiten der Bewertung nach IFRS/IAS

Der Jahresabschluss nach IFRS/IAS sieht das Unternehmen als Investitions- bzw. Anlageobjekt. Seine Rendite muss mit der Rendite anderer Objekte verglichen werden können. Anleger sollen durch den Jahresabschluss entscheidungsrelevante Informationen über die Vermögens-, Finanz- und Ertragslage des Konzerns im abgelaufenen Geschäftsjahr erhalten.

ERLÄUTERUNG:

Die Folgebewertung zu fortgeführten Anschaffungskosten ./. Abschreibungen entspricht der HGB-Regelung. Nach IFRS ist aber die voraussichtliche Nutzungsdauer ausschließlich unter wirtschaftlichen Gesichtspunkten festzusetzen. Unabhängig davon sind ggf. unabhängig von der erwarteten Dauer der Wertminderung außerplanmäßige Abschreibungen vorzunehmen.
Die Neubewertungsmethode ist nach HGB nicht zulässig. Die Bewertung zum Zeitwert kann auch zu einer Werterhöhung über den Buchwert hinaus führen. Sie ist im HGB nur beschränkt zulässig.

ERLÄUTERUNG:

Derivative Finanzinstrumente werden im HGB-Abschluss grundsätzlich nicht bilanziert.

DEFINITION:

Rückstellungen sind Schulden, die hinsichtlich ihrer Höhe oder ihrer Fälligkeit ungewiss sind.

Während das Vermögen nach HGB grundsätzlich zum Niederstwert und die Schulden zum Höchstwert bilanziert werden müssen, erfolgt die Bewertung nach IFRS/IAS grundsätzlich zum aktuellen Marktwert (fair value).

Im einzelnen gilt:
Sachwerte sind – wie im Jahresabschluss nach HGB – **bei Ersterfassung mit den Anschaffungs- oder Herstellungskosten** anzusetzen. **In den Folgejahren** besteht dann ein **Wahlrecht** zwischen:
- einer Folgebewertung zu fortgeführten Anschaffungs- oder Herstellungskosten (= Anschaffungs- bzw. Herstellungskosten ./. planmäßige Abschreibungen)
  → sog. **Anschaffungskostenmethode** (cost model)
- einer Neubewertung zum jeweiligen Zeitwert (fair value)
  → sog. **Neubewertungsmethode** (revaluation model).

Immaterielle Vermögensgegenstände des Anlagevermögens sind auf der Aktivseite anzusetzten, auch wenn diese **selbst erstellt** wurden, z.B. selbst erstellte Software. Der Ansatz selbst erstellter immaterieller Vermögensgegenstände im Anlagevermögen ist im HGB-Abschluss lediglich ein Wahlrecht. Steuerrechtlich besteht ein Ansatzverbot.
In den **Folgejahren** besteht analog zur Bewertung der Sachanlagen in IFRS ein **Wahlrecht** zwischen der **Anschaffungskostenmethode** und der **Neubewertungsmethode**.
Bei Anwendung der Neubewertungsmethode für Sachanlagen oder immaterielle Anlagewerte werden die Veränderungen des Zeitwerts **erfolgsneutral** (ohne Einschaltung der GuV) im Eigenkapital in einer Neubewertungsrücklage erfasst.

Handelsaktiva sind Wertpapiere des Handelsbestandes und zu Handelszwecken gehaltene Schuldscheindarlehen, Devisen, Edelmetalle und derivative Finanzinstrumente, z.B. Optionen, Futures und Swaps. Sie sind nach IAS 39 grundsätzlich mit dem Marktwert (fair value) zu bewerten.

Handelspassiva sind derivative Finanzinstrumente des Eigenhandels, die einen negativen Marktwert besitzen sowie Lieferverpflichtungen aus Wertpapierleerverkäufen. Die Bewertung erfolgt zum **Marktwert** (fair value).

Risikovorsorge für Forderungen ist **offen auf der Aktivseite** auszuweisen. Sie erscheint mit negativem Vorzeichen als Kürzungsbetrag. Eine Bildung von Vorsorgereserven gemäß § 340f HGB ist nicht zulässig.

Rückstellungen dürfen nur gebildet werden, wenn sie sich auf eine Außenverpflichtung beziehen.

Strukturwissen

Bewertung | Vermögensgegenstände und Schulden sind im Jahresabschluss mit einem Wert anzusetzen, der den tatsächlichen Verhältnissen entspricht. Vielen Vermögensgegenständen können unterschiedliche Werte beigelegt werden, z. B. der Anschaffungswert, der Marktpreis am Bilanzstichtag, ein geschätzter Wert, ein um die Abnutzung verminderter Anschaffungswert oder ein interner Verrechnungspreis. Bewertungsvorschriften legen fest, welcher Wert anzusetzen ist.

Bewertung nach HGB*

Anlagevermögen

Gegenstände des Anlagevermögens:

Anschaffungskosten oder Herstellungskosten ./. planmäßige Abschreibungen

Nicht abnutzbares Anlagevermögen ist mit den Anschaffungskosten anzusetzen, z. B. Grundstücke.

- **Abschreibungspflicht bei** voraussichtlich **dauernder Wertminderung**
- **Abschreibungsrecht bei** voraussichtlich **vorübergehender Wertminderung**

Umlaufvermögen

Gegenstände des Umlaufvermögens:

Anschaffungs- oder Herstellungs- kosten   **Börsen- oder Marktpreis am Bilanzstichtag**

oder

- **Abschreibungspflicht auf den niedrigeren Wert,** der sich aus einem niedrigeren Börsen- oder Marktpreis am Abschlussstichtag ergibt

Gemildertes Niederstwertprinzip   **Strenges Niederstwertprinzip**

Höchstwert: Anschaffungs- oder Herstellungskosten

* Die Bewertung zum beizulegenden Zeitwert wird in Abschnitt 7.4 behandelt.

Aufgaben

 Was haben das Realisationsprinzip und das Imparitätsprinzip gemeinsam, und welcher Unterschied besteht?

 Erläutern Sie den Unterschied zwischen dem gemilderten und dem strengen Niederstwertprinzip.

 Entscheiden Sie, welcher Wertansatz nach HGB vorzunehmen ist:

a) Schuldverschreibungen im Besitz des Kreditinstituts, die als Anlagevermögen bewertet werden
b) Aktien im Handelsbestand des Kreditinstituts
c) Betriebs- und Geschäftsausstattung
d) Geschäftsgebäude
e) Sichteinlagen
f) Spareinlagen
g) Rückstellungen

7.2 Bewertung der Betriebs- und Geschäfts- ausstattung

Ein neues Outfit für die Filialen der Hansabank AG

Die Neuausrichtung im Privatkundenbereich hat zu einer Umgestaltung der Filialen der Hansabank AG geführt. Bei der Vorbereitung des Jahresabschlusses stellt sich die Frage, wie die Einrichtungsgegenstände und die neue Bedienungssoftware bewertet werden sollen.

Handlungsaufträge

1 Mit welchen Werten stehen die neuen Einrichtungsgegenstände und die ebenfalls Anfang Januar erworbene neue Bedienungssoftware in den Büchern der Hansabank?

2 Wie müssen die Einrichtungsgegenstände und die Software zum Bilanzstichtag bewertet werden?

3 In welche Bilanzposten sind die beschriebenen Vermögenswerte einzustellen?

4 Warum werden Wertminderungen der Betriebs- und Geschäftsausstattung durch Abschreibungen erfasst?

DEFINITION:

Anschaffungskosten:
Kaufpreis
+ Anschaffungsnebenkosten, z. B. Transportkosten. Aufwendungen zur Herstellung der Betriebsbereitschaft
./. Anschaffungspreisminderungen (z. B. Rabatt)
./. abziehbare Vorsteuer

Herstellungskosten:
Materialkosten (Fertigungsmaterial)
+ Fertigungskosten (Fertigungslöhne)
+ Sonderkosten der Fertigung (z. B. Kosten für Spezialwerkzeuge)
+ anteilige Gemeinkosten
+ anschaffungsnahe Herstellungskosten (§ 6 Abs. 1 Nr. 1a EStG)

▶ Entscheiden Sie, ob die folgenden Aufwendungen zu den Anschaffungskosten zählen:
a) Kosten der Anlieferung
b) Kosten der Installation
c) Wartungskosten
d) Umrüstungskosten

Bei der **Anschaffung** werden materielle und immaterielle Anlagegegenstände mit ihren **Anschaffungs- oder Herstellungskosten** aktiviert.

■ Erfassung von Wertminderungen

Im Verlauf ihrer Nutzung unterliegen Gegenstände der Betriebs- und Geschäftsausstattung **Wertminderungen**. Ursachen sind u. a.

- Alterung, z. B. natürlicher Verschleiß,
- Abnutzung, z. B. technischer Verschleiß,
- Produkt- und Marktentwicklungen, z. B. Produktinnovationen, technische Neuentwicklungen, Veränderungen des Nachfrageverhaltens,
- höhere Gewalt, z. B. Unfälle, Katastrophen, Feuer.

Wertminderungen werden durch Abschreibungen erfasst. Sie führen
- in der Bilanz zu einem **niedrigeren Wertausweis der Vermögensgegenstände** und
- in der Gewinn- und Verlustrechnung zu Aufwendungen.

Abschreibungen können **direkt** vom Wert des jeweiligen Vermögensgegenstandes abgesetzt werden (**direkte Abschreibung**) oder als **Wertberichtigung auf der Passivseite** der Bilanz ausgewiesen werden (**indirekte Abschreibung**).

Bei direkter Abschreibung wird der Buchwert direkt um den jeweiligen Abschreibungsbetrag vermindert. Auf der Aktivseite der Bilanz wird nur der jeweilige Restbuchwert ausgewiesen. Bei indirekter Abschreibung werden Vermögensgegenstände auf der Aktivseite weiterhin mit den Anschaffungs- oder Herstellungskosten ausgewiesen und auf der Passivseite durch den Posten „Wertberichtigungen" korrigiert. Kapitalgesellschaften dürfen in der veröffentlichten Bilanz keine Wertberichtigungen ausweisen. Sie müssen dafür im Jahresabschluss einen Anlagespiegel veröffentlichen, in dem die Anschaffungs- oder Herstellungskosten und die aufgelaufenen Abschreibungen dargestellt werden.

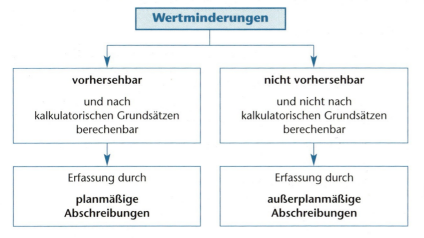

■ Planmäßige Abschreibungen

Durch planmäßige Abschreibungen werden die Anschaffungskosten auf die betriebsgewöhnliche Nutzungsdauer verteilt. Zu Beginn der Nutzungsdauer eines Anlagegegenstands muss ein **Abschreibungsplan** aufgestellt werden. Er hat anzugeben

• die Anschaffungs- bzw. Herstellungskosten,
• den Abschreibungsbeginn und die Nutzungsdauer,
• die Abschreibungsmethode,
• die Übersicht über die Abschreibungsbeträge und die Wertentwicklung,
• den Restwert, sofern auf einen Restwert abgeschrieben wird.

Methoden der planmäßigen Abschreibung sind die lineare und die degressive Abschreibung. Bei der linearen Abschreibung werden die Anschaffungskosten gleichmäßig auf die voraussichtliche Nutzungsdauer verteilt. Bei der degressiven Abschreibung werden die Anschaffungskosten mit jährlich fallenden Beträgen auf die voraussichtliche Nutzungsdauer verteilt.

Steuerrechtlich ist seit Beginn des Jahres 2011 nur noch die lineare Abschreibung zulässig.

▶ Nehmen Sie Stellung zu folgender Behauptung: In der Kosten- und Leistungsrechnung sorgen Abschreibungen dafür, dass die Wertminderungen in die Preiskalkulation eingehen und dem Unternehmen über die Preise wieder zufließen.

ERLÄUTERUNG:

Nutzungsdauer ist der Zeitraum der Verwendung oder Nutzung eines Wirtschaftsguts. Als Anhaltspunkt für die betriebsgewöhnliche Nutzungsdauer dienen die AfA-Tabellen des Bundesministeriums der Finanzen (AfA = Absetzung für Abnutzung).

ERLÄUTERUNG:

Abschreibungsbeginn ist grundsätzlich der Zeitpunkt der Anschaffung. Steuerrechtlich beginnt die Abschreibung am 1. des Monats, in dem die Anschaffung erfolgte.

HINWEIS:

Steuerlich zulässige degressive Abschreibung bei: Anschaffung 2001 bis 2005 2-facher linearer Satz (höchstens 20 %) Anschaffung 2006 und 2007 sowie vor 2001 3-facher linearer Satz (höchstens 30 %) Anschaffung 2009 und 2010 2,5-facher linearer Satz (höchstens 25 %)

▶ Wie können
a) der jährliche Abschreibungsbetrag,
b) der jährliche Abschreibungssatz
bei linearer Abschreibung errechnet
werden?

▶ Wie verändern sich die Formeln bei Annahme eines Restbuchwerts?

▶ Stellen Sie den Verlauf der linearen Abschreibung in Form einer Grafik dar.
Annahme:
Anschaffungswert (AW) = 100
Nutzungsdauer (n) = 8

▶ Stellen Sie den Verlauf der degressiven Abschreibung in Form einer Grafik dar.
Annahme:
Anschaffungswert (AW) = 100
Nutzungsdauer (n) = 8
Abschreibungssatz = 20 %

▶ Wovon hängt die Entscheidung ab, ob linear oder degressiv abgeschrieben wird?

Lineare Abschreibung

Die Hansabank AG schreibt Einrichtungsgegenstände linear ab.
Anschaffungswert (AW): 80 000,00 Euro
Geschätzte Nutzungsdauer (n): 8 Jahre
Abschreibungsbeginn: 1. Januar des laufenden Geschäftsjahres
Abschreibungsbetrag: 80 000 : 8 = 10 000,00 Euro p. a.
Abschreibungssatz: 100 : 8 = 12,5 %

Jahr	Abschreibungssatz	Anschaffungs- bzw. Restbuchwert	Euro
		Anschaffungswert	80 000,00
1. Jahr	12,5 % vom Anschaffungswert	Abschreibung	10 000,00
		Restbuchwert	70 000,00
2. Jahr	12,5 % vom Anschaffungswert	Abschreibung	10 000,00
		Restbuchwert	60 000,00
3. Jahr	12,5 % vom Anschaffungswert	Abschreibung	10 000,00
		Restbuchwert	50 000,00
4. Jahr	12,5 % vom Anschaffungswert	Abschreibung	10 000,00
		Restbuchwert	40 000,00
5. Jahr	12,5 % vom Anschaffungswert	Abschreibung	10 000,00
		Restbuchwert	30 000,00
6. Jahr	12,5 % vom Anschaffungswert	Abschreibung	10 000,00
		Restbuchwert	20 000,00
7. Jahr	12,5 % vom Anschaffungswert	Abschreibung	10 000,00
		Restbuchwert	10 000,00
8. Jahr	12,5 % vom Anschaffungswert	Abschreibung	10 000,00
		Restwert	0,00

Degressive Abschreibung

Die Hansabank AG schreibt Einrichtungsgegenstände degressiv ab.
Anschaffungswert (AW): 80 000,00 Euro
Geschätzte Nutzungsdauer (n): 8 Jahre
Abschreibungsbeginn: 1. Januar des laufenden Geschäftsjahres
Abschreibungssatz: 20 %

Jahr	Abschreibungssatz	Anschaffungs- bzw. Restbuchwert	Euro
		Anschaffungswert	80 000,00
1. Jahr	20 % vom Anschaffungswert	Abschreibung	16 000,00
		Restbuchwert	64 000,00
2. Jahr	20 % vom Restbuchwert	Abschreibung	12 800,00
		Restbuchwert	51 200,00
3. Jahr	20 % vom Restbuchwert	Abschreibung	10 240,00
		Restbuchwert	40 960,00
4. Jahr	20 % vom Restbuchwert	Abschreibung	8 192,00
		Restbuchwert	32 768,00
5. Jahr	20 % vom Restbuchwert	Abschreibung	6 553,60
		Restbuchwert	26 214,40
6. Jahr	20 % vom Restbuchwert	Abschreibung	5 242,88
		Restbuchwert	20 971,52
7. Jahr	20 % vom Restbuchwert	Abschreibung	4 194,30
		Restbuchwert	16 777,22
8. Jahr	20 % vom Restbuchwert	Abschreibung	3 355,44
		Restwert	13 421,77

Die degressive Abschreibung berücksichtigt im Gegensatz zur linearen Abschreibung, dass die Wertverluste bei Anlagegegenständen zu Beginn der Nutzung in der Regel höher als gegen Ende der Nutzungsdauer sind.

In der Praxis ist es üblich, während der Nutzungsdauer einen **Wechsel der Abschreibungsmethode von degressiver auf lineare Abschreibung** vorzunehmen. Auf diese Weise kann der Vorteil einer hohen Abschreibung zu Beginn der Nutzungsdauer genutzt und der Nachteil eines hohen Restwertes am Ende der Nutzungsdauer vermieden werden.

Wechsel von degressiver zu linearer Abschreibung

Die Hansabank AG schreibt Einrichtungsgegenstände ab.

Anschaffungswert (AW):	80 000,00 Euro
Nutzungsdauer (n):	8 Jahre
Abschreibungsbeginn:	1. Januar des laufenden Geschäftsjahres
Abschreibungssatz für die degressive AfA:	25 %

Jahr	Abschreibungssatz	Anschaffungs- bzw. Restbuchwert	Euro
1. Jahr	25 % vom Anschaffungswert	Anschaffungswert	80 000,00
		Abschreibung	20 000,00
		Restbuchwert	60 000,00
2. Jahr	25 % vom Restbuchwert	Abschreibung	15 000,00
		Restbuchwert	45 000,00
3. Jahr	25 % vom Restbuchwert	Abschreibung	11 250,00
		Restbuchwert	33 750,00
4. Jahr	25 % vom Restbuchwert	Abschreibung	8 437,50
		Restbuchwert	25 312,50

Im 5. Jahr entspricht der degressive Abschreibungsbetrag (25 312,50 Euro · 25 %) dem linearen Abschreibungsbetrag (25 312,50 Euro : 4 Jahre Restnutzung). Es erfolgt ein Übergang auf die lineare Abschreibungsmethode.

Jahr	Abschreibungssatz	Anschaffungs- bzw. Restbuchwert	Euro
5. Jahr	lineare Abschreibung	Restbuchwert	25 312,50
		Abschreibung	6 328,13
		Restbuchwert	18 984,37
6. Jahr	lineare Abschreibung	Abschreibung	6 328,13
		Restbuchwert	12 656,24
7. Jahr	lineare Abschreibung	Abschreibung	6 328,13
		Restbuchwert	6 328,11
8. Jahr	lineare Abschreibung	Abschreibung	6 328,11
		Restwert	0,00

Merkmale linearer und degressiver Abschreibung

lineare Abschreibung
- Der Anschaffungswert wird mit jährlich gleichbleibenden Beträgen über die geschätzte Nutzungsdauer abgeschrieben (Abschreibung vom Anschaffungs- bzw. vom maßgeblichen Buchwert).
- Höhere Wertverluste zu Beginn der Nutzungsdauer durch technischen Fortschritt, Modeänderungen usw. werden nicht berücksichtigt.
- Kein Restwert am Ende der Nutzungsdauer (evtl. Ausweis eines Erinnerungswerts)

degressive Abschreibung
- Der Anschaffungswert wird mit jährlich fallenden Abschreibungsbeträgen über die geschätzte Nutzungsdauer abgeschrieben (Abschreibung vom Restbuchwert).
- Höhere Wertverluste zu Beginn der Nutzungsdauer durch technischen Fortschritt, Modeänderungen usw. werden berücksichtigt (Prinzip der kaufmännischen Vorsicht).
- Verhältnismäßig hoher Restwert am Ende der Nutzungsdauer; deshalb Kombination von degressiver mit linearer Abschreibung

---

▶ Stellen Sie das Abschreibungsverfahren mit Wechsel von degressiver zu linearer Abschreibung grafisch dar. Annahme: Anschaffungswert (AW) = 100 Nutzungsdauer (n) = 8 Erläutern Sie den Verlauf der Kurve.

ERLÄUTERUNG:

Für Vermögensgegenstände, die vor 2007 oder in 2009 und 2010 angeschafft und degressiv abgeschrieben werden, ist die steuerliche Möglichkeit des Übergangs von degressiv zu linearer Abschreibung in § 7 Abs. 3 EStG geregelt.
Ein Wechsel von linearer zu degressiver Abschreibung ist steuerrechtlich dagegen nicht zugelassen.

HINWEIS:

Beispiele für GWG sind hochwertige Fachbücher, Gegenstände der Büroeinrichtung oder Kunstgegenstände.

ERLÄUTERUNG:

Peripheriegeräte einer DV-Anlage, wie beispielsweise Monitor, Drucker oder Scanner, sind nach Rechtsprechung des BFH regelmäßig keine GWG. Jedoch können Kombinationsgeräte, die beispielsweise nicht nur als Drucker, sondern auch unabhängig vom Rest der DV-Anlage, als Fax oder Kopierer genutzt werden können, als GWG behandelt werden.

HINWEIS:

Die Netto-Anschaffungskosten sind die Anschaffungswerte ohne Berücksichtigung der gezahlten Umsatzsteuer. Der Nettowert ist auch dann zu beachten, wenn die Umsatzsteuer nicht als Vorsteuer abziehbar ist und damit zu den Anschaffungskosten zählt.

■ **Außerplanmäßige Abschreibungen**

Durch unvorhersehbare technische oder wirtschaftliche Ereignisse, durch Unfälle oder höhere Gewalt sowie durch nicht vorhersehbaren technischen Fortschritt können Wertminderungen eintreten, die im Abschreibungsplan nicht berücksichtigt sind. Solche Wertminderungen sind außerordentliche Aufwendungen. Sie werden in der Gewinn- und Verlustrechnung im außerordentlichen Ergebnis erfasst.

■ **Bewertung geringwertiger Wirtschaftsgüter**

Geringwertige Wirtschaftsgüter (GWG) sind bewegliche Anlagegüter, die einer selbstständigen Nutzung fähig sind und deren Anschaffungskosten den in § 6 Abs. 2 oder 2a EStG bestimmten Höchstbetrag nicht überschreiten.

> **§ 6 EStG: Bewertung**
>
> … (2) Die Anschaffungs- oder Herstellungskosten … von abnutzbaren beweglichen Wirtschaftsgütern des Anlagevermögens, die einer selbstständigen Nutzung fähig sind, können im Wirtschaftsjahr der Anschaffung, Herstellung oder Einlage des Wirtschaftsguts oder der Eröffnung des Betriebs in voller Höhe als Betriebsausgaben abgezogen werden, wenn die Anschaffungs- oder Herstellungskosten, vermindert um einen darin enthaltenen Vorsteuerbetrag … für das einzelne Wirtschaftsgut 410 Euro nicht übersteigen.
>
> Wirtschaftsgüter im Sinne des Satzes 1, deren Wert 150 Euro übersteigt, sind unter Angabe des Tages der Anschaffung, Herstellung oder Einlage des Wirtschaftsguts oder der Eröffnung des Betriebs und der Anschaffungs- oder Herstellungskosten … in ein besonderes, laufend zu führendes Verzeichnis aufzunehmen. Das Verzeichnis braucht nicht geführt zu werden, wenn diese Angaben aus der Buchführung ersichtlich sind.
>
> (2a) Abweichend von Absatz 2 Satz 1 kann für die abnutzbaren beweglichen Wirtschaftsgüter des Anlagevermögens, die einer selbstständigen Nutzung fähig sind, im Wirtschaftsjahr der Anschaffung, Herstellung oder Einlage des Wirtschaftsguts oder der Eröffnung des Betriebs ein Sammelposten gebildet werden, wenn die Anschaffungs- oder Herstellungskosten, vermindert um einen darin enthaltenen Vorsteuerbetrag … für das einzelne Wirtschaftsgut 150 Euro, aber nicht 1 000 Euro übersteigen. Der Sammelposten ist im Wirtschaftsjahr der Bildung und den folgenden vier Wirtschaftsjahren mit jeweils einem Fünftel gewinnmindernd aufzulösen. Scheidet ein Wirtschaftsgut im Sinne des Satzes 1 aus dem Betriebsvermögen aus, wird der Sammelposten nicht vermindert. Die Anschaffungs- oder Herstellungskosten … von abnutzbaren beweglichen Wirtschaftsgütern des Anlagevermögens, die einer selbstständigen Nutzung fähig sind, können im Wirtschaftsjahr der Anschaffung, Herstellung oder Einlage des Wirtschaftsguts oder der Eröffnung des Betriebs in voller Höhe als Betriebsausgaben abgezogen werden, wenn die Anschaffungs- oder Herstellungskosten, vermindert um einen darin enthaltenen Vorsteuerbetrag … für das einzelne Wirtschaftsgut 150 Euro nicht übersteigen. Die Sätze 1 bis 3 sind für alle in einem Wirtschaftsjahr angeschafften, hergestellten oder eingelegten Wirtschaftsgüter einheitlich anzuwenden.

Die Anschaffungskosten geringwertiger Wirtschaftsgüter (GWG) sind in Abhängigkeit von der Höhe der Netto-Anschaffungskosten wie in nachfolgender Tabelle zu behandeln.

Erfassung geringwertiger Wirtschaftsgüter (GWG)

Anwendung der 410-Euro-Regelung
(§ 6 Abs. 2 EStG)

- **Anschaffungskosten bis 150,00 Euro** (netto)
  - Erfassung bei Anschaffung als Aufwand
- **Anschaffungskosten zwischen 150,00 bis 410,00 Euro** (netto)
  - Erfassung in einem gesonderten, laufend zu führenden Verzeichnis, sofern die Angaben nicht aus der Buchführung ersichtlich sind
  - Kein Ausweis in der Bilanz
  - Anschaffungskosten sind Aufwand (Betriebsausgaben) im Jahr der Anschaffung

Anwendung der 150/1 000-Euro-Regelung
(§ 6 Abs. 2a EStG)

- **Anschaffungskosten bis 150,00 Euro** (netto)
  - Erfassung bei Anschaffung als Aufwand
- **Anschaffungskosten zwischen 150,00 bis 1 000,00 Euro** (netto)
  - Erfassung auf einem Sammelkonto
  - Lineare Abschreibung der auf dem Sammelkonto erfassten Beträge über 5 Jahre
  - Ausweis des Restbuchwerts der geringwertigen Wirtschaftsgüter in der Bilanz
  - Abschreibungen sind Aufwand (Betriebsausgaben)

HINWEIS:

Für Abgänge von Gegenständen, die auf dem Sammelkonto erfasst sind, wird keine Korrekturbuchung über das Sammelkonto durchgeführt.

In der Praxis werden geringwertige Wirtschaftsgüter mit einem Anschaffungspreis von über 150,00 Euro auf dem Konto Geringwertige Wirtschaftsgüter (GWG) gebucht. Für den Abschluss des Kontos gilt:

- Bei Verwendung der 410,00 Euro-Regelung wird der Saldo des Kontos in voller Höhe über das Konto Abschreibungen auf Sachanlagen (Abschreibungen auf GWG bzw. Abschreibungen auf Sachanlagen) abgeschlossen.
- Bei Verwendung der 150,00/1 000,00 Euro-Regelung werden 20 % des Bestandes am Bilanzstichtag abgeschrieben (Abschreibungen auf Sachanlagen), der Restbuchwert wird über das Konto Betriebs- und Geschäftsausstattung abgeschlossen.

BEISPIEL: *Buchungen auf dem Sammelkonto*

Ein Kreditinstitut kauft bei einem Händler mit Kontoverbindung im Hause für die Immobilienabteilung im Jahr 2012 einen neuen PC für 952,00 Euro (inkl. 19 % Umsatzsteuer). Beim Kauf wird gebucht:

Sammelkonto	800,00 Euro		
Vorsteuer	152,00 Euro	an Kunden-KK	952,00 Euro

Der gesamte am Jahresende 2012 auf dem Sammelkonto erfasste Betrag wird linear 5 Jahre lang über Abschreibungen als Aufwand erfasst. Auf den einzelnen PC bezogen gilt:

Abschreibungen auf Sachanlagen	an Sammelkonto	160,00 Euro
SBK	an Sammelkonto	640,00 Euro

In der Bilanz wird der Restbuchwert des Sammelpostens ausgewiesen, der PC also anteilig darin mit 640,00 Euro. Am Ende des Jahres 2013 wird der PC für 400,00 Euro bar verkauft. Der Verkaufserlös wird auf dem Konto Sonstige Erträge erfasst. Obwohl der PC nicht mehr vorhanden ist, werden in den Jahren 2013, 2014, 2015 und 2016 für den im Jahr 2012 gebildeten Sammelposten und den darin enthaltenen PC noch anteilige Abschreibungen von 160,00 Euro jährlich verbucht.

2012:	*Abschreibungsaufwand*	*– 160,00 Euro*
2013:	*Ertragsbuchung*	*+ 400,00 Euro*
	Abschreibungsaufwand	*– 160,00 Euro*
2014:	*Abschreibungsaufwand*	*– 160,00 Euro*
2015:	*Abschreibungsaufwand*	*– 160,00 Euro*
2016:	*Abschreibungsaufwand*	*– 160,00 Euro*
		– 400,00 Euro

Ohne Buchung über das Sammelkonto wäre im Jahr 2013 wie folgt gebucht worden:

Kasse   400,00 Euro

Aufwand aus Anlagenabgang   240,00 Euro an   BGA   640,00 Euro

Der Aufwand von 240,00 Euro hätte sich ergeben, da dem Restbuchwert von 640,00 Euro (800,00 Euro abzüglich Abschreibung von 160,00 Euro) nur ein Erlös von 400,00 Euro gegenübersteht. Obwohl wirtschaftlich gleiche Ergebnisse erzielt werden, ergeben sich zwei Unterschiede:

1. Beim Sammelposten werden bereits verkaufte Anlagegegenstände noch in der Bilanz ausgewiesen.

2. Die steuerwirksame Aufwandsverrechnung von erfolgt nicht in den Jahren der tatsächlichen Nutzung, sondern ergibt sich bei der Buchung über Sammelposten erst am Ende des fünfjährigen Verteilungszeitraums.

■ Die Bedeutung von Abschreibungen

▶ **Welche Wirkungen haben Abschreibungen in der Bilanz und in der Gewinn- und Verlustrechnung?**

Abschreibungen dienen dazu, die Anschaffungs- oder Herstellungskosten planmäßig auf die Geschäftsjahre zu verteilen, in denen die Vermögensgegenstände voraussichtlich genutzt werden können. Damit wird erreicht, dass

ERLÄUTERUNG:

Zeitwert ist der einem Vermögensgegenstand aktuell zugemessene Gegenwartswert.

- die Anschaffungs- oder Herstellungskosten in den Jahren, in denen der Anlagegegenstand zur Gewinnerzielung beiträgt, zu Aufwendungen (steuerlich zu Betriebsausgaben) werden,
- in der Bilanz die aktuelle Vermögenslage ausgewiesen wird, indem die Vermögensgegenstände zum Zeitwert bewertet und ausgewiesen werden.

Abschreibungen tragen zur Erhaltung des Nominalkapitals bei. Sie gehen in die Preiskalkulation ein und fließen dem Unternehmen über den Preis als Erlösbestandteil wieder zu. Die so zugeflossenen Mittel stehen für die Wiederbeschaffung verbrauchter Vermögensgegenstände zur Verfügung. Da die Abschreibungen als Aufwand verbucht worden sind, müssen die als Preisbestandteil zugeflossenen Mittel weder als Gewinnanteile an die Anteilseigner ausgeschüttet noch als Steuern an den Staat abgeführt werden.

▶ **Untersuchen Sie die Wirkung steuerrechtlich zulässiger erhöhter Abschreibungen, wenn die Gewinne eines Unternehmens in den Folgejahren**
a) **steigen,**
b) **fallen.**

Abschreibungen verändern die Bemessungsgrundlage für die gewinnabhängigen Steuern, z.B. die Einkommen- und Körperschaftsteuer. Steuerrechtlich zulässige, erhöhte Abschreibungen mindern den zu versteuernden Gewinn. Dabei ist allerdings zu bedenken, dass vorgezogene Abschreibungen bei gleichbleibender Gewinnsituation und gleichbleibendem Steuertarif nur einen Steueraufschub, nicht aber eine Steuerersparnis bedeuten.

Strukturwissen

Betriebs- und Geschäftsausstattung	Zur Betriebs- und Geschäftsausstattung zählen z. B. Einrichtungsgegenstände, technische Einrichtungen, DV-Anlagen, Geldautomaten, Fahrzeuge. Die Betriebs- und Geschäftsausstattung wird im Posten „Sachanlagen" bilanziert.
Abschreibungen	Abschreibungen erfassen Wertminderungen von Vermögensgegenständen. Planmäßige Abschreibungen verteilen die Anschaffungs- oder Herstellungskosten auf die voraussichtliche Nutzungsdauer. Außerplanmäßige Abschreibungen erfassen nicht vorhersehbare Vermögensverluste. Abschreibungen dienen vor allem dazu, • die tatsächliche Vermögenslage eines Unternehmens in der Bilanz und • den richtigen Gewinn eines Unternehmens in der Gewinn- und Verlustrechnung auszuweisen.

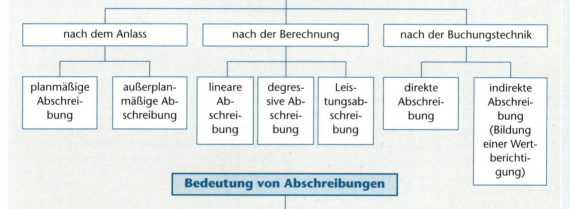

Abschreibungsarten

- **nach dem Anlass**
  - planmäßige Abschreibung
  - außerplanmäßige Abschreibung
- **nach der Berechnung**
  - lineare Abschreibung
  - degressive Abschreibung
  - Leistungsabschreibung
- **nach der Buchungstechnik**
  - direkte Abschreibung
  - indirekte Abschreibung (Bildung einer Wertberichtigung)

Bedeutung von Abschreibungen

- Verteilung der Anschaffungs- oder Herstellungskosten auf die Nutzungsdauer
- Ausweis der Vermögenslage zum Zeitwert
- periodengerechter Gewinnausweis
- nominelle Kapitalerhaltung
- Gestaltung steuerlicher Bemessungsgrundlagen

Bewertung eigenständig nutzbarer beweglicher Anlagegüter (Alternative 1: Nutzung der 410-Euro-Grenze)

Anschaffungskosten (netto) bis 150,00 Euro

- Erfassung als Aufwand bei Zugang
- Kein Ausweis in der Bilanz

Anschaffungskosten (netto) über 150,00 Euro bis 410,00 Euro

- Buchung der Zugänge als Aufwand (Betriebsausgabe)
- Kein Ausweis in der Bilanz
- Erfassung von Anlagezugängen in einem gesonderten Verzeichnis, sofern die Angaben nicht aus der Buchhaltung ersichtlich sind

Anschaffungskosten (netto) über 410,00 Euro

- Erfassung einzelner Anschaffungen auf dem Konto Betriebs- und Geschäftsausstattung
- Jedes Anlagegut wird planmäßig über die betriebsgewöhnliche Nutzungsdauer abgeschrieben.

Bewertung eigenständig nutzbarer beweglicher Anlagegüter (Alternative 2: Nutzung der 150/1 000-Euro-Grenze)

Anschaffungskosten (netto) bis 150,00 Euro

- Erfassung als Aufwand bei Zugang
- Kein Ausweis in der Bilanz

Anschaffungskosten (netto) über 150,00 Euro bis 1 000,00 Euro

- Erfassung bei Anschaffung auf einem Sammelkonto
- Abschreibung der auf dem Sammelkonto pro Jahr erfassten Beträge linear über 5 Jahre
- Keine Erfassung von Anlagenabgängen auf dem Sammelkonto
- Ausweis der Sammelposten mit den Restbuchwerten in der Bilanz

Anschaffungskosten (netto) über 1 000,00 Euro

- Erfassung einzelner Anschaffungen auf dem Konto Betriebs- und Geschäftsausstattung
- Jedes Anlagegut wird planmäßig über die betriebsgewöhnliche Nutzungsdauer abgeschrieben.

Aufgaben

 Geben Sie Beispiele für Gegenstände, die bei Kreditinstituten zur Betriebs- und Geschäftsausstattung zählen.

 Mit welchem Wert hat die Bank Gegenstände der Betriebs- und Geschäftsausstattung zu aktivieren?

 Stellen Sie Abschreibungspläne auf. Alle Anschaffungen wurden Anfang Januar getätigt.

a) Abschreibungsplan für ein Mikrofilmgerät, das linear in 6 Jahren abgeschrieben werden soll. Anschaffungswert: 20 000,00 Euro + 19 % Umsatzsteuer

b) Abschreibungsplan für ein Beratungsterminal, das in 7 Jahren abgeschrieben werden soll.
Anschaffungswert: 120 000,00 Euro + 19 % Umsatzsteuer
Abschreibung: 20 % degressiv mit Übergang zur linearen Abschreibung im dritten Jahr der Nutzungsdauer

c) Abschreibungsplan für einen Tag-Nacht-Tresor, der mit 20 % degressiv abgeschrieben werden soll. Voraussichtliche Nutzungsdauer 10 Jahre. Anschaffungswert: 60 000,00 Euro + 19 % Umsatzsteuer. In welchem Jahr empfiehlt sich der Übergang auf lineare AfA?

 Eine Bank schreibt Einrichtungsgegenstände mit einem Anschaffungswert von 50 000,00 Euro zuzüglich 19 % Umsatzsteuer und einer Nutzungsdauer von 8 Jahren zunächst degressiv mit einem Abschreibungssatz von 25 % direkt ab und geht auf die lineare Abschreibung über, sobald der Wechsel der Abschreibungsmethode lohnend ist.

a) Wie hoch ist der Abschreibungsbetrag für das zweite Jahr?

b) Wie hoch ist der Restbuchwert nach der zweiten degressiven Abschreibung?

c) Wie hoch ist der jährliche Abschreibungsbetrag nach Übergang auf die lineare Abschreibung?

d) Die Geräte werden nach der 4. Abschreibung an einen Girokunden verkauft. Der Nettopreis soll 20 000,00 Euro betragen. Prüfen Sie, ob der Wertansatz richtig gewählt war. Wie wird die Differenz ausgewiesen?

e) Die Einrichtungsgegenstände wurden im Standardgeschäft mit Privatkunden eingesetzt. Wie hoch ist der Bruttoverkaufspreis anzusetzen?

 a) Monitore sind für 40 000,00 Euro zuzüglich 19 % Umsatzsteuer gekauft und installiert worden. Aufstellungskosten: 3 000,00 Euro einschließlich Umsatzsteuer
Nutzungsdauer: 7 Jahre
Abschreibung: 25 % degressiv mit Übergang zur linearen Abschreibung
Abschreibungsbeginn: 1. Januar des Anschaffungsjahres
Erstellen Sie den Abschreibungsplan.

b) Im Zuge einer Organisationsumstellung werden die Geräte am 29. Juni des dritten Jahres für 32 000,00 Euro verkauft. Wie wirkt sich der Verkauf auf Bilanz und Gewinn- und Verlustrechnung aus?

 Eine Frankiermaschine wird unbrauchbar. Eine Reparatur lohnt sich nicht. Buchwert 800,00 Euro. Erläutern Sie die Auswirkungen auf Bilanz und GuV.

 Die Bank erwirbt ein Faxgerät für eine Zweigstelle zum Preis von 400,00 Euro zuzüglich 19 % Umsatzsteuer. Verkäufer ist ein Girokunde, dem der Gegenwert auf seinem Kontokorrentkonto gutgeschrieben wird. Buchen Sie den Vorgang.

8 Vergleichen Sie lineare Abschreibung, degressive Abschreibung und Leistungsabschreibung.

7.3 Bewertung von Forderungen

Insolvenzverfahren über Vermögen von Kreditnehmern

Dem Leiter der Kreditabteilung der Hansabank AG werden folgende Handelsregisterveröffentlichungen vorgelegt:

Handelsregister Amtsgericht Neumünster

22IN111/971-20.11.2012

Über das Vermögen der Internet Handels GmbH, Alte Hauptstraße 22, 24537 Neumünster, vertreten durch den Geschäftsführer Ole Göke, wurde am 30. Oktober, 11:00 Uhr, das Insolvenzverfahren eröffnet. Insolvenzverwalter: Rechtsanwältin Jutta Schumachers, Industriering 17b, 24536 Neumünster. Prüfungstermin: Dienstag, 20. Februar 2013, 14:00 Uhr, im Gebäude des Amtsgerichts Boostedter Straße 26, 24534 Neumünster, Saal A. Anmeldefrist: 15. Januar 2013.

Handelsregister Amtsgericht Köln

46IN4/290-17.11.2012

Das im Insolvenzverfahren über das Vermögen der ICH-Import-Export-GmbH, Teutonenring 39-40, 50966 Köln, vertreten durch die Geschäftsführerin Bea Berneck, am 20. September 2012 erlassene allgemeine Verfügungsverbot ist nach Ablehnung des Insolvenzantrags mangels Masse aufgehoben worden.

Die Hansabank AG hat gegen beide Unternehmen Forderungen aus Kontokorrentkrediten:

Internet Handels GmbH	250 000,00 Euro
ICH-Import-Export-GmbH	500 000,00 Euro

Handlungsaufträge

1 Untersuchen Sie, welche Bedeutung die Handelsregisterveröffentlichungen für die Hansabank AG haben.

2 Wie müssen die Kredite an die beiden Unternehmen jetzt bilanziert werden?

3 Wie kann die Hansabank AG Vorsorge gegen Verluste aus Kreditrisiken treffen?

Forderungen an Kunden entstehen aus Kreditgewährungen. Bei der Einräumung von Krediten prüfen Kreditinstitute die Kreditfähigkeit und die Kreditwürdigkeit ihrer Kreditnehmer. Während der Kreditlaufzeit wird die Bonität der Kreditnehmer laufend überwacht. Dennoch sind **Kredite risikobehaftet und Forderungsausfälle nicht auszuschließen.**

■ Die Qualität von Forderungen

Für die Bilanzierung prüfen die Kreditinstitute sämtliche Kredite auf ihre Werthaltigkeit. Bereits während des Geschäftsjahres nehmen Kreditinstitute endgültig verlorene Forderungen aus dem Bestand.

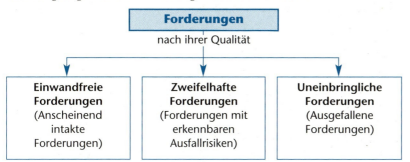

Forderungen sind als Gegenstände des Umlaufvermögens nach dem strengen Niederstwertprinzip zu bewerten.

Einwandfreie Forderungen sind **mit ihrem Nennwert** zu bilanzieren.

Zweifelhafte Forderungen sind **mit ihrem tatsächlichen Wert** (Zeitwert) am Bilanzstichtag zu bewerten. **Offen erkennbare Ausfallrisiken** sind durch Abschreibungen zu erfassen. In Höhe der durch Abschreibungen erfassten Ausfallrisiken werden **Einzelwertberichtigungen** gebildet (**indirekte Abschreibung**). In der **Bilanz** müssen zweifelhafte Forderungen mit ihrem **Nennwert abzüglich Einzelwertberichtigung** ausgewiesen werden.

Uneinbringliche Forderungen dürfen **nicht in der Bilanz** ausgewiesen werden. Sie sind abzuschreiben (**direkte Abschreibung**).

■ Abschreibung uneinbringlicher Forderungen

Uneinbringlich sind Forderungen, bei denen keine Aussicht besteht, dass sie zurückgezahlt werden. Sie werden sofort nach Bekanntwerden des Ausfalls direkt abgeschrieben.

Wird eine Forderung uneinbringlich, ist der Verlust sofort direkt abzuschreiben. Wirtschaftlich ist der Rückzahlungsanspruch als verloren anzusehen. Uneinbringliche Forderungen dürfen nicht bilanziert werden. Die Beachtung des strengen Niederstwertprinzips lässt einen Bilanzausweis nicht zu. Die Forderung wird im Hauptbuchkonto Kunden-KK und auf dem Konto des Kreditnehmers ausgebucht.

■ Einzelwertberichtigungen auf zweifelhafte Forderungen

Einzelwertberichtigungen werden am Bilanzstichtag **in Höhe des erkennbaren Verlustrisikos zu Forderungen gebildet, bei denen mit Ausfällen gerechnet wird.**

Maßgeblich sind die Erkenntnisse, die dem Kreditinstitut am Bilanzstichtag vorliegen. Entwicklungen bis zur Aufstellung der Bilanz sind zu berücksichtigen.

▶ Ordnen Sie die Forderungen an die Internet Handels GmbH und an die ICH-Import-Export GmbH nach ihrer Qualität zu.

▶ Stellen Sie Merkmale zusammen, an denen zweifelhafte und uneinbringliche Forderungen erkannt und zugeordnet werden können.

ERLÄUTERUNG:

Zum Nennwert sind zu kapitalisierende Zinsen und Provisionen hinzuzurechnen.

ERLÄUTERUNG:

Ausfallrisiken sind Verlustrisiken, die beim Jahresabschluss eines Kreditinstituts offen erkennbar und belegbar sind.

BEISPIELE:

Uneinbringliche Forderungen:
- *Ein privater Kreditnehmer ist völlig überschuldet.*
- *Der Insolvenzantrag eines Firmenkreditkunden wird mangels Masse abgelehnt.*

ERLÄUTERUNG:

Der Rechtsanspruch auf Rückzahlung bleibt auch bei einer uneinbringlichen Forderung bestehen, soweit das Kreditinstitut keinen Forderungsverzicht ausgesprochen hat oder die Forderung im Gerichtsverfahren verloren hat.

BEISPIELE:

Merkmale für zweifelhafte Forderungen:

- *erhebliche Liquiditätsschwierigkeiten bei einem Kunden,*
- *Nichteinlösung von Lastschriften*
- *häufige Überziehung eingeräumter Kreditlinien.*

▶ **Entscheiden Sie, ob sich die Risikosituation im folgenden Geschäftsjahr verändert und ob eine Neubewertung mit Änderung der Einzelwertberichtigung erforderlich ist:**
 a) **Der Kreditnehmer stellt zusätzliche Sicherheiten.**
 b) **Der Kreditnehmer wird zahlungsunfähig.**
 c) **Der Kreditnehmer zahlt den Kredit voll zurück.**

ERLÄUTERUNG:

Ausfallrisiken bei einwandfreien Forderungen werden als latente Ausfallrisiken bezeichnet.

Einzelwertberichtigungen auf zweifelhafte Forderungen (EWB) werden durch indirekte Abschreibungen gebildet, d. h., der Forderung wird ein Korrekturposten gegenübergestellt, der die Höhe des Ausfallrisikos widerspiegelt. Diese Buchungsmethode entspricht der **Risikovorsorge**. Die Forderung gegen den Kreditnehmer wird auf dem Hauptbuchkonto Kundenkontokorrent und auf dem Konto des Kreditnehmers weiterhin in voller Höhe ausgewiesen.

Bei Aufstellung der Bilanz müssen die Einzelwertberichtigungen von den Forderungen an Kunden abgesetzt werden.

$$
\begin{array}{rl}
& \text{Nennwert der Forderung} \\
./. & \textbf{Einzelwertberichtigung} \\
\hline
= & \text{Bilanzwert der Forderung}
\end{array}
$$

Eine Einzelwertberichtigung bleibt so lange bestehen, wie die Risikovorsorge notwendig ist:

- Verbessert sich die Risikosituation, kann die Einzelwertberichtigung ganz oder teilweise aufgelöst werden.
- Verschlechtert sich die Risikosituation, muss die Einzelwertberichtigung erhöht werden.
- Fällt die Forderung endgültig aus, muss die Einzelwertberichtigung aufgelöst und die Forderung ausgebucht werden.

■ Pauschalwertberichtigungen auf einwandfreie Forderungen

Erfahrungen der Kreditinstitute zeigen, dass **Ausfallrisiken** auch **für einwandfreie Forderungen** bestehen. Diese Ausfallrisiken sind zum Bilanzstichtag noch nicht erkennbar und können daher nicht einzelnen Forderungen zugerechnet werden. Diese latenten Risiken können nur pauschal erfasst und bewertet werden.

In der Handelsbilanz müssen Kreditinstitute **nach den Grundsätzen ordnungsmäßiger Buchführung Vorsorge gegen latente Ausfallrisiken treffen**. Sie sind verpflichtet, **Pauschalwertberichtigungen** zu bilden. Ihre Höhe richtet sich nach den betrieblichen Erfordernissen. Sie müssen sich sowohl an den **Ausfällen in der Vergangenheit** als auch an den **künftig erwarteten Ausfällen** orientieren.

In der Steuerbilanz werden Pauschalwertberichtigungen dagegen nur in Höhe der Risikovorsorge anerkannt, die sich aus den **Erfahrungen der Vergangenheit** ergibt.

Steuerliche Anerkennung von Pauschalwertberichtigungen

1. Die Höhe der anerkennungsfähigen Pauschalwertberichtigungen orientiert sich am durchschnittlichen Forderungsausfall der letzten 5 Jahre (= **tatsächlicher Forderungsausfall**).
2. Pauschalwertberichtigungen sollen ausschließlich der Abdeckung der latenten Ausfallrisiken dienen. Da im tatsächlichen Forderungsausfall auch die akuten Ausfallrisiken enthalten sind, muss der tatsächliche Forderungsausfall pauschal um 40 %, höchstens um den Betrag der am Bilanzstichtag vorhandenen Einzelwertberichtigungen (EWB) gekürzt werden (= **maßgeblicher Forderungsausfall**).

3. Der maßgebliche Forderungsausfall ist auf das durchschnittliche **risiko-behaftete Kreditvolumen** der letzten 5 Jahre zu beziehen und daraus der steuerlich zulässige Prozentsatz der Pauschalwertberichtigung zu errechnen (= **steuerlich zulässiger Pauschalwertberichtigungssatz**).

> Maßgeblicher durchschnittlicher Forderungsausfall der letzten 5 Jahre x 100
> ――
> Durchschnittliches risikobehaftetes Kreditvolumen der letzten 5 Jahre

4. Der **Pauschalwertberichtigungssatz** wird am Bilanzstichtag auf das risikobehaftete Kreditvolumen nach Abzug der einzelwertberichtigten Forderungen angewendet und ergibt die steuerlich anerkennungsfähige **Pauschalwertberichtigung des Geschäftsjahres**.

> Risikobehaftetes Kreditvolumen am Bilanzstichtag
> ./. Summe der einzelwertberichtigten Forderungen
> = Maßgebliches risikobehaftetes Kreditvolumen am Bilanzstichtag
> Maßgebliches Kreditvolumen x Pauschalwertberichtigungssatz in Prozent
> = Pauschalwertberichtigung

ERLÄUTERUNG:

> Beanspruchte EWB
> + direkt abgeschriebene Forderungen
> ./. Eingänge auf abgeschriebene Forderungen
> = tatsächlicher Forderungsausfall
> ./. 40 % des tatsächlichen Forderungsausfalls, höchstens Summe der EWB
> = maßgeblicher Forderungsausfall

ERLÄUTERUNG:

Risikobehaftete Forderungen sind Forderungen an Kunden, die nicht als sichere Forderungen anzusehen sind. Sichere Forderungen haben ein AAA-Rating. Es sind u. a. Forderungen gegen öffentlich-rechtliche Körperschaften, gegen Körperschaften, für die eine Gebietskörperschaft als Gewährträger haftet, und Forderungen, für die eine Ausfallversicherung besteht.

BEISPIEL: *Berechnung der steuerlich anerkannten Pauschalwertberichtigung*

Bestände am 31.12.2012

Forderungen an Kunden	580 Mio. Euro
davon	
– „risikofrei"	110,0 Mio. Euro
– einzelwertberichtigt	20,0 Mio. Euro
Einzelwertberichtigungen auf Forderungen	10,0 Mio. Euro
– davon aus den Vorjahren	5,5 Mio. Euro

Ermittlung der Pauschalwertberichtigung

1. Ermittlung des tatsächlichen Forderungsausfalls

	31.12. 2007 Mio. Euro	31.12. 2008 Mio. Euro	31.12. 2009 Mio. Euro	31.12. 2010 Mio. Euro	31.12. 2011 Mio. Euro
Verbrauch an Einzelwertberichtigungen	2,0	2,2	2,45	2,4	3,15
+ Abschreibungen auf uneinbringliche Forderungen	1,9	2,0	2,4	2,7	2,2
./. Eingänge auf abgeschriebene Forderungen	0,6	0,7	0,75	0,7	0,65
= Tatsächlicher Forderungsausfall	3,3	3,5	4,1	4,4	4,7

2. Ermittlung des maßgeblichen Forderungsausfalls

Mio. Euro

Durchschnittlicher Forderungsausfall der 5 vorhergehenden Jahre $= \dfrac{3,3 + 3,5 + 4,1 + 4,4 + 4,7}{5} = 4,0$

./. 40 % Abschlag	1,6
= Maßgeblicher Forderungsausfall =	2,4

3. Ermittlung des risikobehafteten Kreditvolumens

	31.12. 2007 Mio. Euro	31.12. 2008 Mio. Euro	31.12. 2009 Mio. Euro	31.12. 2010 Mio. Euro	31.12. 2011 Mio. Euro
Forderungen an Kunden	390	450	470	500	540
./. Forderungen an öffentlich-rechtliche Körperschaften (Bund, Länder, Gemeinden usw.)	10	12	15	20	24
./. Forderungen an ausländische Staaten, Gebietskörperschaften, Körperschaften und Anstalten des öffentlichen Rechts im OECD-Bereich	2	5	5	6	6
./. Forderungen, die durch eine der vorher genannten Stellen gewährleistet (verbürgt) sind	8	8	12	12	10
./. Forderungen, die durch eine Ausfallversicherung abgesichert sind	30	35	38	42	50
= **Risikobehaftetes Kreditvolumen**	340	390	400	420	450

ERLÄUTERUNG:

OECD = Organization for Economic Cooperation and Development (Organisation für wirtschaftliche Zusammenarbeit und Entwicklung)

$$\text{Durchschnittliches risikobehaftetes Kreditvolumen der 5 vorausgegangenen Bilanzstichtage} = \frac{340 + 390 + 400 + 420 + 450}{5} \text{ Mio. Euro}$$

= **Durchschnittliches risikobehaftetes Kreditvolumen**   **400,0**

4. Ermittlung des Pauschalwertberichtigungssatzes

$$\frac{\text{Maßgeblicher Forderungsausfall} \times 100}{\text{Durchschnittliches risikobehaftetes Kreditvolumen}} = \frac{2,4 \times 100}{400} = 0,6\,\%$$

= **Steuerlich zulässiger Pauschalwertberichtigungssatz**   **0,6 %**

5. Ermittlung der Pauschalwertberichtigung zum Bilanzstichtag   Mio. Euro

Risikobehaftetes Kreditvolumen am 31.12.2012 (580,0 ./. 110,0)	470,0
./. Gesamtbetrag der einzelwertberichtigten Forderungen	20,0
= Verbleibendes risikobehaftetes Kreditvolumen am 31.12.2012	450,0
darauf 0,6 % Pauschalwertberichtigung (siehe 4.)	
= **Pauschalwertberichtigung**	**2,7**

Bei der Bilanzierung der Forderungen werden Pauschalwertberichtigungen ebenso wie Einzelwertberichtigungen vom Forderungsbestand abgesetzt.

	Forderungsbestand an Kunden am Bilanzstichtag
./.	Einzelwertberichtigungen
=	Bestand an einwandfreien Forderungen
./.	Pauschalwertberichtigungen
=	Bilanzwert der Forderungen an Kunden

 **BEISPIEL:** *Ermittlung des im Bilanzposten „Forderungen an Kunden" auszuweisenden Forderungsbestandes*

Inventurwerte:

Forderungsbestand lt. Saldenlisten	*580 000 000 Euro*
Bestand an Einzelwertberichtigungen aus Vorjahren	*5 500 000 Euro*
Neu gebildete Einzelwertberichtigungen	*4 500 000 Euro*
Pauschalwertberichtigungen (steuerlich anerkannt)	*2 700 000 Euro*

Berechnung des auszuweisenden Forderungsbestandes	
Forderungsbestand lt. Saldenlisten	*580 000 000 Euro*
./. Einzelwertberichtigungen	*10 000 000 Euro*
= Bestand an einwandfreien Forderungen	*570 000 000 Euro*
./. Steuerlich anerkannte Pauschalwertberichtigung	*2 700 000 Euro*
= Forderungen an Kunden (Bilanzposten 4)	*567 300 000 Euro*

Treten im folgenden Geschäftsjahr **Forderungsausfälle** ein, ohne dass für die betreffenden Forderungen Einzelwertberichtigungen gebildet waren, können die Forderungen zulasten des Kontos Pauschalwertberichtigungen ausgebucht werden. In der Praxis werden Forderungsausfälle jedoch grundsätzlich direkt abgeschrieben. Die Pauschalwertberichtigungen bleiben so während des Geschäftsjahres als ständiger Risikovorsorgebetrag erhalten. Sie werden erst beim Jahresabschluss der veränderten Risikosituation und den veränderten Forderungsbeständen angepasst.

Kreditinstitute können **in der Handelsbilanz Pauschalwertberichtigungen über die steuerlich zulässigen Beträge hinaus** bilden. Die dafür erforderlichen Abschreibungen werden steuerlich aber nicht als gewinnmindernder Aufwand anerkannt. Diese Wertberichtigungen müssen aus versteuertem Gewinn gebildet werden (**versteuerte Pauschalwertberichtigungen**).

Strukturwissen

Forderungen	Forderungen sind Ansprüche aus Bankleistungen gegenüber Kunden (Nichtbanken) und Kreditinstituten. Forderungen werden in den Bilanzposten „Forderungen an Kunden" und „Forderungen an Kreditinstitute" ausgewiesen.
Forderungen an Kunden	Forderungen an Kunden sind Kredite, die von Privatkunden, Firmenkunden und öffentlichen Verwaltungen in Anspruch genommen wurden. Forderungen an Kreditinstitute sind Guthaben bei anderen Kreditinstituten und Kredite, die von anderen Kreditinstituten aufgenommen worden sind.

Bewertung von Forderungen
nach der Bonität

Einwandfreie Forderungen	Zweifelhafte Forderungen	Uneinbringliche Forderungen
• Forderungen mit latenten Ausfallrisiken • Bildung von Pauschalwertberichtigungen • Bilanzierung zum Nennwert	• Forderungen mit offenen Ausfallrisiken • Bildung von Einzelwertberichtigungen • Bilanzierung zum Zeitwert	• bereits eingetretener Forderungsverlust • direkte Abschreibung bei Eintritt des Verlusts • kein Bilanzausweis

Wertberichtigungen	Wertberichtigungen sind durch Abschreibungen gebildete Korrekturposten. Mit der Bildung von Wertberichtigungen sollen in der Bilanz → Wertverluste von Vermögensgegenständen und Risiken sichtbar gemacht werden, → Vermögensgegenstände weiterhin mit den Anschaffungs- oder Herstellungskosten (Forderungen mit ihrem Nennwert bzw. Rückzahlungswert) ausgewiesen werden. Kreditinstitute müssen Wertberichtigungen aktivisch absetzen.
Pauschalwertberichtigungen auf Forderungen	Pauschalwertberichtigungen werden durch Abschreibungen auf einwandfreie Forderungen zur Abdeckung latenter Ausfallrisiken gebildet.
Einzelwertberichtigungen	Einzelwertberichtigungen werden durch Abschreibungen auf zweifelhafte Forderungen zur Abdeckung ersichtlicher Ausfallrisiken gebildet.

Aufgaben

1 Berechnen und bilanzieren Sie für die Volksbank Neustadt eG.

a) Die Baustoffgroßhandlung Horst Gebhardt GmbH & Co. KG hat einen eingeräumten Kontokorrentkredit von 400 000,00 Euro mit 399 775,60 Euro in Anspruch genommen. Der Kredit ist durch Grundschulden auf dem Geschäftsgrundstück und auf dem Privatgrundstück von Horst Gebhardt sowie durch Sicherungsübereignung von Lastkraftwagen gesichert. Die Umsätze der Baustoffgroßhandlung sind spürbar zurückgegangen. Die Ertragslage ist deutlich schlechter geworden. Auch der Wert der Sicherheiten ist aufgrund sinkender Grundstückspreise um 25 % gesunken. Zusätzliche Sicherheiten können nicht gestellt werden.

b) Die Saldenlisten der Volksbank weisen Kontokorrent- und Darlehensforderungen an Kunden mit vereinbarter Laufzeit von weniger als 4 Jahren in Höhe von 12 431 000,00 Euro und Darlehensforderungen an Kunden mit vereinbarter Laufzeit von 4 Jahren oder länger in Höhe von 9 851 420,00 Euro aus.
Wie sind die Kontokorrent- und die Darlehensforderungen zu bilanzieren?

c) Über das Vermögen der Baustoffgroßhandlung Horst Gebhardt GmbH & Co. KG wurde ein Insolvenzverfahren eröffnet. Es kommt zu einem Vergleich auf der Grundlage von 45 %. Die Volksbank hatte einschließlich kapitalisierter Zinsen Forderungen in Höhe von 400 530,00 Euro geltend gemacht.

2 Vergleichen Sie Einzelwertberichtigungen und Pauschalwertberichtigungen auf Forderungen hinsichtlich ihrer Zweckbestimmung, ihrer Bildung und ihrer Auflösung.

3 Berechnen und bilanzieren Sie.
Ein Kreditinstitut hat zum Bilanzstichtag folgende Werte ermittelt:

Forderungen an Kunden 568,5 Mio. Euro
davon
– an öffentlich-rechtliche
  Körperschaften 22,2 Mio. Euro
– durch Ausfall-
  versicherungen
  abgesichert 13,6 Mio. Euro
– einzelwertberichtigt 26,1 Mio. Euro

Bestand an Einzelwertberichtigungen auf Forderungen 5,4 Mio. Euro

Am Bilanzstichtag neu zu bildende Einzelwertberichtigungen 7,8 Mio. Euro

Durchschnittlicher Forderungsausfall der letzten 5 Wirtschaftsjahre 5,5 Mio. Euro

Durchschnittliches risikobehaftetes Kreditvolumen der 5 vorausgegangenen Bilanzstichtage 451,3 Mio. Euro

Bestand an Pauschalwertberichtigungen in der Eröffnungsbilanz (Forderungsausfälle während des Geschäftsjahres wurden direkt abgeschrieben) 3 533 000,00 Euro

a) Berechnen Sie den Pauschalwertberichtigungssatz (auf 3 Nachkommastellen genau) und die steuerlich zulässige Pauschalwertberichtigung.

b) Ermitteln Sie den im Bilanzposten „Forderungen an Kunden" auszuweisenden Betrag.

7.4 Bewertung des Wertpapierbestandes

Sind die Wertpapiere ihr Geld wert?

Die Hansabank AG möchte wissen, welchen Erfolgsbeitrag der Wertpapierbereich geleistet hat. Das Konto Eigene Wertpapiere (Liquiditätsreserve) zeigt am Bilanzstichtag folgendes Bild:

Soll	EIGENE WERTPAPIERE (Liquiditätsreserve)		Haben
Bestand am 02.01.	694 800 Euro	Umsätze	2 022 650 Euro
Umsätze	2 134 850 Euro		

Handlungsaufträge

1. Erläutern Sie, warum sich der Erfolg mit Wertpapieren des eigenen Bestandes nicht durch Saldierung des Kontos Eigene Wertpapiere (Liquiditätsreserve) ermitteln lässt.

2. Begründen Sie, warum für die Bewertung nach HGB das strenge Niederstwertprinzip gilt.

3. Welche Bilanzposten kommen für den Ausweis der Wertpapiere (Liquiditätsreserve) infrage?

Kreditinstitute müssen ihre Wertpapierbestände nach dem Verwendungszweck in 3 Kategorien einteilen:

• Wertpapiere des Anlagebestandes
• Wertpapiere der Liquiditätsreserve
• Wertpapiere des Handelsbestandes

Entsprechend werden 3 Hauptbuchkonten geführt:
• Eigene Wertpapiere (Anlagebestand)
• Eigene Wertpapiere (Liquiditätsreserve)
• Eigene Wertpapiere (Handelsbestand)

Die Zuordnung zu einer Kategorie entscheidet über die Bewertung am Bilanzstichtag und den Erfolgsausweis in der GuV.

Wertpapierkategorien

Wertpapiere des Anlagebestandes	Wertpapiere der Liquiditätsreserve	Wertpapiere des Handelsbestandes
• Wertpapiere, die dazu bestimmt sind, dauerhaft dem Geschäftsbetrieb zu dienen (§§ 340e Abs. 1 und 247 Abs. 2 HGB) • Die Zweckbestimmung muss aktenkundig gemacht werden.	• Alle Wertpapiere, die nicht zum Anlagebestand und nicht zum Handelsbestand gehören (Restgröße) • Zweckbestimmung ist das Vorhalten einer Reserve, die durch Verkauf in liquide Mittel umgewandelt werden kann.	• Finanzinstrumente, die mit der Absicht der Erzielung eines kurzfristigen Eigenhandelserfolgs gekauft werden (§ 340e Abs. 3 Satz 2 HGB) • Die Zweckbestimmung muss bereits beim Kauf bestehen.
Bewertung: Bewertung als **Anlagevermögen** nach dem **gemilderten Niederstwertprinzip (§ 253 Abs 3 HGB)**	**Bewertung:** Bewertung als **Umlaufvermögen** nach dem **strengen Niederstwertprinzip (§ 253 Abs. 4 HGB)**	**Bewertung:** Bewertung zum **beizulegenden Zeitwert** unter Berücksichtigung eines Risikoabschlags (§ 340e Abs. 3 HGB)
Erfolgsausweis in der GuV: „15. Abschreibungen und Wertberichtigungen auf Beteiligungen, Anteile an verbundenen Unternehmen und **wie Anlagevermögen behandelte Wertpapiere**" oder „16. Erträge aus Zuschreibungen zu Beteiligungen, Anteile an verbundenen Unternehmen und **wie Anlagevermögen behandelte Wertpapiere**"	**Erfolgsausweis in der GuV:** „13. Abschreibungen und Wertberichtigungen auf Forderungen und **bestimmte Wertpapiere** sowie Zuführung zu Rückstellungen im Kreditgeschäft" oder „14. Erträge aus Zuschreibungen zu Forderungen und **bestimmte Wertpapiere** sowie aus der Auflösung von Rückstellungen im Kreditgeschäft"	**Erfolgsausweis in der GuV:** „7. Nettobetrag oder Nettoaufwand des **Handelsbestandes**"

■ Grundlagen der Bewertung von Wertpapieren im Anlagebestand

Für Wertpapiere des Anlagevermögens gilt nach HGB das gemilderte Niederstwertprinzip. Die Kreditinstitute haben damit ein Wahlrecht, die Wertpapiere zum Anschaffungskurs oder zum niedrigeren Kurs am Bilanzstichtag zu bilanzieren.

▶ Erläutern Sie die Wirkung des Niederstwertprinzips auf die Bewertung von Wertpapieren.

 **BEISPIEL 1:** *Festverzinsliches Wertpapier im Anlagebestand*

Anschaffungskurs: *100 %*
Jahresschlusskurs: *99 %*
Ansatz in Handelsbilanz: *99 % oder 100 %*
Erfolgt die Bewertung zum Kurs von 99 %, so ist eine außerplanmäßige Abschreibung von 1 % des Nominalwertes zu buchen, die den handelsrechtlichen Gewinnausweis mindert.
Buchung:
SBK   an eigene Wertpapiere   99 %
Abschreibungen auf Wertpapiere an Eigene Wertpapiere (Anlagebestand)   1 %

Das für Wertpapiere im Anlagebestand gültige gemilderte Niederstwertprinzip beruht auf der Überlegung, dass Kursverluste grundsätzlich nur vorübergehende Wertminderungen darstellen. Wenn festverzinsliche Wertpapiere im Anlagebestand bis zur Endfälligkeit gehalten werden, ist die Rückzahlung zu 100 % gesichert. Ein Absinken des Kurses unter 100 % entsteht durch gestiegene Kapitalmarktrenditen vergleichbarer Wertpapiere. Es ist aber nur vorübergehend, da sich der Kurs mit abnehmender Restlaufzeit automatisch an den Rückzahlungskurs von 100 % annähern wird. Es besteht daher das Wahlrecht, den niedrigeren Kurs am Bilanzstichtag durch Abschreibungen zu berücksichtigen oder den bisherigen Wert beizubehalten.

Das gemilderte Niederstwertprinzip gilt jedoch nicht, wenn die am Bewertungstag beobachtete Wertminderung dauerhaft ist. Hierfür sind 2 Gründe denkbar:
• Der Wert des Wertpapiers sinkt bonitätsbedingt, z. B. aufgrund der Insolvenz der Emittentin des Wertpapiers.
• Bei festverzinslichen Wertpapieren, die mit Kursen über 100 % angeschafft wurden (Über-pari-Papiere), sinkt der Kurs aufgrund nachhaltiger Veränderungen des Zinsniveaus am Kapitalmarkt.

In diesen Fällen ist die Abschreibung zwingend.

▶ **Stellen Sie eine Tabelle oder eine Mindmap auf, die Ihnen die Anwendung des Niederstwertprinzips bei der Bilanzierung von Wertpapieren erleichtert.**

BEISPIEL 2: *Festverzinsliche Wertpapiere im Anlagebestand (Dauerhafte Wertminderung bei Über-pari-Papieren)*

Anschaffungskurs: *104,30 %*
Jahresschlusskurs: *103,50 %*
Ansatz in Handelsbilanz: *103,50 %, da dauerhafte Wertminderung*

BEISPIEL 3: *Festverzinsliche Wertpapiere im Anlagebestand (Dauerhafte Wertminderung bei Über-pari-Papieren)*

Anschaffungskurs: *103 %*
Buchwert in letzter Bilanz: *101 %*
Jahresschlusskurs: *99 %*
Ansatz in Handelsbilanz: *100 %, da der Kursrückgang bis hierhin eine dauerhafte Wertminderung darstellt oder 99 % bei Ausübung des Wahlrechts*

Sämtliche Wertpapiere des eigenen Bestandes müssen zu jedem Bilanzstichtag neu bewertet werden. Hat der Kurs eines Wertpapiers im Anlagebestand oder im Handelsbestand sich gegenüber dem letzten Bilanzstichtag wieder erholt und sind die Gründe der Abschreibung weggefallen, muss die Abschreibung rückgängig gemacht werden. Sie ist durch eine Zuschreibung zu korrigieren (**Wertaufholungsgebot**).

Buchung:
Eigene Wertpapiere (Anlagebestand) an
        Erträge aus Zuschreibungen (außerordentliche Erträge)

Eine Zuschreibung führt zu einem höheren Wertausweis des Wertpapiers in der Bilanz. Gleichzeitig wird in der GuV ein Ertrag ausgewiesen.

BEISPIEL 4: *Festverzinsliches Wertpapier im Anlagebestand (Zuschreibung)*

Anschaffungskurs:	*103,20 %*
Buchwert in letzter Bilanz:	*99,80 %*
Jahresschlusskurs:	*100,00 %*

Die im Vorjahr gebuchte Abschreibung von 103,20 % auf 99,80 % ist in Höhe von 0,20 % durch eine Kurserholung hinfällig geworden. Die Anschaffungskosten werden in diesem Fall noch nicht überschritten.

Wertpapiere des Anlagebestandes

      an Erträge aus Zuschreibungen (a. o. Erträge)   *0,20 %*

BEISPIEL 5: *Festverzinsliches Wertpapier im Anlagebestand (Zuschreibung)*

Anschaffungskurs:	*101,55 %*
Buchwert in letzter Bilanz:	*100,55 %*
Jahresschlusskurs:	*102,00 %*

Die im Vorjahr gebuchte Abschreibung ist in Höhe von 1 % durch eine Kurserholung hinfällig geworden. Die darüber hinausgehende Kurssteigerung überschreitet die Anschaffungskosten und darf nicht berücksichtigt werden. Es entstehen aber stille Reserven in Höhe von 0,45 % des Nominalwertes, die durch einen Verkauf gehoben werden könnten.

Wertpapiere des Anlagebestandes

      an Erträge aus Zuschreibungen (a. o. Erträge)   *1 %*

Das Wertaufholungsgebot gilt für Wertpapiere des Anlagebestandes und des Handelsbestandes mit folgenden Besonderheiten:
* Wertobergrenze für Wertpapiere des Anlagevermögens sind die Anschaffungskosten
* Wertobergrenze für Wertpapiere des Handelsbestandes ist der beizulegende Zeitwert abzüglich eines Risikoabschlags (Value at Risk). Er kann über den Anschaffungskosten liegen.

Das Wertaufholungsgebot gilt nicht für Wertpapiere der Liquiditätsreserve. Es besteht keine Zuschreibungspflicht. Der niedrigere Wertansatz kann beibehalten werden (**Beibehaltungswahlrecht**).

■ Grundlagen der Bewertung von Wertpapieren der Liquiditätsreserve

Für Wertpapiere der Liquiditätsreserve gilt nach HGB das strenge Niederstwertprinzip. Die Kreditinstitute müssen Anschaffungskurs und Kurs am Bilanzstichtag vergleichen und die Wertpapiere zum niedrigeren Kurs bilanzieren.

Abschnitt 3.4

BEISPIEL 6: *Festverzinsliches Wertpapier in der Liquiditätsreserve*

Anschaffungskurs:	*100 %*
Kurs am Bilanzstichtag:	*99 %*
Ansatz in der Handelsbilanz	*99 %*

Buchung:

SBK   an Eigene Wertpapiere (Liquiditätsreserve) 99 %
Abschreibungen auf Wertpapiere an Eigene Wertpapiere (Liquiditätsreserve)   1 %

▶ **Bewertung und Kontoabschluss am Beispiel der Bestände auf dem Konto Eigene Wertpapiere (Liquiditätsreserve)**

Das Konto **Eigene Wertpapiere (Liquiditätsreserve)** ist ein **gemischtes Konto. Es lässt sich nur abschließen, wenn alle Bestände auf dem Konto einzeln bewertet werden.** Aus diesem Grunde werden die einzelnen Wertpapiere auf Skontren erfasst, die den Anfangsbestand, die Umsätze in Stück (z. B. bei Aktien) oder zum Nennwert (z. B. bei Schuldverschreibungen) sowie Kurse und Kurswerte der einzelnen Umsätze ausweisen.

Bei mehreren Käufen und Verkäufen von gleichartigen Wertpapieren innerhalb eines Geschäftsjahres haben Kreditinstitute das Problem, welchen Anschaffungskurs sie dem Börsenkurs am Bilanzstichtag gegenüberstellen. In der Praxis kommen 2 Verfahren infrage:

- Vergleich des Anschaffungskurses jedes einzelnen Wertpapierkaufs mit dem Tageskurs am Bilanzstichtag (Einzelzuordnungsverfahren),
- Ermittlung eines gewogenen Durchschnittskurses für alle Anschaffungen und Vergleich dieses Durchschnittskurses mit dem Tageskurs am Bilanzstichtag (Durchschnittswertverfahren).

▶ **Ermittlung und Bewertung der Bestände an Wertpapieren der Liquiditätsreserve**

BEISPIEL 1: *Nicht realisierter Kursgewinn*

Das Skontro OnlineBank International Aktien weist aus:
15.03. Kauf 1 000 Aktien zu 42,00 Euro je Stück.
Ein Bestand zu Beginn des Jahres war nicht vorhanden. Verkäufe oder weitere Käufe wurden nicht vorgenommen.
Börsenkurs am Bilanzstichtag: 86,00 Euro

Bewertung des Schlussbestandes	
1. Ermittlung des Niederstwerts	
Anschaffungskurs	*42,00 Euro*
Tageskurs am Bilanztag	*86,00 Euro*
Niederstwert = Anschaffungskurs	*42,00 Euro*
2. Bewertung des Bestandes	
1 000 Stück zu 42	*= 42 000,00 Euro*

ERLÄUTERUNG:

Der Grundsatz der Einzelbewertung erfordert, dass jeder Einzelbestand (Bestand mit gleicher ISIN) für sich bewertet wird.

ERLÄUTERUNG:

Da nur die Anschaffungskurse der noch im Bestand befindlichen Papiere maßgeblich sind, setzt das Einzelzuordnungsverfahren eine laufende Zuordnung der Verkäufe zu bestimmten Anschaffungen voraus.

ERLÄUTERUNG:

Die Aufzeichnungen in den Skontren sind Grundlage für die Bewertung des Wertpapierbestandes und für den Abschluss des Kontos Eigene Wertpapiere.

ERLÄUTERUNG:

Die Bank vergleicht den Anschaffungskurs von 42 Euro mit dem Tageskurs am Bilanzstichtag von 86 Euro. Der niedrigere Kurs ist der Anschaffungskurs, mit dem die Aktien bereits zu Buch stehen. Der nicht realisierte Kursgewinn von 44 Euro je Stück wird nicht ausgewiesen.

Skontro

OnlineBank International Aktien

Datum	Vorgang	Stück	Kurs (€)	Kurswert (€)	Datum	Vorgang	Stück	Kurs (€)	Kurswert (€)
15.03.	KAUF	1 000	42	42 000,00	31.12.	BESTAND	1 000	42	42 000,00
		1 000		42 000,00			1 000		42 000,00

BEISPIEL 2: *Nicht realisierter Kursverlust*

Das Skontro Telenet AG Aktien weist aus:
02.01. Bestand 2 000 Aktien zum Buchwert von 36 000,00 Euro.
Käufe und Verkäufe wurden während des Geschäftsjahres nicht vorgenommen.
Börsenkurs am Bilanzstichtag 14,00 Euro.

Bewertung des Schlussbestandes

1. Ermittlung des Niederstwerts

Anschaffungskurs (Buchkurs)	18,00 Euro
Tageskurs am Bilanzstichtag	14,00 Euro
Niederstwert	14,00 Euro

2. Bewertung des Bestandes

2 000 Stück zu 14	= 28 000,00 Euro

3. Nicht realisierter Kursverlust = Abschreibung auf Wertpapiere

Bestand zum Anschaffungskurs (Buchwert)	36 000,00 Euro
./. Bestand, bewertet zum Niederstwert	28 000,00 Euro
= Abschreibung	8 000,00 Euro

▶ Begründen Sie die Bewertungsentscheidung.

Skontro

Telenet AG Aktien

Datum	Vorgang	Stück	Kurs (€)	Kurswert (€)	Datum	Vorgang	Stück	Kurs (€)	Kurswert (€)
02.01.	BESTAND	2 000	18	36 000,00	31.12.	BESTAND	2 000	14	28 000,00
					31.12.	ABSCHREIBUNG			8 000,00
		2 000		36 000,00			2 000		36 000,00

▶ Warum werden nicht realisierte Kursverluste und nicht realisierte Kursgewinne unterschiedlich behandelt?

BEISPIEL 3: *Realisierter Kursgewinn*

Das Skontro Kieselmetall AG Aktien weist weder am Beginn des Geschäftsjahres noch am Bilanzstichtag Bestände aus. Während des Geschäftsjahres wurden mehrere Umsätze getätigt.

▶ Wie wird ein realisierter Kursgewinn erfasst?

Skontro

Kieselmetall AG Aktien

Datum	Vorgang	Stück	Kurs (€)	Kurswert (€)	Datum	Vorgang	Stück	Kurs (€)	Kurswert (€)
07.01.	KAUF	5 000	12,60	63 000,00	11.01.	VERKAUF	2 000	13,20	26 400,00
29.03.	KAUF	3 000	13,00	39 000,00	30.04.	VERKAUF	3 000	13,00	39 000,00
18.08.	KAUF	10 000	13,50	135 000,00	15.09.	VERKAUF	3 000	12,80	38 400,00
15.10.	KAUF	1 000	12,00	12 000,00	26.10.	VERKAUF	5 000	14,50	72 500,00
					29.10.	VERKAUF	1 000	12,50	12 500,00
31.12.	KURSGEWINN			7 300,00	30.11.	VERKAUF	5 000	13,50	67 500,00
		19 000		256 300,00			19 000		256 300,00

BEISPIEL 4:   *Realisierter Kursverlust*

Das Skontro Mitteldeutsche Kraftwerke AG Aktien weist am Bilanzstichtag keine Bestände aus. Während des Geschäftsjahres wurde eine Reihe von Umsätzen getätigt.

► **Wie wird ein realisierter Kursverlust erfasst?**

Skontro

Mitteldeutsche Kraftwerke AG Aktien

Datum	Vorgang	Stück	Kurs (€)	Kurswert (€)	Datum	Vorgang	Stück	Kurs (€)	Kurswert (€)
31.12.	BESTAND	600	140,00	84 000,00	08.04.	VERKAUF	300	144,00	43 200,00
19.06.	KAUF	100	124,50	12 450,00	30.09.	VERKAUF	100	120,50	12 050,00
19.06.	KAUF	200	122,50	24 500,00	01.11.	VERKAUF	300	115,00	34 500,00
					15.11.	VERKAUF	200	108,00	21 600,00
					31.12.	KURSVERLUST			9 600,00
		900		**120 950,00**			**900**		**120 950,00**

BEISPIEL 5:   *Nicht realisierter Kursverlust nach Ermittlung des durchschnittlichen Anschaffungskurses*

Das Skontro 6 % Berliner Bodenkreditbank AG Kommunalobligationen weist aus:

02.01.	Anfangsbestand	120 000,00 Euro zu 99 % = 118 800,00 Euro
03.05.	Kauf	60 000,00 Euro zu 96 % = 57 600,00 Euro
18.07.	Kauf	60 000,00 Euro zu 98 % = 58 800,00 Euro

Der Börsenkurs am Bilanzstichtag beträgt 96 %. Verkäufe wurden nicht getätigt. Anteilige Zinsen sind nicht zu verrechnen.

► **Erläutern Sie das angewendete Verfahren.**

► **Prüfen Sie, ob man den nicht realisierten Kursverlust auch auf andere Weise ermitteln kann.**

Bewertung des Schlussbestandes

1. Ermittlung des durchschnittlichen Anschaffungskurses

Nennwert (€)	Kurs (%)	Kurswert (€)
120 000,00	99	118 800,00
60 000,00	96	57 600,00
60 000,00	98	58 800,00
240 000,00		235 200,00

$$\frac{235\ 200,00 \cdot 100}{240\ 000,00} = 98\ \%$$

2. Ermittlung des Niederstwerts

Durchschnittlicher Anschaffungskurs	98 %
Tageskurs am Bilanzstichtag	96 %
Niederstwert	96 %

3. Bestandsermittlung
120 000,00 + 60 000,00 + 60 000,00 = 240 000,00 Euro Nennwert

4. Bewertung des Bestandes
240 000,00 Euro zu 96 % = 230 400,00 Euro

5. Nicht realisierter Kursverlust = Abschreibung auf Wertpapiere

Bestand, bewertet zum durchschnittlichen Anschaffungskurs	235 200,00 Euro
./. Bestand, bewertet zum Niederstwert	230 400,00 Euro
= Abschreibung	4 800,00 Euro

Skontro

		6 % Berliner Bodenkreditbank AG Kommunalobligationen							
Datum	Vorgang	Nennwert (€)	Kurs (%)	Kurswert (€)	Datum	Vorgang	Nennwert (€)	Kurs (%)	Kurswert (€)
02.01.	BESTAND	120 000,00	99	118 800,00					
03.05.	KAUF	60 000,00	96	57 600,00	31.12.	BESTAND	240 000,00	96	230 400,00
18.07.	KAUF	60 000,00	98	58 800,00	31.12.	ABSCHREIBUNG			4 800,00
		240 000,00		235 200,00			240 000,00		235 200,00

BEISPIEL 6: *Realisierter Kursgewinn nach Ermittlung des durchschnittlichen Anschaffungskurses*

Das Skontro Hansa Air AG Aktien weist folgende Umsätze aus:

Anfangsbestand	20 000 Aktien zu 18,00 Euro je Stück
Käufe	10 000 Aktien zu 20,00 Euro je Stück
	5 000 Aktien zu 21,00 Euro je Stück
	5 000 Aktien zu 19,00 Euro je Stück
Verkäufe	2 000 Aktien zu 25,00 Euro je Stück
	10 000 Aktien zu 22,00 Euro je Stück
	4 000 Aktien zu 23,00 Euro je Stück

Der Börsenkurs am Bilanzstichtag beträgt 20,40 Euro je Stück.

Skontro

		Hansa Air AG Aktien							
Datum	Vorgang	Stück	Kurs (€)	Kurswert (€)	Datum	Vorgang	Stück	Kurs (€)	Kurswert (€)
02.01.	BESTAND	20 000	18,00	360 000,00	29.09.	VERKAUF	2 000	25,00	50 000,00
18.07.	KAUF	10 000	20,00	200 000,00	11.10.	VERKAUF	10 000	22,00	220 000,00
23.07.	KAUF	5 000	21,00	105 000,00	18.10.	VERKAUF	4 000	23,00	92 000,00
02.08.	KAUF	5 000	19,00	95 000,00	31.12.				
31.12.									

BEISPIEL 7: *Nicht realisierter Kursverlust und realisierter Kursgewinn nach Ermittlung des durchschnittlichen Anschaffungskurses*

*Das **Skontro 8 % Anleihe der Europäischen Investitionsbank** (Jahreskupon: 01.10.) weist folgende Umsätze aus:*

Käufe	Verkäufe
1 000 000,00 Euro zu 106,8 %	300 000,00 Euro zu 107,5 %
200 000,00 Euro zu 108,0 %	800 000,00 Euro zu 108,5 %

▶ Die Hansabank AG hat für die Skontren die Kontoform gewählt. Welchen Vorteil bietet die Kontoform?

▶ Stellen Sie andere Formen der Skontroführung dar.

▶ Übernehmen Sie das Skontro.

▶ Bewerten Sie den Schlussbestand. Wenden Sie das Verfahren aus Beispiel 5 an.

▶ Schließen Sie das Skontro ab.

▶ Wie ermitteln Sie den realisierten Kursgewinn?

◆ **ERLÄUTERUNG:**

Anteilige, noch nicht gezahlte Zinsen bis zum 31.12. sind im Wertpapierbestand zu aktivieren. Sie müssen daher am Jahresende errechnet und zum Bestand addiert werden.

▶ **Warum werden anteilige Zinsen nur auf den am 31.12. vorhandenen Bestand gerechnet?**
Vom 01.10. bis 08.11. betrug der Bestand 700 000 Euro und vom 08.11. bis 30.11. sogar 900 000 Euro.

◆ **ERLÄUTERUNG:**

act/act bedeutet, dass für die Verzinsung die Anzahl der tatsächlichen Kalendertage (Monate zu 28, 29, 30 oder 31 Tage) zugrunde gelegt und das Jahr mit 365 Tagen (Schaltjahr 366 Tage) angesetzt wird. Weitere Methoden der Zinsberechnung sind die Euro-Zinsmethode (kalendermäßige Auszählung der Zinstage, Jahr = 360 Tage) und die deutsche kaufmännische Zinsmethode (Monat = 30 Tage, Jahr = 360 Tage).

▶ **Welche Zinsmethode bringt das günstigste Ergebnis für den Gläubiger?**

Bewertung des Schlussbestandes

1. Ermittlung des durchschnittlichen Anschaffungskurses

Nennwert (€)	Kurswert (€)
1 000 000,00	1 068 000,00
200 000,00	216 000,00
1 200 000,00	1 284 000,00

$$\frac{1\ 284\ 000,00 \cdot 100}{1\ 200\ 000,00} = 107\,\%$$

2. Ermittlung des Niederstwerts

Durchschnittlicher Anschaffungskurs	107 %
Tageskurs am Bilanzstichtag	106 %
Niederstwert	106 %

3. Bestandsermittlung

Käufe	1 200 000,00 Euro
./. Verkäufe	1 100 000,00 Euro
= Schlussbestand	100 000,00 Euro

4. Anteilige Zinsen (act/act)
8 % auf 100 000,00 Euro vom 01.10. bis 31.12. (kein Schaltjahr) = 2 016,44 Euro

5. Bewertung des Bestandes

100 000,00 Euro zu 106 %	106 000,00 Euro
+ Zinsen für 92 Tage	2 016,44 Euro
= Bilanzwert	108 016,44 Euro

6. Nicht realisierter Kursverlust = Abschreibung auf Wertpapiere

Bestand, bewertet zum durchschnittlichen Anschaffungskurs	107 000,00 Euro
./. Bestand, bewertet zum Niederstwert	106 000,00 Euro
= Abschreibung	1 000,00 Euro

7. Realisierter Kursgewinn
Saldo nach Verbuchung der Abschreibung und des bewerteten Bestandes
13 500,00 Euro auf der linken Seite

Skontro

8 % Anleihe der Europäischen Investitionsbank

Datum	Vorgang	Nennwert (€)	Kurs (%)	Kurswert (€)	Datum	Vorgang	Nennwert (€)	Kurs (%)	Kurswert (€)
05.01.	KAUF	1 000 000,00	106,8	1 068 000,00	19.06.	VERKAUF	300 000,00	107,5	322 500,00
08.11.	KAUF	200 000,00	108	216 000,00	30.11.	VERKAUF	800 000,00	108,5	868 000,00
31.12.	ANTEILIGE ZINSEN			2 016,44	31.12.	BESTAND	100 000,00		108 016,44
31.12.	KURSGEWINN			13 500,00	31.12.	ABSCHREIBUNG			1 000,00
		1 200 000,00		1 299 516,44			1 200 000,00		1 299 516,44

▶ **Abschluss des Kontos Eigene Wertpapiere (Liquiditätsreserve)**

Die Hansabank AG stellt die Ergebnisse der einzelnen Wertpapierskontren zusammen und ermittelt daraus die für den Kontoabschluss erforderlichen Angaben.

Zusammenstellung der Skontroabschlüsse

Wertpapier (Einzelbestand)	Bestände am 31.12.			Ab-schrei-bungen auf Wert-papiere Euro	Kursgewinne (+) Kursverluste (./.) Euro	Zinsen Euro
	Stück bzw. Nennwert	Kurs in % bzw. Euro	Kurswert (einschl. anteiliger Zinsen) Euro			
OnlineBank International Aktien	1 000	42,00	42 000,00			
Telenet AG Aktien	2 000	14,00	28 000,00	8 000,00		
Kieselmetall AG Aktien	0	–	0,00		+ 7 300,00	
Mitteldeutsche Kraftwerke AG Aktien	0	–	0,00		./. 9 600,00	
Berliner Boden-kreditbank AG Komm.-Obl.	240 000,00	96 %	230 400,00	4 800,00		
Hansa Air AG Aktien	24 000	19,00	456 000,00		+ 58 000,00	
Europäische Investitions-bank Anleihe	100 000,00	106 %	108 016,44	1 000,00	+ 13 500,00	2 016,44
			864 416,44	**13 800,00**	**+ 69 200,00**	**2 016,44**

Konto Eigene Wertpapiere (Liquiditätsreserve)

Soll	Eigene Wertpapiere (Liquiditätsreserve)		Haben
EBK	694 800,00	Umsätze	2 022 650,00
Umsätze	2 134 850,00	Abschreibungen auf	
Kursgewinne	69 200,00	Wertpapiere	13 800,00
Zinserträge	2 016,44	SBK	864 416,44
	2 900 866,44		2 900 866,44

Wertpapierzinsen, die auf das abgelaufene Jahr entfallen, müssen in die Erfolgsrechnung des abgelaufenen Jahres einbezogen werden, auch wenn sie erst im folgenden Jahr Einnahme werden. Erträge und Aufwendungen müssen periodenrichtig erfasst werden:

▶ *Welchen Zweck hat die zeitliche Abgrenzung?*

- Erträge und Aufwendungen, die das abgelaufene Geschäftsjahr betreffen und für die noch keine Einnahmen bzw. Ausgaben erfolgt sind, müssen noch in die Erfolgsrechnung des abgelaufenen Geschäftsjahres einbezogen werden (sog. antizipative Posten).

- Erträge und Aufwendungen, die das folgende Geschäftsjahr betreffen und für die Einnahmen bzw. Ausgaben schon erfolgt sind, dürfen nicht in der Erfolgsrechnung des abgelaufenen Geschäftsjahres ausgewiesen werden (sog. transitorische Posten).

Die zeitliche Zuordnung von Erträgen und Aufwendungen wird als **zeitliche Abgrenzung** bezeichnet.

 **ERLÄUTERUNG:**

Der Begriff Finanzinstrument ist in § 1a Abs. 3 KWG definiert.

 HINWEIS:

Eine Umwidmung von Wertpapieren aus dem Handelsbestand, z. B. in den Anlagebestand zur Vermeidung von Abschreibungen, ist ausgeschlossen. Bei schwerwiegenden Marktstörungen kann diese Regel ausnahmsweise durchbrochen werden.

■ Grundlagen der Bewertung von Wertpapieren des Handelsbestandes

Dem **Handelsbestand** werden alle Finanzinstrumente zugeordnet, die mit der Erzielung eines kurzfristigen Eigenhandelserfolgs gekauft werden. Die Finanzinstrumente werden entweder mit der Absicht des Weiterverkaufs oder zum Ausnutzen von kurzfristigen Marktpreisschwankungen gehalten. Finanzinstrumente sind Wertpapiere und Geldmarktinstrumente, umfassen aber auch Devisen und Derivate. Kennzeichnend ist, dass die Entscheidungen über den Kauf und Verkauf von einer eigenständigen Abteilung der Bank, dem Eigenhandel, getroffen werden. Sofern eine Bank über einen Edelmetallhandel verfügt, der den Geschäftszweck Eigenhandelserfolg verfolgt, werden auch Edelmetallbestände dem Handelsbestand zugerechnet.

Die Bewertung des Handelsbestandes ist nach § 340e Abs. 3 HGB zum beizulegenden Zeitwert (in den IFRS: fair value) **abzüglich eines angemessenen Risikoabschlags vorzunehmen.** Der beizulegende Zeitwert ist nach § 255 Abs. 4 HGB zu ermitteln. Ausgangspunkt ist die Frage, ob für das zu bewertende Finanzinstrument ein aktiver Markt vorliegt oder nicht.

Marktlage	Beizulegender Zeitwert
Aktiver Markt	Marktpreis, der • an einer Börse oder ähnlichen Institution • aus aktuellen oder regelmäßigen Transaktionen • unter unabhängigen Dritten festgestellt wurde
Kein aktiver Markt	Preis, der unter Verwendung anerkannter Bewertungsmethoden ermittelt wurde, z. B. Berechnung über ein Optionspreismodell

Lässt sich der beizulegende Zeitwert nicht aus Marktpreisen ableiten und auch nicht durch anerkannte Bewertungsmethoden ermitteln, so gelten die fortgeführten Anschaffungskosten als beizulegender Zeitwert.

Bei der Bewertung sind 2 Fälle denkbar:
a) Beizulegender Zeitwert < Anschaffungskosten
b) Beizulegender Zeitwert > Anschaffungskosten

 **HINWEIS:**

Je stärker die Preisschwankungen in der Vergangenheit waren, umso größer muss der Abschlag sein.

Im Fall a) muss **zwingend eine Abschreibung auf den niedrigeren beizulegenden Zeitwert** erfolgen.
Im Fall b) ist **der gestiegene Zeitwert nach Abzug eines Risikoabschlags** anzusetzen.

Der angemessene Risikoabschlag ergibt sich aus der internen Risikosteuerung. Dieser Risikoabschlag entspringt der Überlegung, dass der über den Anschaffungskosten liegende höhere Zeitwert zum Bilanzstichtag noch nicht realisiert ist, sondern lediglich einen realisierbaren Erfolg darstellt. Der Abschlag trägt damit der Tatsache Rechnung, dass der Kurs bis zum Verkauf wieder sinken kann. Insofern richtet sich die Höhe des Abschlags nach der in der Vergangenheit beobachteten Volatilität des Finanzinstruments.

BEISPIEL   *Bewertung des Handelsbestandes*

Anschaffungskosten einer Aktie im Handelsbestand:	*100,00 Euro*
Zeitwert am 31.12.:	*105,00 Euro*
Angemessener Risikoabschlag:	*2,00 Euro*
Buchung des erhöhten Zeitwertes:	
Handelsbestand	
an Bewertungserträge aus Handelsbestand	*5,00 Euro*
Buchung des Risikoabschlags:	
Bewertungserträge aus Handelsbestand	
an Bewertungsabschläge Handelsbestand	*2,00 Euro*
Kompensation der Bewertungsabschläge:	
Bewertungsabschläge Handelsbestand	
an Handelsbestand	*2,00 Euro*
Bilanzausweis des Handelsbestandes:	
SBK an Handelsbestand	*103,00 Euro*

■ Dotierung des Fonds für allgemeine Bankrisiken

Kredit- und Finanzdienstleistungsinstitute müssen dem **Fonds für allgemeine Bankrisiken** (§ 340g HGB) seit 2010 einen Betrag von **mindestens 10 % des unter Posten 7 der GuV ausgewiesenen Nettoertrags des Handelsbestandes zuführen, bis dieser mindestens 50 % des Durchschnitts der letzten 5 vor dem Berechnungstag erzielten Nettoerträge entspricht.**

Dabei bezieht sich der Wert von 10 % nicht nur auf die Erträge aus der Zeitwertbewertung, sondern auf das gesamte Handelsergebnis. Er ist auch zuzuführen, wenn kein Handelsbestand vorhanden ist.

Für den Ausweis der Zuführung nach § 340e Abs. 4 HGB zum Fonds für allgemeine Bankrisiken bestehen keine gesetzlichen Vorgaben. Üblich ist der gesonderte Ausweis unter dem Nettoertrag des Handelsbestandes (GuV Posten Nr. 7), da eine spätere Auflösung der Reserve dem Ausgleich von Handelsverlusten dient. Werden also in späteren Jahren Verluste im Eigenhandel erzielt, so kann der in der GuV ausgewiesene Nettoaufwand des Handelsbestandes durch eine Auflösung von in Vorjahren dotierten Reserven erfolgen. Dies ist allerdings nur möglich, wenn der Wert von 50 % des Durchschnitts der letzten 5 vor dem Berechnungstag erzielten Nettoerträge nicht unterschritten wird.

HINWEIS:

Der Fonds für allgemeine Bankrisiken ist eine offene Vorsorgereserve. Er wird auf der Passivseite der Bankbilanz ausgewiesen.

BEISPIEL *Dotierung des Fonds für allgemeine Bankrisiken im Zusammenhang mit der Bewertung des Handelsbestandes*

	2010	2011	2012	2013	2014	2015	2016	2017
GuV Nr. 7	50	60	70	-10	80	90	100	0
Zuführung von 10 % des Nettoertrags	5	6	7	0	8	9	10	0
Auflösung				10				1
Stand der Reserve (§ 340g HGB)	5	11	18	8	16	25	35	34
Durchschnitt der letzten 5 Nettoerträge	50	55	60	60	65	70	80	68
50 % Grenze	25	27,5	30	30	32,5	35	40	34

Im Jahr 2013 erfolgt im Beispiel eine Auflösung, um die aufgetretenen Eigenhandelsverluste zu neutralisieren. Im letzten Jahr erfolgt die Auflösung, da der Mindestwert von 50 % bereits überschritten ist.

■ Bewertung von Wertpapieren nach IFRS

Wertpapiere sind nach den International Financial Reporting Standards (IFRS) grundsätzlich zum **Zeitwert am Bilanzstichtag (fair value)** zu bewerten. Dem HGB vergleichbar unterscheiden die IFRS zwischen kurzfristigen und langfristigen Finanzinvestitionen. Eine Finanzinvestition gilt als kurzfristig, wenn sie jederzeit realisierbar ist und nicht länger als ein Jahr gehalten werden soll.

Wertpapiere des Handelsbestandes werden in einer nach IFRS aufgestellten Bilanz im **Posten Handelsaktiva** ausgewiesen. Wie im HGB sind sie grundsätzlich zum **Börsen- oder Marktpreis am Bilanzstichtag (Zeitwert)** zu bewerten. Als **Zeitwert (fair value)** nach IFRS gilt der Betrag, zu dem ein Vermögenswert zwischen sachverständigen, vertragswilligen und voneinander unabhängigen Geschäftspartnern gehandelt oder eine Schuld beglichen werden könnte. Ein öffentlich notierter Marktpreis auf einem aktiven Markt gilt als bester Anhaltspunkt für diesen Wert. Bei börsennotierten Unternehmen ist dies der Börsenkurs am Bilanzstichtag.

Bei einer **Bewertung von Wertpapieren des Handelsbestandes** nach IFRS werden damit
• **sowohl nicht realisierte Verluste**
• **als auch nicht realisierte Gewinne**
ausgewiesen. Wie bei der Bewertung nach § 340e Abs. 3 HGB gehen damit nicht nur realisierte Kursgewinne, sondern **auch nicht realisierte Kursgewinne** als **Erträge aus Finanzgeschäften erfolgswirksam in die Gewinn- und Verlustrechnung** ein und erhöhen den Gewinn. Ein Risikoabschlag, wie im HGB, wird in den IFRS nicht vorgenommen.

Wertpapiere des Finanzanlagevermögens werden zu den **historischen Anschaffungskosten** bewertet. Eine Abschreibung auf einen niedrigeren Stichtagswert ist nur erforderlich, wenn die Wertminderung als dauerhaft anzusehen ist.

ERLÄUTERUNG:

Die IFRS unterscheiden grundsätzlich folgende Wertpapierkategorien:
• bis zur Endfälligkeit gehaltene Finanzinvestitionen (held-to-maturity)
• zu Handelszwecken gehaltene finanzielle Vermögenswerte (trading)
• zur Veräußerung verfügbare finanzielle Vermögenswerte (available-for-sale)
• Ab dem Jahr 2013 ergeben sich durch einen neuen Standard (IFRS 9) nur noch 2 Kategorien.

ERLÄUTERUNG:

Nicht realisierte Kursgewinne aus Wertpapieren der Liquiditätsreserve können erfolgsneutral in eine Neubewertungsrücklage eingestellt werden. Die Bewertung ist offenzulegen.

▶ Schließen Sie das Konto Eigene Wertpapiere (Handelsbestand) der Hansabank AG nach IFRS-Regeln ab. Mit welchem Betrag werden die Wertpapiere bilanziert?

Strukturwissen

Eigene Wertpapiere nach dem Verwendungszweck

Wertpapiere des Anlagebestandes

- Wertpapiere, die dazu bestimmt sind, dauerhaft dem Geschäftsbetrieb zu dienen
- Die Zweckbestimmung muss jeweils aktenkundig gemacht werden

Wertpapiere der Liquiditätsreserve

- Alle Wertpapiere, die nicht zum Anlagebestand oder zum Handelsbestand gehören
- Zweckbestimmung ist das Vorhalten einer Reserve, die durch Verkauf jederzeit in liquide Mittel umgewandelt werden kann

Wertpapiere des Handelsbestandes

- Finanzinstrumente, die mit der Absicht eines kurzfristigen Eigenhandelserfolgs erworben werden
- Die Zweckbestimmung muss bereits beim Kauf festliegen

Bilanzausweis eigener Wertpapiere
(mit Ausnahme des Handelsbestandes unabhängig vom Verwendungszweck)

Wertpapiergattung	Bilanzposten
Börsenfähige Inhaber- und Orderschuldverschreibungen sowie Schuldbuchforderungen einschl. aufgelaufener Stückzinsen	Aktiva 5 b **Anleihen und Schuldverschreibungen**
Nicht börsenfähige Inhaber- und Orderschuld-Verschreibungen, Rektaschuldverschreibungen	je nach Schuldner: Aktiva 3 **Forderungen an Kreditinstitute** Aktiva 4 **Forderungen an Kunden**
Aktien	Aktiva 6 **Aktien und andere nicht festverzinsliche Wertpapiere**
Wertpapiere des Handelsbestandes	Aktiva 6 a **Handelsbestand**

Im Anhang sind zusätzliche Angaben zu machen, z. B. Laufzeitengliederung bei Schuldverschreibungen, Aufgliederung der börsenfähigen Schuldverschreibungen und Aktien in börsennotierte und nicht börsennotierte Wertpapiere, Betrag der wie Anlagevermögen bewerteten Papiere bei Schuldverschreibungen und bei Aktien, Methode und wesentliche Annahmen der Ermittlung des Risikoabschlags beim Handelsbestand.

Anwendung des Niederstwertprinzips

Vergleich des Anschaffungskurses mit dem Kurs am Bilanzstichtag		Bewertung zum niedrigsten Kurs	Erfolg	Erfassung des nicht realisierten Erfolgs
Anschaffungskurs >	Börsen- oder Marktpreis am Bilanzstichtag	→ Bewertung zum Kurs am Bilanzstichtag	Nicht realisierter Verlust	Abschreibungen auf Wertpapiere
Anschaffungskurs <	Börsen- oder Marktpreis am Bilanzstichtag	→ Bewertung zum Anschaffungskurs	Nicht realisierter Gewinn	Keine Erfassung des nicht realisierten Gewinns

Bewertung eigener Wertpapiere nach HGB		
Wertpapiere des Anlagebestandes (§ 253 Abs. 3 HGB)	**Wertpapiere der Liquiditätsreserve** (§ 253 Abs. 4 HGB)	**Wertpapiere des Handelsbestandes** (§ 340e Abs. 3 HGB)
Gemildertes Niederstwertprinzip	Strenges Niederstwertprinzip	Strenges Niederstwertprinzip
Abschreibungswahlrecht (Abschreibungspflicht nur bei dauerhafter Wertminderung)	Abschreibungspflicht auf niedrigeren Wert am Bilanzstichtag	
Wertaufholungsgebot bei Kurserholung	Beibehaltungswahlrecht eines niedrigeren Wertansatzes bei Erholung des bilanzierten Kurses	Wertaufholungsgebot bei Kurserholung
Wertobergrenze bei Zuschreibungen: Anschaffungskosten		Wertobergrenze bei Zuschreibungen: Beizulegender Zeitwert abzüglich Risikoabschlag (keine Begrenzung auf die Anschaffungskosten)
Keine Dotierung des Fonds für allgemeine Bankrisiken aus den Nettoerträgen		Dotierung des Fonds für allgemeine Bankrisiken aus den Nettohandelsgewinnen (Posten 5 der GuV: Nettoertrag des Handelsbestandes)
Ausweis nicht realisierter Kursgewinne und Kursverluste: • Nicht realisierte Kursgewinne werden nicht ausgewiesen! • Nicht realisierte Kursverluste werden ausgewiesen! (Imparitätsprinzip)		Ausweis nicht realisierter Kursgewinne und Kursverluste: Sowohl nicht realisierte Kursgewinne als auch nicht realisierte Kursverluste werden ausgewiesen!

Dotierung des Fonds für allgemeine Bankrisiken durch Handelsgewinne	
Zuführung: Jährlich 10 % der Nettoerträge des Handelsbestandes, bis mind. 50 % des Durchschnitts der letzten 5 vor dem Berechnungstag erzielten Nettoerträge erreicht sind	**Auflösung:** Zum Ausgleich von Handelsverlusten in einem Jahr, wenn der Wert von 50 % des Durchschnitts der letzten 5 vor dem Berechnungstag erzielten Nettoerträge nicht unterschritten wird

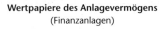

Bewertung der eigenen Wertpapiere nach IFRS

Wertpapiere des Anlagevermögens (Finanzanlagen)	**Wertpapiere des Umlaufvermögens** (Handelsaktiva)
Bewertung zu Anschaffungskosten	**Bewertung zum Börsen- oder Marktpreis am Bilanzstichtag**
• Eine Abschreibung auf einen niedrigeren Markt- oder Börsenpreis am Bilanzstichtag erfolgt nur bei einer voraussichtlich andauernden nachhaltigen Wertminderung.	• Liegt der Buchwert über dem Stichtagskurs ist eine Abschreibung erforderlich. • Liegt der Buchwert unter dem Stichtagskurs ist eine Zuschreibung vorzunehmen. Sowohl nicht realisierte Kursgewinne als auch nicht realisierte Kursverluste werden ausgewiesen.

Aufgaben

 Ermitteln Sie den Bilanzwert von eigenen Wertpapieren (Liquiditätsreserve).

Wertpapier	Anfangsbestand und Kurs		Umsätze und Kurse		Börsenkurs am Bilanzstichtag
		Euro		Euro	Euro
Wanderer Aktien	6 000 Stück	14,80	–		15,00
Renk Aktien	1 200 Stück	73,00	Verkauf 500 Stück	75,00	81,00
HABAG Aktien	1 600 Stück	96,00	–		89,50
Jute Aktien	4 000 Stück	17,50	Verkauf 1 000 Stück	18,00	16,40
Zement Aktien	2 000 Stück	12,00	Verkauf 800 Stück	10,00	9,00

a) Richten Sie die Skontren der Wertpapiere ein. Übernehmen Sie die Anfangsbestände mit Kurs und Kurswert. Tragen Sie die Umsätze ein.

b) Ermitteln Sie die Bestände am Bilanzstichtag und den Niederstwert und bewerten Sie die Bestände.

c) Schließen Sie die Skontren ab.

2 Stellen Sie die Ergebnisse aus Aufgabe 1 übersichtlich zusammen und ermitteln Sie Kurswert, Abschreibungen und Kursgewinne bzw. Kursverluste aus allen Geschäften.

3 Ermitteln Sie den Bilanzwert von eigenen Wertpapieren (Liquiditätsreserve).

a) 6 % Pfandbriefe, A/O + 1.4. uff. (deutsche Zinsmethode)
Anfangsbestand: 60 000,00 Euro, Kurs 101,5 %
Keine Umsätze
Börsenkurs am 31. Dezember: 102 %

b) 7,5 % Pfandbriefe, Jahreskupon + 1.6. uff. (deutsche Zinsmethode)
Anfangsbestand: 200 000,00 Euro, Kurs 105,5 %
Keine Umsätze
Börsenkurs am 31. Dezember: 104 %

4 Ermitteln Sie den Bilanzwert von eigenen Wertpapieren (Liquiditätsreserve).
Stahl AG Aktien
02.01. Bestand 6 000 Stück, Kurs 11,10
23.04. Kauf 500 Stück, Kurs 11,80
29.07. Kauf 1 500 Stück, Kurs 13,80
15.10. Kauf 2 000 Stück, Kurs 13,00
Börsenkurs am Bilanzstichtag: 12,84

Nordtransit AG-Aktien
02.01. Bestand 1 000 Stück, Kurs 11,70
15.02. Kauf 5 000 Stück, Kurs 14,80
24.09. Verkauf 1 300 Stück, Kurs 15,10
05.12. Verkauf 2 700 Stück, Kurs 15,40
Börsenkurs am Bilanzstichtag: 14,50

7,5 % Anleihe + 1.2. uff., Jahreskupon (Zinsmethode act/act)
02.01. Bestand 200 000,00 Euro, Kurs 103 %
15.07. Verkauf 100 000,00 Euro, Kurs 105 %
20.11. Kauf 50 000,00 Euro, Kurs 104 %
Börsenkurs am Bilanzstichtag: 102 %

8 % Anleihe, M/S + 1.3. uff. (act/act)
02.01. Bestand 100 000,00 Euro, Kurs 103 %
15.10. Kauf 50 000,00 Euro, Kurs 102 %
12.12. Kauf 150 000,00 Euro, Kurs 104 %
Börsenkurs am Bilanzstichtag: 103 %

a) Richten Sie die Skontren der Wertpapiere ein. Übernehmen Sie Anfangsbestände und Zugänge mit Kurs und Kurswert.

b) Ermitteln Sie den durchschnittlichen Anschaffungswert und den Niederstwert.

c) Ermitteln Sie den Bestand am Bilanzstichtag und bewerten Sie den Bestand.

d) Schließen Sie die Skontren ab.

8 Bilanzielle Risikovorsorge

Kundenzufriedenheit und Konkurrenz

Die Berliner Kreditbank AG, Berlin, weist offene Vorsorgereserven in Höhe von 2,5 Millionen Euro für allgemeine Bankrisiken aus.

Kunden der Berliner Kreditbank AG sind überwiegend mittelständische Unternehmen sowie vermögende Privatkunden in Berlin und im Berliner Umland. Aufgrund gestiegener allgemeiner Geschäftsrisiken möchte die Bank zusätzliche Risikovorsorge betreiben. Sie möchte diese Risikovorsorge aber nach Möglichkeit nicht für ihre Kunden und für die Konkurrenz erkennbar werden lassen, da sie negative Auswirkungen für die Kundenbindung erwartet. Die Berliner Kreditbank AG hat selbst vor einigen Jahren eine andere Bank übernommen, der die Kunden nach größeren Kreditausfällen das Vertrauen entzogen hatten.

Handlungsaufträge

1 Stellen Sie zusammen, welche Risiken als allgemeine Bankrisiken bezeichnet werden können.

2 Beschreiben Sie das Problem der Berliner Kreditbank AG.

3 Die Berliner Kreditbank AG könnte das Problem über die Bildung stiller Vorsorgereserven lösen. Beschreiben Sie, wie die Bank solche Reserven bilden könnte.

4 Untersuchen Sie, ob ein externer Betrachter des Jahresabschlusses die Bildung bzw. die Auflösung stiller Reserven erkennen kann.

5 Stellen Sie die Möglichkeiten der bilanziellen Risikovorsorge in einer Übersicht zusammen.

ERLÄUTERUNG:

Offene Vorsorgereserven werden im Passivposten 11 „Fonds für allgemeine Bankrisiken" ausgewiesen.

ERLÄUTERUNG:

Der Gesetzgeber bezeichnet allgemeine Bankrisiken im HGB als besondere Risiken des Geschäftszwigs der Kreditinstitute (§§ 340f und g HGB).

▶ Erläutern Sie, dass Zuführungen zum Fonds für allgemeine Bankrisiken Aufwendungen und Entnahmen aus dem Fonds für allgemeine Bankrisiken Erträge darstellen.

ERLÄUTERUNG:

Offene Vorsorgereserven (Rücklagen) können zur Risikoabdeckung aufgelöst werden.

HINWEIS:

§ 340g HGB

Bilanzielle Vorsorgemaßnahmen gegen allgemeine Bankrisiken zu treffen entspricht den Grundsätzen ordnungsmäßiger Bilanzierung und dem Vorsichtsprinzip. Kreditinstitute können in der Bilanz vorsorgen, indem sie

- Rücklagen bilden (**offene Vorsorgereserven**),
- Vermögenswerte unter dem üblichen Niederstwert bewerten (**stille Vorsorgereserven**).

■ Offene Vorsorgereserven

Offene Vorsorgereserven werden auf der Passivseite der Bilanz ausgewiesen. Sie sind für jeden Bilanzbetrachter erkennbar. Kreditinstitute dürfen – ohne steuerliche Anerkennung – zur Vorsorge gegen allgemeine Bankrisiken einen **Sonderposten „Fonds für allgemeine Bankrisiken"** bilden, soweit dies nach vernünftiger kaufmännischer Beurteilung wegen der besonderen Risiken der Branche notwendig ist. Zuführungen zu diesem

Sonderposten und Erträge aus der Auflösung des Sonderpostens müssen in der Gewinn- und Verlustrechnung gesondert ausgewiesen werden.

■ Stille Vorsorgereserven

Stille Vorsorgereserven können von externen Bilanzbetrachtern nicht erkannt werden. Sie werden in der Bilanz nicht ausgewiesen. Sie entstehen durch Unterbewertung von Vermögenswerten. Die betreffenden Vermögenswerte werden in der Bilanz mit einem niedrigeren Wert ausgewiesen, als es der tatsächlichen Lage entspricht. Da dadurch die Summe der Vermögenswerte auf der Aktivseite der Bilanz sinkt, wird als Folge auf der Passivseite ein vermindertes Eigenkapital ausgewiesen.

ERLÄUTERUNG:

Stille Reserven können durch Verwertung unterbewerteter Vermögenswerte freigesetzt werden.

Aktiva **Bilanz** Passiva

Tatsächlich vorhandenes Vermögen	Aktiva	Passiva	Tatsächlich vorhandenes Eigenkapital
	Ausgewiesenes Vermögen	Fremdkapital	
		Ausgewiesenes Eigenkapital	
	Stille Reserven	Kapitalreserve	

▶ **Ein Wirtschaftsprüfer hat einmal behauptet, dass stille Reserven im Bedarfsfall häufig Scheinreserven sind. Diskutieren Sie das Für und Wider dieser Behauptung.**

Das HGB lässt eine bewusste Bildung stiller Reserven für Kapitalgesellschaften grundsätzlich nicht zu. Auch das Vorsichtsprinzip berechtigt nicht zu bewussten Unterbewertungen von Vermögenswerten. Für Kreditinstitute wurde deshalb mit dem § 340f HGB eine Sonderregelung getroffen. Danach dürfen Kreditinstitute

HINWEIS:

§ 340f HGB

• **Forderungen an Kreditinstitute,**
• **Forderungen an Kunden,**
• **Wertpapiere der Liquiditätsreserve**

in begrenztem Umfang mit einem niedrigeren Wert als dem sonst zulässigen Niederstwert ansetzen, soweit dies nach vernünftiger kaufmännischer Beurteilung zur Sicherung gegen die besonderen Risiken des Geschäftszweigs der Kreditinstitute notwendig ist.

ERLÄUTERUNG:

Stille Vorsorgereserven sind auf höchstens 4 % der zum Niederstwert bewerteten Forderungen und Wertpapiere begrenzt.

Stille Vorsorgereserven werden durch indirekte Abschreibungen auf Forderungen und Wertpapiere gebildet. Es sind Pauschalwertberichtigungen (Vorsorgewertberichtigungen). In der Bilanz werden sie nicht sichtbar, weil sie bei der Bilanzaufstellung von den Vermögenswerten abgesetzt werden. Bei einer Auflösung von Vorsorgewertberichtigungen ergeben sich Erträge aus Zuschreibungen.

▶ **Stellen Sie aus der Bezeichnung der GuV-Posten 13 und 14 zusammen, welche Aufwendungen und Erträge hier kompensiert werden.**

Damit die **Bildung stiller Vorsorgeaufwendungen** in ertragsstarken und die **Auflösung** in ertragsschwachen Geschäftsjahren für Außenstehende in der Gewinn- und Verlustrechnung nicht erkennbar wird, dürfen Kreditinstitute **bestimmte Aufwendungen und Erträge im Zusammenhang mit dem Wertpapier- und dem Kreditgeschäft miteinander saldieren und in der GuV in einem einzigen Posten ausweisen.**

ERLÄUTERUNG:

Die Bildung stiller Vorsorgereserven und die Kompensation von Aufwendungen und Erträgen ist in den übrigen Ländern der EU nicht üblich. Dort werden offene Vorsorgereserven gebildet.

Angaben über die Bildung und Auflösung von stillen Vorsorgereserven sowie über vorgenommene Verrechnungen brauchen **auch im Anhang und im Lagebericht nicht** gemacht zu werden. Allerdings bietet der jährliche Offenlegungsbericht gemäß Solvabilitätsverordnung Informationen zur Kreditrisikovorsorge. In diesem Rahmen wird auch über Bildung und Auflösung von Wertberichtigungen informiert.

Weder die Bildung offener noch die Bildung stiller Vorsorgereserven mindert den zu versteuernden Gewinn. Vorsorgereserven sind stets **zulasten des versteuerten Gewinns** zu bilden. Sie werden daher auch als „versteuerte Vorsorgereserven" bezeichnet.

BEISPIEL: *Stille Vorsorgereserven für allgemeine Bankrisiken*

Die Berliner Kreditbank AG hat folgende Bestände (in Tsd. Euro)

	Bestand	*bewertet nach dem Niederstwertprinzip*
• *Forderungen an Kreditinstitute*	*5 750 000*	*5 500 000*
• *Forderungen an Kunden*	*8 000 000*	*7 500 000*
• *Wertpapiere der Liquiditätsreserve*		
– Schuldverschreibungen	*900 000*	*840 000*
– Aktien	*300 000*	*160 000*

Die stille Vorsorgereserve wird von der Geschäftsleitung mit 2,5 % angesetzt.

Bemessungsgrundlage	
Bilanzposten	Maßgeblicher Wert (in Tsd. Euro)
Forderungen an Kreditinstitute (Aktiva Posten 3)	5 500 000
Forderungen an Kunden (Aktiva Posten 4)	7 500 000
Wertpapiere der Liquiditätsreserve	
– Schuldverschreibungen und andere festverzinsliche Wertpapiere (Anteil an Aktiva Posten 5)	840 000
– Aktien und andere nicht festverzinsliche Wertpapiere (Anteil an Aktiva Posten 6)	160 000
Maßgeblicher Gesamtbetrag (Bilanzwert ohne Vorsorgereserve)	**14 000 000**
Vorsorgereserve (2,5 % des maßgeblichen Betrags)	**350 000**

Ermittlung der auszuweisenden Bilanzwerte			
Bilanzposten	Maßgeblicher Wert (in Tsd. Euro)	stille Reserve (in Tsd. Euro)	Bilanzausweis (in Tsd. Euro)
Forderungen an Kreditinstitute (Aktiva Posten 3)	5 500 000	137 500	5 362 500
Forderungen an Kunden (Aktiva Posten 4)	7 500 000	187 500	7 312 500
Wertpapiere der Liquiditätsreserve			
– Schuldverschreibungen und andere festverzinsliche Wertpapiere	840 000	21 000	819 000
– Aktien und andere nicht festverzinsliche Wertpapiere	160 000	4 000	156 000
Bilanzwert unter Berücksichtigung der Vorsorgereserve			**13 650 000**

ERLÄUTERUNG:

Wertpapiere der Liquiditätsreserve sind Papiere und Wertrechte, die weder wie Anlagevermögen behandelt werden noch Teil des Handelsbestandes sind.

▶ Diskutieren Sie Möglichkeiten des Gläubigerschutzes bei Verzicht auf stille Reserven.

▶ Ermitteln Sie die Obergrenze für stille Vorsorgereserven bei der Berliner Kreditbank AG. Mit welchem Wert wurden die Bilanzposten in diesem Fall bilanziert?

Vorschriften des HGB

§ 253 Zugangs- und Folgebewertung

(1) Vermögensgegenstände sind höchstens mit den Anschaffungs- oder Herstellungskosten, vermindert um die Abschreibungen nach den Absätzen 3 bis 5, anzusetzen. Verbindlichkeiten sind zu ihrem Erfüllungsbetrag und Rückstellungen in Höhe des nach vernünftiger kaufmännischer Beurteilung notwendigen Erfüllungsbetrages anzusetzen. …

(2) nicht abgedruckt

(3) Bei Vermögensgegenständen des Anlagevermögens, deren Nutzung zeitlich begrenzt ist, sind die Anschaffungs- oder die Herstellungskosten um planmäßige Abschreibungen zu vermindern. Der Plan muss die Anschaffungs- oder Herstellungskosten auf die Geschäftsjahre verteilen, in denen der Vermögensgegenstand voraussichtlich genutzt werden kann. Ohne Rücksicht darauf, ob ihre Nutzung zeitlich begrenzt ist, sind bei Vermögensgegenständen des Anlagevermögens bei voraussichtlich dauernder Wertminderung außerplanmäßige Abschreibungen vorzunehmen, um diese mit dem niedrigeren Wert anzusetzen, der ihnen am Abschlussstichtag beizulegen ist. Bei Finanzanlagen können außerplanmäßige Abschreibungen auch bei voraussichtlich nicht dauernder Wertminderung vorgenommen werden.

(4) Bei Vermögensgegenständen des Umlaufvermögens sind Abschreibungen vorzunehmen, um diese mit einem niedrigeren Wert anzusetzen, der sich aus einem Börsen- oder Marktpreis am Abschlussstichtag ergibt. Ist ein Börsen- oder Marktpreis nicht festzustellen und übersteigen die Anschaffungs- oder Herstellungskosten den Wert, der den Vermögensgegenständen am Abschlussstichtag beizulegen ist, so ist auf diesen Wert abzuschreiben.

(5) nicht abgedruckt

§ 340f Vorsorge für allgemeine Bankrisiken

(1) Kreditinstitute dürfen Forderungen an Kreditinstitute und Kunden, Schuldverschreibungen und andere festverzinsliche Wertpapiere sowie Aktien und andere nicht festverzinsliche Wertpapiere, die weder wie Anlagevermögen behandelt werden noch Teil des Handelsbestands sind, mit einem niedrigeren als dem nach § 253 Abs. 1 Satz 1, Abs. 4 vorgeschriebenen oder zugelassenen Wert ansetzen, soweit dies nach vernünftiger kaufmännischer Beurteilung zur Sicherung gegen die besonderen Risiken des Geschäftszweigs der Kreditinstitute notwendig ist. Der Betrag der auf diese Weise gebildeten Vorsorgereserven darf vier vom Hundert des Gesamtbetrags der in Satz 1 bezeichneten Vermögensgegenstände, der sich bei deren Bewertung nach § 253 Abs. 1 Satz 1, Abs. 4 ergibt, nicht übersteigen. Ein niedrigerer Wertansatz darf beibehalten werden.

(2) (weggefallen)

(3) Aufwendungen und Erträge aus der Anwendung von Absatz 1 und aus Geschäften mit in Absatz 1 bezeichneten Wertpapieren und Aufwendungen aus Abschreibungen sowie Erträge aus Zuschreibungen zu diesen Wertpapieren dürfen mit den Aufwendungen aus Abschreibungen auf Forderungen, Zuführungen zu Rückstellungen für Eventualverbindlichkeiten und für Kreditrisiken sowie mit den Erträgen aus Zuschreibungen zu Forderungen oder aus deren Eingang nach teilweiser oder vollständiger Abschreibung und aus Auflösungen von Rückstellungen für Eventualverbindlichkeiten und für Kreditrisiken verrechnet und in der Gewinn- und Verlustrechnung in einem Aufwand- oder Ertragsposten ausgewiesen werden.

(4) Angaben über die Bildung und Auflösung von Vorsorgereserven nach Absatz 1 sowie über vorgenommene Verrechnungen nach Absatz 3 brauchen im Jahresabschluss, Lagebericht, Konzernabschluss und Konzernlagebericht nicht gemacht zu werden.

§ 340g Sonderposten für allgemeine Bankrisiken

(1) Kreditinstitute dürfen auf der Passivseite ihrer Bilanz zur Sicherung gegen allgemeine Bankrisiken einen Sonderposten "Fonds für allgemeine Bankrisiken" bilden, soweit dies nach vernünftiger kaufmännischer Beurteilung wegen der besonderen Risiken des Geschäftszweigs der Kreditinstitute notwendig ist.

(2) Die Zuführungen zum Sonderposten oder die Erträge aus der Auflösung des Sonderpostens sind in der Gewinn- und Verlustrechnung gesondert auszuweisen.

▶ Vergleichen Sie die Wertansätze für Gegenstände des Anlage- und des Umlaufvermögens und erläutern Sie die Unterschiede.

▶ In welchen Fällen können außerplanmäßige Abschreibungen vorgenommen werden?

▶ Untersuchen Sie die Vorschrift des § 340f HGB unter den Gesichtspunkten
– Gläubigerschutz,
– Schutz der Kapitaleigner.

▶ Vergleichen Sie § 340f Abs. 4 und die Vorschrift in § 340g HGB.

Strukturwissen

Bankrisiken	Risiken bei Kreditinstituten entstehen aus geschäftspolitischen Entscheidungen und aus Entwicklungen auf den Finanzmärkten. Grundsätzlich ist jede Entscheidung mit Unsicherheit behaftet und enthält damit Risiken. Auch die Entwicklung der Finanzmärkte in der Zukunft ist nicht vorhersehbar. Bankrisiken können allgemeine Betriebsrisiken sein, z. B. das Risiko des Netzausfalls eines betrieblichen Computernetzes. Es können aber auch Geschäftsrisiken sein, d. h. Risiken aus den Marktbereichen, z. B. Preisrisiken (Zinsrisiken, Kursrisiken) und Ausfallrisiken (Bonitätsrisiken, Kreditrisiken). Geschäftsrisiken schlagen sich als Erfolgsrisiken und Liquiditätsrisiken nieder.
Allgemeine Bankrisiken	Allgemeine Bankrisiken sind Risiken, die nicht einem Einzelgeschäft zugeordnet werden können.
Bilanzielle Risikovorsorge	Bilanzielle Risikovorsorge ist Vorsorge für allgemeine Bankrisiken und für Ausfallrisiken aus dem Kreditgeschäft.
Offene Vorsorgereserven	Offene Vorsorgereserven werden im Passivposten „Fonds für allgemeine Bankrisiken" ausgewiesen. Der Posten enthält als „Darunter-Position" auch die aus dem Eigenhandel mit Finanzinstrumenten resultierenden Erträge, die nach § 340e Abs. 4 HGB in den Sonderposten eingestellt werden müssen. Sie sind für jeden externen Bilanzbetrachter erkennbar. Offene Vorsorgereserven zählen zum Kernkapital eines Kreditinstituts.
Stille Vorsorgereserven	Stille Vorsorgereserven sind in der Bilanz nicht erkennbar. Sie entstehen durch Unterbewertung von Forderungen und von Wertpapieren. Stille Vorsorgereserven zählen zum Ergänzungskapital eines Kreditinstituts. 340f

Bilanzielle Risikovorsorge der Kreditinstitute

- **Risikovorsorge für allgemeine Bankrisiken**
  - **Stille Vorsorgereserven** (gem. § 340f HGB)

    Vorsorgewertberichtigungen
  - **Offene Vorsorgereserven** (gem. § 340g HGB) Darunter-Ausweis: Sonderposten nach § 340e Abs. 4 HGB „Fonds für allgemeine Bankrisiken"
- **Risikovorsorge für Ausfallrisiken im Kreditgeschäft**
  - **Einzelwertberichtigungen** für akute Ausfallrisiken
  - **Pauschalwertberichtigungen** für latente Ausfallrisiken

Überkreuzkompensation in der GuV

Geschäftsarten	Aufwendungen	Erträge
Wertpapiergeschäft • Wertpapiere der Liquiditätsreserve	• Abschreibungen auf Wertpapiere • Abschreibungen zur Bildung stiller Vorsorgereserven • realisierte Kursverluste	• Erträge aus Zuschreibungen (Wertaufholungen) zu Wertpapieren • Erträge aus Zuschreibungen durch Auflösung stiller Vorsorgereserven • realisierte Kursgewinne
Kreditgeschäft • Kredite an Kunden • Kredite an Banken	• Abschreibungen auf Forderungen • Aufwendungen für Rückstellungen für Eventualverbindlichkeiten • Abschreibungen zur Bildung von Einzel- und Pauschalwertberichtigungen • Abschreibungen zur Bildung stiller Vorsorgereserven	• Zuschreibungen (Wertaufholungen) auf Forderungen • Erträge aus der Auflösung von Rückstellungen für Eventualverbindlichkeiten • Erträge aus der Auflösung von Einzel- und Pauschalwertberichtigungen • Erträge aus dem Eingang abgeschriebener Forderungen • Erträge aus Zuschreibungen durch Auflösung stiller Vorsorgereserven

Verrechnung und Saldierung

Die Überkreuzkompensation führt

entweder zu GuV-Posten 13: **Abschreibungen und Wertberichtigungen auf Forderungen und bestimmte Wertpapiere sowie Zuführungen zu Rückstellungen im Kreditgeschäft**	**oder** zu GuV-Posten 14: **Erträge aus Zuschreibungen zu Forderungen und bestimmten Wertpapieren sowie aus der Auflösung von Rückstellungen im Kreditgeschäft**

In der Gewinn- und Verlustrechnung eines Kreditinstituts erscheint immer nur einer dieser beiden Posten.

Aufgaben

 Wodurch unterscheiden sich Pauschal-wertberichtigungen für allgemeine Bank-risiken und Pauschalwertberichtigungen auf Forderungen?

 Vergleichen Sie stille und offene Vorsorge-reserven hinsichtlich

a) Zweck,
b) Berechnungsgrundlage,
c) Maßstab,
d) Obergrenze,
e) Erkennbarkeit,
f) Auswirkung auf die Bilanzsumme.

 Treffen Sie Entscheidungen für den Bilanz-ausweis von Wertpapieren und Vorsorge-reserven.

Die Nordbank AG, Bremen, besitzt folgende Aktienbestände:
1. als Dauerbesitz:
   • 1 000 000 Stück Metall-Werke AG Aktien zu je 5,00 Euro Nennwert je Aktie Grundkapital der Metall-Werke AG 200 000 000,00 Euro
   Anschaffungskurs   10,00 Euro
   • 10 000 000 Stück Handelsbank AG Aktien zu je 5,00 Euro Nennwert je Aktie Grundkapital der Handelsbank AG 200 000 000,00 Euro
   Anschaffungskurs   12,50 Euro
2. für den Eigenhandel:
   • 2 000 000 Stück Chemie Werke AG Aktien zu je 5,00 Euro Nennwert je Aktie
   Anschaffungskurs   12,50 Euro
   • 2 000 000 Stück Bremer Freihafen Aktien
   Anschaffungskurs   17,50 Euro

a) In welchen Bilanzposten werden die Aktien ausgewiesen?
b) Am Bilanzstichtag (31.12.) werden für die Aktien folgende Kurse notiert:
   • Metall-Werke AG   9 Euro
   • Handelsbank AG   12 Euro
   • Chemie Werke AG   18 Euro
   • Bremer Freihafen AG   17 Euro
   Mit Ausnahme der Metall-Werke AG Aktien handelt es sich bei allen Papieren um voraussichtlich vorüber-gehende Wertminderungen bzw. Wertsteigerungen.
   In welcher Höhe sind die Bestände jeweils zu bilanzieren?
c) Die Summe der Forderungen an Kun-den und an Kreditinstitute beträgt bei der Nordbank – bewertet nach dem strengen Niederstwertprinzip – 800 000 000,00 Euro. Wertpapiere der Liquiditätsreserve sind nicht vorhanden. Wie hoch dürfen die stillen Vorsorge-reserven für allgemeine Bankrisiken höchstens sein?

 Eine Bank hat unter Anwendung des strengen Niederstwertprinzips folgende Bestände ermittelt:
   • Wertpapiere der Liquiditätsreserve   5 000 000 Euro
   • Forderungen an Kunden   50 000 000 Euro
   • Forderungen an Kreditinstitute   20 000 000 Euro
Ermitteln Sie die in der Bilanz auszuwei-senden Beträge unter Annahme von stil-len Reserven nach § 340f HGB in Höhe von 2 %.

1 Grundlagen der Kosten- und Erlösrechnung

Kosten und Erlöse ermitteln und beeinflussen

Kurt Wiehl vergleicht Kosten der Kontoführung

Kurt Wiehl ist Kunde der Europabank AG. Er hat für das abgelaufene Quartal folgenden Rechnungsabschluss erhalten:

Rechnungsabschluss für das 3. Quartal

Kontonummer		Kontoinhaber	
3265489		**Kurt Wiehl**	
			Euro
Kosten der Kontoführung:			
37 Buchungsposten zu 0,25 Euro je Posten			9,25 S
Guthabenzinsen	0,5 % p.a.		3,31 H
Zinsen für beanspruchte Dispositionskredite	11,0 % p.a.		25,83 S
Zinsen für nicht genehmigte Überziehungen	14,5 % p.a.		0,00 S
Sonstige Auslagen			0,00 S
Gutschrift (H)/Belastung (S)			31,77 S

Kurt Wiehl hat ein Gespräch mit seiner Kundenberaterin Kerstin Meyer vereinbart und bringt zu diesem Gespräch das Angebot eines Wettbewerbers der Europabank AG mit. In diesem Angebot heißt es u.a.: „Für einen pauschalen Kontopreis von nur 5 Euro monatlich erhalten Sie jeden Monat 25 freie Buchungsposten. Jeder weitere Buchungsposten wird mit 0,30 Euro berechnet. Im Monatspreis von 5 Euro ist selbstverständlich Ihre persönliche Scheck- und Geldkarte enthalten. Ihr Guthaben verzinsen wir zzt. mit 0,25 % p.a. Für Überziehungen im Rahmen Ihres persönlichen Kreditlimits berechnen wir zzt. 10 % p.a."

Handlungsaufträge

1 Welche Leistungen erbringt die Europabank AG für Kurt Wiehl?

2 Welche Leistungen lässt sich die Europabank AG direkt und welche Leistungen indirekt vergüten?

3 Stellen Sie die Kosten und die Erlöse der Kontoverbindung der Europabank AG mit Kurt Wiehl zusammen.

4 Vergleichen Sie das Entgeltmodell der Europabank AG mit dem Entgeltmodell des Wettbewerbers. Welche Überlegungen liegen den unterschiedlichen Entgeltmodellen zugrunde?

1.1 Leistungen im Bankbetrieb

DEFINITION:

Marktleistungen sind Leistungen, die für den Markt bzw. für Kunden der Bank erbracht werden.

Leistungen sind das Ergebnis der betrieblichen Tätigkeit eines Unternehmens. Leistungen eines Kreditinstituts umfassen **Marktleistungen,** z. B. die Gewährung eines Darlehens oder die Ausführung eines Dauerauftrags, **und innerbetriebliche Leistungen,** z. B. die interne Revisionsarbeit, die Abstimmung der Kassen oder die Einrichtung eines Arbeitsplatzes durch die Organisationsabteilung. Da jede Marktleistung innerbetriebliche Leistungen voraussetzt, ist für die Kosten- und Erlösrechnung der Kreditinstitute die **Marktleistung maßgeblich.**

Um Entscheidungen über ein Entgeltmodell treffen zu können, braucht die Europabank AG Informationen:

- **Welche Kosten** entstehen durch die Beschaffung der Produktionsfaktoren und durch die Erstellung der einzelnen Leistungen (Art und Höhe der Kosten)?
- **Welche Erlöse** entstehen aus der Verwertung der Leistungen (Art und Höhe der Erlöse)?

Kreditinstitute bieten **Marktleistungen** an als

- Zahlungsverkehrsleistungen, z. B. Ausführung einer Überweisung,
- Geldanlageleistungen, z. B. Annahme von Spareinlagen,
- Finanzierungsleistungen, z. B. Bereitstellung eines Darlehens, und
- sonstige Bankleistungen, z. B. Vermietung eines Schließfachs.

Bei Geldanlage- und Finanzierungsleistungen übernehmen Banken zusätzlich Transformationsaufgaben, z. B. Fristentransformationen und Losgrößentransformationen.

Nicht jede Leistung, die eine Bank für einen Kunden erbringt, kann ihm in Rechnung gestellt werden. Da jede Leistungserstellung aber durch Kombination der Produktionsfaktoren erfolgt, entstehen Kosten, die nicht durch Erlöse gedeckt werden.

Bankleistungen werden einerseits als Wertleistung, andererseits als Stückleistung erbracht. Zur Kostenerfassung und zur Kostenverrechnung werden daher die meisten Bankgeschäfte in eine Wertleistung und eine Stückleistung aufgeteilt. Stückleistungen werden in der Bankkostenrechnung als **Betriebsleistungen** bezeichnet.

BEISPIELE:

- *Fristentransformation: Termineinlagen mit einer Zinsbindungsfrist von 6 Monaten werden als Darlehen mit einer Zinsbindungsfrist von 5 Jahren ausgeliehen.*
- *Losgrößentransformation: 5 Termineinlagen von je 10 000 Euro werden zusammengefasst und als ein Kredit von 50 000 Euro ausgeliehen.*

BEISPIEL:

Kerstin Meyer berät einen Kunden 45 Minuten lang über Wertpapieranlagen, ohne dass es zu einem Geschäftsabschluss kommt. Dadurch fallen Kosten an, ohne dass Erlöse entstehen. Es kommt hinzu, dass Dienstleistungen nicht auf Vorrat produziert werden können. Die Europabank AG muss Kosten verursachende Kapazitäten, z. B. Personal, vorhalten, ohne dass sicher ist, ob und wann es zu einer Leistungsabgabe und damit zu Erlösen kommt.

Leistungen der Kreditinstitute	
Wertleistungen	**Stückleistungen**
= Leistungen im liquiditätsmäßig-finanziellen Bereich	= Leistungen im technisch-organisatorischen Bereich
Beispiel: Einräumung von Krediten	*Beispiel: Aussendung von Depotauszügen*

Wertleistungen werden im liquiditätsmäßig-finanziellen Bereich erbracht. Beispiele sind Einlagen und Kredite. Im Einlagenbereich entstehen Wertkosten durch Zinsaufwendungen, im Kreditbereich entstehen Werterlöse in Form von Zinserträgen.

Betriebsleistungen (Stückleistungen) werden im technisch-organisatorischen Bereich einer Bank erbracht. Beispiele sind Kontoführung und Wertpapierdienstleistungen. Dabei entstehen Betriebskosten, z. B. in Form von Personalkosten bei einem Beratungsgespräch oder Abschreibungen auf genutzte Sachanlagen bei der Abwicklung von Zahlungs- und Wertpapieraufträgen. Den Betriebskosten stehen Betriebserlöse in Form von Entgelten und Provisionen gegenüber. Häufig decken die Betriebserlöse eines Einzelgeschäfts aber nicht die Betriebskosten, sodass im Betriebsbereich ein Defizit verbleibt.

Den Tatbestand, dass bei der Erstellung einer Bankleistung für einen Kunden i. d. R. **gleichzeitig eine Wert- und eine Betriebsleistung** erbracht wird, bezeichnet man als **Dualismus der Bankleistung.**

▶ Welche Wertleistungen und welche Betriebsleistungen werden an Ihrem Arbeitsplatz erstellt?

▶ Welche Kosten und welche Erlöse entstehen im Zusammenhang mit der Leistungserstellung in der Geschäftsstelle oder Fachabteilung, in der Sie gerade tätig sind?

Elemente der Bankleistung	
Wertkosten	**Betriebskosten (Stückkosten)**
Wertkosten entstehen durch Leistungserstellung im liquiditätsmäßig-finanziellen Bereich. Beispiele: • Zinsen für Einlagen und aufgenommene Gelder • Risikokosten	Betriebskosten entstehen durch Leistungserstellung im technisch-organisatorischen Bereich (Betriebsbereich). Beispiele: • Personalkosten • Mietkosten für Geschäftsräume • Büro- und Nachrichtenkosten • Abschreibungen auf Sachanlagen
Kosten	
Wertleistungen	**Betriebsleistungen (Stückleistungen)**
Bankleistungen	
Werterlöse	**Betriebserlöse**
Werterlöse entstehen durch die Verwertung von Wertleistungen. Beispiele: • Zinserlöse aus Krediten • Zins- und Dividendenerlöse aus Geld- und Kapitalanlagen der Bank	Betriebserlöse entstehen durch die Verwertung von Betriebsleistungen. Beispiele: • Kontoführungsentgelte • Inkassoprovisionen • Provisionen aus Wertpapierkäufen und -verkäufen für Kunden
Erlöse	

1.2 Kosten und Erlöse im Bankbetrieb

Die durch die Leistungserstellung verursachten Kosten und die durch die Leistungsverwertung erzielten Erlöse werden in der Kosten- und Erlösrechnung eines Kreditinstituts aufgezeichnet. Die Kosten- und Erlösrechnung ist eine **interne Rechnung**. Sie wird daher auch als internes Rechnungswesen bezeichnet. Aufgaben und Verfahren werden von jedem Kreditinstitut selbstständig festgelegt. Die Ergebnisse dienen ausschließlich internen Zwecken. Die Finanzbuchhaltung (Geschäftsbuchführung) gilt dagegen als externes Rechnungswesen. Sie unterliegt gesetzlichen Vorschriften. Bilanz und Erfolgsrechnung werden veröffentlicht.

Kosten entstehen bei der Erstellung von Bankleistungen. Sie umfassen Aufwendungen für

- den Einsatz des monetären Faktors,
- die Entlohnung von Arbeitskräften,
- den Verbrauch von Gütern,
- die Abnutzung von Betriebsanlagen,
- die Inanspruchnahme fremder Dienstleistungen und
- öffentliche Abgaben,

die in unmittelbarem Zusammenhang mit der bankbetrieblichen Tätigkeit stehen. **Kosten stellen Werteverzehr an Gütern und Dienstleistungen zur Erstellung betrieblicher Leistungen dar.**

Kosten werden zum überwiegenden Teil **aus den Aufwandskonten** des externen Rechnungswesens (Finanzbuchhaltung) **übernommen.** Die Übernahme erfolgt in integrierten Finanzbuchhaltungs- und Kostenrechnungssystemen automatisch bei der Buchung auf den Aufwandskonten.

Aufwendungen stellen den gesamten **Werteverzehr** an Gütern und Dienstleistungen **während einer Abrechnungsperiode** dar.

Aufwendungen, die beim Prozess der betrieblichen Leistungserstellung entstehen, sind Zweckaufwendungen. Zweckaufwendungen sind zugleich Kosten. Aus der Sicht der Kosten- und Erlösrechnung handelt es sich um **Grundkosten (Aufwendungen = Kosten).**

Aufwendungen, die mit der betrieblichen Leistungserstellung nichts zu tun haben oder für den Betriebsablauf ungewöhnlich und untypisch sind, sind neutrale Aufwendungen. Sie werden nicht als Kosten in die Kosten- und Erlösrechnung übernommen (**Aufwendungen, aber keine Kosten**).

Neutrale Aufwendungen sind:

- **betriebsfremde Aufwendungen**, z. B. Spenden,
- **betrieblich bedingte, aber periodenfremde Aufwendungen**, z. B. Aufwendungen, die zurückliegende Geschäftsjahre betreffen, und
- **betrieblich bedingte, aber außergewöhnliche Aufwendungen**, z. B. Aufwendungen für Schadensfälle.

 ERLÄUTERUNG:

Kosten und Erlöse sind Begriffe der Kosten- und Erlösrechnung. Aufwendungen und Erträge sind Begriffe der Finanzbuchhaltung und der Gewinn- und Verlustrechnung. Es besteht dabei eine enge Beziehung zwischen Kosten und Aufwendungen einerseits sowie Erlösen und Erträgen andererseits.

 DEFINITION:

Der monetäre Produktionsfaktor stellt Verfügungsmacht über Geldkapital in Form von Zahlungsmitteln sowie anderen liquiden Mitteln und Haftungsmitteln dar.

BEISPIEL:

Die Gehaltszahlungen an Kerstin Meyer werden monatlich auf dem Konto „Löhne und Gehälter" verbucht und als „Personalkosten" in die Kosten- und Erlösrechnung übernommen.

ERLÄUTERUNG:

Zweckaufwendungen werden in Erfüllung des Betriebszwecks verursacht.

▶ Begründen Sie, warum die folgenden Aufwendungen keine Kosten sind:
  - Spende an die Deutsche Krebshilfe,
  - Reparatur eines Daches aufgrund eines nicht versicherten Unwetterschadens,
  - unvorhergesehene Gewerbesteuernachzahlung.

Zusammenhang zwischen Aufwendungen und Kosten

Gewinn- und Verlustrechnung

Aufwendungen	
Neutrale Aufwendungen	Zweckaufwendungen (Aufwand = Kosten)

Grundkosten (Kosten = Aufwand)	Zusatzkosten (kalkulatorische Kosten)
Kosten	

Kosten- und Erlösrechnung

Kosten, die keine Aufwendungen sind, werden als **Zusatzkosten** bezeichnet. Sie werden in der Finanzbuchhaltung nicht ausgewiesen. Da Zusatzkosten in der Preiskalkulation berücksichtigt werden, heißen sie auch **kalkulatorische Kosten**.

Wichtige kalkulatorische Kostenarten sind:

- kalkulatorische Mietkosten,
- kalkulatorische Zinskosten für das Eigenkapital,
- kalkulatorische Mindestreservekosten,
- kalkulatorische Risikokosten,
- kalkulatorische Abschreibungen.

Beschreibung kalkulatorischer Kosten	
Kalkulatorische Mietkosten	Kalkulatorische Mietkosten werden verrechnet, wenn das Kreditinstitut Geschäftsräume im eigenen Gebäude nutzt.
Kalkulatorische Zinskosten für das Eigenkapital	Kalkulatorische Zinskosten für das Eigenkapital werden berücksichtigt, weil das Eigenkapital alternativ auch als Anlagekapital am Kapitalmarkt angelegt werden könnte und dort verzinst würde. Die betriebswirtschaftlich notwendige Verzinsung des Eigenkapitals muss dem Gewinn entsprechen, der erforderlich ist, um die Gewinnausschüttungen, die gewinnabhängigen Steuern und die Rücklagendotierung zu finanzieren.
Kalkulatorische Mindestreservekosten	Kalkulatorische Mindestreservekosten werden bei mindestreservepflichtigen Einlagen berücksichtigt, da ein bestimmter Teil dieser Einlagen nicht für die Kreditvergabe zur Verfügung steht. Die Differenz zwischen den am Kreditmarkt für die zu unterhaltende Mindestreserve erzielbaren Zinsen und den Zinserlösen aus der Mindestreserve stellt die Kosten der Mindestreservehaltung dar.
Kalkulatorische Risikokosten	Mit kalkulatorischen Risikokosten werden mögliche Kreditausfälle erfasst. Kalkulatorische Risikokosten werden als langjähriger Durchschnitt der tatsächlich eingetretenen Forderungsausfälle ermittelt.

Fortsetzung der Tabelle auf der nächsten Seite

ERLÄUTERUNG:

Zusatzkosten beeinflussen nicht den Jahreserfolg, da sie in der Gewinn- und Verlustrechnung nicht als Aufwand erfasst werden.

ERLÄUTERUNG:

Zusatzkosten berücksichtigen den Tatbestand, dass Produktionsfaktoren eingesetzt werden, die ihren Preis haben.

▶ **Begründen Sie die Verrechnung kalkulatorischer Mietkosten.**

ERLÄUTERUNG:

Gewinnabhängige Steuern sind:
- Körperschaftsteuer (bei Einzelunternehmen: Einkommensteuer),
- Gewerbeertragsteuer.

 Abschnitt 2.3.1

 Abschnitt 4.2

BEISPIEL:

Bilanzielle
Abschreibung   16 000 Euro
Kalkulierte
Abschreibung   20 000 Euro
Zweckaufwand
= Grundkosten   16 000 Euro
Kalkulatorische
Abschreibung
= Zusatzkosten   4 000 Euro

ERLÄUTERUNG:

Zusatzkosten, die dadurch
entstehen, dass Kosten für die
Kosten- und Erlösrechnung
anders verrechnet werden als
die Aufwendungen für die
Finanzbuchhaltung, werden
auch als Anderskosten
bezeichnet. Diese Kosten sind
aus Aufwand abgeleitet, werden aber in ihrer Höhe anders
erfasst als der Aufwand.

▶ **Grenzen Sie die Begriffe Erträge und Erlöse
entsprechend der Ab-
grenzung zwischen Auf-
wendungen und Kosten
ab.**

▶ **Diskutieren Sie, ob es
kalkulatorische Erlöse
geben kann.**

 Abschnitt 2

 Abschnitt 3

 Abschnitt 4

▶ **Untersuchen Sie, ob
Abschreibungskosten
niedriger sein können
als Abschreibungsauf-
wendungen.**

Kalkulatorische Abschreibungen	Kalkulatorische Abschreibungen sind Abschreibungen, die die bilanziellen Abschreibungen übersteigen. Ursachen sind u. a.: • Die betriebliche Nutzungsdauer ist häufig niedriger als die handels- und steuerrechtlich zugrunde zu legende Nutzungsdauer, z. B. bei EDV-Einrichtungen. • Gemäß Handels- und Steuerrecht darf die Summe der bilanzmäßigen Abschreibungen die Anschaffungs- oder Herstellungskosten des Anlagegutes nicht übersteigen. Da über die Abschreibungen jedoch die finanziellen Mittel für den Ersatz des Anlagegutes erwirtschaftet werden sollen, muss in der Kosten- und Erlösrechnung nach Möglichkeit mit dem Wiederbeschaffungspreis gerechnet werden. Dies führt bei Wiederbeschaffungswerten, die höher sind als der ursprüngliche Anschaffungswert, zu höheren kalkulatorischen Abschreibungen.

Erlöse entstehen bei der Verwertung von Bankleistungen. Erlöse sind Entgelte für die erbrachten Bankleistungen. Sie sind leistungsbedingter Wertzuwachs.

1.3 Aufgaben und Instrumente der Kosten- und Erlösrechnung

Aufgaben der Kosten- und Erlösrechnung sind:

• Bereitstellung von **Informationen über Kosten und Erlöse** der verschiedenen Bankleistungen,
• **Ermittlung der Preise** für die verschiedenen Bankleistungen (Kalkulation),
• Durchführung von **Wirtschaftlichkeits- und Erfolgskontrollen**, z. B. Rentabilitätskontrollen,
• Zurverfügungstellung der für **die Steuerung des Bankbetriebs** notwendigen Kennzahlen.

Instrumente der Kosten- und Erlösrechnung sind:

• die **Marktzinsmethode im Wertbereich**,
• die **Teilkostenrechnung im Betriebsbereich**.

Wert- und Betriebsbereich der einzelnen Bankleistung werden getrennt kalkuliert. Im Wertbereich werden Zinsen sowie zinsähnliche Kosten und Erlöse, im Betriebsbereich Betriebskosten und Betriebserlöse für die Kalkulation des Einzelgeschäfts erfasst und zusammengefügt.

Die Kalkulation eines Einzelgeschäfts ist Voraussetzung, um den Erfolgsbeitrag einzelner Kunden, z. B. des Kunden Kurt Wiehl, oder einzelner Produkte, z. B. Termingeld mit 6 Monaten Laufzeit, ermitteln zu können.

Strukturwissen

Leistungen	Leistungen sind das Ergebnis betrieblicher Tätigkeit. Bankleistungen umfassen Marktleistungen und innerbetriebliche Leistungen. Da jede Marktleistung eines Kreditinstituts innerbetriebliche Leistungen voraussetzt und enthält, ist für die Kosten- und Erlösrechnung der Kreditinstitute nur die Marktleistung maßgeblich.
Kosten	Kosten entstehen bei der Erstellung von Bankleistungen. Sie stellen den bewerteten Güter- und Dienstleistungsverzehr bei der Erstellung betrieblicher Leistungen dar. Kosten sind leistungsbedingter Werteverzehr.
Erlöse	Erlöse entstehen bei der Verwertung von Bankleistungen. Sie stellen Entgelte für erbrachte Bankleistungen dar. Erlöse sind leistungsbedingter Wertzuwachs.
Aufgaben der Kosten- und Erlösrechnung	Die Kosten- und Erlösrechnung liefert: 1. zuverlässige und detaillierte Informationen über Kosten und Erlöse der erstellten Bankleistungen, 2. die Grundlage für Kalkulationen, Planungen und Entscheidungen, 3. die Grundlage für Wirtschaftlichkeits- und Erfolgskontrollen. (Wirtschaftlichkeitskontrollen setzen Kosten und Leistungen miteinander in Beziehung, Erfolgskontrollen setzen Kosten, Leistungen und Erlöse miteinander in Beziehung, z. B. um Konten, Kunden oder Filialen zu beurteilen.)

Kosten = leistungsbedingter Werteverzehr
Leistungserstellung
Leistung = erstellte Güter und Dienstleistungen
Leistungsverwertung
Erlös = Entgelt für erstellte und verwertete Güter und Dienstleistungen

Aufwendungen				**Erträge**	
Neutrale Aufwendungen	Zweckaufwendungen (Aufwand = Kosten)			Zweckerträge (Ertrag = Erlös)	Neutrale Erträge
	Grundkosten (Kosten = Aufwand)	Zusatzkosten (kalkulatorische Kosten)	Zusatzerlöse (kalkulatorische Erlöse)	Grunderlöse (Erlös = Ertrag)	
	Kosten			**Erlöse**	

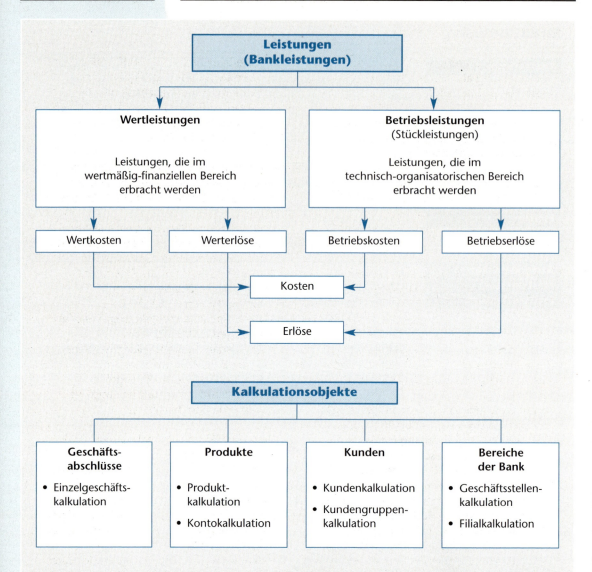

Leistungen (Bankleistungen)

Wertleistungen

Leistungen, die im wertmäßig-finanziellen Bereich erbracht werden

Betriebsleistungen (Stückleistungen)

Leistungen, die im technisch-organisatorischen Bereich erbracht werden

Wertkosten · Werterlöse · Betriebskosten · Betriebserlöse

Kosten

Erlöse

Kalkulationsobjekte

Geschäfts-abschlüsse

• Einzelgeschäfts-kalkulation

Produkte

• Produkt-kalkulation
• Kontokalkulation

Kunden

• Kundenkalkulation
• Kundengruppen-kalkulation

Bereiche der Bank

• Geschäftsstellen-kalkulation
• Filialkalkulation

Externes und internes Rechnungswesen im Vergleich		
	Externes Rechnungswesen	Internes Rechnungswesen
Begriffe	Aufwendungen und Erträge	Kosten und Erlöse
Grundlage	gesetzliche Verpflichtung	freiwillig
Funktionen	Dokumentation von Geschäftsvorfällen, Information Außenstehender, Bemessung von Ausschüttung und Steuerlast	Information der Entscheidungsträger, Basis für Kalkulation und Steuerung des Bankbetriebs

Aufgaben

1 Erläutern Sie, warum die Kosten- und Erlösrechnung als internes Rechnungswesen bezeichnet wird.

2 Belegen Sie anhand von Beispielen die Notwendigkeit der Kosten- und Erlösrechnung in Kreditinstituten.

3 Warum muss zwischen Kosten und Aufwendungen unterschieden werden?

4 Erläutern Sie den „Dualismus" der Bankleistung.

5 Welche Einteilung der Kosten und der Erlöse ergibt sich aus dem Dualismus der Bankleistung?

6 Entscheiden Sie, ob es sich bei den folgenden Geschäftsvorfällen bei der Europabank AG um Grundkosten, Zusatzkosten oder neutrale Aufwendungen handelt.
1. Die Bank zahlt am 1. Februar die Februarmiete für eine Filiale 3 000,00 Euro.
2. Eine Gehaltsnachzahlung für das vorhergehende Geschäftsjahr wird in Höhe von 2 800,00 Euro geleistet.
3. Von der Bank im eigenen Bankgebäude genutzte Geschäftsräume verursachen einen geschätzten Ausfall an Mieteinnahmen von 60 000,00 Euro p. a.
4. Für Termineinlagen der Kunden wurden im laufenden Geschäftsjahr 4 Mio. Euro Zinsen gezahlt.
5. Im Dezember werden Sparkunden 6 Mio. Euro Sparzinsen gutgeschrieben.
6. Ein bankeigener Pkw, der noch mit 15 000,00 Euro zu Buche steht, wird für 12 000,00 Euro verkauft.
7. Gewerbesteuer für das laufende Geschäftsjahr wird in Höhe von 110 000,00 Euro überwiesen.
8. Für eine durchgeführte, aber noch nicht abgerechnete Wartung der Telefonanlage wird eine Rückstellung von 5 000,00 Euro gebildet.

9. Die Bank überweist 5 000,00 Euro für den Druck des Geschäftsberichts.
10. Eine Korrespondenzbank belastet 40 000,00 Euro Zinsen für die Zurverfügungstellung eines kurzfristigen Bank-an-Bank-Kredits.

7 Entscheiden Sie, ob es sich bei den folgenden Geschäftsvorfällen der Bremer Bank AG um Erlöse oder neutrale Erträge handelt.
1. Das Kreditinstitut erhält eine Gewerbesteuerrückzahlung von 60 000,00 Euro für das vergangene Geschäftsjahr.
2. Am 31.12. werden die Zinsen für Kontokorrentkredite belastet: Gesamtbetrag 22,8 Mio. Euro.
3. Die Einnahmen aus Inkassoprovisionen betragen 23 000,00 Euro.
4. Die Organisationsabteilung der Bank rüstet 3 PC-Arbeitsplätze in der Kreditabteilung auf. Ein externer Dienstleister hätte für diese Leistung 1 200,00 Euro berechnet.

8 Führen Sie Ergebnisberechnungen für die Nordbank AG durch.

Erträge	18,0 Mio. Euro
davon betrieblich	
außergewöhnlich	0,8 Mio. Euro
betriebsfremd	0,7 Mio. Euro
Aufwendungen	15,0 Mio. Euro
davon betrieblich	
ordentlich	13,0 Mio. Euro
betrieblich periodenfremd	1,5 Mio. Euro
betriebsfremd	0,5 Mio. Euro

a) Wie hoch ist der Gewinn?
b) Wie hoch ist das Betriebsergebnis (im Sinne der Kosten- und Erlösrechnung)?
c) Wie hoch ist das neutrale Ergebnis?

9 Vergleichen Sie bilanzmäßige und kalkulatorische Abschreibungen.

10 Die Handelsbank AG hat am 14.01. für 60 000,00 Euro Einrichtungsgegenstände gekauft. Der steuerliche AfA-Satz beträgt 10 %. Die Bank rechnet betriebswirtschaftlich mit einer Nutzungsdauer von 8 Jahren.

Berechnen Sie die jährliche bilanzmäßige und kalkulatorische Abschreibung. Stellen Sie eine Tabelle auf, in der Sie Gesamtaufwand, Grundkosten und Zusatzkosten nebeneinander zeigen.

11 Berechnen Sie bilanzmäßige und kalkulatorische Abschreibungen. Stellen Sie eine Tabelle mit Gesamtaufwand, Grundkosten und Zusatzkosten für die einzelnen Jahre der Nutzungsdauer einer Datenerfassungsanlage auf.
Anschaffungswert 500 000,00 Euro,
Wiederbeschaffungswert voraussichtlich 560 000,00 Euro.
Nutzungsdauer 7 Jahre, Anschaffung am 05.01.
Bilanzielle Abschreibung: In den ersten beiden Jahren der Nutzungsdauer degressiv mit 20 %, danach Übergang zur linearen Abschreibung.
Kalkulatorische Abschreibung:
Linear über alle Jahre der Nutzungsdauer auf den Wiederbeschaffungswert.

12 Ein Kunde lässt sich von Ihnen ausführlich über die Vermögensanlage in Aktien beraten, ohne dass es zu einer Auftragserteilung kommt. Einige Tage später stellen Sie anhand der Kontoumsätze fest, dass der Kunde Wertpapierumsätze bei einem Discount Broker getätigt hat. Analysieren Sie den Sachverhalt aus dem Blickwinkel der Kosten- und Erlösrechnung und bereiten Sie für die Geschäftsleitung eine Preisentscheidung zur Lösung des Problems vor.

13 Entscheiden Sie über Betriebskosten, Wertkosten, Betriebserlöse und Werterlöse.
Eine Bank zahlt am 1. Oktober einen Realkredit in Höhe von 100 000,00 Euro zu 98,5 % aus. Der Zinssatz beträgt 8,5 %, die Tilgung 2 %. Die Annuität ist in 4 Vierteljahresleistungen jeweils nachträglich fällig und wird von der Bank vom Kontokorrentkonto des Darlehensnehmers abgebucht. Für die Kontoführung wird ein Entgelt von vierteljährlich 30,00 Euro berechnet.
a) Stellen Sie dar, worin im Einzelnen die Betriebsleistung und die Wertleistung der Bank besteht.
b) Zählen Sie alle im Beispiel vorkommenden Betriebskosten, Wertkosten, Betriebserlöse und Werterlöse auf.

14 Als Mitarbeiter im Controlling bearbeiten Sie die Geschäftsstellenkalkulation. Die monatliche Miete für die Geschäftsstelle Hansastraße beträgt 5 000,00 Euro. Die flächenmäßig identische Geschäftsstelle Weidendamm ist im bankeigenen Gebäude untergebracht. Die anteilige Gebäudeabschreibung beträgt 40 000,00 Euro im Jahr.
a) Wie wirken sich Miete und Gebäudeabschreibung in der GuV, der Bilanz und der Liquiditätsrechnung aus?
b) Wie kann die Vergleichbarkeit der Geschäftsstellen in der internen Kosten- und Erlösrechnung sichergestellt werden?

2 Kalkulation von Bankleistungen im Wertbereich

Eine flaue Geschäftslage

An einem Tag im Januar hat die Kundenberaterin Kerstin Meyer nur 2 Kunden:

Am Vormittag führt sie ein Gespräch mit Peter Offergeld. Er hat 100 000,00 Euro geerbt. Der Betrag wird auf einem Termingeldkonto zu 2,3 % p.a. für 6 Monate angelegt.

Am Nachmittag berät sie das Ehepaar Ruth und Rainer Winkelmann über eine Baufinanzierung. Der Kredit soll zur Renovierung des Einfamilienhauses dienen. Frau Meyer schließt mit den Eheleuten einen Darlehensvertrag über 100 000,00 Euro ab. Die Konditionen lauten: Auszahlung 100 %, Zinssatz 5,2 % p.a., 5 Jahre fest.

Handlungsaufträge

Nehmen Sie an, dass die Europabank AG im ganzen Jahr nur diese beiden Geschäfte abschließt, und dass Peter Offergeld das Termingeld nach 6 Monaten zum unveränderten Zinssatz prolongiert.

1. Errechnen Sie den Zinsüberschuss der Bank.

2. Ermitteln Sie die Bruttozinsspanne.

3. Welche Risiken geht die Bank ein, wenn sie das Baudarlehen mit Termingeld finanziert?

4. Wie verändern sich der Zinsüberschuss und die Bruttozinsspanne, wenn die Europabank AG ein festverzinsliches Kapitalmarktpapier mit 3,5 % Rendite und 5 Jahren Restlaufzeit kauft, statt ein Darlehen an das Ehepaar Ruth und Rainer Winkelmann zu vergeben?

5. Wie verändern sich der Zinsüberschuss und die Bruttozinsspanne, wenn die Europabank AG sich über den Geldmarkt bei einer anderen Bank für 6 Monate zu 2,7 % refinanziert, statt die Termineinlage von Peter Offergeld hereinzunehmen?

6. Für das Termingeld von Peter Offergeld muss die Europabank AG eine Mindestreserve von 2 % bei der Europäischen Zentralbank halten. Die Mindestreserve wird mit 2,5 % p.a. verzinst. Untersuchen Sie, ob sich dadurch Zinsüberschuss und Bruttozinsspanne verändern.

2.1 Margen und Zinskonditionenbeiträge

2.1.1 Das Konzept der Marktzinsmethode

Bankleistungen im Wertbereich werden nach der **Marktzinsmethode** kalkuliert. Bei dieser Methode werden als **Entscheidungsgrundlage** für die Zinssätze bei Kundengeschäften **aktuelle Zinssätze auf den Geld- und Kapitalmärkten (Marktzinssätze)** verwendet.

Grundlage der Marktzinsmethode ist das Opportunitätsprinzip. Grundsätzlich verdrängt jedes Geschäft, das die Bank mit einem Kunden abschließt, ein alternatives, das heißt fristengleiches Geschäft, das die Bank am Geld- oder Kapitalmarkt abschließen könnte. Beurteilungsmaßstab ist der Unterschied zwischen dem Zinssatz aus dem Kundengeschäft (Kundenzinssatz) und dem Marktzinssatz für das alternativ mögliche Geld- oder Kapitalmarktgeschäft (GKM-Zinssatz).

Für jedes Kundengeschäft wird untersucht, ob im Vergleich zum Alternativgeschäft am Geld- und Kapitalmarkt ein Erfolg erzielt wird:

- Der für die Termineinlage von Peter Offergeld gezahlte Zinssatz wird mit dem Zinssatz verglichen, den die Bank für eine fristengleiche Geldaufnahme am Geld- oder Kapitalmarkt hätte bezahlen müssen.
- Der durch die Darlehensvergabe erzielte Zins wird mit dem Zins einer fristengleichen Geldanlage auf dem Kapitalmarkt verglichen.

Mit der Marktzinsmethode kann der **Erfolg eines Kundengeschäfts im Wertbereich** kalkuliert werden als

- **Marge** (Unterschied der Zinssätze in %),
- **Zinskonditionenbeitrag** (Erfolg des Geschäfts in Euro).

Durch den Einsatz der Marktzinsmethode als Kalkulationsinstrument wird es zudem möglich, den Zinsüberschuss der Europabank AG in der Gewinn- und Verlustrechnung in Einzelbestandteile zu zerlegen.

Die Zinserträge aus dem Darlehen an Ruth und Rainer Winkelmann in Höhe von 5 200,00 Euro stellen aus der Sicht der Kosten- und Erlösrechnung Werterlöse dar. Diesen stehen Wertkosten in Höhe von 2 300,00 Euro in Form von Zinsaufwendungen für das Termingeld von Peter Offergeld entgegen.

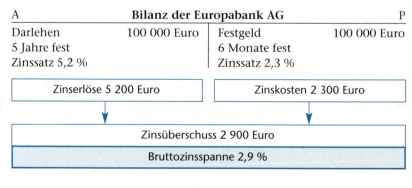

A	Bilanz der Europabank AG		P
Darlehen	100 000 Euro	Festgeld	100 000 Euro
5 Jahre fest		6 Monate fest	
Zinssatz 5,2 %		Zinssatz 2,3 %	

Zinserlöse 5 200 Euro   Zinskosten 2 300 Euro

Zinsüberschuss 2 900 Euro

Bruttozinsspanne 2,9 %

ERLÄUTERUNG:

Opportunität bedeutet Vorteil, Zweckmäßigkeit. Bei Anwendung des Opportunitätsprinzips wird der Erfolg eines Geschäfts am möglichen Erfolg eines alternativen (entgangenen) Geschäfts gemessen. Der mögliche Erfolg des alternativen Geschäfts wird dem Erfolg des getätigten Geschäfts als Opportunitätskosten gegenübergestellt, um auf diese Weise den Nutzen zu ermitteln.

 **DEFINITION:**

GKM-Zinssatz = Zinssatz auf dem Geld- und Kapitalmarkt

 **DEFINITION:**

Marge = Spanne, Unterschied

DEFINITION:

- Marge eines Kreditgeschäfts (Aktivgeschäft) =
    Kundenzinssatz
    ./. GKM-Zinssatz
- Marge eines Geldanlagegeschäfts (Passivgeschäft)=
    GKM-Zinssatz
    ./. Kundenzinssatz
- Zinskonditionenbeitrag (ZKB)
    = Marge x Betrag

Bei Anwendung des Opportunitätsgedankens der Marktzinsmethode müssen die am Abschlusstag der Kundengeschäfte gültigen Zinssätze am Geld- und Kapitalmarkt herangezogen werden, da nur am Abschlusstag die Alternative besteht, statt des Kundengeschäfts ein fristengleiches Geschäft am Geld- oder Kapitalmarkt abzuschließen.

2.1.2 Die Kalkulation von Kreditgeschäften

Für die Bewertung des Geschäfts mit Ruth und Rainer Winkelmann zieht die Europabank AG die **Rendite festverzinslicher Kapitalmarktpapiere** mit fünfjähriger Restlaufzeit heran. Eine Anlage in Bundesobligationen bringt zum Zeitpunkt der Kreditvergabe 3,5 % p. a. Die Eheleute Winkelmann zahlen für das Darlehen 5,2 % p. a. Die Europabank AG erzielt damit aus dem Kundengeschäft einen höheren Erfolg, als sie bei gleicher Zinsbindungsfrist am Kapitalmarkt hätte erzielen können. Die Marge in Höhe von 1,7 % p. a. zwischen dem Darlehenszinssatz von 5,2 % und dem Zinssatz am Geld- und Kapitalmarkt für eine fristengleiche Anlage von 3,5 % p. a. lässt sich u. a. damit erklären, dass die Eheleute Winkelmannn nicht die gleiche Bonität wie die Bundesrepublik Deutschland besitzen. Zudem entstehen höhere Betriebskosten bei der Abwicklung von Kundengeschäften.

Um den **Erfolg des Geschäfts in Euro** auszudrücken, muss die **Marge auf die Kreditsumme** von 100 000,00 Euro bezogen werden. Daraus ergibt sich ein jährlicher **Zinskonditionenbeitrag (ZKB)** von 1 700,00 Euro.

Marge und Zinskonditionenbeitrag des Geschäfts mit den Eheleuten Winkelmann sind als Erfolgsbeiträge der Kundenberaterin Kerstin Meyer zuzuordnen. Hätte Kerstin Meyer mit den Eheleuten Winkelmann keine Baufinanzierung zu 5,2 % p. a. abgeschlossen, hätte die Europabank AG stattdessen Bundesobligationen mit einer Restlaufzeit von 5 Jahren auf der Aktivseite der Bilanz ausgewiesen und dabei nur 3,5 % Rendite erzielt. Durch die Kundenberaterin hat sich der Zinsüberschuss der Europabank AG um 1 700,00 Euro erhöht.

2.1.3 Die Kalkulation von Geldanlagegeschäften

Für die Bewertung des Geschäfts mit Peter Offergeld zieht die Europabank AG den **Zinssatz für Geldmarktanlagen unter Banken für 6 Monate** (z. B. Sechs-Monats-Euribor) heran. Er beträgt zum Zeitpunkt der Hereinnahme der Termineinlage 2,7 %. Dem Kunden wird mit 2,3 % ein geringerer Zinssatz vergütet, als die Europabank AG bei einer alternativen Refinanzierung bei einer anderen Bank hätte zahlen müssen. Die Marge beträgt 0,4 % (2,7 % ./. 2,3 %). Das ergibt bei einem Anlagevolumen von 100 000,00 Euro einen Zinskonditionenbeitrag von 400,00 Euro. Die unterschiedlichen Zinssätze lassen sich u. a. damit erklären, dass aus dem Überschuss im Wertbereich des Kundengeschäfts auch noch Betriebskosten abgedeckt werden müssen und die Betriebskosten bei der Abwicklung von Kundengeschäften höher sind als bei der Abwicklung von Geschäften am Geld- und Kapitalmarkt.

ERLÄUTERUNG:

Bezieht man den Überschuss der Werterlöse über die Wertkosten in Höhe von 2 900 Euro auf die Bilanzsumme von 100 000 Euro, so erhält man die Bruttozinsspanne von 2,9 %

→ 5 200 Euro ./. 2 300 Euro = 2 900 Euro ;

$$\frac{2\ 900\ \text{Euro} \times 100}{100\ 000\ \text{Euro}} = 2,9\ \%$$

▶ Ermitteln Sie Margen und Zinskonditionenbeiträge für folgende Geschäfte:
 – Beanspruchter Kontokorrentkredit 100 000 Euro, Zinssatz 10,5 %, täglich fälliges Geld am Geldmarkt 3,8 %;
 – Anschaffungskredit 20 000 Euro, Zinssatz 9 %, Laufzeit 1 Jahr, Zinssatz für Einjahresgeld am Geldmarkt 4,10 %.

▶ Begründen Sie die unterschiedlichen Margen.

▶ In der Praxis werden mit Kunden auch Geschäfte mit negativen Margen abgeschlossen. Begründen Sie diesen Tatbestand.

Hätte Kerstin Meyer den Kunden Peter Offergeld nicht zur Festgeldanlage bei der Europabank AG bewegen können, hätten 100 000,00 Euro für jeweils 6 Monate auf dem Geld- und Kapitalmarkt zum höheren Zinssatz von 2,7 % aufgenommen werden müssen. Der Zinsüberschuss der Bank wäre um 400,00 Euro geringer gewesen. Kerstin Meyer hat mit dem Abschluss des Kundengeschäfts Zinskosten gespart. Dieser Erfolg ist ihr zuzurechnen.

Margen und Zinskonditionenbeiträge der Geschäfte	
Kreditgeschäft	**Geldanlage**
Marge = Kundenzinssatz (KZ) ./. GKM-Zinssatz	Marge = GKM-Zinssatz ./. Kundenzinssatz (KZ)
Zinskonditionenbeitrag (ZKB) = Marge x Betrag	
Kreditgeschäft Ruth und Rainer Winkelmann (Aktivgeschäft)	**Geldanlagegeschäft Peter Offergeld** (Passivgeschäft)
Marge = 5,2 % ./. 3,5 % = + 1,7 %	**Marge** = 2,7 % ./. 2,3 % = + 0,4 %
Zinskonditionenbeitrag = 1,7 % x 100 000 = 1 700 Euro	Zinskonditionenbeitrag = 0,4 % x 100 000 = 400 Euro

2.2 Fristentransformation und Strukturbeiträge

2.2.1 Die Entstehung des Fristentransformationsergebnisses

Ein **Vergleich der Bruttozinsspanne** der Europabank AG **mit der Summe der Margen zeigt eine Differenz** von 0,8 %. Diese Differenz ergibt sich auch, wenn man den gesamten Zinsüberschuss mit der Summe der Zinskonditionenbeiträge vergleicht.

▶ Erklären Sie die entstandene Differenz als Fristentransformationsleistung der Europabank AG.

Bruttozinsspanne	Euro	% der Bilanzsumme
Zinserlöse	5 200	5,2
./. Zinskosten	2 300	2,3
	2 900	**2,9**

Zinskonditionenbeiträge	Euro	% p. a.
Kreditgeschäft + Geldanlagegeschäft	1 700	1,7
	400	0,4
	2 100	**2,1**

Differenz: 800 Euro 0,8 % p. a.

Abschnitt 1

DEFINITION:

Transformation = Umwandlung

Die **Transformationsleistung** besteht darin, die Einlage von Peter Offergeld mit einer Zinsbindung von 6 Monaten als Kredit mit einer Zinsbindung von 5 Jahren an die Eheleute Winkelmann auszuleihen. Die Europabank AG entscheidet sich, kurzfristige Einlagen mittel- bzw. langfristig auszuleihen. Sie erbringt eine **Fristentransformationsleistung**.

Die Fristentransformation gehört zu den Kernleistungen der Kreditinstitute. Sie ist einerseits Ertragsquelle, andererseits auch Risikoquelle.

Die **Summe der Zinskonditionenbeiträge der Einzelgeschäfte** (2 100,00 Euro) **und das Fristentransformationsergebnis** (800,00 Euro) **ergeben zusammen den Zinsüberschuss** (2 900,00 Euro).

Die Entscheidung der Europabank AG, mit dem von Kerstin Meyer abgeschlossenen Einlagengeschäft langfristige Aktiva, kurzfristig über Termineinlagen zu refinanzieren, war erfolgreich, da am Geld- und Kapitalmarkt für kürzere Zinsbindungen ein niedrigerer Zinssatz als bei längeren Zinsbindungen gilt.

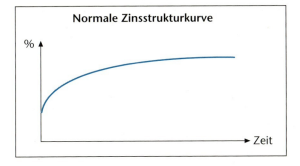

Sofern kurzfristige Zinsbindungen am Geld- und Kapitalmarkt höher verzinst werden als langfristige Zinsbindungen, spricht man von einer inversen Zinsstruktur. Sie ist typisch für Hochzinsphasen.

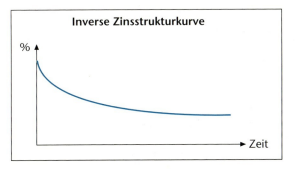

2.2.2 Die Zurechnung des Fristentransformations-ergebnisses

Das **Fristentransformationsergebnis** von 800,00 Euro oder 0,8 % p. a. **ist kein Erfolgsbeitrag der Kundenberatung.**

▶ Untersuchen Sie, ob es einem Kreditinstitut in der Praxis möglich ist, keine Fristentransformation zu betreiben.

▶ Eine Bank begibt Sparbriefe mit 4 Jahren Zinsfestschreibung und leiht das Geld an Kontokorrentkunden aus. Beschreiben Sie die Fristentransformationsleistung.

ERLÄUTERUNG:

Die Zinsstruktur kann man auch grafisch verdeutlichen: Stellt man die Marktzinssätze zum Abschlusstag der Kundengeschäfte in einer Grafik dar, die Laufzeit und Zinssatzhöhe am Geld- und Kapitalmarkt erfasst, so erhält man eine Zinsstrukturkurve (Renditestrukturkurve).

▶ Beschaffen Sie sich die aktuellen Geld- und Kapitalmarktzinssätze für den Laufzeitbereich 1 Monat bis 10 Jahre. Stellen Sie die Werte in einer Tabelle zusammen und werten Sie die Tabelle grafisch aus. Entscheiden Sie, ob es sich um eine normale oder um eine inverse Zinsstruktur handelt.

▶ **Welchen Zinsüberschuss erzielt die Europabank AG, wenn statt der Kundengeschäfte die alternativen Geld- und Kapitalmarktgeschäfte abgeschlossen werden?**

Die Europabank AG hätte den Zinsüberschuss von 800,00 Euro durch Geschäfte am Geld- und Kapitalmarkt erzielen können, die sie fristengleich zu den Kundengeschäften abgeschlossen hätte:

Zinserlöse aus der Wertpapieranlage	3 500,00 Euro
./. Zinskosten aus der Refinanzierung am Geldmarkt	2 700,00 Euro
= Zinsüberschuss	800,00 Euro

Das Fristentransformationsergebnis entsteht durch die Entscheidung, sechsmonatige Zinsbindungsfristen auf der Passivseite in fünfjährige Zinsbindungsfristen auf der Aktivseite zu transformieren. Der Ertrag entsteht vor dem Hintergrund der normalen Zinsstruktur. Er wäre auch ohne Kundenberater erzielbar gewesen.

▶ **Informieren Sie sich darüber, wer in Ihrem Ausbildungsinstitut für die Bilanzstrukturentscheidungen zuständig ist.**

Das Fristentransformationsergebnis steht der Abteilung zu, die für die Bilanzstruktursteuerung zuständig ist. Delegiert die Geschäftsleitung einer Bank diese Funktion, so wird sie häufig von der Abteilung Zentraldisposition, dem Rechnungswesen, der Controllingabteilung oder dem Treasury wahrgenommen.

2.2.3 Die Berechnung der Fristentransformation über Strukturbeiträge

Schließt eine Bank mehrere Geschäfte mit unterschiedlichen Beträgen ab, wird der **Erfolg aus der Fristentransformation** über **die Summe der Strukturbeiträge** ermittelt. Der **Strukturbeitrag** ist eine rechnerische Größe. Er drückt den Beitrag eines Einzelgeschäfts zur Fristentransformation aus.

Zur Berechnung wird zunächst die Differenz des alternativen Geld- und Kapitalmarktzinssatzes (GKMZ) eines Einzelgeschäfts zum Zinssatz für Tagesgeld unter Banken (TGZ), die **Strukturmarge**, ermittelt:

- Für **Aktivgeschäfte** gilt: GKM-Zinssatz ./. Zinssatz für Tagesgeld
- Für **Passivgeschäfte** gilt: Zinssatz für Tagesgeld ./. GKM-Zinssatz

📖 **ERLÄUTERUNG:**

Die Europabank AG hat ihr Fristentransformationsergebnis von 800 Euro dadurch ermittelt, dass die zu den Kundengeschäften alternativen Geld- und Kapitalmarktzinssätze voneinander abgezogen und auf das Geschäftsvolumen bezogen wurden:
3,5 % ./. 2,7 % = 0,8 %
bezogen auf 100 000 Euro
= 800 Euro.

📖 **ERLÄUTERUNG:**

Strukturmarge
= Unterschied der Zinssätze in %,

Strukturbeitrag
= Erfolg der Fristentransformation in Euro

Strukturmargen und Strukturbeiträge (Beispiel Europabank AG)	
Kreditgeschäft (Aktivseite)	**Geldanlagegeschäft** (Passivseite)
Strukturmarge = GKMZ ./. TGZ	**Strukturmarge = TGZ ./. GKMZ**
Strukturbeitrag = Strukturmarge x Volumen	
Kreditgeschäft Europabank AG	**Geldanlagegeschäft Europabank AG**
Strukturmarge = 3,5 % ./. 2 % = + 1,5 %	Strukturmarge = 2 % ./. 2,7 % = ./. 0,7 %
Strukturbeitrag = 100 000 x 1,5 % = + 1 500 Euro	Strukturbeitrag = 100 000 x ./. 0,7 % = ./. 700 Euro

▶ **Wie entwickelt sich der Strukturbeitrag von Aktiv- und Passivgeschäften bei einer inversen Zinsstruktur?**

Der **Strukturbeitrag** ergibt sich durch **Multiplikation der Strukturmarge mit dem Betrag des Geschäftes**.
Bei einem Zinssatz für Tagesgeld von 2 % p. a. ergibt sich folgende Zusammensetzung der Bruttozinsspanne:

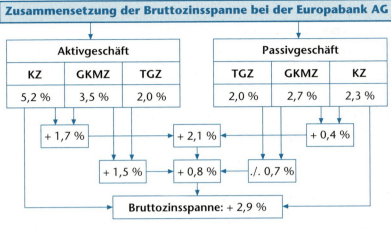

KZ = Zinssatz des Kundengeschäfts
GKMZ = Zinssatz des alternativen Geld- oder Kapitalmarktgeschäfts
TGZ = Zinssatz für Tagesgeld

2.2.4 Die Risiken der Fristentransformation

Mit der Entscheidung zur Fristentransformation geht die Europabank AG Risiken ein.

■ **Liquiditätsrisiko**

Peter Offergeld kann das Termingeld bei Fälligkeit nach 6 Monaten zurückfordern. Die Europabank AG trägt das Risiko, sich in diesem Fall Ersatzmittel am Geld- bzw. Kapitalmarkt oder neue Kundeneinlagen beschaffen zu müssen.

Das **Liquiditätsrisiko eines Kreditinstituts wird durch die Liquiditätsverordnung der BaFin erfasst und eingegrenzt.** Die Liquiditätslage der Bank wird auf der Basis einer Liquiditätskennziffer beurteilt. Aktiva und Passiva der Bank werden dazu nach Restlaufzeiten in 4 Laufzeitbänder eingeordnet.

Laufzeitbänder	
Laufzeitband 1	täglich fällig bis zu einem Monat
Laufzeitband 2	über einem Monat bis zu 3 Monaten
Laufzeitband 3	über 3 Monate bis zu 6 Monaten
Laufzeitband 4	über 6 Monate bis zu 12 Monaten

BEISPIEL:

Aktivgeschäft
GKMZ 5 Jahre   3,5 %
./. Zinssatz für Tagesgeld 2,0 %
= positiver Strukturbeitrag
für das Aktivgeschäft   + 1,5 %
auf 100 000 Euro + 1 500 Euro
Passivgeschäft
Zinssatz für Tagesgeld   2,0 %
./. GKMZ 6 Monate   2,7 %
= negativer Strukturbeitrag
für das Passivgeschäft ./. 0,7 %
auf 100 000 Euro ./. 700 Euro

*Fristentransformations-
ergebnis*
Summe der Strukturmargen
(+ 1,5 % p. a.
./. 0,7 % p. a.)   0,8 %
Summe der Strukturbeiträge
(+ 1 500 Euro
./. 700 Euro)   800 Euro

DEFINITION:

Das Liquiditätsrisiko ist die Gefahr, dass benötigte Zahlungsmittel zum Zahlungszeitpunkt nicht, in nicht hinreichender Menge oder nicht rechtzeitig zur Verfügung stehen.

ERLÄUTERUNG:

Der Grad des Liquiditätsrisikos wird maßgeblich durch die verbleibende Restlaufzeit der jeweiligen Aktiva und Passiva bestimmt.

Im **Laufzeitband 1** werden als Aktiva des Kreditinstituts die **Zahlungsmittelbestände** in Form von Kassenbeständen und Guthaben bei Zentralnotenbanken erfasst. Auch börsennotierte Wertpapiere zählen i. d. R. zu den Zahlungsmitteln im Laufzeitband 1, da sie durch Verkauf sofort in Liquidität umgewandelt werden können. Voraussetzung für die Anrechnung im ersten Laufzeitband sind die Marktgängigkeit, die tägliche Marktbewertung der Wertpapiere und die Anwendung des strengen Niederstwertprinzips bei der Bewertung.

Lernfeld 3 Abschnitt 7.4

Als **Zahlungsverpflichtungen** im **Laufzeitband 1** werden z. B. 10 % des Bestandes an Spareinlagen und Sichteinlagen von Kunden angesetzt. Für Spareinlagen gilt die Erfahrung, dass Kunden innerhalb der nächsten 30 Tage höchstens 10 % der Einlagen abrufen werden. Für täglich fällige Verbindlichkeiten gegenüber Kreditinstituten wird ein Anrechnungssatz von 40 % des Bestandes am Meldestichtag angesetzt. Auch bestimmte außerbilanzielle Verpflichtungen werden mit einem Anrechnungssatz von 5 % bis 20 % als Zahlungsverpflichtung im ersten Laufzeitband eingeordnet. Dazu zählen Eventualverbindlichkeiten aus weitergegebenen Wechseln, Bürgschafts- und Gewährleistungsverträge, Haftungen aus der Bestellung von Sicherheiten und Platzierungs- und Übernahmeverpflichtungen.

Aktiva und Passiva mit fester Laufzeit oder Kündigungsfrist werden den Laufzeitbändern 2 bis 4 zugeordnet. Hierzu zählen die Forderungen und Verbindlichkeiten gegenüber Kunden und Kreditinstituten, die nicht schon in Laufzeitband 1 berücksichtigt wurden.

Am Ende jedes Kalendermonats muss aus dem Laufzeitband 1 eine **Liquiditätskennzahl** ermittelt werden. Anhand dieser Kennzahl kann beurteilt werden, ob dem Kreditinstitut im nächsten Monat ausreichende Zahlungsmittel zur Verfügung stehen werden, um die im nächsten Monat fälligen Zahlungsverpflichtungen erfüllen zu können. Die Liquidität des Kreditinstituts gilt als ausreichend, wenn die Liquiditätskennzahl den Wert 1 nicht unterschreitet.

Liquiditätskennzahl
$\dfrac{\text{Verfügbare Zahlungsmittel (Laufzeitband 1)}}{\text{Abrufbare Zahlungsverpflichtungen (Laufzeitband 1)}}$

▶ Warum besteht bei Beobachtungskennzahlen unter 1 kein akutes Abrufrisiko?

▶ Welche Interventionsmöglichkeiten bestehen bei Unterschreiten der Liquiditätskennzahl?

Neben der Liquiditätskennzahl hat jedes Kreditinstitut **Beobachtungskennzahlen** zu berechnen, die die Verhältnisse zwischen Zahlungsmitteln und Zahlungsverpflichtungen in den Laufzeitbändern 2 bis 4 wiedergeben. Die Berechnung ist entsprechend der Formel für die Liquiditätskennzahl vorzunehmen. Es werden keine Mindestwerte vorgegeben. Die Beobachtungskennzahlen vermitteln der Bankenaufsicht aber einen Einblick in die Fristentransformation der Kreditinstitute. Beobachtungskennzahlen unter 1 deuten darauf hin, dass kurzfristig hereingenommene Gelder längerfristig gebunden sind und daraus ein Liquiditätsproblem entstehen kann.

Liquiditäts- und Beobachtungskennziffern der Europabank AG

Die Europabank AG ermittelt den Bestand an anrechenbaren Zahlungsmitteln und Zahlungsverpflichtungen zum Monatsende und meldet bis zum fünften Geschäftstag des folgenden Monats auf den amtlichen Vordrucken die Liquiditätskennziffer und die Beobachtungskennziffern an die zuständige Hauptverwaltung der Deutschen Bundesbank.

alle Beträge in Mio. Euro

	Laufzeitband 1	Laufzeitband 2	Laufzeitband 3	Laufzeitband 4
Zahlungsmittel	535,8	426,5	499,2	388,5
Zahlungsver-pflichtungen	494,2	622,1	412,9	415,2
Berechnung*	$\dfrac{535,8}{494,2}$	$\dfrac{426,5 + (535,8 ./. 494,2)}{622,1}$	$\dfrac{499,2}{412,9}$	$\dfrac{388,5 + (499,2 ./. 412,9)}{415,2}$
	Liquiditäts-kennziffer (mindestens 1,0)	Beobachtungskennziffern (kein Mindestwert), Mitteilung nur nachrichtlich		
Ergebnis	1,08	0,75	1,21	1,14

* Beträge an vorhandenen Zahlungsmitteln, die die abrufbaren Zahlungsverpflichtungen überschreiten, werden im darauffolgenden Laufzeitband berücksichtigt.

■ Zinsänderungsrisiko

Veränderungen des Zinsniveaus können die Bruttozinsspanne einer Bank negativ beeinflussen. Dieses Risiko wird als **Zinsänderungsrisiko** bezeichnet.

BEISPIEL:

Die Zinssätze am Geld- und Kapitalmarkt steigen. 6 Monate nach Abschluss der Geschäfte mit Peter Offergeld und dem Ehepaar Ruth und Rainer Winkelmann sind die Zinssätze über alle Laufzeiten um 1 % p. a. gestiegen. Dies hat Auswirkungen auf das Termingeld von Peter Offergeld, dessen Zinsbindungsfrist abläuft. Eine Verlängerung kann nur zu einem höheren Zinssatz erfolgen. Der Zinssatz für das Darlehen der Eheleute Winkelmann bleibt dagegen unverändert, da die Zinsbindungsfrist noch nicht abgelaufen ist.

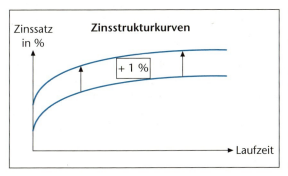

Neuer Opportunitätszinssatz am Geld- und Kapitalmarkt für das Termingeld von Peter Offergeld ist der 6-Monats-Interbankzinssatz von 3,7 % p. a. statt seinerzeit 2,7 % p. a. Der Zinssatz für Tagesgeld beträgt 3 % p. a.

DEFINITION:

Das Zinsänderungsrisiko ist die Gefahr, dass Zinssätze an ein verändertes Marktzinsniveau angepasst werden müssen und dadurch das Ergebnis der Bank negativ beeinflusst wird.

ERLÄUTERUNG:

Der Grad des Zinsänderungsrisikos wird maßgeblich durch die Zinsbindungsfrist für die betreffenden Aktiva und Passiva bestimmt.

▶ Kerstin Meyer kann wieder eine Marge von 0,4 % beim Termingeld durchsetzen. Berechnen Sie die neuen Margen und Strukturbeiträge für die Europabank AG auf Basis der neuen Zinssituation. Erläutern Sie die Abweichungen gegenüber der Ausgangssituation.

▶ Wenn die Geschäftsleitung der Europabank AG überhaupt keine Zinsänderungsrisiken eingehen möchte, muss sie das fünfjährige Festzinsdarlehen an die Eheleute Winkelmann über eine laufzeitgleiche Anlage refinanzieren. Welche Bruttozinsspanne hätte sich auf Basis der Ausgangssituation ergeben, wenn Kerstin Meyer dem Kunden Offergeld einen fünfjährigen Sparbrief mit einer Marge von 0,4 % verkauft hätte?

▶ Wie verändert sich die Bruttozinsspanne, wenn die Zinssätze nach 6 Monaten um 0,5 % p. a. gefallen sind?

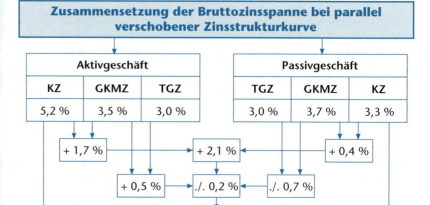

KZ   = Zinssatz des Kundengeschäfts
GKMZ = Zinssatz des alternativen Geld- oder Kapitalmarktgeschäfts
TGZ = Zinssatz für Tagesgeld

◆ E R L Ä U T E R U N G :

Die Anpassung eines Zinssatzes für ein Kundengeschäft bei sich änderndem Zinsniveau am Geld- und Kapitalmarkt wird als Zinsreagibilität oder Zinselastizität bezeichnet. Zinssätze für Festgeldanlagen sind z. B. zinsreagibler als Zinssätze für Spareinlagen. Festgelder haben damit eine höhere Zinselastizität als Spareinlagen.

Neben **Zinsänderungsrisiken** bestehen auch **Zinsänderungschancen**. Sie wären im Fall der Europabank AG bei einem Zinsrückgang am Geld- und Kapitalmarkt eingetreten. Bei gleicher Marge im Termingeldbereich hätte ein Zinsrückgang zu geringeren Kosten für die Refinanzierung geführt.

■ Zinsbindungsbilanz

Als **Instrument zur Erfassung der Zinsänderungsrisiken** kann die **Zinsbindungsbilanz** eingesetzt werden.

In der Zinsbindungsbilanz werden alle Festzinsgeschäfte zusammengestellt.

- Ist der Festzinsblock der Aktivseite größer als der Festzinsblock der Passivseite, werden offene Festzinspositionen der Aktivseite durch variabel verzinsliche Passiva refinanziert. Da für die offenen Festzinspositionen der Aktivseite bei einer Veränderung des Zinsniveaus am Geld- und Kapitalmarkt keine Zinsanpassung erfolgen kann, bergen sinkende Marktzinssätze Zinsänderungschancen, steigende Marktzinssätze Zinsänderungsrisiken.
- Ist der Festzinsblock der Passivseite größer als der Festzinsblock der Aktivseite, werden die offenen Festzinspositionen der Passivseite zu variablen Zinssätzen ausgeliehen. Sinkende Marktzinsen bergen Zinsänderungsrisiken, steigende Marktzinsen Zinsänderungschancen.

Zinsbindungsbilanz der Europabank AG			
A	Zinsbindungsbilanz zum 31.12.		P
Kredite mit Festzins	3,4 Mrd. Euro	Festzinseinlagen	2,6 Mrd. Euro
Variabel verzinsliche Ausleihungen	1,6 Mrd. Euro	Variabel verzinsliche Einlagen	2,4 Mrd. Euro
Durchschnittlicher Zinssatz: 8,1 %		Durchschnittlicher Zinssatz: 7,3 %	

▶ In welcher Zinssituation besteht ein Zinsänderungsrisiko?

▶ Errechnen Sie den Betrag der offenen Festzinspositionen.

▶ Analysieren Sie das Zinsänderungsrisiko bei einer Erhöhung des Marktzinsniveaus um 1 % p. a.

Auf der Aktivseite ergibt sich ein Festzinsüberhang von 800 Mio. Euro, der variabel refinanziert wird. Bei einem Zinsanstieg um 1 % ergibt sich ein Zinsänderungsrisiko von 8 Mio. Euro. Der Zinsüberschuss der Festzinsgeschäfte beträgt 85,6 Mio. Euro (275,4 Mio. Euro ./. 189,8 Mio. Euro). Die Festzinsaktiva von 3,4 Mrd. Euro erwirtschaften bei 8,1 % Durchschnittsverzinsung 275,4 Mio. Euro Zinsertrag im Jahr. Dem steht ein Zinsaufwand von 189,8 Mio. Euro entgegen, der sich aus der Verzinsung von 2,6 Mrd. Euro zu 7,3 % ergibt. Erst wenn die offenen Festzinspositionen der Aktivseite von 800 Mio. Euro zu 10,7 % p. a. (85,6 Mio. Euro : 800 Mio. Euro x 100) refinanziert werden müssen, ist der Zinsüberschuss von 85,6 Mio. Euro aufgezehrt. Der kalkulatorische Zinssatz von 10,7 % wird als Grenzzinssatz I bezeichnet.

Auch variabel verzinsliche Kundengeschäfte können Zinsänderungsrisiken enthalten. Die Anpassung der variablen Kundenzinssätze an Veränderungen der Geld- und Kapitalmarktzinssätze kann aufgrund unterschiedlicher Zinselastizitäten verschieden sein.

 **BEISPIEL:** *Zinsänderungsrisiken bei ausschließlich variabel verzinslichen Geschäften*

Eine Bank hat ausschließlich variabel verzinsliche Geschäfte auf der Aktiv- und auf der Passivseite abgeschlossen.

Aktiva		Passiva	
Kontokorrentkredite zu 8 %	20 Mio. Euro	Festgelder zu 3 %	60 Mio. Euro
Variabel verzinsliche Darlehen zu 7 %	80 Mio. Euro	Spareinlagen zu 2 %	40 Mio. Euro
Zinsertrag Durchschnittlicher Zinssatz: 7,2 %	7,2 Mio. Euro	Zinsaufwand Durchschnittlicher Zinssatz: 2,6 %	2,6 Mio. Euro
Bruttozinsspanne: 4,6 % (7,2 % ./. 2,6 %)			

Hinweis: In der Zinsbindungsbilanz wird kein Zinsänderungsrisiko ermittelt, da keine Festzinsgeschäfte bestehen.

Aufgrund eines starken Zinsanstiegs sind die Zinssätze für Festgelder und Kontokorrentkredite nach einem Jahr um 6 % p. a. höher, die Zinssätze für die unelastischer reagierenden Spareinlagen und die variabel verzinslichen Darlehen sind um 2 % p. a. gestiegen.

Aktiva		Passiva	
Kontokorrentkredite zu 14 %	20 Mio. Euro	Festgelder zu 9 %	60 Mio. Euro
Variabel verzinsliche Darlehen zu 9 %	80 Mio. Euro	Spareinlagen zu 4 %	40 Mio. Euro
Zinsertrag Durchschnittlicher Zinssatz: 10 %	10 Mio. Euro	Zinsaufwand Durchschnittlicher Zinssatz: 7,0 %	7,0 Mio. Euro
Bruttozinsspanne: 3,0 % (10 % ./. 7 %)			

Das Beispiel zeigt, dass Aktiv- und Passivseite der Bankbilanz bezüglich der Zinsanpassungen unterschiedlich strukturiert sind. Dem Volumen von 80 Mio. Euro variabel verzinslicher Darlehen stehen 60 Mio. Euro hoch elastische Festgeldanlagen gegenüber. Trotz ausschließlich variabel verzinslicher Geschäfte verändert sich die Bruttozinsspanne bei Änderungen der Marktzinssätze negativ.

▶ **Welche Zinselastizität haben Festzinsgeschäfte?**

Neuere Ansätze zur Messung und Steuerung des Zinsänderungsrisikos beziehen neben den Zinselastizitäten der einzelnen Aktiva und Passiva auch die Entwicklung des Neugeschäfts im Kundenbereich und Annahmen über die zukünftige Zinsentwicklung am Geld- und Kapitalmarkt in die Betrachtung ein.

2.3 Probleme bei Anwendung der Marktzinsmethode

2.3.1 Mindestreservekosten

▶ **Informieren Sie sich über den aktuellen Mindestreservesatz der EZB.**

Bei der Kalkulation im Wertbereich der Europabank AG werden die Margen durch einfache Gegenüberstellung von Kundenzinssatz und fristengleichem Geld- und Kapitalmarktzinssatz ermittelt. Dieser Vergleich nach dem Opportunitätsprinzip berücksichtigt nicht, dass Einlagen von Kunden der Mindestreservepflicht unterliegen.

▶ **Informieren Sie sich auf der Homepage der Deutschen Bundesbank über die aktuelle Verzinsung der Mindestreserven (www.bundesbank.de).**

Bei der Europäischen Zentralbank müssen zurzeit 2 % Mindestreserven auf Verbindlichkeiten gegenüber Kunden mit einer Laufzeit von bis zu 2 Jahren gehalten werden. Die Europabank AG muss daher für die Einlage Peter Offergelds von 100 000,00 Euro eine Mindestreserve von 2 000,00 Euro unterhalten. Die Mindestreserve wird bis zur Höhe des Mindestreservesolls zum Hauptrefinanzierungssatz der EZB verzinst.

Wenn die Europabank AG sich auf dem Geld- und Kapitalmarkt bei anderen Kreditinstituten refinanziert hätte, wären Zinskosten von 2,7 % entstanden. Da Interbankgeschäfte mindestreservefrei sind, hätten aber statt 100 000,00 Euro auch nur 98 000,00 Euro aufgenommen werden müssen.

Lernfeld 8 Abschnitt 1.2

Der Effekt der Mindestreserve muss kalkulatorisch berücksichtigt werden. Der alternative GKM-Zinssatz muss dazu um die Kosten der Mindestreserve korrigiert werden.

Berücksichtigung der Mindestreserve im Opportunitätszinssatz

Die Festgeldanlage von Peter Offergeld in Höhe von 100 000,00 Euro für 6 Monate wird mit 2,3 % p. a. verzinst. Der Mindestreservesatz (MR_S) beträgt 2 %, der Guthabenzins (MR_Z) für die Mindestreserve (Hauptrefinanzierungssatz) 2,5 %. Der Geld- und Kapitalmarktzinssatz (GKMZ) beträgt 2,7 %. Für die Berechnung des korrigierten Geld- und Kapitalmarktzinssatzes gilt die Formel:

$$\text{GKMZ (nach MR)} = \text{GKMZ (ohne MR)} ./. [MR_S \times (\text{GKMZ} ./. MR_Z) / 100]$$
$$= 2,7\ \% ./. [\ 2\ \% \times (2,7\ \% ./. 2,5\ \%) / 100] = 2,696\ \%$$

Mit dem Geld- und Kapitalmarktzinssatz (nach Mindestreserve) von 2,696 % wird die Marge berechnet (2,696 % ./. 2,3%). Aus der Multiplikation der Marge von 0,396 % mit dem Volumen von 100 000,00 Euro ergibt sich der Zinskonditionenbeitrag von 396,00 Euro.

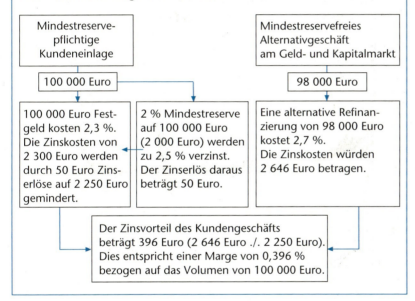

ERLÄUTERUNG:

Im Rechenbeispiel wird unterstellt, dass das Festgeld nach 6 Monaten zum gleichen Zinssatz und mit der gleichen Laufzeit prolongiert wird.

HINWEIS:

Ohne Berücksichtigung von kalkulatorischen Mindestreservekosten hätte der Zinskonditionenbeitrag 400 Euro betragen.

2.3.2 Variable Zinssätze und variable Bestandsentwicklungen

Die Anwendung der Marktzinsmethode führt bei Kundengeschäften mit variablem Zinssatz und/oder mit variablen Bestandsverläufen zu Problemen. Es gibt hierfür in der Regel keine entsprechenden Geld- und Kapitalmarktgeschäfte, deren Zinssatz als Opportunitätszins dienen kann.

Wenn keine direkten Alternativgeschäfte am Geld- und Kapitalmarkt angeboten werden, müssen Annahmen über künftige Zins- und Kapitalverläufe getroffen werden. Für größere Bestände, die sich aus einer Vielzahl von Einzelgeschäften zusammensetzen, werden daher aus Vergangenheitsdaten Annahmen über die künftige Bestandsentwicklung getroffen.

BEISPIEL:

Kerstin Meyer schließt mit den Eheleuten Winkelmann einen Kreditvertrag über eine Baufinanzierung ab. Der Zinssatz ist variabel. Er beträgt bei Abschluss des Vertrages 5,8 % effektiv.

▶ Informieren Sie sich in Ihrem Ausbildungsbetrieb über die Margenkalkulation einer variabel verzinslichen Baufinanzierung.

▶ Stellen Sie die verschiedenen variabel verzinslichen Aktiv- und Passivprodukte Ihres Ausbildungsinstituts in einer Übersicht zusammen.

ERLÄUTERUNG:

Die Formel lautet:
GMKZ (gewichtet) =
GMKZ 1 x Anteil
+ GMKZ 2 x Anteil
+ GMKZ 3 x Anteil
(GMKZ 1 bis 3 → Geld- und Kapitalmarktzinsen für die unterschiedlichen Laufzeiten, Anteil → Gewichtungsfaktor der entsprechenden Laufzeiten)

Daraus kann ein Mischungsverhältnis von verschiedenen Laufzeiten und dazugehörigen Geld- und Kapitalmarktzinssätzen berechnet werden. Die Gewichtung der Laufzeiten bezieht sich dabei auf den Gesamtbestand. Sie trifft nicht für die Einzelgeschäfte zu.

Berücksichtigung variabler Zinssätze und Bestandsentwicklungen im Opportunitätszinssatz

Die Europabank hat für die Laufzeiten der von ihr in der Vergangenheit gewährten variabel verzinslichen Darlehen folgende Daten ermittelt:

- Durchschnittlicher Kundenzinssatz: 5,8 %
- Mischungsverhältnis der Laufzeiten:
3 Monate Laufzeit	25 % der Darlehen
1 Jahr Laufzeit	50 % der Darlehen
5 Jahre Laufzeit	25 % der Darlehen

Für diese Laufzeiten betragen die Zinsen am Geld- und Kapitalmarkt:

3 Monate	2,2 % p. a.
1 Jahr	3,0 % p. a.
5 Jahre	5,0 % p. a.

Für die Ermittlung der Marge des Kundengeschäfts kann über die Laufzeitgewichtung ein alternativer Geld- und Kapitalmarktzinssatz (Opportunitätszinssatz) errechnet werden:

$0,25 \times 2,2 \% + 0,5 \times 3 \% + 0,25 \times 5 \% = 3,3 \%$

Konditionsmarge des Kundengeschäfts:

Durchschnittlicher Zinssatz des Kundengeschäfts	5,8 %
./. alternativer Geld- und Kapitalmarktzinssatz	3,3 %
Marge	2,5 %

Strukturwissen

Marktzinsmethode

Die Marktzinsmethode ist ein Kalkulationsverfahren zur Ermittlung des Bruttoerfolgs im Wertbereich. Sie beruht auf dem Opportunitätsprinzip. Den Zinssätzen für jedes Kundengeschäft werden laufzeitgleiche, aktuelle Zinssätze für alternative Geschäfte auf dem Geld- oder Kapitalmarkt gegenübergestellt.

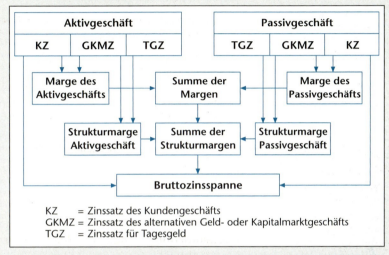

KZ   = Zinssatz des Kundengeschäfts
GKMZ = Zinssatz des alternativen Geld- oder Kapitalmarktgeschäfts
TGZ   = Zinssatz für Tagesgeld

Margen

Margen stellen den Beitrag der Kundengeschäfte im Wertbereich dar. Die Margen werden errechnet, indem den Kundenzinssätzen alternative (laufzeitgleiche) Zinssätze vom Geld- und Kapitalmarkt gegenübergestellt werden. Aus der Multiplikation der Marge mit dem Betrag des einzelnen Kundengeschäfts errechnet sich der Zinskonditionsbeitrag.

Strukturmargen

Strukturmargen stellen den Beitrag der Einzelgeschäfte zur Fristentransformation dar. Die Strukturmargen der Einzelgeschäfte werden errechnet, indem den Zinssätzen am Geld- oder Kapitalmarkt (GKMZ) der Zinssatz für Tagesgeld (TGZ) gegenübergestellt wird. Aus der Multiplikation der Strukturmarge mit dem Betrag errechnet sich der Strukturbeitrag.

Bruttozinsspanne

Der Überschuss der Zinserträge (Werterlöse) über die Zinsaufwendungen (Wertkosten) ergibt den Zinsüberschuss. Wird der Zinsüberschuss auf die Bilanzsumme bezogen, ergibt sich die Bruttozinsspanne. Der Zinsüberschuss besteht aus dem Fristentransformationsergebnis und den Zinskonditionsbeiträgen.

Fristentransformation

Ertragsquelle

- bei **normaler Zinsstruktur**
  Kurzfristige Passiva werden längerfristig ausgeliehen.

- bei **inverser Zinsstruktur**
  Langfristige Passiva werden kurzfristig ausgeliehen.

Risikoquelle

- **Liquiditätsrisiko**
  Kurzfristige Passiva können von den Kunden kurzfristig abgerufen werden.

- **Zinsänderungsrisiko**
  Das Zinsniveau am Geld- und Kapitalmarkt kann sich verändern und die Bruttozinsspanne negativ beeinflussen.

Problembereiche der Marktzinsmethode

Mindestreservekosten

- **Problem**
  Einlagen von Kunden mit einer Laufzeit von bis zu 2 Jahren sind mindestreservepflichtig. Der Zinssatz des Kundengeschäfts kann daher nicht direkt mit dem Zinssatz eines alternativen Geld- und Kapitalmarktgeschäfts verglichen werden.

- **Lösung**
  Die Mindestreserve wird kalkulatorisch beim alternativen Geld- und Kapitalmarktzinssatz berücksichtigt.

Variable Zinsen bzw. variable Bestände

- **Problem**
  Für Bankleistungen mit variablem Zinssatz und/oder variablen Bestandsentwicklungen gibt es keine direkten Alternativgeschäfte am Geld- und Kapitalmarkt.

- **Lösung**
  Für die Margenrechnung wird ein gewichteter Geld- und Kapitalmarktzinssatz ermittelt.

Überschuss im Wertbereich der Gesamtbank

Bruttozinsspanne (in %)
Zinsüberschuss (in Euro)

Aufteilung durch | Anwendung der
Marktzinsmethode

Beitrag der Kundengeschäfte

Margen (in %)
Zinskonditionenbeiträge
(in Euro)

Beitrag der Fristentransformation

Strukturmargen (in %)
Strukturbeiträge
(in Euro)

Aufgaben

1 Die Lausitzbank eG schließt einen Darlehensvertrag mit 10-jähriger Zinsfestschreibung ab und refinanziert sich über den Verkauf eines Sparzertifikats mit einjähriger Laufzeit in gleicher Höhe.

Zinssatz für das Darlehen (effektiv):	6,3 % p. a.
Zinssatz für das Sparzertifikat:	3,0 % p. a.
Geld- und Kapitalmarktzinssatz für 10 Jahre:	5,0 % p. a.
Geld- und Kapitalmarktzinssatz für 1 Jahr (bereits um kalkulierte Mindestreserve korrigiert):	4,0 % p. a.
Zinssatz für Tagesgeld:	2,5 % p. a.

a) Ermitteln Sie die Erfolgsbeiträge der Einzelgeschäfte nach der Marktzinsmethode. Benutzen Sie das folgende Schema.

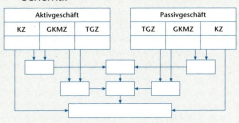

b) Unterstellen Sie ein Kundengeschäftsvolumen von 50 000,00 Euro für das Aktiv- und für das Passivgeschäft. Ermitteln Sie Zinskonditionenbeiträge und Strukturbeiträge. Wem sind die Ergebnisse verantwortlich zuzuordnen?

2 Fortsetzung Aufgabe 1: Am Geld- und Kapitalmarkt hat sich ein Zinsrückgang eingestellt. Die Zinssätze lauten jetzt:

Geld- und Kapitalmarktzinssatz, Laufzeit 10 Jahre:	4,5 % p. a.
Geld- und Kapitalmarktzinssatz, Laufzeit 1 Jahr: (bereits um kalkulatorische Mindestreserve korrigiert)	3,5 % p. a.
Zinssatz für Tagesgeld:	2,0 % p. a.

Der Kapitalbetrag des Sparzertifikats wird für ein Jahr zum Zinssatz von 2,8 % verlängert.

a) Welche Einflussfaktoren wirken auf das Zinsniveau am Geld- und Kapitalmarkt?

b) Nutzen Sie das Schema in Aufgabe 1a) zur Abrechnung der Geschäfte.

c) Analysieren Sie die Abweichungen.

3 Die Sparkasse Braunstein vergibt einen Kredit mit 4 Jahren Zinsfestschreibung über 50 000,00 Euro zu 6 %. Auf der Passivseite steht eine Kundeneinlage mit 4 Jahren Zinsfestschreibung über 20 000,00 Euro zu 4,5 % zur Verfügung. Der Rest wird über eine Einlage mit einem Jahr Zinsfestschreibung zu 3,5 % refinanziert. Zinssätze am Geld- und Kapitalmarkt:

Tagesgeld:	2,0 % p. a.
1 Jahr:	3,0 % p. a.
4 Jahre:	5,0 % p. a.

Ermitteln Sie folgende Beträge:

a) Strukturbeitrag des Aktivgeschäfts

b) Zinskonditionenbeitrag des Passivgeschäfts mit einem Jahr Zinsbindung

c) Marge des Aktivgeschäfts

d) Fristentransformationsergebnis

e) Bruttozinsspanne der Sparkasse

f) Strukturbeitrag des Passivgeschäfts mit vier Jahren Zinsbindung

4 Ermitteln Sie für die Kreditbank AG die Marge für eine Spareinlage mit vereinbarter Kündigungsfrist von 3 Monaten und einem Zinssatz von 1,75 % p. a. Für die Geld- und Kapitalmarktzinssätze gilt folgendes Mischungsverhältnis:

20 % – Laufzeit 1 Jahre
40 % – Laufzeit 1 Jahr
40 % – Laufzeit 3 Monate

Zinssätze am Geld- und Kapitalmarkt:

Zinsbindung 5 Jahre:	4,0 % p. a.
Zinsbindung 1 Jahr:	3,0 % p. a.
Zinsbindung 3 Monate:	2,5 % p. a.

5 Die Kreissparkasse Niedersteinkreis ermittelt für ein mindestreservepflichtiges Passivgeschäft die Marge.

Zinssatz Kundengeschäft: 3,0 % p. a.
Geld- und Kapitalmarktzinssatz: 4,0 % p. a.
Mindestreservesatz: 2,0 % p. a.
Zinssatz auf Mindestreserve: 2,5 % p. a.

6 Die Geschäftsleitung der Europabank AG erwartet einen weiteren Zinsanstieg am Geld- und Kapitalmarkt. Für das Neugeschäft wird Folgendes festgelegt:

1. Bei Kreditgeschäften mit Kunden soll das variabel verzinsliche Kreditgeschäft ausgebaut werden.
2. Bei Passivgeschäften mit Kunden sollen möglichst längerfristige Festzinsanlagen hereingenommen werden.

Stellen Sie Vorschläge aus den Bereichen Konditionen- und Produktpolitik zur Umsetzung dieser Strategie zusammen.

7 Zum Bilanzstichtag hat die Osterbank AG auf der Aktivseite Festzinspositionen von 2 890 349,00 Euro zum Zinssatz von 6,282 % p. a. Auf der Passivseite werden Festzinspositionen von 1 972 927,00 Euro zum Zinssatz von 5,620 % p. a. bilanziert.

a) Ermitteln Sie, ob in der Zinsbindungsbilanz ein Festzinsüberhang auf der Aktiv- oder der Passivseite besteht.
b) Bei welcher Veränderung des Zinsniveaus am Geld- und Kapitalmarkt entsteht ein Verlustrisiko für die Bank?
c) Ermitteln Sie das Zinsänderungsrisiko bei einer Zinserhöhung von 1 %.
d) Nehmen Sie zur Eignung der Zinsbindungsbilanz für die Messung des Zinsänderungsrisikos Stellung.

8 Die Sparkasse Lüdelang hat zum Meldestichtag für die Liquiditätsverordnung Spareinlagen von 10 Mio. Euro, darin 4 Mio. Euro mit vereinbarter Kündigungsfrist von 3 Monaten. Der Rest hat eine Kündigungsfrist von einem Jahr. Welche Auswirkungen hat dies auf die Liquiditätskennziffer?

9 Begründen Sie, warum bei der Berechnung von Beobachtungskennziffern gemäß Liquiditätsverordnung der Überschuss der Zahlungsmittel über die Zahlungsverpflichtungen in einem Laufzeitband im nächsthöheren Laufzeitband erneut als Zahlungsmittelbestand angesetzt werden kann.

10 Die Westfalia Bank AG kalkuliert im Wertbereich nach der Marktzinsmethode. Es liegen folgende Daten vor:

Aktiva	Bilanz in Mio. Euro	Passiva
Kontokorrent- kredite, variabel, 10 % 2,0		Sparzertifikate, 1 Jahr fest, 4,25 % 12,0
Realkredite, 5 Jahre fest, 7 % 10,0		

a) Ermitteln Sie die Bruttozinsspanne in Prozent p. a.
b) Am Geld- und Kapitalmarkt beträgt die Rendite festverzinslicher Wertpapiere mit einer Restlaufzeit von 5 Jahren 5,48 %. Refinanzierungen bei anderen Banken mit einer Laufzeit von 1 Jahr werden mit 4,4 % verzinst. Die Marge der Kontokorrentkredite beträgt 6,5 %. Sie wurde in der Westfalia Bank durch Vergleich mit dem Tagesgeldzinssatz unter Banken ermittelt. Berechnen Sie den prozentualen Anteil der Fristentransformation an der gesamten Bruttozinsspanne.
c) Berechnen Sie den Zinskonditionenbeitrag der Sparzertifikate in Euro.
d) Der Vorstand der Bank möchte wissen, welcher Teil des Kundengeschäfts, das Kredit- oder das Einlagengeschäft, stärker zum gesamten Zinsüberschuss beigetragen hat.
Unterstützen Sie ihn bei der Lösung der Fragestellung.

3 Kalkulation von Bankleistungen im Betriebsbereich

Schwierige Preisverhandlungen

Die Tron GmbH ist Großkunde der Europabank AG. Für Scheckeinreichungen zahlt sie zurzeit 0,10 Euro je Scheck. In einem Gespräch mit der Leiterin der Abteilung Zahlungsverkehr, Anja Besten, fordert der Geschäftsführer der Tron GmbH, Klaus Brenner, eine Preissenkung auf 0,08 Euro je Scheck. Anja Besten sieht keinen Spielraum für Preisverhandlungen. Nach ihrer Kalkulation ist der Preis gerade eben kostendeckend.

Anja Besten geht für die Preisstellung von folgenden Daten aus:
Die Europabank AG hat zum 1. Januar des laufenden Jahres einen neuen Belegleser in Betrieb genommen, der 70 000,00 Euro kostete. Die steuerliche Abschreibungsdauer beträgt 5 Jahre. Jährlich werden etwa 1 000 000 Belege bearbeitet. Für Instandhaltung und Wartung des Beleglesers werden unabhängig von der Anzahl der bearbeiteten Belege 5 000,00 Euro p. a. angesetzt. Außerdem sind monatlich 3 500,00 Euro anteilige Kosten der Abteilung umzulegen. Für jeden Vorgang entstehen Leitungskosten zum Rechenzentrum von 0,0375 Euro.

Vorsichtshalber schaltet Anja Besten die Abteilung Kostenrechnung und Kalkulation ein. Hier erhält sie die Auskunft, dass sie der Tron GmbH durchaus entgegenkommen kann. Die Abteilung Kostenrechnung und Kalkulation geht allerdings von einer tatsächlichen Nutzungsdauer des Beleglesers von 7 Jahren aus.

Handlungsaufträge

1 Vergleichen Sie die Kalkulationsansätze der Zahlungsverkehrsabteilung und der Abteilung Kostenrechnung und Kalkulation.

2 Welchen Einfluss hat die unterschiedliche Nutzungsdauer des Beleglesers auf die Preisgestaltung?

3 Stellen Sie die Aufwendungen und Kosten zusammen, die direkt mit der Leistungsabgabe in Verbindung stehen.

4 Ermitteln Sie die Preisuntergrenze, wenn nur die direkt mit der Leistungsabgabe zusammenhängenden Kosten in Ansatz gebracht werden.

5 Beschreiben Sie die Auswirkungen auf den Betriebserfolg.

ERLÄUTERUNG:

In der Europabank AG werden von Kunden zum Einzug eingereichte Schecks folgendermaßen bearbeitet:
Die einzuziehenden Schecks werden über einen Scanner geführt, der durch eine integrierte Graustufenkamera sowohl den Scheck für Dokumentationszwecke ablichtet als auch ein Image erzeugt, das in einem Schriftenlesegerät weiterverarbeitet wird. Sofern das Image nicht maschinell gelesen werden kann, muss der Scheckbetrag manuell eingegeben werden. Das Gerät erzeugt einen Datensatz, der über Leitungsverbindung an das Rechenzentrum weitergeleitet wird. Großbetragsschecks werden zusätzlich auf einem besonderen Codiergerät codiert. Die Tron GmbH reicht überwiegend Schecks bis zu 1 000 Euro ein.

Im technisch-organisatorischen Bereich eines Kreditinstituts werden Betriebsleistungen erstellt, z. B. die Bearbeitung eines Schecks. Betriebsleistungen sind Stückleistungen. Sie verursachen Betriebskosten und erbringen Betriebserlöse.

Während die **Betriebserlöse**, z. B. in Form von Bearbeitungsgebühren, Wertpapierprovisionen oder Kontoführungsentgelten, der Stückleistung fast immer problemlos zugeordnet werden können, sind bei der Zurechnung der **Betriebskosten** Zwischenschritte erforderlich:

1. Erfassung der Betriebskosten (**Kostenartenrechnung**),
2. Verteilung der Betriebskosten nach ihrer Entstehung (**Kostenstellenrechnung**),
3. Zurechnung der Betriebskosten zu den einzelnen Betriebsleistungen (**Kostenträgerrechnung**).

3.1 Die Kostenartenrechnung

Die **Kostenartenrechnung** beantwortet die Frage:

• **Welche Betriebskosten sind entstanden?**

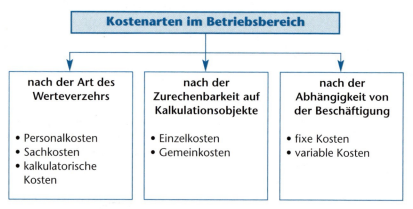

Jedes Kreditinstitut erfasst die Betriebskosten systematisch in einem eigenen Kostenartenplan.

Kostenartenplan der Europabank AG	
Personalkosten	• Gehälter und Löhne • Soziale Abgaben • Freiwillige Leistungen
Sachkosten	• Geschäftsräume (Heizung, Strom usw.) • Einrichtungen (Instandhaltung, Maschinenmieten usw.) • Bürobedarf (Büromaterial usw.) • Werbung • Dienstleistungen Dritter (Telefon, Porto usw.)
Übrige Kosten	• Grundstücks- und Gebäudekosten • Kostensteuern • Abschreibungen auf Sachanlagen
Kalkulatorische Kosten	• Kalkulatorische Abschreibungen • Kalkulatorische Zinsen

ERLÄUTERUNG:

Anja Besten geht von der steuerlichen Abschreibungsdauer von 5 Jahren aus. Sie berechnet den Abschreibungsaufwand.
Um Wirtschaftlichkeits- und Erfolgskontrollen oder Preise verschiedener Bankleistungen kalkulieren zu können, muss die Europabank AG ihre Kosten kennen. Kosten bilden den Teil des Werteverzehrs ab, der betrieblich bedingt ist. Abschreibungen des Beleglesers müssen daher nach der tatsächlichen Nutzungsdauer von 7 Jahren, also mit 10 000 Euro p. a., bemessen werden.

Die Kostenartenrechnung ist in der Regel direkt in die Finanzbuchhaltung eingebunden. Die Übernahme der Betriebskosten aus den Aufwandskonten und die notwendige Ergänzung um kalkulatorische Kosten erfolgt automatisch und zeitnah mit der Buchung der Aufwendungen.

Die Kostenartenrechnung als **systematische Zusammenstellung der entstandenen Betriebskosten** kann erste **Ansätze für Controllingzwecke** liefern:
Durch die Kostenartenrechnung kann die Entwicklung der einzelnen Kostenarten im Zeitablauf (z. B. monatlich oder jährlich) betrachtet und analysiert werden. Neben dem Zeitvergleich kann ein zwischenbetrieblicher Vergleich (mit anderen Instituten der gleichen Institutsgruppe) oder ein Vergleich der tatsächlich entstandenen Kosten (Istkosten) mit geplanten Werten (Plankosten) je Kostenart stattfinden.

Die **Kostenartenrechnung** gibt nur Informationen über **die Gesamtkosten der jeweiligen Kostenart**. Durch Aufteilung auf die Einzelleistungen (Stückleistungen) lassen sich Stückkosten ermitteln.

3.2 Die Kostenstellenrechnung

Die **Kostenstellenrechnung** beantwortet die Frage:

• **Wo sind die Betriebskosten entstanden**?

In der Kostenstellenrechnung werden die Betriebskosten auf die Stellen verteilt, die die Kosten verursacht haben. Jedes Kreditinstitut besitzt einen eigenen Kostenstellenplan, der u. a. von der Größe und der Organisationsstruktur des Instituts abhängt.

 BEISPIEL: *Kostenstellenplan der Europabank AG*

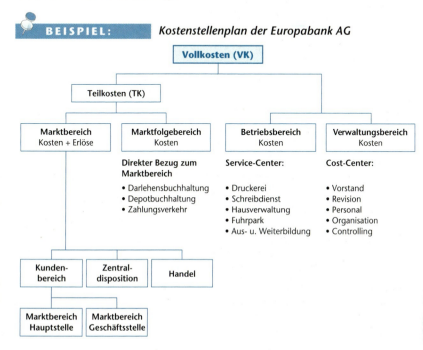

 BEISPIEL:

Die Aufwendungen für Wartung und Instandhaltung des Beleglesers von 5 000 Euro werden bei Zahlung der Rechnung auf einem Aufwandskonto in der Finanzbuchhaltung erfasst und automatisch in die Kostenart „Sachkosten" überführt.

▶ **Informieren Sie sich, ob in Ihrem Ausbildungsbetrieb ein integriertes Finanzbuchhaltungs- und Kostenrechnungssystem eingesetzt wird.**

 BEISPIEL:

Gesamtkosten der Scheckbearbeitung bei 1 Mio. Schecks pro Jahr:

Abschreibung	10 000 Euro
Wartung	5 000 Euro
Abteilungskosten (3 500 x 12)	42 000 Euro
Leitungskosten	37 500 Euro
= Gesamtkosten	94 500 Euro

▶ **Ermitteln Sie die Stückkosten für einen Einzugsscheck auf Basis der gesamten Kosten (Vollkosten).**

 **DEFINITION:**

Eine Kostenstelle ist ein abgegrenzter Bereich der Kostenentstehung. Er sollte räumlich oder nach Verantwortung abgegrenzt sein.

 BEISPIELE:

Kostenstellen können Geschäftsstellen, Abteilungen, Arbeitsgruppen oder einzelne Arbeitsplätze sein.

ERLÄUTERUNG:

Eine Kostenstelle im Marktbereich, die im Rahmen der
delegierten Verantwortung
eigenständig Erlöse erzielt und
dafür Kosten verursacht, wird
als Profit-Center bezeichnet.
Jede Geschäftsstelle oder
Filiale kann als Profit-Center
geführt werden.

BEISPIELE:

*Die Europabank AG führt
eigene Kostenstellen für die
Mitarbeiter der Darlehens-
buchhaltung, der Depotbuch-
haltung und des Zahlungsverkehrs. Diese Kostenstellen sind
dem Marktfolgebereich zuzuordnen.*

ERLÄUTERUNG:

Kostenstellen des Marktbereichs werden auch als Haupt-
kostenstellen, Kostenstellen
der anderen Bereiche als Hilfskostenstellen bezeichnet.

▶ **Prüfen Sie anhand Ihrer
Gehaltsabrechnung, ob
Sie einer Kostenstelle
zugeordnet sind.**

BEISPIELE:

Gemeinkostenschlüssel
• *für freiwillige Sozialleistungen*
  → *Schlüssel: Personaleinzel-
  kosten oder Mitarbeiterzahl*
• *für Abschreibungen auf
  Gebäude:*
  → *Schlüssel: Quadratmeter*

Kostenstellen im Marktbereich erstellen Marktleistungen, aus deren Verwertung der Kostenstelle Erlöse zufließen. Durch Vergleich von Erlösen und Kosten lassen sich Kostenstellen in ihrem Erfolg beurteilen und steuern.

Im **Marktfolgebereich** sind alle Kostenstellen zusammengefasst, die **interne Leistungen** erstellen, aber dabei einen direkten Bezug zum Marktbereich haben. Im **Betriebsbereich** fasst die Europabank die Kostenstellen zusammen, **die Serviceleistungen** für den Markt- und Marktfolgebereich erbringen. Der **Verwaltungsbereich** erfasst neben den Kosten des Vorstands auch die Kosten in den Abteilungen Organisation, Revision und Controlling sowie Personal.

Bei der **Bildung der Kostenstellen** hat die Europabank AG 2 wichtige Grundsätze beachtet:

1. Die Kostenstellen wurden so gebildet, dass eine **Kostenzuordnung nach dem Prinzip der Verursachung** möglich ist.
2. Die Kostenstellen sind **abgegrenzte Verantwortungsbereiche** mit jeweils einem Kostenstellenverantwortlichen.

Geschäftsvorfälle verursachen Kosten in einer oder mehreren Kostenstellen. **Einzelkosten** können einer Kostenstelle direkt zugeordnet werden. **Gemeinkosten** müssen nach Umlageschlüsseln auf die einzelnen Kostenstellen verteilt werden. **Kosten der Hilfskostenstellen** müssen ebenfalls nach Umlageschlüsseln auf die Kostenstellen im Marktbereich umgelegt werden.

Die **Zuordnung der Betriebskosten** wurde früher mithilfe eines Betriebsabrechnungsbogens vorgenommen. Da die Kostenzuweisung aber möglichst zeitgleich mit der Buchung des Geschäftsvorfalls in der Finanzbuchhaltung erfolgen soll, setzen Kreditinstitute heute auch für die Kostenstellenrechnung integrierte Systeme ein, bei denen die Zurechnung automatisch erfolgt. So ist eine zeitnahe Kostensteuerung möglich.

Werden sämtliche Betriebskosten der Bank auf Kostenstellen des Marktbereichs verteilt, liegt eine **Vollkostenrechnung** vor. Werden nur die direkt mit einer Marktleistung in Verbindung stehenden Kosten verteilt, handelt es sich um eine **Teilkostenrechnung**.

Mithilfe der Kostenstellenrechnung lassen sich

• Kostenverantwortlichkeiten festlegen,
• Kostenverantwortlichkeiten delegieren,
• Kostenbewusstsein bei Mitarbeitern fördern.

3.3 Die Kostenträgerrechnung

Die **Kostenträgerrechnung** beantwortet die Frage:

• **Wofür, d. h. für welche Leistungen, und in welcher Höhe sind die Kosten entstanden?**

Die Kostenträgerrechnung (Stückkostenrechnung) dient der Ermittlung der Selbstkosten von Marktleistungen. Durch die Ermittlung von Stückkosten kann das Entscheidungsproblem der Europabank AG in der Kundenverbindung mit der Tron GmbH einer Lösung näher gebracht werden.

Die **Kostenträgerrechnung** kann **als Vollkostenrechnung oder als Teilkostenrechnung** durchgeführt werden.

3.3.1 Kostenträgerrechnung mit Vollkosten

Aus den Vollkosten einer Marktkostenstelle können Stückkosten für die einzelnen Leistungen ermittelt werden. Voraussetzung für die Ermittlung der Stückkosten ist, dass die Anzahl der erbrachten Marktleistungen bekannt ist. **Bei gleichartigen Marktleistungen** lassen sich die Stückkosten durch **einfache Divisionskalkulation** ermitteln:

$$\text{Stückkosten} = \frac{\text{Gesamtkosten}}{\text{Zahl der Leistungen}}$$

Bei nicht gleichartigen Leistungen muss mit Gewichtungsfaktoren (**Äquivalenzziffern**) gearbeitet werden.

Äquivalenzziffernrechnung in der Kostenstelle „Kassenverkehr"

- Vollkosten der Kostenstelle Kassenverkehr   700 000 Euro
- Ein- und Auszahlungen im Giroverkehr   je 100 000 Stück
  Ein- und Auszahlungen im Sparverkehr   je 50 000 Stück
- Eine einfache Division der Vollkosten von 700 000,00 Euro durch die Anzahl von 300 000 erbrachten Leistungen würde Stückkosten von 2,33 Euro ergeben. Dabei würde aber nicht berücksichtigt, dass die Vorgänge unterschiedliche Bearbeitungszeiten benötigen. Die unterschiedlichen Bearbeitungszeiten müssen über Äquivalenzziffern berücksichtigt werden.

Zu kalkulierende Leistung	Anzahl	Äquivalenzziffer (Minuten)	Anzahl x Äquivalenzziffer	Stückkostensatz
Auszahlung vom Girokonto	100 000	0,8	80 000	1,93 Euro
Einzahlung auf Girokonto	100 000	0,9	90 000	2,17 Euro
Auszahlung vom Sparkonto	50 000	1,2	60 000	2,89 Euro
Einzahlung auf Sparkonto	50 000	1,2	60 000	2,89 Euro
Summe	**300 000**		**290 000**	

- Durch Division der Vollkosten durch die Summe der gewichteten Stückleistungen kann der Kostensatz für die Äquivalenzziffer 1 (= 1 Minute) ermittelt werden:

$$\frac{700\ 000\ \text{Euro}}{290\ 000} = 2,41\ \text{Euro}$$

Da die Erstellung der Stückleistungen durchschnittlich 0,8, 0,9 oder 1,2 Minuten dauert, muss in einem letzten Schritt der Wert von 2,41 Euro mit der Äquivalenzziffer der jeweiligen Stückleistung multipliziert werden, um die Stückkostensätze auf Vollkostenbasis zu ermitteln.

ERLÄUTERUNG:

Kreditinstitute setzen Softwarepakete wie z. B. SAP R/3 ein, die aus vielen miteinander vernetzten Modulen wie z. B. Finanzbuchhaltung, Gehaltsbuchhaltung, Kontokorrentbuchhaltung, Kosten- und Erlösrechnung, Meldewesen (BaFin, Deutsche Bundesbank) usw. bestehen.

ERLÄUTERUNG:

Werden Kosten, Leistungen und Erlöse auf einzelne Kalkulationsobjekte bezogen, so ermöglicht dies eine Erfolgssteuerung. Kalkulationsobjekte können Konten, Kunden, Kundenverbindungen oder Filialen sein.

ERLÄUTERUNG:

Die erforderlichen Daten können der Betriebs- und Leistungsstatistik einer Bank entnommen werden.

ERLÄUTERUNG:

Die Bearbeitungszeiten müssen durch Zeitstudien ermittelt werden.

ERLÄUTERUNG:

Gewichtete Stückleistung: Stückleistung x Äquivalenzziffer

ERLÄUTERUNG:

Anja Besten geht bei ihrer Kalkulation von einem Gesamtaufwand von 98 500 Euro aus:

Abschreibung	14 000 Euro
Wartung	5 000 Euro
Abteilungskosten	
(3 500 x 12)	42 000 Euro
Leitungskosten	37 500 Euro
	98 500 Euro

Bei 1 Mio. Belegen errechnet sie einen Stückkostensatz auf Vollkostenbasis von 0,0985 Euro.
Bei Ansatz der Gesamtkosten (Vollkosten) in Höhe von 94 500 Euro anstelle des Gesamtaufwandes ergibt sich ein geringfügig geringerer Stückkostensatz von 0,0945 Euro.

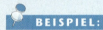

BEISPIEL:

Abschreibungen auf den Schriftenleser sind fixe Kosten. Sie fallen auch an, wenn kein Beleg gelesen wird.

▶ **Stellen Sie die Fixkosten der Scheckbearbeitung bei der Europabank AG zusammen.**

▶ **Stellen Sie die variablen Kosten der Scheckbearbeitung zusammen.**

ERLÄUTERUNG:

Je höher die erbrachte Leistung, desto besser verteilen sich die Fixkosten. Dieser Effekt wird als Fixkostendegression bezeichnet.

Bei der **Stückkalkulation auf Vollkostenbasis** werden alle im Betriebsbereich anfallenden Kosten auf die Einzelleistungen verteilt.

Dies kann zu Problemen wie in der Europabank AG führen. Anja Besten geht davon aus, dass kein Preisspielraum bei den Verhandlungen mit der Tron GmbH besteht. Sie hat einen Vollkostenpreis von 0,0985 Euro ermittelt. Damit wird ein Betriebserlös von 0,10 Euro je Beleg benötigt, um kostendeckend zu arbeiten. Anja Besten setzt den Stückkostensatz auf Vollkostenbasis als Preisuntergrenze.

Eine andere Lösung bietet die **Analyse der Kostenarten**:

- **Bestimmte Kosten entstehen unabhängig von der Leistungsabgabe** (Beschäftigung). Sie ändern sich nicht, wenn die Leistungsmenge sich ändert. Es sind **feste Kosten (Fixkosten).**

- **Andere Kosten entstehen in Abhängigkeit von der Menge der erbrachten Leistungen.** Es handelt sich um **variable Kosten.**
  Variable Kosten können entstehen
  – proportional zur Leistungsabgabe (proportionale Kosten),
  – unterproportional zur Leistungsabgabe (degressive Kosten),
  – überproportional zur Leistungsabgabe (progressive Kosten).

Werden Stückkosten auf der Basis von Vollkosten ermittelt, gilt für die Fixkosten:

- Bei niedriger Leistungsabgabe ergibt sich ein hoher Fixkostenanteil je Stück. Der Anteil der Fixkosten an den Stückkosten ist verhältnismäßig hoch.

- Bei hoher Leistungsabgabe entfällt auf das einzelne Stück ein niedrigerer Fixkostenanteil. Der Anteil der Fixkosten an den Stückkosten ist verhältnismäßig niedrig.

Fixkostenanteil je Stück in Abhängigkeit von der Leistungsmenge

Für die **Preiskalkulation** der Europabank AG im Zahlungsverkehr hat dies folgende Auswirkungen:

Die Tron GmbH hat im abgelaufenen Jahr 100 000 Schecks zum Einzug eingereicht. Kommt die Europabank AG dem Wunsch des Kunden auf Preisnachlass nicht nach und wechselt der Kunde die Bankverbindung, so würden statt 1 Mio. nur noch 900 000 Schecks bearbeitet werden. Die Stückkosten für die verbleibenden Belege würden auf 0,1008 Euro steigen.

Damit wäre der Betriebserlös von 0,10 Euro je Einzugsscheck nicht mehr kostendeckend. Würde der Preis für die Scheckbearbeitung aber nach oben angepasst, könnten weitere Kunden die Europabank AG verlassen und die Bankverbindung wechseln.

Für eine **Entscheidung in den Preisverhandlungen** ist der Stückkostensatz auf Vollkostenbasis nur eingeschränkt geeignet. Kreditinstitute arbeiten daher mit **Deckungsbeiträgen**.

Als **kurzfristige (absolute) Preisuntergrenze gelten die variablen Kosten je Stück (Teilkosten)**. Mindestens diese Teilkosten müssen durch Erlöse gedeckt werden. Liegen die Erlöse je Stück darüber, so entsteht ein positiver Deckungsbeitrag. Es gilt:

> Deckungsbeitrag = Stückerlös ./. variable Kosten

Die Europabank AG erzielt Betriebserlöse von 0,10 Euro. Je Scheck fallen Leitungskosten von 0,0375 Euro als proportionale variable Kosten an. Jeder bearbeitete Scheck erzielt somit einen Beitrag von 0,0625 Euro zur Deckung der Fixkosten im Bereich Zahlungsverkehr.

Ermittlung der Erlösschwelle (Break-Even-Schwelle)

- Erlösschwelle $= \dfrac{\text{Fixkosten}}{\text{Deckungsbeitrag}}$

  $\dfrac{57\ 000\ \text{Euro}}{0,0625\ \text{Euro}} = 912\ 000\ \text{Stück}$

Bei 912 000 bearbeiteten Belegen macht die Europabank AG im Zahlungsverkehr weder einen Gewinn noch einen Verlust. Diese Leistungsabgabe wird als Break-Even-Menge oder Break-Even-Schwelle bezeichnet. Grafisch ergibt sich die Erlösschwelle als Schnittpunkt der gesamten Kosten mit den gesamten Erlösen (Kosten = Erlöse).

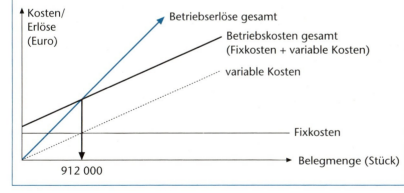

Sofern die Betriebserlöse einer Bankleistung die Betriebskosten nicht decken, verbleibt im Betriebsbereich ein Defizit. Es wird kalkulatorisch durch einen Überschuss im Wertbereich ausgeglichen.

BEISPIEL:

In den Preis einer Bankleistung sollen anteilige Telefonkosten einbezogen werden:
- *Gebühreneinheit   0,07 Euro*
- *Grundgebühr   27,00 Euro*
Telefonrechnung Juni:
97,00 Euro, (1 000 Einheiten zu 0,07 Euro + Grundgebühr)
Telefonrechnung Juli:
62,00 Euro
(500 Einheiten zu 0,07 Euro + Grundgebühr)
Die Grundgebühr zählt zu den fixen Kosten. Sie ist unabhängig von der Anzahl der Gebühreneinheiten.
Aus der Divisionskalkulation ergeben sich:
- *im Juni anteilige Telefonkosten von 0,097 Euro je Einheit (97 Euro : 1 000)*
- *im Juli 0,124 Euro je Einheit (62 Euro : 500).*

▶ **Beurteilen Sie die Folgen unterschiedlicher Stückkostensätze.**

ERLÄUTERUNG:

Der Stückkostensatz besteht aus den variablen Kosten und den Fixkosten je Stück. Die Fixkosten von 57 000 Euro würden sich auf 900 000 Stück verteilen, falls die Tron GmbH die Bankverbindung wechselt, sodass sich 0,063 Euro pro Stück ergeben. Die variablen Kosten betragen 0,0375 Euro pro Stück.

ERLÄUTERUNG:

Der Gewinn kann auch über die Deckungsbeiträge errechnet werden.
Die Einzugsschecks der Tron GmbH erzielen einen Deckungsbeitrag von 0,0425 Euro (0,08 Euro ./. 0,0375 Euro) je Stück.
Für 100 000 Schecks ergibt dies 4 250 Euro.
Die anderen 900 000 Schecks erwirtschaften 56 250 Euro (0,0625 Euro x 900 000).
Insgesamt beträgt der Deckungsbeitrag damit 60 500 Euro bei Fixkosten von 57 000 Euro. Dieser Betrag liegt 3 500 Euro über den Fixkosten.

 ▶ **Entwickeln Sie ein Preismodell für die Tron GmbH, das mit einer Mengenstaffel arbeitet.**

ERLÄUTERUNG:

Bei der Standardeinzelkostenbetrachtung sind die Stückkosten pro Teilleistung unabhängig von der tatsächlichen Kapazitätsauslastung.

 DEFINITION:

Als Prozess wird eine logisch zusammengehörende und geordnete Folge von Arbeitshandlungen bezeichnet.

BEISPIEL:

Kerstin Meyer eröffnet ein Sparkonto für einen Kunden, der den Betrag bar an der Kasse einzahlt. Zu den variablen Einzelkosten gehören nur die Kosten für das Sparbuch, den Bareinzahlungsbeleg und die Buchungskosten der EDV. Die anteiligen Personalkosten während der Beratung durch

Wenn die Europabank AG der Tron GmbH mit einem Preis von 0,08 Euro je Einzugsscheck entgegenkommt, ergeben sich:

Erlöse

100 000 Stück x 0,08 Euro	8 000,00 Euro
900 000 Stück x 0,10 Euro	90 000,00 Euro
	98 000,00 Euro

Kosten

Fixkosten	57 000,00 Euro
Variable Kosten (1 Mio. x 0,0375 Euro)	37 500,00 Euro
	94 500,00 Euro

Gewinn: 3 500,00 Euro

Dem Preiswunsch der Tron GmbH könnte also nachgegeben werden, ohne dass die Zahlungsverkehrsabteilung Verluste erwirtschaften würde.

3.3.2 Kostenträgerrechnung mit Teilkosten

Eine Stückkostenrechnung allein auf Basis der variablen Kosten würde bei Kreditinstituten aber zu einer permanenten Kostenunterdeckung führen. Der größte Teil der Hauptkostenarten (Personalkosten und Sachkosten) würde nicht in die Stückkostenrechnung eingehen. Die Kreditinstitute haben daher **entscheidungsorientierte** Teilkostenrechnungen entwickelt, z. B. die **prozessorientierte Standardeinzelkostenrechnung**. Hierbei werden **Standardstückkosten für jede Marktleistung** errechnet, d. h. Kosten, die für die Erstellung einer Betriebsleistung „unter normalen Umständen" anzusetzen sind.

Merkmale der prozessorientierten Standardeinzelkostenrechnung sind:

- **Prozessorientierung**: Es werden sämtliche Tätigkeiten und Sachmittel einbezogen, die für die einzelne Bankleistung anfallen. Es wird z. B. berücksichtigt, dass häufig mehrere Kostenstellen an der Leistungserstellung beteiligt sind. Sollen die Kosten einer einzelnen Bankleistung auf Teilkostenbasis ermittelt werden, sind nur die Kosten aus den Kostenstellen des Markt- und Marktfolgebereichs in die Standard-Stückkosten einzubeziehen.
- **Einzelkosten**: Die Ermittlung der Betriebskosten stellt ausschließlich auf Einzelkosten ab. Dies sind alle Kosten, die der Leistungserstellung direkt und unverschlüsselt zugerechnet werden können. Damit werden auch Fixkosten den bei Erstellung einer Leistung anfallenden Kosten zugerechnet, wenn sich dies aus der Prozessbeschreibung ergibt. Entscheidend ist das Verursachungsprinzip.
- **Standardsätze**: Die ermittelten Stückkosten stellen objektive Standardgrößen dar, die unabhängig von den tatsächlich anfallenden Kosten verrechnet werden.
- **Entscheidungsorientierung**: Für Preisverhandlungen sollen Entscheidungsspielräume aufgezeigt werden. Absolute Preisuntergrenze für die Leistungsabgabe sind die variablen Kosten der Leistung. Ohne Deckungsbeiträge für die fixen Kosten kann der Betrieb aber langfristig nicht wirtschaftlich arbeiten.

BEISPIEL: *Prozessorientierte Standardeinzelkosten-rechnung*

Kerstin Meyer möchte die Standardstückkosten für das Beratungsgespräch im Rahmen der Baufinanzierung für die Eheleute Winkelmann nachvollziehen. Der Teilkostensatz wird von der Controllingabteilung mit 542,13 Euro angegeben.

1. Kerstin Meyer ermittelt zunächst ihre Nettoarbeitszeit in Minuten, das heißt die effektiv für die Beratung von Kunden zur Verfügung stehende Arbeitszeit. Dabei werden von den gesamten Arbeitstagen im Jahr die Urlaubs-, Krankheits- und Fortbildungstage abgezogen. Aus der Multiplikation mit der tariflich vereinbarten Arbeitszeit von 7,75 Stunden pro Tag und 60 Minuten je Stunde, ergeben sich die Nettoarbeitsminuten pro Jahr.

Allerdings hat Kerstin Meyer täglich ihren Arbeitsplatz in der Filiale auf- und abzurüsten. Dadurch entstehen sachliche Verteilzeiten, zu denen z. B. auch dienstliche Besprechungen mit Kollegen und der Abteilungsleitung gehören. Diese werden mit 11 490 Minuten p. a. in Abzug gebracht.

Die nach Abzug der Verteilzeiten verbleibenden Arbeitsminuten können zu den Personalkosten von 79 800,00 Euro pro Jahr in Beziehung gesetzt werden. Die Personalkosten, die die Europabank AG für die Kalkulation zugrunde legt, enthalten auch alle zusätzlich vom Arbeitgeber zu zahlenden tariflichen und freiwilligen Leistungen.

Es ergibt sich ein Nettominutensatz von 0,95 Euro (79 800 Euro : 84 300 Minuten), der für die Bewertung der einzelnen Arbeitsschritte herangezogen werden kann.

2. Mit Unterstützung der Organisationsabteilung werden die dem Prozess „Kontoeröffnung Immobilienfinanzierung" zuzuordnenden Arbeitsschritte ermittelt und durch Arbeitsablaufstudien mit normierten Bearbeitungszeiten belegt. Aus der Multiplikation mit dem Minutensatz von 0,95 Euro können die dem Prozess direkt zuzurechnenden Personalkosten ermittelt werden.

Tätigkeit	Personalkosten		Sachkosten		EDV-Kosten	Standard-Einzel-kosten
	Zeit (Min.)	Euro (Zeit x 0,95 Euro)	Formu-lare	Telefon, Porto		
Beratung	126	119,70	0,07	2,00	0,43	122,20
Angebot erstellen	15	14,25				14,25
Engagement zusammenstellen	35	33,25				33,25
Kreditunterlagen beschaffen	34	32,30				32,30
Unterlagen auswerten	27	25,65	0,05		0,21	25,91
Valutierung	27	25,65	0,05		0,21	25,91
Verträge erstellen	95	90,25				90,25
Sicherheiten bearbeiten	54	51,30	0,14	3,30		54,74
Daten erfassen	3	2,85	0,15		0,40	3,40

Fortsetzung der Tabelle auf der nächsten Seite

Kerstin Meyer sind dagegen Fixkosten der Betriebsbereitschaft. Hätte Kerstin Meyer in der Zeit kein Sparkonto für einen Kunden eröffnet, wären die Kosten trotzdem angefallen.

Die prozessorientierte Bankkostenrechnung behandelt alle Kosten, die dem Prozess unverschlüsselt zugeordnet werden können, als Einzelkosten. Damit werden z. B. auch die Personalkosten bei einer Sparkontoeröffnung als Standardeinzelkosten dem Prozess „Kontoeröffnung" zugeordnet, obwohl es sich um Fixkosten handelt.

BEISPIEL:

Arbeitszeit von Kerstin Meyer
Bruttoarbeitstage 250 Tage
Abzgl. Urlaubstage ./. 28 Tage
Abzgl. Krankheit ./. 6 Tage
Abzgl. Fortbildung ./. 10 Tage
Nettoarbeitstage 206 Tage
Nettoarbeitsminuten
206 x 7,75 x 60 = 95 790 Min.
Abzgl. sachliche Verteilzeiten ./. 11 490 Min.
Nettoarbeitszeit 84 300 Min.

▶ **Ermitteln Sie nach dem Beispiel von Kerstin Meyer einen eigenen Nettominutensatz.**

ERLÄUTERUNG:

Ablauf der Ermittlung prozessorientierter Standardkosten

1. Produktbeschreibung
- zinsabhängige Produkte
- provisionsabhängige Produkte

2. Erfassung der Arbeitsabläufe
- Arbeitsablaufstudien in der Abfolge der Arbeitsprozesse
 → Erfassung der Einzelaktivitäten, die das jeweilige Produkt auslöst

3. Erstellung des Zeit- und Mengengerüsts
- Zeitstudien (Personal)
- Verbrauchsstudien (Sachmittel)
 → Ermittlung von Standard-Bearbeitungszeiten und Standard-Verbrauchsmengen

4. Multiplikation der Standardzeiten und -mengen mit den Zeit- und Stückkostenfaktoren für jedes Produkt

→ Ergebnis: Standardeinzelkosten für jedes Produkt

Abschnitt 4

Fortsetzung der Tabelle von vorheriger Seite

Tätigkeit	Personalkosten		Sachkosten		EDV-Kosten	Standard-elnzelkosten
	Zeit (Min.)	Euro (Zeit x 0,95 Euro)	Formulare	Telefon, Porto		
Kontrolle	52	49,40				49,40
Beschluss fassen	13	12,35				12,35
Beschluss erstellen	82	77,90	0,06		0,21	78,17
Summen	**563**	**534,85**	**0,52**	**5,30**	**1,46**	**542,13**

3. Bei der Ermittlung des Stückkostensatzes werden außerdem die variablen Kosten für den Sachmitteleinsatz und den EDV-Einsatz berücksichtigt.

4. In der Gesamtbetrachtung hat die Kontoeröffnung bei der Immobilienfinanzierung der Eheleute Winkelmann 542,13 Euro an Kosten in der Europabank AG verursacht. Der Teilkostensatz umfasst die direkt zurechenbaren Personalkosten sowie die EDV- und Sachmittelkosten.

Der Standardstückkostensatz kann jetzt bei der Zusammenführung von Wert- und Betriebsbereich zu Kalkulationsobjekten genutzt werden.

Neben der Ermittlung von Preisuntergrenzen können Teilkostenrechnungen auch für Produktivitätsbetrachtungen von Kostenstellen genutzt werden. Damit werden Wirtschaftlichkeitsbetrachtungen möglich.

Vorteile der Teilkostenrechnung

Ermittlung von Preisuntergrenzen	Ermittlung von Produktivitäten
• Die Teilkostenrechnung ermittelt die Kosten der Kostenstellen im Markt- und Marktfolgebereich und rechnet sie direkt der Einzelleistung zu.	• Standardstückkosten können mit den tatsächlichen Betriebskosten (Ist-Kosten) einer Kostenstelle verglichen werden.

Strukturwissen

Kostenarten-rechnung	In der Kostenartenrechnung werden die Betriebskosten nach der Art des Werteverzehrs erfasst, z. B. Gehälter und Löhne, Soziale Aufwendungen, Bürokosten.
Kostenstellen-rechnung	In der Kostenstellenrechnung werden die Betriebskosten auf einzelne Kostenstellen umgelegt. Kostenstellen sind abgegrenzte Bereiche der Leistungserstellung. Sie können z. B. nach räumlichen Gegebenheiten, Leistungsarten oder Verantwortungsbereichen gebildet werden. Die Kostenstellenrechnung zeigt die Kostenverursachung.
Kostenträger-rechnung	In der Kostenträgerrechnung wird ermittelt, welche Kosten nach Art und Höhe durch eine Betriebsleistung verursacht werden. Die Kostenträgerrechnung kann Vollkosten oder Teilkosten verrechnen.
Stückkalkulation	Stückkalkulationen sind Verfahren der Kostenträgerrechnung. Sie ermitteln die Selbstkosten für eine einzelne Betriebsleistung (Stückleistung). Stückkalkulationen auf Basis von Vollkosten setzen die gesamten Betriebskosten einer Kostenstelle ins Verhältnis zu den Stückzahlen der erbrachten Leistung. Zur Steuerung des Bankbetriebs sind zusätzlich Stückkalkulationen auf Basis von Teilkosten notwendig. Hier werden nur Kosten, die direkt mit der Leistungserstellung verbunden sind (Einzelkosten), in den Stückkostensatz einbezogen.

Verfahren der Stückkalkulation (Vollkostenrechnung)

Einfache Divisionskalkulation

- Stückkosten =
$$\frac{\text{Kosten der Kostenstelle}}{\text{Anzahl der erstellten Leistungen}}$$

- Bedingung:
  einheitliche Leistung

Äquivalenzziffernrechnung

- Stückkosten =
$$\left[\begin{array}{c}\text{Kostensatz für}\\\text{die Äquivalenz-}\\\text{ziffer 1}\end{array}\right] \times \left[\begin{array}{c}\text{Äquivalenzziffer}\\\text{der zu kalkulieren-}\\\text{den Leistung}\end{array}\right]$$

- Voraussetzungen:
  1. Ermittlung der gewichteten Stückleistung der Kostenstelle
  2. Ermittlung des Kostensatzes für die Äquivalenzziffer 1:
  $$\frac{\text{Gesamtkosten der Kostenstelle}}{\text{gewichtete Stückleistung}}$$

Vorgehen bei der Stückkalkulation mit Äquivalenzziffern

1. Ermittlung von Art und Menge der einzelnen Stückleistungen der Kostenstelle
2. Bildung von Äquivalenzziffern (z. B. durch Zeitstudien)
3. Multiplikation Stückleistung mit Äquivalenzziffer = gewichtete Stückleistung
4. Division der Betriebskosten der Kostenstelle durch die Summe der gewichteten Stückleistung
   = Kostensatz der Äquivalenzziffer 1
5. Multiplikation von Kostensatz der Äquivalenzziffer 1 mit Äquivalenzziffer der Leistung
   = Stückkostensatz der Leistung

Prozessorientierte Standardstückkostenrechnung (Teilkostenrechnung)

Aufstellung eines Marktleistungskatalogs
(Welche Stückleistungen werden erstellt?)

Ermittlung der zur Erstellung der Marktleistung erforderlichen Tätigkeiten und ihrer Kosten

Personalkosten	DV-Kosten	Sachkosten
Wie viel Zeit wird standardmäßig für die Tätigkeit verbraucht?	Wie viel Rechnerzeit (CPU*-Zeit) ist erforderlich?	Welche Sachmittel werden verbraucht?
Bewertung mit dem Minutenkostensatz	Bewertung mit dem Kostensatz	Bewertung mit dem Kostensatz

Stückkostensatz auf der Basis von Teilkosten bei Normalauslastung

* CPU = Central Processing Unit (Zentraleinheit)

Aufgaben

 In einer Kostenstelle der Europabank AG wurden folgende Stückleistungen erbracht:

Art der Stückleistung	Anzahl	Standardstückkosten
Bareinzahlungen, Barauszahlungen	480	2,10 Euro
Einzahlungen Nachtresor	48	12,25 Euro
Scheckeinreichungen	87	1,92 Euro

Die tatsächlich angefallenen Kosten (Istkosten) der Kostenstelle betrugen 2 000,00 Euro.
a) Ermitteln Sie das Produktivitätsergebnis.
b) Wodurch entsteht das Produktivitätsergebnis?

 Die Europabank hat folgende Tätigkeiten und Kosten für die Eröffnung eines Sparkontos ermittelt:

Tätigkeit	Personalkosten		Sachkosten		EDV-Kosten	Standard-Einzelkosten
	Zeit Minuten	Zeit x 0,95 Euro Euro	Formulare Euro	Telefon, Porto Euro	Euro	Euro
Beratung mit Abschluss	24					
Angebotserstellung	2				0,10	
Eröffnungsantrag mit Prüfungen	13		2,05		0,65	
Abschluss vertraglicher Sondervereinbarungen	10					
Erfassung vor Ort	4				0,22	
Kontrollen	2					
Summen	55		2,05	0,00	0,97	

Ermitteln Sie den Standardstückkostensatz auf Teilkostenbasis.

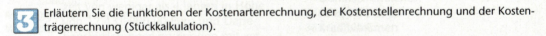 Erläutern Sie die Funktionen der Kostenartenrechnung, der Kostenstellenrechnung und der Kostenträgerrechnung (Stückkalkulation).

 Begründen Sie, warum in der Kostenträgerrechnung auf Vollkostenbasis meistens die Methode der Äquivalenzziffernrechnung angewendet wird.

 Wozu dienen in der Bankkalkulation Teilkostenrechnungen und Vollkostenrechnungen?

 Die Europabank AG möchte auf dem Messegelände der Stadt einen Geldautomaten zur Bargeldversorgung der Messebesucher aufstellen. Die Messegesellschaft bietet einen auf 3 Jahre befristeten Mietvertrag für 20 000,00 Euro Jahresmiete an. Die übrigen jährlichen Fixkosten betragen 10 000,00 Euro. Folgende Verfügungen werden erwartet:
1. Jahr   8 000 Auszahlungen
2. Jahr   12 000 Auszahlungen
3. Jahr   15 000 Auszahlungen
Je Verfügung wird mit einem durchschnittlichen Betriebserlös von 2,90 Euro gerechnet, da ein hoher Anteil auswärtiger Besucher erwartet wird. Die variablen Kosten pro Verfügung betragen 0,40 Euro.
a) Errechnen Sie den Deckungsbeitrag je Verfügung.
b) Ermitteln Sie die Anzahl der notwendigen Verfügungen, um den Geldautomaten kostendeckend zu betreiben (Break-Even-Menge).
c) Vergleichen Sie die Stückkosten (auf Vollkostenbasis) über den Zeitraum von 3 Jahren. Stellen Sie den Verlauf grafisch dar und erläutern Sie diesen.
d) Beurteilen Sie, ob die geplante Aufstellung des Geldautomaten für die Europabank AG unter betriebswirtschaftlichen Gesichtspunkten zweckmäßig ist.

 Erklären Sie den Unterschied zwischen kurzfristiger und langfristiger Preisuntergrenze.

4 Zusammenführung von Wert- und Betriebsbereich zu Kalkulationsobjekten

Sonderkonditionen?

Ruth und Rainer Winkelmann möchten bei der Europabank AG überschüssige Liquidität in Höhe von 17 500,00 Euro für 30 Tage auf einem Termingeldkonto anlegen. Der Betrag wird für die geplante Renovierung des Einfamilienhauses noch nicht benötigt. Telefonisch erfragen sie bei Kerstin Meyer den entsprechenden Zinssatz. Über die genannte Standardkondition von 1,0 % p. a. sind sie offensichtlich erstaunt. Mit Hinweis auf die laufende Immobilienfinanzierung und das bestehende Girokonto bei der Europabank AG bitten die Eheleute um Überprüfung des Angebots.

Handlungsaufträge

1 Stellen Sie die Erfolge aus den einzelnen Konten und aus der Kundenbeziehung mit den Eheleuten Winkelmann zusammen.

2 Prüfen Sie, ob es Verhandlungsspielräume für die Verzinsung der Termingeldanlage gibt.

3 Stellen Sie die Auswirkungen der Konto- und Kundenergebnisse auf den Erfolg der Geschäftsstelle dar, in der Kerstin Meyer tätig ist.

Voraussetzung für die Erfolgsermittlung ist die Zusammenfassung der Kalkulationsergebnisse aus Wertbereich und Betriebsbereich (Stückbereich). Erst dann werden Aussagen über den Erfolg einzelner Konten, Kunden, Kundengruppen, Produkte, Geschäftsstellen und der Gesamtbank möglich.

 Lernfeld 8 Abschnitt 5.3

 **ERLÄUTERUNG:**

Basis der Kontokalkulation sind die auf Konten erfassten Erfolge von Einzelgeschäften. Die Kontokalkulation der Europabank AG wird monatlich durchgeführt.

▶ Mit den Deckungsbeiträgen werden den Kundenberatern auch Ansatzpunkte zur Ertragsverbesserung aufgezeigt. Begründen Sie diese Aussage.

4.1 Kontokalkulation

Die Kontokalkulation der Europabank AG hat 3 Deckungsbeitragsstufen.

Deckungsbeitragsstufen der Kontokalkulation	
	Zinskonditionenbeitrag aktiv
+	Zinskonditionenbeitrag passiv
=	**Deckungsbeitrag I** (Zinsüberschuss des Kontos, ZKB)
+	direkt zurechenbare Provisionserlöse
./.	direkt zurechenbare Betriebskosten (Standardstückkosten)
=	**Deckungsbeitrag II** (Netto-Konditionenbeitrag)
./.	Risikokosten (nur Aktivgeschäfte)
./.	Eigenkapitalkosten (nur Aktivgeschäfte)
=	**Deckungsbeitrag III** (Beitrag des Einzelgeschäfts zum Betriebsergebnis)

Das Girokonto der Eheleute Winkelmann wurde im abgelaufenen Monat teils debitorisch (Durchschnitts-Volumen 1 250,00 Euro, Zinssatz 8,5 %) und teils kreditorisch (Durchschnitts-Volumen 2 250,00 Euro, Zinssatz 0,5 %) geführt. Für die Kontoführung werden pauschal 10,00 Euro berechnet. Die Stückleistungen werden mit dem Stückkostensatz auf Teilkostenbasis bewertet. Es ergeben sich direkt zurechenbare Betriebskosten im Monat Oktober in Höhe von 26,42 Euro.

Kontokalkulation Girokonto Ruth und Rainer Winkelmann					
Monat: Oktober	Ergebnis in Euro	Kalkulationsvolumen Euro	Marge in %	Kundenzinssatz (Soll/Haben) %	GKM-Zinssatz % (Tagesgeld)
Zinskonditionenbeitrag aktiv	6,77	1 250	6,5	8,5	2,0
+ Zinskonditionenbeitrag passiv	2,81	2 250	1,5	0,5	2,0
= Deckungsbeitrag I	**9,58**				
+ Betriebserlöse	10,00				
./. Betriebskosten	26,42	**Stückkostensatz**	**Menge**		
Kontoauszüge	7,00	1,00	7		
Karten	0,95	0,95	1		
Überweisung mit Beleg	9,00	2,25	4		
Gutschrift ohne Beleg	0,40	0,08	5		
Lastschrift ohne Beleg	0,32	0,08	4		
Kontokosten	8,75	8,75	1		
= Deckungsbeitrag II/III	**./.6,84**				

Der negative Deckungsbeitrag III von ./. 6,84 Euro zeigt, dass die Girokontoverbindung im abgelaufenen Monat keinen positiven Beitrag zur Deckung der Gemeinkosten der Europabank AG geleistet hat. Allerdings muss Kerstin Meyer berücksichtigen, dass das Girokonto Cross-Selling-Basis für den Verkauf anderer Finanzprodukte ist. Ein negativer Deckungsbeitrag III kann durch den Verkauf anderer Produkte ausgeglichen werden.

4.2 Kundenkalkulation

Außer dem Girokonto unterhalten die Eheleute Winkelmann ein Darlehenskonto. Bei einer Betrachtung der Kundenverbindung muss dieses Konto einbezogen werden.

Das Darlehen wurde mit einer Zinsfestschreibung von 5 Jahren zu 5,2 % gewährt. Es weist bei einem Geld- und Kapitalmarktzinssatz von 3,5 % eine Marge von + 1,7 % aus. Das Konto verursacht direkt zurechenbare Betriebskosten (Standardstückkosten) in Höhe von 277,19 Euro im Jahr. Im Monat Oktober werden daher 23,10 Euro berücksichtigt.

Nach dem Deckungsbeitrag II sind noch Risikokosten in Höhe von 0,10 % des Kreditvolumens zu berücksichtigen.

▶ Ermitteln und erläutern Sie den Deckungsbeitrag I für das Girokonto der Eheleute Winkelmann für den abgelaufenen Monat. Nehmen Sie als alternativen Geld- und Kapitalmarktzinssatz einen durchschnittlichen Tagesgeldsatz von 2 % an.

▶ Welche Betriebserlöse können in der Kontokalkulation zugeordnet werden?

▶ Welche Betriebskosten können in der Kontokalkulation angesetzt werden?

▶ Wie können die Kosten für die Eröffnung und Schließung eines Kontos in der Kalkulation erfasst werden?

▶ Untersuchen Sie, ob es zweckmäßig ist, unterschiedliche Entgeltmodelle für Girokonten anzubieten, z. B. Postenpreismodelle neben Kontopauschalen.

▶ Welchen Nutzen haben Kontokalkulationen hinsichtlich der Beratung von Kunden bei der Nutzung von Zahlungsverkehrsprodukten?

ERLÄUTERUNG:

Standardrisikokosten sind eine Art Versicherungsprämie, die von jedem Kreditnehmer zur Abdeckung von Ausfallrisiken erhoben wird.

BEISPIEL:

Die Europabank AG ermittelt die Ausfallquote für Konto-korrentkredite als Basis für die Risikokosten des Produkts:

Verbrauchte Einzelwertbe-richtigungen 8 160 000 Euro

+ Direktabschrei-
bungen 1 255 000 Euro

./. Eingänge auf
abgeschriebene
Kontokorrent-
kredite 2 120 000 Euro

= Forderungs-
ausfall 7 295 000 Euro

Bestand Konto-
korrent-
kredite 895 625 000 Euro

Ausfallquote 0,81 %
(Forderungsausfälle
in Prozent des Bestandes)

▶ **Erläutern Sie die Deckungsbeiträge der Kundenverbindung.**

ERLÄUTERUNG:

Auf der Ebene einer als Kostenstelle geführten Geschäftsstelle lassen sich auch Abweichungen zwischen den Standardrisikokosten im Wertbereich bzw. den verrechneten Standardstück-kosten im Betriebsbereich und den Istwerten der Risikokosten und der Betriebskosten messen.

Damit entsteht ein Risikodeckungsfonds für die Abdeckung tatsächlich entstehender Kreditausfälle. Üblicherweise werden Standardrisikokosten differenziert nach Produktgruppen auf der Basis von Vergangenheitsdaten ermittelt, z. B. als Durchschnitt der letzten 5 Jahre.

Die Zurechnung von Standardrisikokosten auf ein einzelnes Konto bildet die normale Risikolage der Europabank AG ab. Die tatsächliche Risikolage wird durch die Ist-Ausfälle im Kreditgeschäft abgebildet. Abweichungen zwischen Standardrisikokosten und Ist-Risikokosten können auf der Ebene der Geschäftsstelle oder der Filiale ermittelt werden.

Schließlich sind Eigenkapitalkosten in Höhe von 0,10 % des Kreditvolumens anzusetzen. Damit wird die in Grundsatz I festgelegte Unterlegung von Kreditrisiken mit haftendem Eigenkapital berücksichtigt.

Kontokalkulation Darlehenskonto Ruth und Rainer Winkelmann					
Monat: Oktober	Ergeb-nis in Euro	Kalkula-tionsvolu-men Euro	Marge in %	Kundenzins-satz (Soll/ Haben) %	GKM-Zins-satz % (5 Jahre)
Zinskonditionenbeitrag aktiv	141,67	100 000	1,7	5,2	3,5
+ Zinskonditionenbeitrag passiv					
= Deckungsbeitrag I	**141,67**				
+ Betriebserlöse					
./. Betriebskosten		Stückkostensatz	Menge		
(Kontokosten)	23,10	277,19 Euro p. a.	1/12		
= Deckungsbeitrag II	**118,57**				
./. Risikokosten	8,33	(100 000 Euro x 0,10 % = 100 Euro p. a. x 1/12)			
./. Eigenkapitalkosten	8,33	(100 000 Euro x 0,10 % = 100 Euro p. a. x 1/12)			
= Deckungsbeitrag III	**101,91**				

In der Kundenkalkulation werden alle Konten eines Kunden auf den Deckungsbeitragsebenen I bis III miteinander verknüpft.

Kundenkalkulation Ruth und Rainer Winkelmann			
Monat: Oktober	Ergeb-nis in Euro	Berechnung	
Zinskonditionenbeitrag aktiv	148,44	Girokonto + Darlehenskonto	6,77 141,67
+ Zinskonditionenbeitrag passiv	2,81	Girokonto	2,81
= Deckungsbeitrag I	**151,25**		
+ Betriebserlöse	10,00	Girokonto	10,00
./. Betriebskosten	49,52	Girokonto + Darlehenskonto	26,42 23,10
= Deckungsbeitrag II	**111,73**		
./. Risikokosten	8,33	Darlehnskonto	8,33
./. Eigenkapitalkosten	8,33	Darlehnskonto	8,33
= Deckungsbeitrag III	**95,07**		

4.3 Geschäftsstellenkalkulation

Die Geschäftsstellenkalkulation fasst die Ergebnisse der einzelnen Kundenkalkulationen auf Geschäftsstellenebene zusammen.

Der Erfolg der Geschäftsstelle setzt sich aus der Summe der Deckungsbeiträge III der in der Geschäftsstelle abgewickelten Einzelgeschäfte und dem Risiko- und Produktivitätsergebnis zusammen. Das Ergebnis ist der Deckungsbeitrag IV. Er ist zugleich Grundlage für die Kalkulation des Erfolgs des gesamten Kundengeschäfts der Europabank AG.

Ermittlung des Deckungsbeitrags für eine Geschäftsstelle		
		Euro
Zinskonditionenbeitrag aktiv aller Einzelgeschäfte		41 250
+ Zinskonditionenbeitrag passiv aller Einzelgeschäfte		+ 12 350
= **Deckungsbeitrag I der Geschäftsstelle**		**53 600**
+ Betriebserlöse aller Einzelgeschäfte		+ 1 100
./. Standardstückkosten aller Einzelgeschäfte		./. 50 000
= **Deckungsbeitrag II der Geschäftsstelle**		**4 700**
./. Risikokosten		1 250
./. Eigenkapitalkosten		1 700
= **Deckungsbeitrag III der Geschäftsstelle**		**1 750**
+ Standardrisikokosten der Einzelgeschäfte	+ 1 250	
./. Ist-Risikokosten (Kreditausfälle der Geschäftsst.)	./. 1 500	
= +/./. Risikoergebnis		./. 250
+ Standardstückkosten der Einzelgeschäfte	+ 50 000	
./. Ist-Betriebskosten der Kostenstelle	./. 49 500	
= +/./. Produktivitätsergebnis		+ 500
= **Deckungsbeitrag IV der Geschäftsstelle**		**2 000**

Ein **negatives Risikoergebnis** liegt vor, wenn die Ist-Risikokosten die Standardrisikokosten übersteigen. Ein solches Ergebnis kann eine Überprüfung des Prozesses der Kreditwürdigkeitsprüfung notwendig machen oder ein Hinweis dafür sein, dass in der Vergangenheit zu geringe Risikokosten verrechnet wurden.

Die gleiche Betrachtungsweise kann für die Betriebskosten angestellt werden. Ein **negatives Produktivitätsergebnis** entsteht, wenn die Ist-Betriebskosten die Standardstückkosten übersteigen. Dies kann einerseits auf eine mangelnde Arbeitsauslastung der Kostenstelle zurückzuführen sein, andererseits können Unwirtschaftlichkeiten in der Leistungserstellung oder Kostensteigerungen der eingesetzten Sachmittel verantwortlich sein.

4.4 Produktkalkulation

Die Konto- und Kundenkalkulation der Europabank AG ist eine **Nachkalkulation**. Kerstin Meyer bekommt **Deckungsbeiträge** angezeigt, die sich aus bereits abgeschlossenen Geschäften errechnen.

Um **rentabilitätsorientierte Entscheidungen** treffen zu können, benötigen Kundenberater eine **Vorkalkulation**. Sie gibt vor dem Abschluss des Geschäfts Informationen über die Wirkungen eines Produktverkaufs.

▶ Erläutern Sie das Risikoergebnis und das Produktivitätsergebnis der Geschäftsstelle. Welche Erklärungsansätze lassen sich für das negative Risikoergebnis und das positive Produktivitätsergebnis finden?

📖 **ERLÄUTERUNG:**

Bei negativen Ergebnissen ist in jedem Fall eine genauere Analyse der Kostenstelle notwendig. Bei der Europabank AG ist dies Aufgabe der Controllingabteilung.

📖 **ERLÄUTERUNG:**

Wirtschaftlichkeitsbetrachtungen sind ein wichtiges Ziel der Kosten- und Erlösrechnung.

📖 **ERLÄUTERUNG:**

Die Vorkalkulation von Produkten wird auch als Angebotskalkulation bezeichnet. Sie wird in der Bankpraxis DV-gestützt durchgeführt. Auf Basis der eingegebenen Produktart, des Volumens des Geschäfts und des Kundenzinssatzes werden die einzelnen Deckungsbeiträge vor Geschäftsabschluss berechnet. Die DV-Unterstützung ermöglicht zudem Simulationen der Erfolgsveränderungen, z. B. durch Eingabe eines geänderten Kundenzinssatzes.

4.4.1 Nettomargenrechnung

■ Margenblätter

Die Europabank AG setzt papiergebundene Vorkalkulationen ein, die als Margenblätter bezeichnet werden. Aus ihnen lässt sich der Produkterfolg vor einem Geschäftsabschluss als Nettomarge ablesen.

Margen, die für die Ermittlung des Deckungsbeitrags I herangezogen werden, werden auch als Bruttomargen bezeichnet, da noch Betriebskosten (nach Abzug der Betriebserlöse) abgegolten werden müssen. Folglich wird der Deckungsbeitrag II (Netto-Konditionenbeitrag) auch als Nettomarge bezeichnet, wenn er auf das Volumen der Geschäfte bezogen wird.

Margenblatt Termingeldanlagen					
Termineinlagen 30 Tage in Euro	Kunden- zinssatz	GKM- Zinssatz	Brutto- marge	Betriebskostenmarge auf Teilkosten von 200 Euro	Netto- marge
10 000 – 24 999	1,00 %	2,67 %	1,67 %	auf 17 500 = 1,14 %	0,53 %
25 000 – 49 999	1,20 %	2,67 %	1,47 %	auf 37 500 = 0,53 %	0,94 %
50 000 – 99 999	1,50 %	2,67 %	1,17 %	auf 75 000 = 0,27 %	0,90 %

Das Margenblatt zeigt

- die Kundenzinssätze in Abhängigkeit vom Termingeldbetrag,
- die Bruttomarge aus der Verrechnung von Standardzinssatz und Geld- und Kapitalmarktzinssatz auf der Grundlage des Zinssatzes für Einmonatsgeld unter Banken,
- die Betriebskosten als Prozentsatz umgelegt auf das jeweilige Volumen,
- die Nettomarge als Differenz zwischen Bruttomarge und Betriebskostenmarge.

Die Nettomarge eines Produkts sollte einen möglichst hohen positiven Wert aufweisen, damit folgende Anforderungen erfüllt werden:

- Über die Teilkosten hinaus soll jeder Produktverkauf zur Deckung der anteiligen Gemeinkosten (Overheadkosten) beitragen. Overheadkosten entstehen z. B. in den Kostenstellen des Betriebs- und Verwaltungsbereichs. Die in den Teilkosten von 200,00 Euro (Standardstückkosten) abgedeckten Betriebskosten enthalten nur die Kosten der Kostenstellen des Markt- und Marktfolgebereichs.
- Über die Kostendeckung hinaus soll jeder Produktverkauf einen Beitrag zum Gewinn leisten, um damit die Existenz des Kreditinstituts und das zukünftige Wachstum zu sichern. Die Geschäftsleitung gibt daher für jedes Produkt einen prozentualen Gewinnanspruch vor, um einen angemessenen Gewinn erzielen zu können.

■ Erlösschwellen (Break-Even-Schwellen)

Im Rahmen der Vorkalkulation können auch Erlösschwellen eingesetzt werden. Sie werden in der Praxis als Break-Even-Schwellen bezeichnet und nennen dem Kundenberater die Abschlusssummen, die mindestens anzustreben sind, um Kostendeckung zu erreichen.

An der Break-Even-Schwelle sind die gesamten Kosten durch Erlöse gedeckt.

ERLÄUTERUNG:

Der GKM-Zinssatz ist bereits um kalkulatorische Kosten der Mindestreserve bereinigt worden, da die Termingeldanlage ein mindestreservepflichtiges Passivgeschäft ist.

ERLÄUTERUNG:

Da die Nettomarge ein Prozentwert ist, müssen auch die Standardstückkosten von 200 Euro als Prozentwert auf das Volumen des Geschäfts umgerechnet werden.

▶ Erklären Sie, warum die Nettomarge eines Geschäfts positiv sein sollte.

▶ Wozu dient eine positive Nettomarge bei Aktivgeschäften?

 Abschnitt 3.2

▶ Ermitteln Sie, ob die Nettomarge einer Termingeldanlage von 17 500 Euro ausreicht, um anteilige Gemeinkosten von 100 Euro zu decken und um einen Gewinnanspruch von 0,30 % zu erfüllen.

 Abschnitt 3.3.1

 **BEISPIEL:**

Ermittlung der Break-Even-Schwelle für das Produkt Termingeldanlagen bei der Europabank AG

- *Unabhängig vom Anlagebetrag fallen bei jedem Geschäft direkt zurechenbare Betriebskosten in Höhe von 200,00 Euro an. Dies sind die Fixkosten der Termineinlage.*
- *Deckungsbeitrag ist die Bruttomarge von 1,67 %, d. h. der Überschuss im Wertbereich. Je Euro Anlagebetrag werden 0,0167 Euro erwirtschaftet.*

Daraus ergibt sich:

$$\text{Break-Even-Schwelle} = \frac{\text{Fixkosten}}{\text{Deckungsbeitrag}} = \frac{200,00 \text{ Euro}}{0,0167 \text{ Euro}} = 11\,976,05 \text{ Euro}$$

Beim Anlagebetrag von 11 976,05 Euro decken die Erlöse die Kosten. Das Defizit im Betriebsbereich wird durch den Überschuss im Wertbereich ausgeglichen. Der Betrag von 11 976,05 Euro könnte ergänzend im Margenblatt als Mindestanlagesumme angegeben werden.

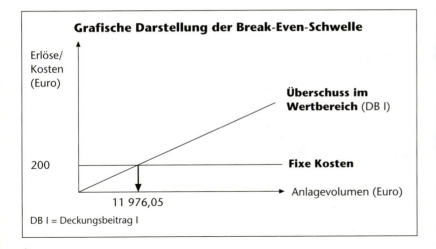

Grafische Darstellung der Break-Even-Schwelle

Erlöse/Kosten (Euro)

Überschuss im Wertbereich (DB I)

Fixe Kosten

200

Anlagevolumen (Euro)

11 976,05

DB I = Deckungsbeitrag I

4.4.2 Ermittlung von Preisgrenzen

Um über Sonderkonditionen für die Termingeldanlage der Eheleute Winkelmann zu entscheiden, reichen die Angaben im Margenblatt aus der Nettomargenrechnung nicht aus. Kerstin Meyer muss im Rahmen der Produktkalkulation auch den Spielraum kennen, um den sie die angebotene Standardkondition verändern kann, ohne dass das Geschäft nachteilig für die Europabank AG wird. Das heißt:

ERLÄUTERUNG:

Break-Even-Schwelle:

$$\frac{\text{Fixkosten}}{\text{Deckungsbeitrag}}$$

ERLÄUTERUNG:

An der Erlösschwelle beträgt die Nettomarge (Bruttomarge ./. Betriebskostenmarge) 0 %.

▶ **Ermitteln Sie die Break-Even-Schwellen für Termineinlagen in der Kategorie 25 000 – 49 999 und 50 000 – 99 999 Euro**

ERLÄUTERUNG:

Von der Break-Even-Schwelle an trägt jeder zusätzlich angelegte Euro zunächst zur Deckung der Gemeinkosten und dann zum Gewinn bei. Es sollte in der Beratung des Kunden also darauf hingewirkt werden, dass im Termingeldbereich mindestens ein Volumen von rund 12 000 Euro angelegt wird.

Falls ein Anlagebetrag die Break-Even-Schwelle für das jeweilige Produkt unterschreitet, sollte der Kundenberater seinem Kunden möglichst ein anderes Produkt mit niedrigerer Break-Even-Schwelle anbieten. Er muss aber darauf achten, dass das Alternativangebot den Anlagezielen des Kunden entspricht.

▶ **Warum wird bei Passivgeschäften eine kurzfristige Preisobergrenze, bei Aktivgeschäften dagegen eine Preisuntergrenze berechnet?**

DEFINITIONEN:

Passivprodukte
Kurzfristige
Preisobergrenze:
GKM-Zinssatz
./. Mindestmarge

Mindestmarge (%):
Kalkulatorische Kosten
der Mindestreserve (%)
+ Standardstückkosten (%)

Langfristige
Preisobergrenze:
GKM-Zinssatz
./. Sollmarge

Sollmarge (%):
Mindestmarge
+ Gemeinkostenanteil (%)
+ Gewinnanspruch (%)

▶ **Berechnen Sie die langfristige Preisobergrenze.**

▶ **Wie kann die Abweichung zwischen der langfristigen Preisobergrenze und der Standardkondition der Europabank für Termineinlagen begründet werden?**

- Für Passivgeschäfte muss eine kurzfristige **Preisobergrenze** bestimmt werden, da der Kunde einen höheren Zinssatz als die Standardkondition erhalten will.
- Für Aktivgeschäfte muss eine kurzfristige **Preisuntergrenze** bestimmt werden, da der Kunde einen niedrigeren Zinssatz als die Standardkondition zahlen will.

■ Preisobergrenzen bei Passivprodukten

Kurzfristig müssen **nur die durch das Geschäft verursachten Kosten** gedeckt werden, d. h. die kalkulatorischen Kosten der Mindestreserve und die direkt zurechenbaren Betriebskosten (Standardstückkosten). Diese beiden Kalkulationsbestandteile bilden die mindestens zu erzielende Marge (Mindestmarge).

Die **kurzfristige Preisobergrenze** ergibt sich aus der Differenz zwischen dem alternativen GKM-Zinssatz und der Mindestmarge.

BEISPIEL:

Die Mindestmarge bei der Termingeldanlage über 17 500,00 Euro beträgt 1,14 % (200 Euro [Fixkosten der Termineinlage] x 100 : 17 500 Euro). Der bereits um kalkulatorische Mindestreservekosten bereinigte alternative GKM-Zinssatz beträgt laut Margenblatt 2,67 %.

Kurzfristige Preisobergrenze:
GKM-Zinssatz (2,67 %) ./. Mindestmarge (1,14 %) = 1,53 %

Kerstin Meyer kann den Zinssatz von 1 % um bis zu 0,53 % verbessern, wenn es die Kundenbeziehung erfordert.

Langfristig müssen durch den Produktverkauf **alle Kosten** gedeckt **und ein angemessener Gewinn** erzielt werden. Für die Berechnung einer Standardkondition muss die Mindestmarge daher um
- einen Gemeinkostenanteil und
- den vorgegebenen Gewinnanspruch
erweitert werden. Die Summe ergibt die Sollmarge.

Wird die Sollmarge vom GKM-Zinssatz abgezogen, ergibt sich die **langfristige Preisobergrenze** als Kosten und Gewinnanspruch deckender Angebotspreis.

BEISPIEL:

Der Gemeinkostenanteil beträgt 100,00 Euro. Die Geschäftsleitung der Europabank hat einen Gewinnanspruch von 0,30 % vorgegeben.

Der Gemeinkostenanteil von 100,00 Euro erhöht die Mindestmarge um 0,57 % (100 Euro x 100 : 17 500 Euro).

Unter Berücksichtigung des Gemeinkostenanteils und des von der Geschäftsleitung vorgegebenen Gewinnanspruchs ergibt sich eine Sollmarge von 2,01 % (1,14 % [Mindestmarge] + 0,57 % [Gemeinkostenanteil] + [Gewinnanspruch] 0,30 %).

■ Preisuntergrenzen bei Aktivprodukten

Kurzfristig müssen bei Aktivprodukten mindestens folgende **Kalkulationsbestandteile** gedeckt werden:

- die **direkt zurechenbaren Betriebskosten** (Standardstückkosten),
- die **kalkulatorischen Risikokosten** (Standardrisikokosten),
- die **kalkulatorischen Eigenkapitalkosten**.

Die Summe ergibt die Mindestmarge.

 Abschnitt 4.2

Kalkulatorische Risikokosten werden jedem Kreditnehmer standardisiert über die Kondition in Rechnung gestellt. Dies geschieht unabhängig davon, ob ein Engagement Not leidend wird oder nicht.

Kalkulatorische Eigenkapitalkosten werden in Rechnung gestellt, weil die Solvabilitätsverordnung (Grundsatz I) der Bankenaufsicht eine Unterlegung der Kredite mit 8 % Eigenkapital fordert. Das auf diese Weise gebundene Kapital könnte bei vergleichbarem Risiko auch am Kapitalmarkt angelegt werden.

 BEISPIEL:

Ermittlung der kurzfristigen Preisuntergrenze eines Aktivprodukts

Die Europabank AG ermittelt für ein Darlehen von 100 000,00 Euro mit fünfjähriger Zinsfestschreibung die kurzfristige Preisuntergrenze:

Ermittlung der Mindestmarge:

Standardstückkosten	
(277,19 Euro x 100 : 100 000 [Stückkostensatz x 100 : Darlehnssumme])	
	0,28 %
+ Standardrisikokosten der Produktart	*0,20 %*
+ Kalkulatorische Eigenkapitalkosten	
(Kapitalanrechnung im Grundsatz I 100 000,00 Euro;	
Eigenkapitalunterlegung des Kredits 8 000,00 Euro;	
Kosten bei 15 % Rendite (15 % auf 8 000) 1 200,00 Euro;	
Eigenkapitalkosten in Prozent [1 200 x 100 : 100 000])	*1,20 %*
= Mindestmarge	*1,68 %*
GKM-Zinssatz laut Kontokalkulation	*3,50 %*
+ Mindestmarge	*1,68 %*
= Kurzfristige Preisuntergrenze	*5,18 %*

Langfristig müssen auch im Kreditgeschäft **alle Kosten** gedeckt **und ein angemessener Gewinn** erzielt werden. Für die Berechnung einer Standardkondition muss die Mindestmarge daher auch im Aktivgeschäft um

- einen Gemeinkostenanteil und
- den vorgegebenen Gewinnanspruch

erweitert werden. Die Summe ergibt die Sollmarge.

Die **langfristige Preisuntergrenze** ergibt sich aus der Addition von GKM-Zinssatz und Sollmarge.

 **DEFINITIONEN:**

Aktivprodukte

Kurzfristige
Preisuntergrenze:
GKM-Zinssatz
+ Mindestmarge

Mindestmarge (%):
Standardstückkosten
+ Standardrisikokosten (%)
+ Eigenkapitalkosten (%)

Langfristige
Preisuntergrenze:
GKM-Zinssatz
+ Sollmarge

Sollmarge (%):
Mindestmarge
+ Gemeinkostenanteil (%)
+ Gewinnanspruch (%)

▶ Begründen Sie, warum die Sollmarge bei Passivprodukten von GKM-Zinssatz abgezogen, bei Aktivprodukten hingegen zum GKM-Zinssatz hinzugerechnet werden muss.

Strukturwissen

Deckungsbeitrag	Deckungsbeitrag ist der Betrag, der zur Deckung der fixen Kosten notwendig ist.
Kontokalkulation	Eine Kontokalkulation ist die Kalkulation einer Kontoverbindung. Die Kontokalkulation wird als Deckungsbeitragsrechnung durchgeführt.
Kundenkalkulation	Eine Kundenkalkulation ist die Kalkulation einer Geschäftsverbindung mit einem Kunden, der unterschiedliche Bankleistungen auf mehreren Konten in Anspruch nimmt.
Produktkalkulation	Eine Produktkalkulation kalkuliert eine bestimmte Bankleistung, z. B. eine Termineinlage. Sie kann entweder → die Preisuntergrenze für ein Aktivprodukt oder die Preisobergrenze für ein Passivprodukt ermitteln oder → den Ergebnisbeitrag einer bestimmten Bankleistung zum Betriebsergebnis nachweisen.
Vorkalkulation	Eine Vorkalkulation ist eine Planrechnung. Sie dient der Preisfindung. Vorkalkulationen im Bereich der Produktkalkulation dienen auch der Bestimmung von Preisuntergrenzen, z. B. bei Kreditvergaben, und Preisobergrenzen, z. B. bei Hereinnahmen von Einlagen.
Nachkalkulation	Eine Nachkalkulation ist eine Kontrollrechnung im Hinblick auf erzielte Erfolge, z. B. Deckungsbeiträge.

Arten der Kalkulation	
Kontokalkulation (Basis: einzelnes Konto)	Zinskonditionenbeitrag aktiv + Zinskonditionenbeitrag passiv = Deckungsbeitrag I (Erfolg des Kontos aus dem Wertbereich) + direkt zurechenbare Provisionserlöse ./. direkt zurechenbare Betriebskosten (Standardstückkosten) = Deckungsbeitrag II (Netto-Konditionenbeitrag) ./. Risikokosten (nur Aktivgeschäft) ./. Eigenkapitalkosten (nur Aktivgeschäft) = Deckungsbeitrag III (Beitrag zum Betriebsergebnis)
Kundenkalkulation (Basis: Kundenverbindung)	Summe der Deckungsbeiträge I bis III aller Konten eines Kunden = Deckungsbeitrag III des Kunden
Geschäftsstellenkalkulation (Basis: alle Kunden/Geschäfte einer Geschäftsstelle)	Summe der Deckungsbeiträge I bis III aller Kunden einer Geschäftsstelle + Risikokosten (verrechnet auf Kontoebene) ./. Ist-Risikokosten (Kreditausfälle der Geschäftsstelle) = Risikoergebnis (+ /./.) + Standardstückkosten (verrechnet auf Kontoebene) ./. Ist-Betriebskosten (Betriebskosten aus Kostenstellenrechnung) = Produktivitätsergebnis (+/./.) = Deckungsbeitrag IV (Erfolg der Geschäftsstelle)

Vergleich Vorkalkulation und Nachkalkulation	
Vorkalkulation	**Nachkalkulation**
Kalkulation von Konten vor Geschäftsabschluss	Kalkulation von Konten, Kunden usw. nach Geschäftsabschluss
Preisfindung am Markt, Aufzeigen von Sonderkonditionsspielräumen	Analyse der Ertragspotenziale als Basis einer rentabilitätsorientierten Beratungsstrategie

Nettomargenrechnung bei Kundengeschäften	
in Euro	**in % des Anlage- oder Kreditvolumens**
Zinskonditionenbeitrag ./. direkt zurechenbare Betriebskosten + direkt zurechenbare Provisionserlöse = Netto-Konditionenbeitrag eines Kundengeschäfts	Bruttomarge ./. Betriebskostenmarge* + Provisionsmarge* = Nettomarge eines Kundengeschäfts

* Betriebskosten und Betriebserlöse werden häufig zu einer (Netto)-Betriebskostenmarge saldiert.

Margenbestandteile

Aktivprodukte

- **Mindestmarge:**
  Standardstückkosten
  + Standardrisikokosten
  + Eigenkapitalkosten

- **Sollmarge:**
  Mindestmarge
  + Gemeinkostenanteil
  + Gewinnzuschlag

Alle Werte in Prozent

Passivprodukte

- **Mindestmarge:**
  Kalkulatorische Kosten der Mindestreserve
  + Standardstückkosten

- **Sollmarge:**
  Mindestmarge
  + Gemeinkostenanteil
  + Gewinnzuschlag

Alle Werte in Prozent

Preisgrenzen

Aktivprodukte

- **kurzfristige Preisuntergrenzen:**
  GKM-Zinssatz
  + Mindestmarge

- **langfristige Preisuntergrenzen:**
  GKM-Zinssatz
  + Sollmarge

Passivprodukte

- **kurzfristige Preisobergrenzen:**
  GKM-Zinssatz
  ./. Mindestmarge

- **langfristige Preisobergrenzen:**
  GKM-Zinssatz
  ./. Sollmarge

Aufgaben

 Für eine Geschäftsstelle der Hansabank AG soll der Deckungsbeitrag ermittelt werden.

Zinskonditionenbeitrag Kreditgeschäft	84 000,00 Euro
Zinskonditionenbeitrag Einlagengeschäft	45 000,00 Euro
Provisionserlöse	12 800,00 Euro
Risikokosten (auf Konten verrechnet)	850,00 Euro
Betriebskosten (Standardstückkosten auf Konten verrechnet)	98 000,00 Euro
Istkosten der Geschäftsstelle	95 000,00 Euro
Ist-Risikokosten	1 000,00 Euro
Eigenkapitalkosten	4 000,00 Euro

2 Die Sächsische Kreditbank AG stellt eine Kontokalkulation für ein Darlehenskonto auf.

Kreditbetrag	200 000,00 Euro
Zinsfestschreibung	5 Jahre
Geld- und Kapitalmarkt-Zinssatz	6,50 %
Normalkondition	9,00 %
Standardstückkosten	600,00 Euro p. a.

a) Wie hoch sind die Nettomarge und der Netto-Konditionsbeitrag?
b) Für welche Kosten muss die Nettomarge einen Deckungsbeitrag leisten?
c) Stellen Sie die Kontokalkulation für das Darlehen nach dem Schema der Europabank AG für ein Jahr auf. Die Risikokosten und Eigenkapitalkosten betragen jeweils 0,15 % des Kreditbetrags.

 Sparzertifikate mit einer Laufzeit von 2 Jahren werden von der Sparkasse Steinhude mit 2,5 % verzinst. Der alternative GKM-Zinssatz beträgt 4 %. Der Zinssatz ist bereits um den Effekt von kalkulatorischen Mindestreservekosten korrigiert. Die Standardstückkosten betragen 90,00 Euro, die Vollkosten 150,00 Euro pro Jahr.

a) Ermitteln Sie die Break-Even-Schwelle auf Basis der Teilkosten. Erläutern Sie das Ergebnis.
b) Prüfen Sie, ob die Normalkondition bei einem Anlagebetrag von 10 000,00 Euro ein kostenorientierter Angebotspreis ist.
c) Ermitteln Sie den maximalen Sonderkonditionsspielraum unter Berücksichtigung eines Gewinnzuschlags von 0,20 %.

 a) Ermitteln Sie einen kostenorientierten Angebotspreis für ein Darlehen:

Volumen	100 000,00 Euro
Risikokosten	0,05 %
Gewinnzuschlag	0,45 %
Eigenkapitalkosten	0,25 %
direkt zurechenbare Betriebskosten p. a.	150,00 Euro
Gemeinkosten p. a.	200,00 Euro
Geld- und Kapitalmarktzinssatz	4 %

b) Wie hoch ist die kurzfristige Preisuntergrenze?

5 Ein Girokunde hat sich entschieden, statt der beleghaften Abwicklung des Zahlungsverkehrs die beleglose Abwicklung durch den Einsatz von Electronic-Banking-Produkten zu nutzen.

a) Welche Veränderungen in den Deckungsbeiträgen der Kontokalkulation ergeben sich?
b) Welche Veränderungen zeigen sich in der Gewinn- und Verlustrechnung?

Heinz Petermann unterhält ein Girokonto bei der Kreissparkasse Bollhagen. Er möchte einen Sparbrief mit einer Laufzeit von 4 Jahren erwerben. Die Standardkondition beträgt 4,1 % p. a., der Opportunitätszinssatz am Geld- und Kapitalmarkt 4,5 %, die Standardstückkosten betragen 40,00 Euro. Ein vergleichbares Angebot eines Wettbewerbers weist einen Zinssatz von 4,45 % aus.

a) Ergänzen Sie die Kontokalkulation des Girokontos.

Basis: Monat	Konto-Ergeb-nis in Euro	Kalkulations-volumen	Marge %	Kunden-Zinssatz %	GKM-Zinssatz % (Tagesgeld)
ZKB aktiv		1 000 Euro		12,5	3,5
+ ZKB passiv		4 650 Euro		1,0	
= **DB I**					
+ Betriebserlöse	5,50				
./. Betriebskosten (Kontokosten)	12,70				
= **DB II/DB III**					

DB = Deckungsbeitrag, ZKB = Zinskonditionenbeitrag, GKM = Geld- und Kapitalmarkt

b) Zeigen Sie die Spielräume für die Gewährung einer Sonderkondition bei einem Sparbrief von 25 000,00 Euro auf, und treffen Sie eine begründete Entscheidung.

7 Als neuer Mitarbeiter in der Controllingabteilung sind Sie für die Vertriebsunterstützung zuständig.

a) Vom Vorstand erhalten Sie die neuen Konditionen für Sparzertifikate mit dreijähriger Laufzeit. Erstellen Sie unter Verwendung nachfolgender Informationen das Margenblatt analog dem Margenblatt für Termingeldanlagen auf Seite 208.

Anlagebetrag	Kundenzinssatz
10 000 – 24 999 Euro	3,25 %
25 000 – 49 999 Euro	3,50 %
50 000 – 99 999 Euro	3,75 %
GKM-Zinssatz 3 Jahre	4,25 %
direkt zurechenbare Betriebskosten	130,00 Euro p. a.

b) Errechnen Sie für die einzelnen Kategorien von Anlagebeträgen die Break-Even-Schwellen und interpretieren Sie die Werte.

8 Berechnen Sie mit den Werten unter a) bis d) bei sonst gleichen Bedingungen jeweils die Break-Even-Schwelle für Termingeldanlagen mit 30 Tagen Laufzeit. Vergleichen Sie die Ergebnisse mit der Ausgangssituation auf Seite 209 (Kundenzinssatz 1 %, GKM-Zinssatz 2,67 %, direkt zurechenbare Betriebskosten 200,00 Euro). Stellen Sie die Auswirkungen im Vergleich zur Ausgangssituation auch grafisch dar.

a) Es soll eine Kontoführungsgebühr von 10,00 Euro p. a. eingeführt werden, um das Defizit im Betriebsbereich teilweise abzudecken.

b) Durch steigende Personal- und Sachkosten erhöhen sich die direkt zurechenbaren Betriebskosten auf 250,00 Euro.

c) Der alternative GKM-Zinssatz steigt auf 3 % p. a., ohne dass die Kundenkonditionen verändert werden.

d) Aus Wettbewerbsgründen wird der Kundenzinssatz auf 1,25 % erhöht, ohne dass sich das Zinsniveau am Geld- und Kapitalmarkt verändert hat.

5 Gesamtbetriebskalkulation

Die Europabank AG legt ihre Gewinn- und Verlustrechnung vor

Die Geschäftsleitung der Europabank AG kommentiert in einer Pressekonferenz die Gewinn- und Verlustrechnung des abgelaufenen Geschäftsjahres.

Gewinn- und Verlustrechnung der Europabank AG in Mio. Euro

1.	Zinserträge aus			
	a) Kredit- und Geldmarktgeschäften	450		
	b) festverzinslichen Wertpapieren und Schuldbuchforderungen	200	650	
2.	Zinsaufwendungen		200	450
3.	Laufende Erträge aus			
	a) Aktien und anderen nicht festverzinslichen Wertpapieren		50	
	b) Beteiligungen		30	
	c) Anteilen an verbundenen Unternehmen		70	150
4.	Erträge aus Gewinngemeinschaften, Gewinnabführungs- oder Teilgewinnabführungsverträgen			-.-
5.	Provisionserträge		150	
6.	Provisionsaufwendungen		70	80
7.	Nettoertrag des Handelsbestandes			200
8.	Sonstige betriebliche Erträge			20
9.	Erträge aus der Auflösung von Sonderposten mit Rücklageanteil			-.-
10.	Allgemeine Verwaltungsaufwendungen			
	a) Personalaufwand			
	aa) Löhne und Gehälter	100		
	ab) Soziale Abgaben und Aufwendungen für Altersversorgung und für Unterstützung	80	180	
	b) andere Verwaltungsaufwendungen		70	250
11.	Abschreibungen und Wertberichtigungen auf immaterielle Anlagewerte und Sachanlagen			35
12.	Sonstige betriebliche Aufwendungen			5
13.	Abschreibungen und Wertberichtigungen auf Forderungen und bestimmte Wertpapiere sowie Zuführung zu Rückstellungen im Kreditgeschäft		40	
14.	Erträge aus Zuschreibungen zu Forderungen und bestimmten Wertpapieren sowie aus der Auflösung von Rückstellungen im Kreditgeschäft		10	30
15.	Abschreibungen und Wertberichtigungen auf Beteiligungen, Anteile an verbundenen Unternehmen und wie Anlagevermögen behandelte Wertpapiere		10	
16.	Erträge aus Zuschreibungen zu Beteiligungen, Anteilen an verbundenen Unternehmen und wie Anlagevermögen behandelten Wertpapieren		-.-	10
17.	Aufwendungen aus Verlustübernahme			-.-
18.	Einstellungen in Sonderposten mit Rücklageanteil			- -
19.	Ergebnis der normalen Geschäftstätigkeit			570

"Durch das überaus lebhafte Kreditgeschäft stieg das Geschäftsvolumen unserer Bank um 750 Mio. Euro auf 20 Mrd. Euro. Die Bruttozinsspanne von 3 % im abgelaufenen Geschäftsjahr ist immer noch zufriedenstellend. Sie hat sich zwar gegenüber dem Vorjahr weiter abgeschwächt, doch konnten stärkere Auswirkungen auf das Betriebsergebnis durch das gute Ergebnis im Eigenhandel aufgefangen werden. Die Handelsspanne ist um 0,30 Prozentpunkte auf 1,0 % des Geschäftsvolumens angestiegen. Durch hohe Investitionen in unsere EDV-Ausstattung hat sich die Bruttobedarfsspanne um 0,20 %-Punkte gegenüber dem Vorjahr erhöht und liegt bei jetzt 1,35 %. Da das Provisionsergebnis unserer Bank unverändert 0,40 % des Geschäftsvolumens beträgt, errechnet sich eine Nettozinsspanne von 2,05 %. Nach den Aufwendungen für die Risikovorsorge und einem Überschuss von 15 Mio. Euro an sonstigen betrieblichen Erträgen verbleibt ein zufriedenstellendes Betriebsergebnis von 595 Mio. Euro."

Handlungsaufträge

1 Erläutern Sie die Begriffe Bruttozinsspanne, Betriebsergebnis und Bedarfsspanne.

2 Stellen Sie den Zusammenhang zwischen den Zahlen der Gewinn- und Verlustrechnung und dem Gesamterfolg der Bank her.

3 Erläutern Sie den Zusammenhang zwischen der Bruttozinsspanne und der Nettozinsspanne der Europabank AG im Rahmen der Gesamtzinsspannenrechnung.

ERLÄUTERUNG:

Die Gesamtbetriebskalkulation kann sowohl mit Zahlen aus der Gewinn- und Verlustrechnung als auch mit Zahlen der Kosten- und Erlösrechnung durchgeführt werden.

Die Gesamtbetriebskalkulation hat die Aufgabe,

• den operativen Gesamterfolg des Kreditinstituts (Betriebsergebnis) und
• den Erfolg aus den Kerngeschäften eines Kreditinstituts (Teilbetriebsergebnis)

zu ermitteln.

Durch Zeitvergleiche und Betriebsvergleiche können Veränderungen der Erfolge aufgezeigt und auf ihre Ursachen hin untersucht werden. Daraus können Ansätze für die Steuerung des Kreditinstituts abgeleitet werden.

5.1 Gesamtbetriebskalkulation mit Daten der Gewinn- und Verlustrechnung

Bei Ableitung von Betriebsergebnis und Teilbetriebsergebnis aus den Zahlen der Gewinn- und Verlustrechnung werden Bruttozahlen zugrunde gelegt, das heißt Zahlenwerte ohne die in den Formblättern für Gewinn- und Verlustrechnungen vorgesehenen Kompensationen.

▶ Übernehmen Sie das Ermittlungsschema. Übertragen Sie die Werte der Gewinn- und Verlustrechnung der Europabank AG in das Ermittlungsschema und führen Sie die Gesamtbetriebskalkulation durch. Berücksichtigen Sie dabei, dass in Posten 11 der Gewinn- und Verlustrechnung Normalabschreibungen auf Sachanlagen von 20 Mio. Euro enthalten sind, die dem Verwaltungsaufwand zuzuordnen sind.

▶ Leiten Sie aus der Gewinn- und Verlustrechnung Ihres Ausbildungsinstituts nach dem dargestellten Schema das Betriebs- und Teilbetriebsergebnis ab. Beschaffen Sie sich auch den Jahresabschluss eines Mitbewerbers am Bankplatz Ihres Ausbildungsinstituts und versuchen Sie, eine Konkurrenzanalyse zu erstellen.

DEFINITION:

Teilbetriebsergebnis =
  Zinsüberschuss
+ Provisionsüberschuss
./. Verwaltungsaufwand
Das Teilbetriebsergebnis ist der Erfolg (Überschuss) der banktypischen Geschäfte.

Zusammenhang von Gewinn- und Verlustrechnung und Gesamtbetriebskalkulation	
Posten der GuV	**Gesamtbetriebskalkulation**

1. Zinserträge aus
  a) Kredit- und Geldmarktgeschäften
  b) Festverzinslichen Wertpapieren und Schuldbuchforderungen
3. Laufende Erträge aus
  a) Aktien und anderen nicht festverzinslichen Wertpapieren
  b) Beteiligungen
  c) Anteilen an verbundenen Unternehmen
4. Erträge aus Gewinngemeinschaften, Gewinnabführungs- oder Teilgewinnabführungsverträgen
2. Zinsaufwendungen
	Zinsüberschuss
	(Saldo aus Posten 1 + 3 + 4 ./. 2)

5. Provisionserträge 6. Provisionsaufwendungen	Provisionsüberschuss (Saldo aus Posten 5 und 6)

10. Allgemeine Verwaltungsaufwendungen
  a) Personalaufwand
  aa) Löhne und Gehälter
  ab) Soziale Abgaben und Aufwendungen für Altersversorgung und für Unterstützung
  b) andere Verwaltungsaufwendungen
11. Abschreibungen und Wertberichtigungen auf immaterielle Anlagewerte und Sachanlagen
	Verwaltungsaufwendungen
	(Summe aus Posten 10 a und 10 b sowie der planmäßigen Abschreibungen auf Sachanlagen aus Posten 11)

7. Nettoertrag des Handelsbestandes	Handelsergebnis
8. Sonstige betriebliche Erträge 12. Sonstige betriebliche Aufwendungen	Saldo der sonstigen betrieblichen Erträge und Aufwendungen (Saldo aus Posten 8 und 12)
13. Abschreibungen und Wertberichtigungen auf Forderungen und bestimmte Wertpapiere sowie Zuführung zu Rückstellungen im Kreditgeschäft 14. Erträge aus Zuschreibungen zu Forderungen und bestimmten Wertpapieren sowie aus der Auflösung von Rückstellungen im Kreditgeschäft	Aufwand für Risikovorsorge (Saldo aus Posten 14 und 13)

Das **Teilbetriebsergebnis ist der Saldo aus**

- dem **Ergebnis des zinsabhängigen Geschäfts** (Posten 1 bis 4 der Gewinn- und Verlustrechnung),

- dem **Provisionsergebnis** (Posten 5 und 6 der Gewinn- und Verlustrechnung),
- dem **Verwaltungsaufwand** (Posten 10 der Gewinn- und Verlustrechnung) zuzüglich Normalabschreibungen auf Sachanlagen.

Das **Betriebsergebnis** wird ermittelt, **indem das Teilbetriebsergebnis um 3 weitere Ergebnisbestandteile ergänzt wird**:

- **das Handelsergebnis**, d. h. den Nettoertrag oder Nettoaufwand des Eigenhandels (Posten 7 der Gewinn- und Verlustrechnung),
- **den Saldo aus den sonstigen betrieblichen Erträgen und Aufwendungen** (Posten 8 und 12 der Gewinn- und Verlustrechnung),
- **den Aufwand für die Risikovorsorge** (Posten 13 und 14 der Gewinn- und Verlustrechnung).

Das Betriebsergebnis ist die zentrale Größe zur Steuerung des gesamten Geschäftserfolgs.

5.2 Gesamtzinsspannenrechnung

Wenn die Zahlen der Betriebsergebnisrechnung im Zeitablauf oder institutsübergreifend verglichen werden sollen, ist es zweckmäßig, die absoluten Zahlen in **relative Größen**, z. B. Prozentwerte, zu überführen. Als **Bezugsgröße** bieten sich **die Bilanzsumme** oder das **Geschäftsvolumen des Kreditinstituts** an. Sie repräsentieren den Bestand an Geschäften, der zum Teilbetriebsergebnis und zum Betriebsergebnis geführt hat.
Diese Rechnung wird als **Gesamtzinsspannenrechnung** bezeichnet.

Gesamtzinsspannenrechnung der Europabank AG			
Ergebnisquelle	Mio. Euro	Prozent des Geschäftsvolumens von 20 Mrd. Euro	Bezeichnung der Spannen
Zinsüberschuss	600	3,00 %	Bruttozinsspanne
+ Provisionsüberschuss	+ 80	+ 0 40 %	Provisionsspanne
+/./. Nettoertrag oder Nettoaufwand des Handelsbestandes	+ 200	+ 1,00 %	Handelsspanne
+/./. Saldo der sonstigen betrieblichen Erträge und Aufwendungen	+ 15	+ 0,075 %	Sonstige Ertragsspanne
= Gesamtertrag der normalen Geschäftätigkeit	895	4,475 %	Bruttoertragsspanne
./. Verwaltungsaufwand	./. 270	./. 1,35 %	Bruttobedarfsspanne*
= Ergebnis vor Bewertung	625	3,125 %	Bruttogewinnspanne
./. Risikovorsorge	./. 30	./. 0,15 %	Risikospanne
= Betriebsergebnis	595	2,975 %	Nettogewinnspanne

* **Nettobedarfsspanne** = Bruttobedarfsspanne ./. Provisionsspanne

DEFINITION:

Betriebsergebnis =
Teilbetriebsergebnis
+/./. Handelsergebnis
+/./. Saldo sonstige betriebliche Erträge und Aufwendungen
./. Aufwand für Risikovorsorge
Im Betriebsergebnis werden alle ordentlichen Geschäftserfolge der Bank saldiert dargestellt.

DEFINITION:

Geschäftsvolumen =
Bilanzsumme + Eventualverbindlichkeiten, soweit sie das zinstragende Geschäft umfassen (Indossamentsverbindlichkeiten)

 ERLÄUTERUNG:

Die Bilanzsumme am 31.12. ist als Bezugsgröße weniger gut geeignet, da hier bilanzpolitische Gestaltungsmaßnahmen eingewirkt haben können.

 HINWEIS:

Das Geschäftsvolumen der Europabank AG beträgt 20 Mrd. Euro.

 ERLÄUTERUNG:

Da es sich bei den Begriffen der Gesamtzinsspannenrechnung nicht um gesetzlich oder durch Vereinbarung festgelegte Größen handelt, werden unterschiedliche Begriffe für den gleichen Sachverhalt verwendet, z. B. statt Bruttoertragsspanne auch Rohertrags- oder Bruttoerlösspanne und statt Nettogewinnspanne auch Betriebsergebnisquote.

Die **Nettozinsspanne** ergibt sich **als Saldo aus Nettobedarfsspanne** (Bruttobedarfsspanne abzüglich Provisionsspanne) **und Bruttozinsspanne**. Dies entspricht dem Teilbetriebsergebnis der Gesamtbetriebskalkulation in Prozent des Geschäftsvolumens.

ERLÄUTERUNG:

Die Nettozinsspanne kann auch nach folgender Formel errechnet werden:

$$\frac{\text{Teilbetriebsergebnis x 100}}{\text{Geschäftsvolumen}}$$

BEISPIEL: *Nettozinsspanne der Europabank AG*

Bruttozinsspanne	*3,00 %*
Nettobedarfsspanne	*./. 0,95 %*
Nettozinsspanne	**2,05 %**
Bruttobedarfsspanne	*./. 1,35 %*
Provisionsspanne	*+ 0,40 %*
Nettobedarfsspanne	**./. 0,95 %**

Die **Gesamtzinsspannenrechnung** kann

Lernfeld 8
Abschnitt 6

- als **Analyseinstrument** für Vergangenheitsdaten der Gewinn- und Verlustrechnung und
- als **Prognoseinstrument** durch Fortschreibung der Daten für zukunftsorientierte Planungen

eingesetzt werden.

5.3 Gesamtbetriebskalkulation mit Daten der Kosten- und Erlösrechnung

Das **Betriebsergebnis der Europabank AG** lässt sich auch aus den Zahlen der Kosten- und Erlösrechnung ermitteln. Basis sind die Einzelgeschäfte der Bank, die mithilfe der Marktzinsmethode im Wertbereich und über Standardstückkostensätze im Betriebsbereich in ihrem Erfolg beurteilt werden können.

■ Betriebsergebnis des Kundengeschäfts

Fasst man die Erfolge aller Geschäftsstellen und kundenbezogenen Bereiche zusammen und zieht davon die Betriebskosten ab, die zwar dem Kundenbereich, aber keiner bestimmten Geschäftsstelle zugerechnet werden können, so erhält man das **Betriebsergebnis des Kundengeschäfts**.

Die Ableitung des Betriebsergebnisses aus den Einzeldaten der Kalkulation von Kundengeschäften stellt hohe Ansprüche an die **Leistungsfähigkeit einer Datenverarbeitung**. Erst die Speicherung von Daten in der Form eines **Data-Warehouse** als zentrales Datenlager ermöglicht zeitnahe entscheidungsrelevante Informationen zur **Steuerung.** Ein Data-Warehouse führt Daten aus den verschiedensten operativen Systemen der Bank und externe Datenquellen zusammen, konsolidiert die Daten und ordnet sie nach Themenbereichen. Die Kalkulationsdaten werden in einer Daten-bank so abgelegt, dass sie flexibel unter verschiedensten Gesichtspunkten (z. B. Produkte, Filialen, Kundengruppen) analysiert und ausgewertet wer-den können.

Berechnung des Betriebsergebnisses des Kundengeschäfts	
Zinskonditionenbeitrag aktiv + Zinskonditionenbeitrag passiv = **Deckungsbeitrag I** + direkt zurechenbare Provisionserlöse ./. direkt zurechenbare Betriebskosten (Stan-dardstückkosten) = **Deckungsbeitrag II** ./. Risikokosten (nur Aktivgeschäft) ./. Eigenkapitalkosten (nur Aktivgeschäft) = **Deckungsbeitrag III** (Beitrag des Einzelgeschäfts zum Betriebs-ergebnis)	**Kontokalkulation** (Marktergebnis auf Konto-ebene)
Summe der Deckungsbeiträge I-III aller Konten eines Kunden	**Kundenkalkulation** (Marktergebnis auf Kunden-ebene)
Summe der Deckungsbeiträge I-III aller Kunden einer Filiale +/./. Risikoergebnis (= Risikokosten der Konten ./. Ist-Risikokosten) +/./. Produktivitätsergebnis (= Standardstück-kosten der Konten ./. Ist-Betriebskosten) = Deckungsbeitrag IV einer Filiale	**Geschäftsstellenkalkulation** (Marktergebnis auf Geschäfts-stellenebene)
Summe aller Deckungsbeiträge IV aller Filialen und kundenbezogenen Bereiche ./. Overheadkosten Kundenbereich = Betriebsergebnis Kundengeschäft	**Kalkulation des gesamten Kundengeschäfts**

◼ Betriebsergebnis des Nicht-Kundengeschäfts

Neben den Erfolgen aus Kundengeschäften entstehen **Erfolge im Nicht-Kundengeschäft**. Hierzu gehören **das Ergebnis des Eigenhandels und** das mit der Marktzinsmethode kalkulierbare **Fristentransformationsergebnis**.

Die **Eigenhandelsabteilung** betreibt den Handel mit eigenen Wertpapie-ren, Devisen und Derivaten und erzielt daraus Erfolge in Form von Zins-erträgen, Kursgewinnen und Kursverlusten. Werden die Erfolge mit den dafür anfallenden Kosten der Kostenstelle saldiert, lässt sich das Handels-ergebnis ermitteln und damit auch steuern.

Neben dem Handelsergebnis entsteht in der **Bruttozinsspanne einer Bank auch ein Fristentransformationsergebnis**, da z. B. kurzfristige Kundeneinlagen im Aktivbereich längerfristig ausgeliehen werden. Die Entscheidungen über die Struktur der gesamten Bankbilanz werden von einer Zentralabteilung getroffen. Dieser Abteilung sind die Strukturbeiträ-ge als Erfolgsquellen zuzuordnen. Aus der Saldierung mit den Kosten der Kostenstelle entsteht der gesamte **Fristentransformationserfolg**.

◆ ERLÄUTERUNG:

In den Overheadkosten verbleiben die Kosten der als Costcenter, z. B. Vorstand, Personal, Controlling, Organisation und Revision, oder Servicecenter, z. B. Haus-druckerei, Verwaltung, Fuhr-park, geführten Kostenstellen, die diese nicht über Leistungs-abgabe an Marktkostenstellen verrechnen konnten.

▶ Informieren Sie sich in Ihrem Ausbildungsbe-trieb, welche Abteilun-gen für den Eigenhan-del und für die Bilanz-struktursteuerung zuständig sind.

Abschnitt 2.2.2

DEFINITION:

Treasury ist eine organisatorisch selbstständige zentrale Organisationseinheit, die Liquiditäts-, Adressenausfall- und Marktpreisrisiken steuert. Zu den Aufgaben gehören der Eigenhandel, die Gesamtbankrisikosteuerung, die Koordination der Marktbereiche mit den zentralen Vorgaben und die Preisstellungsfunktion (Einstände für Kredite und Refinanzierungen).

Berechnung des Betriebsergebnisses des Nicht-Kundengeschäfts	
Zinserträge aus Eigenbeständen der Bank + realisierte Gewinne ./. realisierte Kursverluste ./. direkt zurechenbare Kosten der Kostenstelle = Ergebnis des Eigenhandels	Handelsergebnis
Summe der Strukturbeiträge ./. direkt zurechenbare Kosten der Kostenstelle = Ergebnis der Fristentransformation	Fristentransformationsergebnis

Die Funktionen Eigenhandel und Steuerung der Fristentransformation in Kreditinstituten werden in der Praxis häufig im Treasury gebündelt.

■ **Betriebsergebnis der Gesamtbank**

Das Betriebsergebnis der Gesamtbank besteht aus den Betriebsergebnissen des Kundengeschäfts und des Nicht-Kundengeschäfts. Zusätzlich ist aber noch der Teil der Betriebskosten in Abzug zu bringen, der keinem Kalkulationsobjekt direkt zugeordnet werden konnte. Es handelt sich um die Kosten solcher Kostenstellen, deren Leistungen weder dem Kunden- noch dem Nicht-Kundengeschäft zugeordnet werden können.

Berechnung des Betriebsergebnisses der Gesamtbank
Betriebsergebnis Kundengeschäft + Betriebsergebnis Nicht-Kundengeschäft ./. Overheadkosten
= Betriebsergebnis Gesamtbank

Strukturwissen

Gesamtbetriebs- kalkulation	Die Gesamtbetriebskalkulation dient der Ermittlung des operativen Gesamterfolgs eines Kreditinstituts. Sie verschafft der Geschäftsleitung einen Überblick über wichtige Erfolgsquellen als Ansatz für Steuerungsmaßnahmen. Sie kann entweder Zahlen der Gewinn- und Verlustrechnung oder der Kosten- und Erlösrechnung benutzen.
Teilbetriebsergebnis	Das Teilbetriebsergebnis erfasst das Ergebnis des zinsabhängigen Geschäfts und des Dienstleistungsgeschäfts vermindert um Personal- und Sachaufwendungen sowie um Normalabschreibungen auf Sachanlagen. Es wird errechnet: Zinsüberschuss + Provisionsüberschuss ./. Verwaltungsaufwand
Betriebsergebnis	Das Betriebsergebnis erfasst die Ergebnisse aller ordentlichen Geschäfte einer Bank. Es ist die zentrale Größe zur Steuerung des Geschäftserfolgs. Es wird errechnet: Teilbetriebsergebnis +/./. Nettoergebnis des Handelsbestandes +/./. Saldo der sonstigen betrieblichen Erträge und Aufwendungen +/./. Risikovorsorge
Gesamtzinsspanne	Die Bruttozinsspanne stellt den Zinsüberschuss als Prozentsatz des Geschäftsvolumens dar, die Nettozinsspanne das Teilbetriebsergebnis als Prozentsatz des Geschäftsvolumens. Die Gesamtzinsspanne dient Zeitvergleichen und Betriebsvergleichen.

Zusammenhang Gesamtbetriebskalkulation und Gesamtzinsspannenrechnung

	Gesamtbetriebskalkulation Ergebnisquelle (GuV)	Gesamtzinsspannenrechnung Erfolgsquelle in % des Geschäftsvolumens
	Zinsüberschuss	Bruttozinsspanne
+	Provisionsüberschuss	Provisionsspanne
+/./.	Nettoertrag oder Nettoaufwand des Handelsbestandes	Handelsspanne
+/./.	Saldo der sonstigen betrieblichen Erträge und Aufwendungen	Sonstige Ertragsspanne
=	**Gesamtertrag der normalen Geschäftätigkeit**	**Bruttoertragsspanne**
./.	Verwaltungsaufwand	Bruttobedarfsspanne
=	**Ergebnis vor Bewertung**	**Bruttogewinnspanne**
./.	Risikovorsorge	Risikospanne
=	**Betriebsergebnis**	**Nettogewinnspanne**

Berechnung des Gesamterfolgs aus der Gewinn- und Verlustrechnung

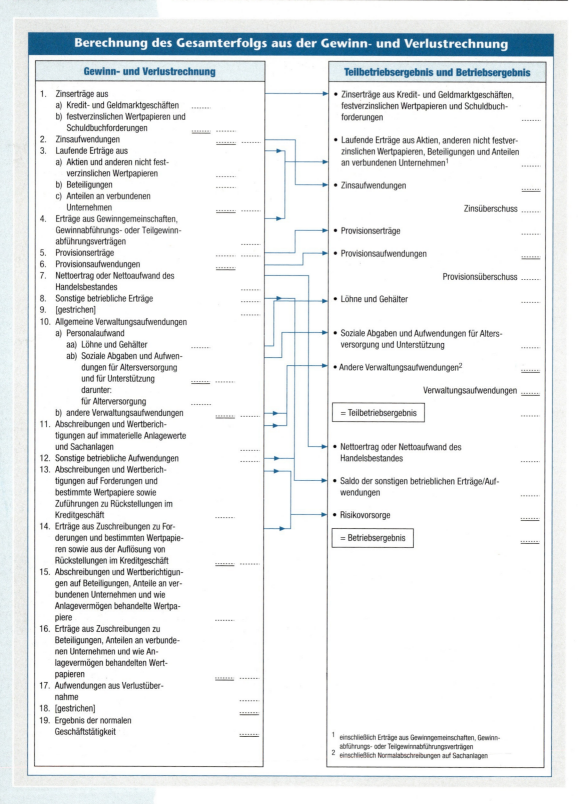

Gewinn- und Verlustrechnung

1. Zinserträge aus
   a) Kredit- und Geldmarktgeschäften ....
   b) festverzinslichen Wertpapieren und Schuldbuchforderungen ....
2. Zinsaufwendungen ....
3. Laufende Erträge aus
   a) Aktien und anderen nicht festverzinslichen Wertpapieren
   b) Beteiligungen ....
   c) Anteilen an verbundenen Unternehmen ....
4. Erträge aus Gewinngemeinschaften, Gewinnabführungs- oder Teilgewinnabführungsverträgen ....
5. Provisionserträge ....
6. Provisionsaufwendungen ....
7. Nettoertrag oder Nettoaufwand des Handelsbestandes
8. Sonstige betriebliche Erträge
9. [gestrichen] ....
10. Allgemeine Verwaltungsaufwendungen
    a) Personalaufwand
       aa) Löhne und Gehälter ....
       ab) Soziale Abgaben und Aufwendungen für Altersversorgung und für Unterstützung ....
       darunter:
       für Alterversorgung ....
    b) andere Verwaltungsaufwendungen ....
11. Abschreibungen und Wertberichtigungen auf immaterielle Anlagewerte und Sachanlagen ....
12. Sonstige betriebliche Aufwendungen
13. Abschreibungen und Wertberichtigungen auf Forderungen und bestimmte Wertpapiere sowie Zuführungen zu Rückstellungen im Kreditgeschäft ....
14. Erträge aus Zuschreibungen zu Forderungen und bestimmten Wertpapieren sowie aus der Auflösung von Rückstellungen im Kreditgeschäft ....
15. Abschreibungen und Wertberichtigungen auf Beteiligungen, Anteile an verbundenen Unternehmen und wie Anlagevermögen behandelte Wertpapiere ....
16. Erträge aus Zuschreibungen zu Beteiligungen, Anteilen an verbundenen Unternehmen und wie Anlagevermögen behandelten Wertpapieren ....
17. Aufwendungen aus Verlustübernahme ....
18. [gestrichen] ....
19. Ergebnis der normalen Geschäftstätigkeit ....

Teilbetriebsergebnis und Betriebsergebnis

• Zinserträge aus Kredit- und Geldmarktgeschäften, festverzinslichen Wertpapieren und Schuldbuchforderungen ....

• Laufende Erträge aus Aktien, anderen nicht festverzinslichen Wertpapieren, Beteiligungen und Anteilen an verbundenen Unternehmen[1] ....

• Zinsaufwendungen ....

  Zinsüberschuss ....

• Provisionserträge

• Provisionsaufwendungen ....

  Provisionsüberschuss ....

• Löhne und Gehälter

• Soziale Abgaben und Aufwendungen für Altersversorgung und Unterstützung

• Andere Verwaltungsaufwendungen[2] ....

  Verwaltungsaufwendungen ....

  = Teilbetriebsergebnis ....

• Nettoertrag oder Nettoaufwand des Handelsbestandes

• Saldo der sonstigen betrieblichen Erträge/Aufwendungen ....

• Risikovorsorge ....

  = Betriebsergebnis ....

[1] einschließlich Erträge aus Gewinngemeinschaften, Gewinnabführungs- oder Teilgewinnabführungsverträgen
[2] einschließlich Normalabschreibungen auf Sachanlagen

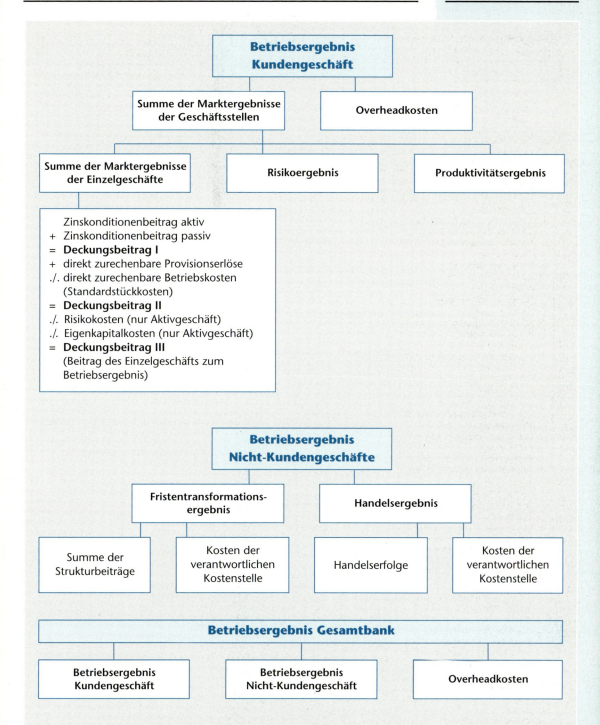

Betriebsergebnis Kundengeschäft

Summe der Marktergebnisse der Geschäftsstellen

Overheadkosten

Summe der Marktergebnisse der Einzelgeschäfte

Risikoergebnis

Produktivitätsergebnis

Zinskonditionenbeitrag aktiv
+ Zinskonditionenbeitrag passiv
= **Deckungsbeitrag I**
+ direkt zurechenbare Provisionserlöse
./. direkt zurechenbare Betriebskosten
  (Standardstückkosten)
= **Deckungsbeitrag II**
./. Risikokosten (nur Aktivgeschäft)
./. Eigenkapitalkosten (nur Aktivgeschäft)
= **Deckungsbeitrag III**
  (Beitrag des Einzelgeschäfts zum
  Betriebsergebnis)

Betriebsergebnis Nicht-Kundengeschäfte

Fristentransformations- ergebnis

Handelsergebnis

Summe der Strukturbeiträge

Kosten der verantwortlichen Kostenstelle

Handelserfolge

Kosten der verantwortlichen Kostenstelle

Betriebsergebnis Gesamtbank

Betriebsergebnis Kundengeschäft

Betriebsergebnis Nicht-Kundengeschäft

Overheadkosten

Aufgaben

1 Ermitteln Sie das Teilbetriebsergebnis des Bankhauses Ulrich Müller & Co. KG.

Zinsüberschuss	250 000 Euro
Provisionsüberschuss	10 000 Euro
Verwaltungsaufwand (einschließlich Normalabschreibungen auf Sachanlagen)	50 000 Euro

2 Die Europabank AG möchte im nächsten Geschäftsjahr die Nettogewinnspanne von derzeit 2,975 % auf 3 % der durchschnittlichen Bilanzsumme von 20 Mrd. Euro steigern. Dazu sollen Kostensenkungen im Bereich Sachaufwand und Steigerungen der Provisionsüberschüsse in gleichem Umfang beitragen. Sonst sollen alle in Abschnitt 5.2 als Erfolgsspannen dargestellten Werte unverändert bleiben.
Berechnen Sie in Euro:
a) den geplanten Sachaufwand,
b) die notwendige Steigerung der Provisionsüberschüsse.

3 Zur Kostensteuerung und zu Vergleichszwecken errechnen Kreditinstitute aus den Daten der Gesamtbetriebskalkulation die Kennzahl Aufwands-/Ertragsrelation (Cost-income-ratio).
Berechnen Sie die Kennzahl aus den Daten der Gesamtbetriebskalkulation der Europabank AG und interpretieren Sie das Ergebnis.

$$\text{Cost-income-ratio} = \frac{\text{Allgemeine Verwaltungsaufwendungen} \times 100}{\text{Gesamtertrag aus der normalen Geschäftstätigkeit}}$$

4 Führen Sie eine Gesamtbetriebskalkulation für die Nordwest-Sparkasse durch (in Klammern Vorjahreswerte).

Zinserträge	14 870 (14 032) Mio. Euro
Zinsaufwendungen	11 810 (11 165) Mio. Euro
Provisionserträge	3 657 (2 868) Mio. Euro
Provisionsaufwendungen	643 (315) Mio. Euro
Nettoertrag aus Finanzgeschäften	2 442 (1 430) Mio. Euro
Verwaltungsaufwand (einschließlich Normalabschreibung auf Sachanlagen)	6 296 (5 007) Mio. Euro
Aufwand für Risikovorsorge	309 (275) Mio. Euro

a) Welche Entwicklungen können für die Veränderungen der Ergebnisquellen verantwortlich sein?
b) Überführen Sie die Werte der Gesamtbetriebskalkulation in die Gesamtzinsspannenrechnung. Das Geschäftsvolumen der Sparkasse beträgt 150 Mrd. Euro.

5 Ermitteln Sie die Nettobedarfsspanne und die Nettozinsspanne.

Bruttozinsspanne:	4 %
Geschäftsvolumen:	100 Mio. Euro
Provisionsüberschuss:	0,9 Mio. Euro
Verwaltungsaufwand:	1,4 Mio. Euro

6 Welche Erfolgsquellen kann sich eine Bank außerhalb der Geschäfte mit Kunden erschließen, um einen möglichen Ertragsdruck im Kundenbereich aufzufangen?

7 Grenzen Sie die Begriffe Bruttozinsspanne und Nettozinsspanne gegeneinander ab.

6 Bankcontrolling als integratives System von Planung, Steuerung und Kontrolle

Teambesprechung in der Filiale 12 der Europabank AG

Der Geschäftsstellenleiter der Filiale 12 der Europabank AG berichtet allen Mitarbeiterinnen und Mitarbeitern am 16. Oktober über die Kalkulationsergebnisse der Geschäftsstelle zum 30. September. Er macht u. a. folgende Ausführungen:

„Unser Ziel für den Deckungsbeitrag III aller Passivgeschäfte haben wir bereits zu 110 % erfüllt. Dafür darf ich Ihnen schon jetzt herzlich danken, obwohl ja noch über 2 Monate gemeinsamer Arbeit bis zum Jahresabschluss vor uns liegen. Lediglich beim Verkauf der Kapitalsparbriefe mit Nachrangabrede haben wir bisher nur 82 % der Zielvorgabe erfüllt. Auch unser Ziel im Versicherungsgeschäft, das wir uns im Rahmen des Zielvereinbarungssystems im letzten Jahr gemeinsam mit der Controllingabteilung gesteckt hatten, haben wir noch nicht ganz erfüllen können."

Handlungsaufträge

1 Erklären Sie, warum die Europabank AG die Zielerreichung der Geschäftsstelle im Rahmen ihres Controllingsystems bereits zum 30. September misst.

2 Vergleichen Sie ein Zielvereinbarungssystem mit einem Zielvorgabesystem. Beleuchten Sie dabei die Position der Geschäftsleitung und die eines Kundenberaters.

3 Entwickeln Sie Vorschläge, wie das Erreichen der Ziele beim Absatz der Kapitalsparbriefe und der Versicherungen sichergestellt werden kann.

4 Warum muss das Absatzziel beim Verkauf der Kapitalsparbriefe mit Nachrangabrede erreicht werden?

▶ Vergleichen Sie Kapitalsparbriefe mit Nachrangabrede und Standardsparbriefe.

6.1 Bedeutung des Bankcontrollings

Controlling ist ein System der Unternehmensführung durch Planung, Steuerung und Kontrolle.

Die Controllingabteilung einer Bank ist keine Kontrollinstanz. Der Schwerpunkt des Controllings liegt vielmehr in der integrativen Umsetzung von Planung, Information, Bewertung und Beratung über die Ziele im Bankbetrieb und die Kontrolle der Zielerreichung. Die Kontrolle der

ERLÄUTERUNG:

Der Begriff Controlling leitet sich aus dem englischen Verb to control ab = steuern, lenken, regeln, kontrollieren.

▶ Wer ist in Ihrem Ausbildungsbetrieb für Controlling zuständig?

Zielerreichung ist also unverzichtbar in den Prozess der Planung und Steuerung integriert.

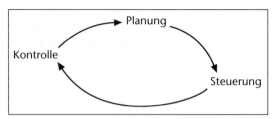

Das Bankcontrolling basiert in erheblichem Umfang auf den Daten der Kosten- und Erlösrechnung als Bestandteil des internen Rechnungswesens.

6.2 Besonderheiten des Bankcontrollings

■ Ziele des Bankcontrollings

Hauptziele des Bankcontrollings sind

- die Sicherung des Wachstums,
- die Sicherung der Liquidität,
- die Sicherung der Rentabilität,
- die Früherkennung und Vermeidung von Risiken.

Aus den Hauptzielen werden Einzelziele für Geschäftsbereiche, Geschäftsstellen, Mitarbeiterteams und einzelne Mitarbeiter abgeleitet.

■ Gegenstände und Maßnahmen des Bankcontrollings

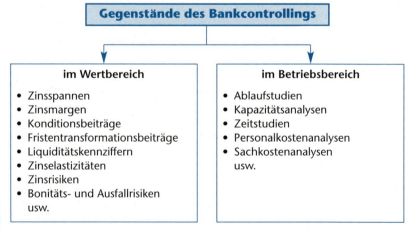

Der Umfang der vom Controlling wahrgenommenen Aufgaben hängt von der Größe der Bank, der Komplexität der betriebenen Geschäfte, der Anzahl der Mitarbeiter im Controlling und von den Anforderungen der Geschäftsleitung an die Steuerungsqualität ab.

▶ Definieren Sie Einzelziele aus den Zielen Rentabilität und Wachstum. Beachten Sie dabei die allgemeinen Anforderungen an ein Zielsystem:
1. Die Ziele müssen realistisch sein.
2. Die Ziele müssen vollständig definiert sein.
3. Die Ziele müssen so festgelegt sein, dass deren Erreichung auch überprüfbar ist.
4. Die Ziele müssen aufeinander abgestimmt sein.

Der Schwerpunkt der Controllingmaßnahmen liegt auf dem Rentabilitäts- und Risikomanagement einer Bank.

Maßnahmen des Bankcontrollings	
Kostenmanagement	**Eigengeschäftsmanagement**
Analyse von Kostenstellenberichten, Analyse der Ursachen von Kostenveränderungen, Kostenwirkungsanalysen	Integration der Eigengeschäfte in die Gesamtbilanzstrukturplanung, Mitwirkung bei Entscheidungen über Eigenanlagen
Rentabilitätsmanagement	**Risikomanagement**
Planung des Gewinnbedarfs der Bank, Ermittlung von Soll- und Mindestmargen, Aufbau und Pflege des Zielplanungssystems, Durchführen von Abweichungsanalysen, Investitionsplanung	Identifikation, Messung und Steuerung insbesondere von – Liquiditätsrisiken, – Marktpreisrisiken, – Zinsänderungsrisiken, – Kreditrisiken

ERLÄUTERUNG:

Die Ableitung von kostenorientierten Angebotspreisen mit Soll- und Mindestmargen (vgl. Abschnitt 4.4.2) ist eine Tätigkeit im Rahmen des Rentabilitätsmanagements. Auf Maßnahmen des Risikomanagements wird in Abschnitt 6.3 eingegangen.

■ Strategisches und operatives Bankcontrolling

Die Controllingaktivitäten in einer Bank haben sowohl

- eine strategische Ausrichtung als auch
- eine operative Ausrichtung.

Das **strategische Controlling** dient der **eher langfristig** angelegten Steuerung des Marktleistungsprogramms (Produkte, Sortiment) und der Geschäftsbereiche (Art und Umfang von Kunden- und Eigengeschäft). Das **operative Controlling** dient der **eher kurzfristig** angelegten, ertragsorientierten Feinsteuerung und Ergebniskontrolle der Geschäftsabläufe.

Controlling unterstützt

- die Geschäftsleitung der Bank, die **richtigen Ziele zu finden** (strategisches Bankcontrolling),
- die Mitarbeiter in den Marktbereichen, die festgelegten **Ziele auch richtig zu erreichen** (operatives Bankcontrolling).

■ Bankcontrolling als Prozess

Die zielorientierte Steuerung des Bankbetriebs über das Controlling ist keine Tätigkeit mit festgelegtem Beginn und festgelegtem Ende, sondern ein sich ständig wiederholender Kreislauf. Dies zeigt z. B. der Zielplanungsprozess der Europabank AG.

Zunächst werden Ziele für die verschiedenen Bereiche geplant und miteinander in Einklang gebracht (Zielharmonisierung). Die Zielharmonisierung ist wichtig, da nicht alle Ziele gleichzeitig verfolgt werden können.

▶ Diskutieren Sie, welche Zielkonflikte zwischen den Zielen Wachstum und Risikovermeidung auftreten können.

BEISPIEL:

Wenn Wachstum oberste Priorität hat, können z. B. im Kreditgeschäft die Konditionen für Neukunden unter die der Mitwettbewerber gesenkt und im Anlagebereich die Konditionen der anderen Banken überboten werden. Dies wird viele Neukunden anziehen und zu einem Wachstum der Bilanzsumme führen. Diese Maßnahme belastet aber das Zinsergebnis, sodass der Jahresüberschuss in der Gewinn- und Verlustrechnung sinkt.

Da jedes Wachstum im Aktivbereich mit einem Mindestanteil an Eigenmitteln unterlegt werden muss (Grundsatz I), ist die Bank aber auf Gewinne angewiesen, um die Eigenkapitalbasis zu stärken. Ein zu starkes Wachstum zulasten der Rentabilität der Bank ist also langfristig nicht möglich.

DEFINITION:

Benchmarking ist eine strukturierte Methode des Vergleichs eigener wettbewerbsrelevanter Leistungen mit Unternehmen, die in diesem Leistungsbereich erfolgreicher agieren und dort Bestleistungen erbringen.

▶ Informieren Sie sich über den Zielplanungsprozess in Ihrem Ausbildungsinstitut.

Grundlage für die Festlegung der strategischen Ziele sind Analysen und Prognosen über die zukünftige Markt- und Absatzentwicklung.

Zielplanungsprozess der Europabank AG	
Zeitpunkt	**Aktivität**
Juli des laufenden Jahres	Vorbereitung der Jahresplanung für das nächste Jahr (Strategisches Controlling)
Oktober des laufenden Jahres	Planung von Eckwerten durch den Planungsausschuss (Geschäftsleitung und Marktverantwortliche)
November des laufenden Jahres	Verabschiedung der Gesamtplanung für das nächste Geschäftsjahr
Dezember des laufenden Jahres	Vorstellung, Diskussion und endgültige Vereinbarung von Teilzielen mit den Marktverantwortlichen
ganzjährig	Durchführung von Maßnahmen zur Zielerreichung
März, Juni, September und Dezember des nächsten Jahres	Quartalsweiser Soll-Ist-Vergleich der Zielerreichung durch Controllingabteilung, Analyse der Abweichungen und gegebenenfalls Einleitung von Korrekturmaßnahmen
Juli des nächsten Jahres	Vorbereitung der nächsten Jahresplanung

Die Stärken und Schwächen der Leistungsfähigkeit der Bank werden analysiert. Als Maßstab werden zunehmend die Bestleistungen von Wettbewerbern gesetzt, um auf diese Weise alle Prozesse optimieren zu können. Dieses Verfahren wird als **Benchmarking** bezeichnet.

Beim Benchmarking wird zunächst mithilfe einer Kennzahl der Wettbewerber identifiziert, der im zu analysierenden Bereich Bestleistungen erbringt. Es wird untersucht, welche Prozesse der Bestleistung zugrunde liegen. Durch Vergleich der eigenen Leistungsprozesse mit den Benchmarkprozessen werden eigene Leistungsschwächen und Leistungsmängel aufgedeckt. Ziel des Benchmarking ist das „Lernen" von den Bestleistungen anderer Wettbewerber.

Die **strategischen Ziele** müssen **in operative Einzelziele** für die einzelnen Markteinheiten (Geschäftsstellen, Marktabteilungen usw.) umgesetzt und für jeden Bereich transparent gemacht werden. In Abhängigkeit von den gegebenen Kommunikationsstrukturen und der bestehenden Führungskultur werden die aus der Gesamtplanung abgeleiteten Teilziele entweder von der Geschäftsleitung verbindlich vorgegeben (**Zielvorgaben**) oder aber im Rahmen eines Kommunikationsprozesses mit den Markteinheiten vereinbart (**Zielvereinbarungen**).

■ Controlling als Regelkreis

Der Zielplanungsprozess ermöglicht es, die tatsächlich realisierten Istwerte mit den aus der Planung stammenden Sollwerten zu vergleichen. Bei einer Abweichung von Soll- und Istwerten müssen die Abweichungen analysiert werden. Die Ergebnisse der Abweichungsanalyse

- machen entweder eine Anpassung der Planwerte erforderlich oder
- erfordern erhöhte Anstrengungen, um die Sollwerte doch noch zu erfüllen.

Der Controlling-Regelkreis zeigt das integrative System aus Planung, Steuerung und Kontrolle. Eine Kontrolle der Zielerreichung ist dabei notwendiges Element des Controllings. Ohne Kontrolle ist keine Steuerung möglich.

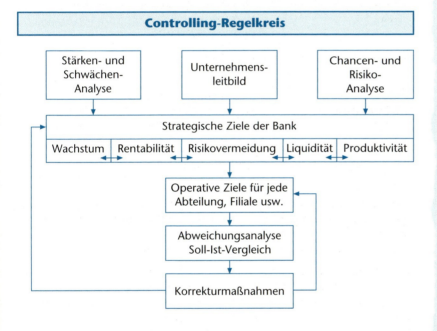

► Erläutern Sie den Controlling-Regelkreis.

6.3 Bankcontrolling als integrierte Rentabilitäts- und Risikosteuerung

Bankcontrolling entwickelt sich zunehmend zu einer integrierten Rentabilitäts- und Risikosteuerung. Danach werden alle Entscheidungen der Bank nicht nur an den Ertragsaussichten, sondern auch an den damit eingegangenen Risiken gemessen.

ERLÄUTERUNG:

§ 25a Abs. 1 KWG verpflichtet alle Kreditinstitute, Regelungen zur Steuerung, Überwachung und Kontrolle von Risiken zu treffen.

ERLÄUTERUNG:

§ 10 KWG verlangt, dass Kreditinstitute „im Interesse der Erfüllung ihrer Verpflichtungen gegenüber ihren Gläubigern, insbesondere zur Sicherheit der ihnen anvertrauten Vermögenswerte, angemessene Eigenmittel" haben.

DEFINITION:

Unter Risiko ist die Gefahr zu verstehen, dass der Wert eines Aktivpostens der Bankbilanz abnimmt oder der eines Passivpostens zunimmt und dadurch Verluste entstehen. Der Verlusteintritt muss möglichst vermieden werden.

ERLÄUTERUNG:

Das Marktrisiko wird auch als Marktpreisrisiko bezeichnet.

▶ Welche Auswirkungen ergeben sich für die Eigenkapitalausstattung einer Bank, wenn bisher zu 100 % mit Eigen- kapital zu unterlegende Kredite aufgrund eines fehlenden Bonitäts- ratings mit 150 % zu unterlegen sind?

Das Risikomanagementsystem einer Bank besteht aus mehreren Kompo- nenten:

1. Risikoidentifikation,
2. Risikomessung,
3. Risikosteuerung.

■ Risikoidentifikation und Risikomessung

Die Controllingabteilung der Europabank AG hat alle relevanten Risiken der Bank in einer Tabelle zusammengestellt.

Das Marktrisiko und das Kreditrisiko ergeben sich aus dem Bankgeschäft. Sie sind daher einfacher zu identifizieren.

Risikobereich	Erläuterung
Marktrisiko	Potenzieller Verlust bei einem Einzelwert oder Portfolio durch eine Veränderung der Marktdaten
Kreditrisiko	Potenzieller Verlust bei einem Einzelwert oder Portfolio, der durch einen Ausfall eines Kreditnehmers bedingt ist
Liquiditätsrisiko	Potenzieller Verlust, der durch den unerwarteten Abruf von Einlagen bedingt ist
Politisches Risiko	Potenzieller Verlust, der durch Änderungen im politi- schen Umfeld (auch durch Bankenaufsicht) bedingt ist
Betriebsrisiko	Potenzieller Verlust, der durch Ausfall von Sachmitteln oder Personal bedingt ist
Rechtsrisiko	Potenzieller Verlust, der durch die Verletzung rechtli- cher Rahmenbedingungen durch Vertragspartner be- dingt ist

BEISPIEL: *Marktpreisrisiken des eigenen Wertpapier- portfolios*

Die Risikofaktoren und ihre Wirkungen können am Beispiel der Marktpreisrisiken des Wertpapierportfolios der Europabank AG verdeutlicht werden:

- *Aktienkurse und deren Schwankungsbreite (Volatilität) beeinflussen als Risi- kofaktor den Wert des Aktienportfolios der Bank.*
- *Die Zinssätze am Geld- und Kapitalmarkt und ihre Änderungen wirken als Risikofaktor auf den Bestand der festverzinslichen Wertpapiere.*
- *Devisenpreise treten als Risikofaktor hinzu, wenn Aktien oder festverzinsliche Wertpapiere im Eigenbestand in ausländischer Währung gehalten werden.*

Zur **Messung des Marktrisikos** müssen alle Risikofaktoren ermittelt und mit ihrem Einfluss bestimmt werden. In verschiedenen Abschnitten definiert die Solvabilitätsverordnung für Marktpreisrisiken wie Fremdwährungsrisiken, Rohwarenrisiken, Zins- und Aktienkursrisiken des Handelsbuches sowie Optionspreisrisiken standardisierte Messverfahren.

Zur **Messung des Kreditrisikos** eines einzelnen Kredits erfolgen Risikoidentifikation und Risikomessung mithilfe der Unternehmensanalyse.

Bei Schuldnern, die über ein **Rating** verfügen, kann das Kreditrisiko besonders präzise gemessen werden. Ratingurteile sind Bonitätsurteile über Schuldtitel bzw. deren Emittenten. Sie werden auf Basis einheitlicher Verfahren durch Rating-Agenturen gewonnen. Durch die veröffentlichte Einstufung (Klassifikation) von Schuldtiteln bzw. Emittenten können Kapitalanleger zwischen Emissionen mit einem Rating einen direkten Risiko- und Renditevergleich durchführen. Zur Risikoidentifikation der in Anleihen verbrieften Kredite greift die Europabank AG auf die Ratingurteile von Standard & Poor's bzw. Moody's zurück.

ERLÄUTERUNG:

Risikofaktoren sind alle Einflüsse, die den Preis oder Wert mindern können.

Lernfeld **9**   Abschnitt 9.2

ERLÄUTERUNG:

Am US-amerikanischen Kapitalmarkt haben externe Ratingurteile eine viel stärkere Bedeutung als in Kontinentaleuropa, wo die Bonitätseinstufung bankintern durchgeführt wird. In den letzten Jahren wird aber auch hier verstärkt mit Ratings gearbeitet.

BEISPIEL:

Bei einem Ratingurteil von A3 nach Moody's liegt die Wahrscheinlichkeit, dass der Schuldner innerhalb der nächsten 5 Jahre ausfällt, bei 1,14 %.

Anleihe-Ratings			
	Einschätzung des Bonitätsrisikos	**Moody's**	**Standard & Poor´s**
Anlagebereich (investive Anlage)	Beste Qualität, geringstes Ausfallrisiko	Aaa	AAA
	Hohe Qualität, etwas größeres Risiko als die Spitzengruppe	Aa1 Aa2 Aa3	AA+ AA AA-
	Gute Qualität, aber auch Elemente, die sich bei veränderter Wirtschaftsentwicklung negativ auswirken können	A1 A2 A3	A+ A A-
	Mittlere Qualität, aber mangelnder Schutz gegenüber sich verändernder Wirtschaftsentwicklung	Baa1 Baa2 Baa3	BBB+ BBB BBB-
Spekulationsbereich (spekulative Anlage)	Spekulative Anlage, nur mäßige Deckung für Zins- und Tilgungsleistung	Ba1 Ba2 Ba3	BB+ BB BB-
	Sehr spekulative Anlage, geringe Sicherheit der langfristigen Schuldenbedienung	B1 B2 B3	B+ B B-
	Niedrigste Qualität, geringster Anlegerschutz oder in direkter Gefahr des Zahlungsverzugs (S&P) bzw. eventuell in Zahlungsverzug (Moody's)	Caa1 Caa2 Caa3	CCC+ CCC CCC-
	Stark anfällig für Zahlungsverzug; Insolvenzantrag o. Ä. nur S&P: Schuldner (teilweise) in Verzug = SD bzw. D	Ca C	CC C

BEISPIEL:

Betriebsrisiken umfassen potenzielle Verluste durch den Ausfall von Sachmitteln oder Personal. Dazu zählen z. B. Verlustrisiken durch Eingabefehler, den Total- oder Teilausfall der EDV, Verluste durch fehlerhafte Datenübertragungen oder Vermögensschäden durch Betrug und Beraubung.

HINWEIS:

Zinsänderungsrisiko als spezielles Marktpreisrisiko und seine Steuerung sowie Liquiditätsrisiko siehe Abschnitt 2.2.4

▶ **Untersuchen Sie Wettbewerbsänderungen in der deutschen Kreditwirtschaft hinsichtlich ihrer Auswirkungen auf die Ertrags- und Wachstumschancen bestehender Kreditinstitute.**

ARBEITSTIPP:

Nutzen Sie die Methode des Brainstormings.

ERLÄUTERUNG:

Kapitalsparbriefe mit Nachrangabrede werden als Ergänzungskapital 2. Klasse bei der Berechnung der Eigenmittel nach § 10 Abs. 5a KWG einbezogen.

Andere Risiken, z. B. das Betriebs- oder Rechtsrisiko, können nur durch Einzelanalyse identifiziert werden. Im Bereich des Betriebs- und Rechtsrisikos ist es zudem schwierig, diese Risiken zu messen.

In größeren Banken reicht eine Anwendung der Standardmethoden nicht aus, da der zur Risikounterlegung notwendige Eigenkapitalbedarf bei Anwendung der Standardmethoden i. d. R. überzeichnet wird. Großbanken können deshalb interne Modelle zur Risikomessung und Eigenkapitalunterlegung entwickeln, die von der Bankenaufsicht geprüft und anerkannt werden können. Die Entwicklung eines modernen Risikocontrollings mit internen Risikomodellen ist deshalb so attraktiv, da diese Methode i. d. R. zu geringeren Eigenkapitalanforderungen führt als die Anwendung der Standardmethoden.

Die Mindestanforderungen an das Risikomanagement (MaRisk) verlangen von jeder Bank eine Risikotragfähigkeitsrechnung durchzuführen. Hiernach muss das zur Risikodeckung zur Verfügung stehende interne Kapital größer sein als das über alle Risikoarten gemessene Gesamtrisiko.

■ Risikosteuerung

Zur aktiven Steuerung der Risiken durch das Risikocontrolling werden unterschiedliche Instrumente eingesetzt, die von der Art des Risikos abhängen.

Zur Steuerung des Ausfallrisikos setzt die Europabank AG u. a. auf folgende Maßnahmen:

- Begrenzung des Umfangs der verschiedenen Risikoaktiva durch Vorgabe und ständige Überprüfung von Obergrenzen,
- Streuung der Einzelrisiken nach verschiedenen Kriterien wie z. B. Größenklassen, Branchen, Kreditarten,
- Risikoabwälzung auf den Kreditnehmer über Bürgschaften und Kreditversicherungen sowie Verwertung von Sicherheiten im Fall eines Ausfalls von Zins- oder Tilgungsleistungen.

Zur Risikosteuerung werden darüber hinaus zunehmend Finanzinnovationen eingesetzt. Sie setzen in der Regel auf eine Diversifizierung eines Risikoportfolios. Dabei wird das Verlustrisiko dadurch gemindert, dass das Portfolio so zusammengestellt wird, dass sich die Risiken der im Portfolio zusammengefassten Einzelanlagen ausgleichen.

Die Europabank AG versucht darüber hinaus durch den Verkauf von Kapitalsparbriefen mit Nachrangabrede ihr haftendes Eigenkapital zu erhöhen. Diese Anlageform wird für Kunden dadurch attraktiv gemacht, dass zum Ausgleich für die Nachrangabrede im Vergleich zum normalen Sparbrief höhere Zinssätze geboten werden.

Strukturwissen

Bankcontrolling

Bankcontrolling ist ein integriertes System der Zielfindung, Planung, Steuerung und Kontrolle eines Kreditinstituts.
Es dient:
- der Zielorientierung der Gesamtbank,
- der Entscheidungsvorbereitung für die Geschäftsleitung,
- der Koordination von Planung, Steuerung und Kontrolle,
- der Veranlassung von Korrekturmaßnahmen bei Abweichungen zwischen Soll (Planung) und Ist (Realisierung).

Controllingaktivitäten im Bankbetrieb

Strategisches Controlling

- Steuerung der Gesamtposition der Bank (Globalsteuerung)
- Sicherung der Position der Bank am Markt
- Steuerung des Marktleistungsprogramms und der Geschäftsbereiche
- Steuerung der langfristigen Geschäftspolitik
- Unterstützung der Zielfindung

Operatives Controlling

- Steuerung der Geschäftsabläufe (Feinsteuerung)
- Steuerung des operativen Erfolgs der Bank
- Steuerung von Geschäftsvolumen, Kosten, Zinsen usw.
- Steuerung des laufenden Geschäfts
- Umsetzung der gesetzten Ziele

Aufgaben

1 Erläutern Sie die folgende Karikatur.

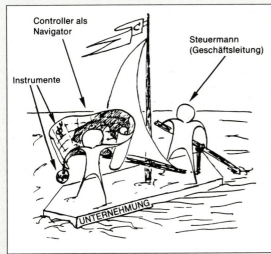

Quelle: Péter Horváth, Das Controllingkonzept, C. H. Beck, München 1991, S. 5

2 Erläutern Sie den Unterschied zwischen der Arbeit der Revisions- und der Controllingabteilung.

3 Begründen Sie, warum auch bei Sparkassen ein ertragsorientiertes Controlling erforderlich ist.

4 Erklären Sie die Notwendigkeit einer integrierten Rentabilitäts- und Risikosteuerung durch das Controlling.

5 Stellen Sie die 3 Stufen des Risikomanagements dar.

6 Was ist unter Liquiditätsrisiko zu verstehen, und wie wird es erfasst?

7 Begründen Sie, warum Controlling nicht mit Kontrolle gleichgesetzt werden darf.

1 Jahresabschlüsse von Firmenkunden und Kreditinstituten im Vergleich

Dokumentierte Unternehmensleistungen auswerten

Neuland für Thea Dorn

Thea Dorn wird in der Abteilung Unternehmensanalyse und Kreditkontrolle der Finanzbank AG eingesetzt. In dieser Abteilung werden vor allem die Jahresabschlüsse der Firmenkreditkunden ausgewertet.

Thea Dorn informiert sich zunächst, welche Unterschiede zwischen dem ihr vertrauten Jahresabschluss der Finanzbank AG und den Jahresabschlüssen von Firmenkunden bestehen.

Aktiva	Bilanz der Finanzbank AG			Passiva
	Tsd. Euro			Tsd. Euro
Barreserve	133 000	Verbindlichkeiten gegenüber		
Forderungen an Kreditinstitute	1 360 000	Kreditinstituten		4 350 000
Forderungen an Kunden	8 500 000	Verbindlichkeiten gegenüber Kunden		
Schuldverschreibungen und		a) Spareinlagen	4 000 000	
andere festverzinsliche Wertpapiere	2 559 700	b) Andere Verbindlichkeiten	3 750 000	7 750 000
Aktien	996 900	Verbriefte Verbindlichkeiten		700 000
Beteiligungen	220 000	Sonstige Verbindlichkeiten		20 000
Immaterielle Anlagewerte	12 000	Rechnungsabgrenzungsposten		140 000
Sachanlagen	215 100	Rückstellungen		120 000
Rechnungsabgrenzungsposten	3 300			
		Eigenkapital		
		a) Gezeichnetes Kapital	300 000	
		b) Kapitalrücklage	120 000	
		c) Gewinnrücklagen	450 000	
		d) Bilanzgewinn	50 000	920 000
	14 000 000			14 000 000

Gewinn- und Verlustrechnung der Finanzbank AG	(in Tsd. Euro)
Zinserträge	798 000
Zinsaufwendungen	480 000
Provisionserträge	110 000
Provisionsaufwendungen	23 000
Nettoertrag des Handelsbestandes	26 000
Verwaltungsaufwendungen	234 000
Abschreibungen und Wertberichtigungen auf immaterielle Anlagewerte und Sachanlagen	22 000
Abschreibungen und Wertberichtigungen auf Forderungen und bestimmte Wertpapiere sowie Zuführung zu Rückstellungen im Kreditgeschäft	43 000
Ergebnis der normalen Geschäftstätigkeit	132 000
Steuern vom Einkommen und Ertrag	62 000
Jahresüberschuss	**70 000**

Aktiva	Bilanz der Maschinenfabrik Edmund Schütter GmbH		Passiva	
		Tsd. Euro		Tsd. Euro
A. Anlagevermögen			**A. Eigenkapital**	
I. Immaterielle Vermögensgegenstände		30	I. Gezeichnetes Kapital	500
II. Sachanlagen			II. Gewinnrücklage	120
1. Grundstücke und Bauten		800	III. Gewinnvortrag	50
2. Technische Anlagen und Maschinen		1 200	IV. Jahresüberschuss	450
3. Betriebs- und Geschäftsausstattung		1 000	**B. Rückstellungen**	
III. Finanzanlagen			1. Rückstellungen für Pensionen	400
1. Beteiligungen		5	2. Steuerrückstellungen	100
2. Wertpapiere des Anlagevermögens		15	3. Sonstige Rückstellungen	20
B. Umlaufvermögen			**C. Verbindlichkeiten**	
I. Vorräte			1. Verbindlichkeiten gegenüber Kreditinstituten	6 300
1. Roh-, Hilfs- und Betriebsstoffe		2 200	davon mit einer Restlaufzeit bis zu	
2. Unfertige Erzeugnisse, unfertige			1 Jahr 1 200	
Leistungen		1 000	2. Erhaltene Anzahlungen auf Bestellungen	550
3. Fertige Erzeugnisse und Waren		4 100	davon mit einer Restlaufzeit bis zu	
II. Forderungen und sonstige Vermögensgegenstände			1 Jahr 550	
1. Forderungen aus Lieferungen und			3. Verbindlichkeiten aus Lieferungen und	
Leistungen		2 100	Leistungen	4 000
davon Restlaufzeit mehr als 1 Jahr	0		davon mit einer Restlaufzeit bis zu	
III. Kassenbestand, Bundesbankguthaben,			1 Jahr 4 000	
Guthaben bei Kreditinstituten und Schecks		100	**D. Rechnungsabgrenzungsposten**	180
C. Rechnungsabgrenzungsposten		120		
		12 670		**12 670**

Gewinn- und Verlustrechnung der Maschinenfabrik Edmund Schütter GmbH	
	(in Tsd. Euro)
Umsatzerlöse	40 245
Sonstige betriebliche Erträge	700
Materialaufwand	17 292
Personalaufwand	12 180
Abschreibungen auf Sachanlagen	7 934
Sonstige betriebliche Aufwendungen	2 478
Zinsaufwand	624
Außerordentliche Erträge	292
Steuern vom Einkommen und Ertrag	279
Jahresüberschuss	**450**

Handlungsaufträge

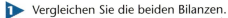

1 Vergleichen Sie die beiden Bilanzen.

2 Vergleichen Sie die beiden Gewinn- und Verlustrechnungen.

3 Begründen Sie die Unterschiede zwischen den Bilanzen und den Gewinn- und Verlustrechnungen.

> ▶ **Womit beginnt die Aktivseite der Bankbilanz und womit beginnt die Aktivseite der Kundenbilanz?**

Ein Vergleich der Jahresabschlüsse kann sich sowohl auf Gliederung und Inhalt der Posten in Bilanz und Gewinn- und Verlustrechnung beziehen als auch auf die ausgewiesenen Zahlen.

1.1 Vergleich der Bilanzen

Abschnitt 2.1

▶ Welche Gründe lassen sich für die unterschiedliche Gliederung von Bankbilanzen gegenüber Bilanzen anderer Unternehmen (Kundenbilanzen) anführen?

Bilanzen von Banken und Kunden zeigen gleichermaßen auf der Passivseite das beschaffte Kapital und auf der Aktivseite die Anlagen, die mit dem beschafften Kapital getätigt wurden. Die einzelnen Aktiv- und Passivposten der Bilanzen von Banken und ihren Kunden unterscheiden sich aufgrund der unterschiedlichen Geschäftsfelder, in denen Banken und in denen andere Unternehmen tätig sind. Bankbilanzen und Kundenbilanzen sind nach unterschiedlichen Kriterien gegliedert.

1.1.1 Aktivseite

Bankbilanz

Aktiva		Passiva
Gliederung nach abnehmender Liquidität	Barreserve Forderungen an Kreditinstitute Forderungen an Kunden	**Kapital**
	Wertpapiere Beteiligungen Sachanlagen	

Kundenbilanz

Aktiva		Passiva
Gliederung nach zunehmender Liquidität	**Anlagevermögen** Immaterielle Vermögens- gegenstände Sachanlagen Finanzanlagen	**Kapital**
	Umlaufvermögen Vorräte Forderungen Kasse, Bank, Schecks	

📖 **ERLÄUTERUNG:**

Immaterielle Vermögensgegenstände sind z. B. Lizenzen, Konzessionen und gewerbliche Schutzrechte (Markenrechte).

Die **Aktivseite der Bankbilanz** zeigt am Anfang die geldnahen Vermögensposten. Liest man die Bilanz von oben nach unten, so wird nach dem Prinzip abnehmender Liquidität gegliedert. In **der Bilanz des Firmenkunden** wird dagegen nach zunehmender Liquidität gegliedert. Hier stehen die liquiden Mittel in Form von Kassenbeständen, Guthaben bei Kreditinstituten und Schecks am Schluss.

▶ Errechnen Sie die Sachanlagenintensität als Kennzahl für die Beurteilung der Vermögensstruktur. Formel:
$$\frac{\text{Sachanlagen} \times 100}{\text{Bilanzsumme}}$$

In der **Bankbilanz** wird nicht wie in der **Kundenbilanz** ausdrücklich zwischen **Anlage- und Umlaufvermögen** unterschieden. Das Anlagevermögen in der Kundenbilanz stellt mit Grundstücken, Gebäuden, Maschinen sowie Betriebs- und Geschäftsausstattung die Produktionsbasis dar. Es wird daher zu Beginn der Aktiva ausgewiesen.

Die **Bankbilanz** weist **keine Vorräte** aus.

Die **Kundenbilanz** zeigt im **Umlaufvermögen** die vorhandenen Vorräte in ihrem unterschiedlichen Verarbeitungsgrad: Roh-, Hilfs- und Betriebsstoffe werden für die Produktion benötigt. Ist der Herstellungsprozess zum Bilanzstichtag noch nicht abgeschlossen, liegen unfertige Erzeugnisse und Leistungen vor. Fertige Erzeugnisse und Waren sind verkaufsfähig und warten auf Abnehmer. Während es sich beim Firmenkunden um einen Produktionsbetrieb handelt, der nicht verkaufte Erzeugnisse bis zum Verkauf lagern kann, erstellt das Kreditinstitut Dienstleistungen, die nicht gespeichert werden können.

Ein deutlicher **Unterschied** zwischen Bankbilanz und Kundenbilanz besteht **im Posten Forderungen. Forderungen in der Bankbilanz** entstehen dadurch, dass die Bank **Kredite** gewährt oder Einlagen bei anderen Kreditinstituten unterhält. **Mit Kreditgewährungen erzielen Banken und Sparkassen** ihre wichtigsten **Erträge. Forderungen in der Kundenbilanz** entstehen dadurch, dass **Erzeugnisse oder Dienstleistungen gegen Rechnung** geliefert wurden, zum Bilanzstichtag aber noch kein Geldeingang zu verzeichnen ist. **Forderungen aus Lieferungen und Leistungen verursachen Kosten**, da sie Liquidität binden. Die Maschinenfabrik kann die Mittel z. B. nicht zum Abbau von Bankverbindlichkeiten einsetzen.

1.1.2 Passivseite

Bankbilanz

Aktiva		Passiva
	Vermögen	**Fremdkapital**
		Eigenkapital

Kundenbilanz

Aktiva		Passiva
	Vermögen	**Eigenkapital**
		Fremdkapital

► Begründen Sie die unterschiedliche Sachanlagenintensität in den beiden Bilanzen.

BEISPIEL:

Die Maschinenfabrik verkauft eine Maschine zum Rechnungspreis von 200 000 Euro. Bei Rechnungsstellung entsteht eine Forderung aus Lieferungen und Leistungen, denen in der GuV Umsatzerlöse in gleicher Höhe gegenüberstehen. Die Forderung erlischt mit Bezahlung der Rechnung.

ERLÄUTERUNG:

Für beide Bilanzen gilt die Bilanzgleichung:
Vermögen
./. Fremdkapital (Schulden)
= Eigenkapital

► Begründen Sie die unterschiedliche Gliederung der Passivseite der Bankbilanz und der Kundenbilanz.

▶ Ermitteln Sie den Anteil des Eigenkapitals an der Bilanzsumme (Eigenkapitalquote).

▶ Vergleichen Sie die Eigenkapitalquote der beiden Unternehmen und erläutern Sie die Unterschiede.

▶ Erläutern Sie die unterschiedliche Bedeutung der Verbindlichkeiten für Kreditinstitute und Firmenkunden.

BEISPIEL:

Die in der Bilanz der Maschinenfabrik ausgewiesenen Sachanlagen, Roh-, Hilfs- und Betriebsstoffe und unfertigen Erzeugnisse werden zur Produktion eingesetzt. Die erstellten Produkte werden an Kunden verkauft. Sie führen in der Bilanz zu Forderungen oder Mittelzuflüssen und in der Gewinn- und Verlustrechnung zu Umsatzerlösen. Die Umsatzerlöse stellen eine Wiedergeldwerdung (Vermögensverflüssigung) des Anlagevermögens sowie der Stoffe und Erzeugnisse dar.

ERLÄUTERUNG:

Umsatzerlöse erfassen Erlöse aus dem Verkauf von Erzeugnissen, Waren oder Dienstleistungen nach Abzug von Erlösschmälerungen, z. B. Rabatte, und der Umsatzsteuer.

Die **Passivseite beider Bilanzen** zeigt das Eigen- und das Fremdkapital. In der Bankbilanz steht das Eigenkapital am Schluss, in der Kundenbilanz steht das Eigenkapital vor dem Fremdkapital.

Das Fremdkapital umfasst Rückstellungen, Verbindlichkeiten und Rechnungsabgrenzungsposten. Dabei sind die Posten Rückstellungen und Rechnungsabgrenzungsposten in der Bilanz des Kreditinstituts und in der Kundenbilanz inhaltlich identisch. Unterschiede bestehen aber im Bereich der Verbindlichkeiten.

1.2 Vergleich der Gewinn- und Verlustrechnungen

Während die **Bilanz eine stichtagsbezogene Aufstellung des Vermögens und des Kapitals** eines Unternehmens ist, ist **die Gewinn- und Verlustrechnung eine Jahresrechnung**, die über den wirtschaftlichen **Erfolg oder Misserfolg im jeweiligen Geschäftsjahr** Auskunft gibt. Zwischen Bilanz und Gewinn- und Verlustrechnung besteht dabei ein enger Zusammenhang.

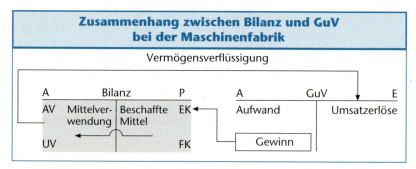

Zusammenhang zwischen Bilanz und GuV bei der Maschinenfabrik

Den Erträgen des Geschäftsjahres werden in der Gewinn- und Verlustrechnung alle Aufwendungen des Geschäftsjahres gegenübergestellt. Als Saldo entsteht das Jahresergebnis. Es ist der positive oder negative Erfolg des abgelaufenen Geschäftsjahres. Es führt – vereinfacht ausgedrückt – zu einem Zuwachs oder zu einer Abnahme des Eigenkapitals des Unternehmens.

Die **unterschiedlichen Tätigkeiten eines Kreditinstituts und eines Produktionsunternehmens** zeigen sich in der **Struktur der Gewinn- und Verlustrechnung.** Die zentralen Erfolgsquellen des Kreditinstituts liegen im zinstragenden Geschäft (Zinsertrag und Zinsaufwand) und im Provisionsgeschäft (Provisionsertrag und Provisionsaufwand). Die Erfolgsquellen des Kunden sind Herstellung und Vertrieb. Sie schlagen sich in den Umsatzerlösen nieder. In diesem Posten werden alle verkauften Güter und Dienstleistungen mit ihren Verkaufspreisen erfasst. Alle weiteren Erträge, die nicht zu den Umsatzerlösen zählen und auch nicht außerordentlich sind, werden als sonstige betriebliche Erträge ausgewiesen.

In beiden Gewinn- und Verlustrechnungen stellt der Personalaufwand einen bedeutenden Aufwandsposten dar. Während er in der Gewinn- und Verlustrechnung des Kreditinstituts zusammen mit dem Sachaufwand im

Posten Verwaltungsaufwand ausgewiesen wird, zeigt die Gewinn- und Verlustrechnung des Produktionsunternehmens den Personalaufwand als eigenen Posten. Von besonderer Bedeutung in der Gewinn- und Verlustrechnung des Kunden ist der Materialaufwand. Er entsteht durch den Bezug von Roh-, Hilfs- und Betriebsstoffen, Waren oder Dienstleistungen bei Vorlieferanten.

Inhaltlich identisch ist der in beiden GuV ausgewiesene Aufwand für Abschreibungen auf Sachanlagen und immaterielle Anlagewerte. Sowohl die Bank als auch der Firmenkunde nutzen Gebäude, Betriebs- und Geschäftsausstattung oder Softwareprodukte zur Leistungserstellung. Der Verschleiß der eingesetzten Sachanlagen wird über Abschreibungen verrechnet, die im Preis der verkauften Leistungen einkalkuliert sind.

Abschnitt 7.2

Für das beschaffte Fremdkapital weist der Firmenkunde Zinsaufwendungen aus. Da die Edmund Schütter GmbH eine Geschäftsbeziehung zur Finanzbank AG unterhält, finden sich diese Beträge im Posten Zinserträge der GuV der Finanzbank AG wieder.

Die GuV schließt jeweils mit dem Ausweis eines positiven Jahresergebnisses nach Steuern. Im Steueraufwand werden die Steuerarten, deren Bemessungsgrundlage das Einkommen oder der Ertrag ist, ausgewiesen.

ERLÄUTERUNG:

Zu den Steuern vom Einkommen und Ertrag gehören die Körperschaftsteuer und die Gewerbeertragsteuer.

Wie auch beim Vergleich von Bilanzstrukturen, macht der Vergleich von GuV-Strukturen nur bei Unternehmen der gleichen Branche Sinn. Ein Strukturvergleich der GuV von verschiedenen Kreditinstituten kann im Rahmen der Gesamtbetriebskalkulation durchgeführt werden. Strukturvergleiche der GuV von Firmenkunden setzen eine Aufbereitung des Zahlenmaterials im Rahmen der Jahresabschlussanalyse voraus. Erst mit einer aufbereiteten GuV können Kennzahlenvergleiche durchgeführt werden.

Abschnitt 5.2

Abschnitt 2.1.2

Strukturwissen

Unterschiede zwischen Bilanz und Gewinn- und Verlustrechnung

Bilanz	Gewinn- und Verlustrechnung
• ist eine Stichtagsbetrachtung • zeigt Vermögen und Kapital am Bilanz- stichtag • untergliedert Vermögen nach Vermögens- werten und Kapital nach Finanzierungs- quellen • zeigt den Jahreserfolg als Bestandsgröße	• ist eine Zeitraumbetrachtung • zeigt Aufwendungen und Erträge des Geschäftsjahres • untergliedert Aufwendungen und Erträge nach Aufwands- und Ertragsarten • zeigt die Entstehung des Jahreserfolges

Unterschiede zwischen Bankbilanz und Kundenbilanz

Aktivseite

A Bankbilanz	A Kundenbilanz

Barreserve
 	
Forderungen an
  Kreditinstitute
 	
Forderungen an
  Kunden
 	
Wertpapiere
 	
Beteiligungen
 	
Sachanlagen
	Anlagevermögen
	Immaterielle Vermö-
	gensgegenstände
	Sachanlagen
	Finanzanlagen
	
	Umlaufvermögen
	Vorräte
	Forderungen
	Kasse, Bank, Schecks

- • keine Unterteilung in Anlage- und Umlaufvermögen
- • liquide Mittel an erster Stelle
- • Gliederung nach abnehmender Liquidität

- • Unterteilung in Anlage- und Umlaufvermögen
- • Anlagevermögen an erster Stelle
- • Gliederung nach zunehmender Liquidität

Passivseite

Bankbilanz P	Kundenbilanz P
Fremdkapital Eigenkapital	Eigenkapital Fremdkapital

- • Fremdkapital an erster Stelle
- • Gliederung nach zunehmender Fristigkeit (Verbleibdauer)
- • Eigenkapital i. d. R. unter 10 % der Bilanzsumme

- • Eigenkapital an erster Stelle
- • Gliederung nach abnehmender Fristigkeit (Verbleibdauer)
- • Eigenkapital u. U. höher als Fremdkapital

Unterschiede zwischen der GuV-Rechnung einer Bank und eines Bankkunden

GuV einer Bank

Zinserträge

./. **Zinsaufwendungen**

+ **Provisionserträge**

./. **Provisionsaufwendungen**

+ **Nettoertrag des Handelsbestandes**

./. **Verwaltungsaufwendungen**

./. Abschreibungen und Wertberichtigungen auf immaterielle Anlagewerte und Sachanlagen

./. **Abschreibungen und Wertberichtigungen auf Forderungen und bestimmte Wertpapiere** sowie Zuführung zu Rückstellungen im Kreditgeschäft

= Ergebnis der normalen Geschäftstätigkeit

./. Steuern vom Einkommen und Ertrag

= **Jahresüberschuss/Jahresfehlbetrag**

GuV eines Kunden

Umsatzerlöse

+ Sonstige betriebliche Erträge

./. **Materialaufwand**

./. **Personalaufwand**

./. **Abschreibungen auf Sachanlagen**

./. Sonstige betriebliche Aufwendungen

./. Zinsaufwand

= Ergebnis der gewöhnlichen Geschäftstätigkeit

+ Außerordentliche Erträge

./. Steuern vom Einkommen und Ertrag

= **Jahresüberschuss/Jahresfehlbetrag**

Aufgaben

1 Untersuchen Sie, ob aus der Bilanz der Edmund Schütter GmbH Aussagen zur Liquiditätslage des Kunden abgeleitet werden können.

2 Untersuchen Sie die Struktur der Finanzierungsquellen in der Bilanz der Edmund Schütter GmbH, und erläutern Sie die Auswirkungen auf den Aufwand in der Gewinn- und Verlustrechnung.

3 Am Bilanzstichtag beträgt der Wert aller Vermögensgegenstände eines Unternehmens 1,4 Mio. Euro. Die Schulden (Verbindlichkeiten und Rückstellungen) belaufen sich auf 1,6 Mio. Euro. Welche Auswirkungen hat dies auf die Bilanz?

4 Die Tim Obermann GmbH hat ein Stammkapital von 25 000,00 Euro. Am Bilanzstichtag sind Rechnungen von Lieferanten in Höhe von 45 000,00 Euro unbezahlt. Das Kontokorrentkonto bei der Europabank AG ist mit 18 500,00 Euro überzogen. Für Gewerbesteuerzahlungen hat der Steuerberater Rückstellungen von 4 000,00 Euro ermittelt. Ermitteln Sie die Eigenkapitalquote.

5 Für die Tim Obermann GmbH werden folgende Aufwendungen und Erträge ermittelt:
- Für die gemieteten Geschäftsräume waren monatlich 500,00 Euro zu zahlen.
- Die Nebenkosten der Bewirtschaftung der Geschäftsräume betrugen insgesamt 4 000,00 Euro.
- Die Betriebs- und Geschäftsausstattung (Restbuchwert 15 000,00 Euro) wurde mit 20 % abgeschrieben.
- Die Überziehungen verursachen Zinsaufwendungen von 1 000,00 Euro.
- Der Geschäftsführer der GmbH erhielt ein Jahresgehalt von 50 000,00 Euro.
- Aus dem Verkauf eines voll abgeschriebenen PC der Geschäftsausstattung erzielte die GmbH einen Erlös von 200,00 Euro.
- Der Steueraufwand betrug 50 % auf das Ergebnis der gewöhnlichen Geschäftstätigkeit.
- Folgende Warenumsätze wurden getätigt:

	Absatzmenge	Einkaufspreis	Aufschlag auf Einstandspreis
PC – Modell x-tra	200	500,00 Euro	200 %
PC – Modell ultra	100	800,00 Euro	250 %
Drucker	300	100,00 Euro	150 %

a) Erstellen Sie aus den Angaben eine Gewinn- und Verlustrechnung.
b) Ermitteln Sie das Jahresergebnis.
c) Prüfen Sie, ob das eingesetzte Eigenkapital von 25 000,00 Euro angemessen verzinst wurde.

2 Unternehmensanalyse im Hinblick auf Kreditentscheidungen

2.1 Auswertung des Jahresabschlusses

Die Suche nach den wahren wirtschaftlichen Verhältnissen

Die Carsten Peters GmbH benötigt einen Kredit über 772 000,00 Euro für die Beschaffung neuer Produktionsmaschinen. Klaus Peters, geschäftsführender Gesellschafter der Carsten Peters GmbH wendet sich mit diesem Wunsch am 2. Juli an Peter Wagner, Firmenkundenbetreuer der Europabank AG. Die Carsten Peters GmbH ist führender Anbieter von hochwertigen Strickmoden. Das Unternehmen ist erfolgreich am Markt eingeführt und verfolgt eine Expansionsstrategie. Als Gesprächsunterlage hat Klaus Peters u. a. den Jahresabschluss des letzten Geschäftsjahres mitgebracht.

Aktiva	GJ in Euro	VJ in Tsd. Euro
A. Anlagevermögen		
I. Immaterielle Vermögensgegenstände		
1. geleistete Anzahlungen	64 496,00	35
II. Sachanlagen		
1. Grundstücke, grundstücksgleiche Rechte und Bauten einschließlich der Bauten auf fremden Grundstücken	825 620,00	0
2. Technische Anlagen und Maschinen	1 086 507,00	476
3. andere Anlagen, Betriebs- und Geschäftsausstattung	1 153 412,00	386
4. geleistete Anzahlungen und Anlagen im Bau	428 760,00	0
III. Finanzanlagen		
1. Beteiligungen	1 186,97	0
B. Umlaufvermögen		
I. Vorräte		
1. Roh-, Hilfs- und Betriebsstoffe	2 256 700,69	1 851
2. unfertige Erzeugnisse, unfertige Leistungen	1 003 169,98	835
3. fertige Erzeugnisse und Waren	4 339 041,09	4 095
II. Forderungen und sonstige Vermögensgegenstände		
1. Forderungen aus Lieferungen und Leistungen	5 716 598,32	3 967
2. sonstige Vermögensgegenstände	2 097 152,86	2 265
III. Wertpapiere		
1. sonstige Wertpapiere	0,00	98
IV. Kassenbestand, Bundesbankguthaben, Guthaben bei Kreditinstituten und Schecks	97 343,02	122
C. Rechnungsabgrenzungsposten	207 989,40	215
	19 277 977,33	14 345

ERLÄUTERUNG:

GJ = Geschäftsjahr
VJ = Vorjahr

ERLÄUTERUNG:

Das gesamte Umlaufvermögen ist kurzfristig.

ERLÄUTERUNG:

GJ = Geschäftsjahr
VJ = Vorjahr

ERLÄUTERUNG:

Alle Verbindlichkeiten aus
Lieferungen und Leistungen
sind kurzfristig.
Von Verbindlichkeiten ge-
genüber Kreditinstituten entfallen 2 895 Tsd. Euro (Vorjahr
700 Tsd. Euro) auf Konto-
korrentverbindlichkeiten und
2 295 Tsd. Euro (Vorjahr
1 633 Tsd. Euro) auf
langfristige Darlehen.
Von den sonstigen Verbindlichkeiten sind 1 495 Tsd. Euro
(Vorjahr 1 622 Tsd. Euro)
kurzfristig und 26 Tsd. Euro
(Vorjahr 0 Tsd. Euro)
langfristig.

► Ermitteln Sie den
Betrag der mittel-
fristigen Bankschulden
und der mittelfristigen
sonstigen Verbindlich-
keiten (GJ und VJ).

Passiva		GJ in Euro	VJ in Tsd. Euro
A. Eigenkapital			
I. Gezeichnetes Kapital		500 000,00	500
II. Gewinnvortrag		81 138,30	64
III. Jahresüberschuss		527 387,33	351
B. Rückstellungen			
1. Rückstellungen für Pensionen und ähnliche Verpflichtungen		1 742 763,00	1 584
2. Steuerrückstellungen		624 547,21	387
3. sonstige Rückstellungen		1 111 053,00	962
C. Verbindlichkeiten			
1. Verbindlichkeiten gegenüber Kreditinstituten		6 591 572,10	3 965
2. Verbindlichkeiten aus Lieferungen und Leistungen		6 505 816,04	4 910
3. sonstige Verbindlichkeiten		1 593 700,35	1 622
davon aus Steuern	419 607,66		
davon im Rahmen der sozialen Sicherheit	322 568,38		
		19 277 977,33	14 345

Gewinn- und Verlustrechnung	GJ in Euro		VJ in Tsd. Euro
1. Umsatzerlöse		40 244 922,13	37 836
2. Erhöhung oder Verminderung des Bestands an fertigen und unfertigen Erzeugnissen		412 540,80 –	253
3. sonstige betriebliche Erträge		459 595,11	292
4. Materialaufwand			
a) Aufwendungen für Roh-, Hilfs- und Betriebs- stoffe und für bezogene Waren		– 14 647 221,36 –	14 260
b) Aufwendungen für bezogene Leistungen		– 3 292 467,16 –	1 560
5. Personalaufwand			
a) Löhne und Gehälter		– 11 082 838,36 –	10 534
b) soziale Abgaben und Aufwendungen für Altersversorgung und für Unterstützung		– 2 605 866,29 –	2 478
6. Abschreibungen			
a) auf immaterielle Vermögensgegenstände des Anlagevermögens und Sachanlagen		– 519 523,65 –	285
7. sonstige betriebliche Aufwendungen		– 7 728 927,41 –	7 572
8. sonstige Zinsen und ähnliche Erträge		150 388,47	162
9. Zinsen und ähnliche Aufwendungen		– 623 968,51 –	634
10. Ergebnis der gewöhnlichen Geschäftstätigkeit		**766 633,77**	**714**
11. außerordentliche Erträge		298 573,46	0
12. außerordentliche Aufwendungen		6 450,81	0
13. außerordentliches Ergebnis		**292 122,65**	
14. Steuern vom Einkommen und vom Ertrag		– 497 720,00 –	340
15. sonstige Steuern		– 33 649,09 –	23
16. Jahresüberschuss		**527 387,33**	**351**

Handlungsaufträge

1 Welche Informationsquellen kann Peter Wagner neben dem Jahresabschluss zur Beurteilung der wirtschaftlichen Verhältnisse der Carsten Peters GmbH heranziehen?

2 Erstellen Sie aus der Bilanz der Carsten Peters GmbH eine Strukturbilanz für die Berechnung betriebswirtschaftlicher Kennzahlen.

3 Beurteilen Sie die Vermögens- und Finanzlage der Carsten Peters GmbH.

4 Leiten Sie aus der Gewinn- und Verlustrechnung Aussagen zur Ertragslage ab.

5 Untersuchen Sie, ob das in der Gewinn- und Verlustrechnung ausgewiesene Jahresergebnis für Rentabilitätsvergleiche geeignet ist.

Ein Kreditinstitut darf einen Kredit von mehr als 750 000,00 Euro nur gewähren, wenn es sich von dem Kreditnehmer die wirtschaftlichen Verhältnisse, insbesondere durch Vorlage der Jahresabschlüsse, offen legen lässt (§ 18 Satz 1 KWG). Zur Erfüllung dieser Auflage dient die Jahresabschlussanalyse. Unterhalb dieser Betragsgrenze werten Banken Jahresabschlüsse aus, um den Anforderungen von § 25a Abs. 1 KWG nachzukommen.

▶ **Für die Offenlegung sollen grundsätzlich die letzten 3 Jahresabschlüsse des Kreditnehmers herangezogen und ausgewertet werden. Begründen Sie diese Forderung.**

2.1.1 Aufbereitung und Auswertung der Bilanz

Die Bilanz der Carsten Peters GmbH wird zur Kennzahlenermittlung strukturiert. Dabei werden sowohl Zusammenfassungen als auch weitere Aufgliederungen von Bilanzposten vorgenommen. Außerdem kommt es zu Verrechnungen zwischen den beiden Bilanzseiten.

◼ Die Strukturbilanz

Auf der Aktivseite werden die Summen des Anlage- und des Umlaufvermögens ermittelt. Das Umlaufvermögen wird in Vorratsvermögen und übriges Umlaufvermögen unterteilt.

Auf der Passivseite werden die Summen des Eigenkapitals und des lang-, mittel- und kurzfristigen Fremdkapitals sowie des langfristig zur Verfügung stehenden Kapitals ermittelt. Bei der Einteilung des Fremdkapitals werden die Restlaufzeiten zugrunde gelegt. Dabei gilt

- kurzfristig = Restlaufzeit bis zu 1 Jahr,
- mittelfristig = Restlaufzeit mehr als 1 Jahr bis 5 Jahre,
- langfristig = Restlaufzeit mehr als 5 Jahre.

Dem Fremdkapital sind auch die Rückstellungen entsprechend zuzuordnen.

ERLÄUTERUNG:

Verrechnungen zwischen Aktiv- und Passivseite werden als Kompensationen bezeichnet.

ERLÄUTERUNG:

Die Restlaufzeiten können z. T. aus dem Jahresabschluss entnommen werden (Anhang), z. T. müssen sie auf andere Weise beschafft werden, z. B. durch Abfrage beim Kreditnehmer.

ERLÄUTERUNG:

In der Bilanz der Carsten Peters GmbH haben nur die Pensionsrückstellungen langfristigen Charakter.

ERLÄUTERUNG:

BS = Bilanzsumme

▶ Errechnen Sie die Anlagenintensität:

$$\frac{\text{Anlagevermögen} \times 100}{\text{Bilanzsumme}}$$

▶ Beurteilen Sie die Entwicklung der Anlagenintensität im Zeitvergleich. Welche Gründe führen zu einer Veränderung der Anlagenintensität?

ERLÄUTERUNG:

Die Rechnungsabgrenzungsposten und sonstigen Vermögensgegenstände werden zum Posten „Sonstiges Umlaufvermögen" zusammengefasst.

▶ Errechnen Sie die Eigenkapitalquote:

$$\frac{\text{Eigenkapital} \times 100}{\text{Bilanzsumme}}$$

▶ Errechnen Sie die Fremdkapitalquoten für das kurz-, mittel- und langfristige Fremdkapital.

▶ Welche strukturellen Veränderungen haben sich bei der Carsten Peters GmbH im abgelaufenen Geschäftsjahr ergeben?

Strukturbilanz Aktiva	GJ		VJ	
	Tsd. Euro	% der BS	Tsd. Euro	% der BS
Immaterielles Anlagevermögen	**64**	**0,3 %**	**35**	**0,2 %**
Grundstücke und Gebäude	826		0	
Anlagen und Maschinen	1 087		476	
Betriebs- und Geschäftsausstattung	1 153		386	
Anzahlungen und Anlagen im Bau	429		0	
Sachanlagevermögen	**3 495**	**18,1 %**	**862**	**6,0 %**
Beteiligungen	1		0	
Ausleihungen	0		0	
sonstige Finanzanlagen	0		0	
Finanzanlagevermögen	**1**	**0,0 %**	**0**	**0,0 %**
SUMME ANLAGEVERMÖGEN	**3 560**	**18,5 %**	**897**	**6,3 %**
Roh-, Hilfs- und Betriebsstoffe	2 257		1 851	
unfertige Erzeugnisse	1 003		835	
fertige Erzeugnisse, Waren	4 339		4 095	
geleistete Anzahlungen	0		0	
Vorräte	**7 599**	**39,4 %**	**6 781**	**47,3 %**
Forderungen aus Lieferungen und Leistungen	5 717		3 967	
Wertpapiere	0		98	
sonstiges Umlaufvermögen	2 305		2 480	
Flüssige Mittel	97	0,5 %	122	0,9 %
Übriges Umlaufvermögen	**8 119**	**42,1 %**	**6 667**	**46,5 %**
SUMME UMLAUFVERMÖGEN	**15 718**	**81,5 %**	**13 448**	**93,7 %**
BILANZSUMME	**19 278**	**100,0 %**	**14 345**	**100,0 %**

Strukturbilanz Passiva	GJ		VJ	
	Tsd. Euro	% der BS	Tsd. Euro	% der BS
Gezeichnetes Kapital	500		500	
Rücklagen	0		0	
nicht ausgeschüttete Gewinne	108		81	
Eigenkapital	**608**	**3,2 %**	**581**	**4,1 %**
Pensionsrückstellungen	1 743		1 584	
langfristige Bankverbindlichkeiten	2 295		1 633	
sonstige langfristige Verbindlichkeiten	26		0	
langfristiges Fremdkapital	**4 064**	**21,1 %**	**3 217**	**22,4 %**
SUMME LANGFRISTIGES KAPITAL	**4 672**	**24,2 %**	**3 798**	**26,5 %**
mittelfristige Rückstellungen	0		0	
mittelfristige Bankverbindlichkeiten	1 402		1 632	
sonstige mittelfristige Verbindlichkeiten	73		0	
mittelfristiges Fremdkapital	**1 475**	**7,6 %**	**1 632**	**11,4 %**
kurzfristige Rückstellungen	1 735		1 349	
kurzfristige Bankverbindlichkeiten	2 895		700	
Verbindlichkeiten aus Lieferungen und Leistungen	6 506		4 910	
Erhaltene Anzahlungen	0		0	
Wechselverbindlichkeiten	0		0	
sonstige kurzfristige Verbindlichkeiten	1 495		1 622	
Gewinnausschüttungen	500		334	
kurzfristiges Fremdkapital	**13 131**	**68,1 %**	**8 915**	**62,1 %**
BILANZSUMME	**19 278**	**100,0 %**	**14 345**	**100,0 %**

Geplante Gewinnausschüttungen sind aus dem Eigenkapital in das kurzfristige Fremdkapital umzugliedern. Gewinnvorträge sind dem Eigenkapital zuzurechnen.

Für die Carsten Peters GmbH bedeutet dies:

Jahresüberschuss	527 387,33	Euro
+ Gewinnvortrag aus dem Vorjahr	81 138,30	Euro
	608 525,63	Euro
./. Ausschüttung	500 000,00	Euro
= Gewinnvortrag	108 525,63	Euro

■ **Die Bilanzkennzahlen**

Für **Bilanzvergleiche** werden aus der Strukturbilanz

- **Kennzahlen zur Vermögenslage** und
- **Kennzahlen zur Finanzlage**

ermittelt.

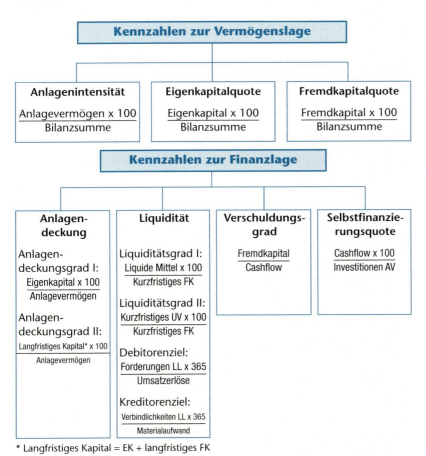

* Langfristiges Kapital = EK + langfristiges FK

▶ Im Vorjahr wurden 334 000 Euro Gewinn ausgeschüttet. Ermitteln Sie die entsprechenden Beträge für die Ausschüttung im Vorjahr.

ERLÄUTERUNG:

Bilanzkennzahlen werden für Zwecke des Zeitvergleichs und des Branchenvergleichs ermittelt.

DEFINITIONEN:

AV = Anlagevermögen
UV = Umlaufvermögen
EK = Eigenkapital
FK = Fremdkapital
LL = Lieferungen und Leistungen

▶ Ermitteln Sie die Anlagendeckungsgrade I und II für die Carsten Peters GmbH.

▶ Ermitteln Sie die Liquiditätsgrade I und II für die Carsten Peters GmbH.

▶ Ermitteln Sie das durchschnittliche Debitorenziel und das durchschnittliche Kreditorenziel für die Carsten Peters GmbH.

▶ Beurteilen Sie die Entwicklung im Zeitvergleich.

ERLÄUTERUNG:

Langfristige Finanzierungsmittel sind:
- Eigenkapital,
- langfristiges Fremdkapital.

▶ **Warum sollte der Anlagendeckungsgrad II möglichst 100 % oder mehr betragen?**

 ERLÄUTERUNG:

Zum kurzfristigen Umlaufvermögen gehören alle Posten des Umlaufvermögens mit Ausnahme der Vorräte und der Beträge in Bilanzposten, die eine Restlaufzeit von mehr als einem Jahr haben.

 ERLÄUTERUNG:

Bei Benutzung der abgedruckten Formeln wird unterstellt, dass die Beträge am Bilanzstichtag den durchschnittlichen Beständen an Forderungen und Verbindlichkeiten während des Jahres entsprechen.

 ERLÄUTERUNG:

Sofern sich das Unternehmen über Lieferantenwechsel finanziert, sollten in der Bilanz ausgewiesene Wechselverbindlichkeiten hinzugerechnet werden.

 Abschnitt 2.1.2

▶ **Warum ist der ausgewiesene Jahreserfolg für Rentabilitätsvergleiche ungeeignet?**

Zur **Beurteilung der Finanzlage** werden insbesondere die **Deckungsverhältnisse zwischen Aktiva und Passiva** untersucht. Das Anlagevermögen bindet langfristiges Kapital. Es sollte daher langfristig finanziert sein. Der **Anlagendeckungsgrad I** setzt das Eigenkapital ins prozentuale Verhältnis zum Anlagevermögen. Der **Anlagendeckungsgrad II** bezieht neben dem Eigenkapital auch das langfristige Fremdkapital ein. Die Strukturbilanz weist deshalb nach dem langfristigen Fremdkapital die Gesamtsumme des langfristigen Kapitals als Zwischensumme auf der Passivseite aus.

Mit den Kennzahlen Liquiditätsgrad I und Liquiditätsgrad II werden die Deckungsverhältnisse zwischen Umlaufvermögen und kurzfristigem Fremdkapital dargestellt. Der **Liquiditätsgrad I** untersucht, inwieweit liquide Mittel im Umlaufvermögen das kurzfristige Fremdkapital decken können. Der **Liquiditätsgrad II** bezieht alle kurzfristig liquidierbaren Posten des Umlaufvermögens in die Kennzahl ein. Der Liquiditätsgrad II sollte möglichst nah bei 100 % liegen.

Die Dauer der Kapitalbindung, die sich aus von Kunden noch nicht bezahlten Lieferungen und Leistungen ergibt, kann über die durchschnittliche Debitorenlaufzeit beurteilt werden. Dazu werden die im Posten „Forderungen aus Lieferungen und Leistungen" ausgewiesenen Forderungen zu den Umsatzerlösen in der GuV in Beziehung gesetzt. Die Kennzahl **Debitorenziel** (Kundenziel) drückt aus, wie viele Tage es im Durchschnitt dauert, bis Außenstände zu Liquiditätszuflüssen führen. Das durchschnittliche Zahlungsziel, das das Unternehmen selbst bei seinen Lieferanten in Anspruch nimmt, kann über die Kennzahl **Kreditorenziel** (Lieferantenziel) ermittelt werden. Hierzu werden die im Posten „Verbindlichkeiten aus Lieferungen und Leistungen" ausgewiesenen kurzfristigen Schulden zum GuV-Posten Materialaufwand in Beziehung gesetzt.

Weitere Kennzahlen zur Beurteilung der Finanzlage sind der **Verschuldungsgrad** und die **Selbstfinanzierungsquote.**

2.1.2 Aufbereitung und Auswertung der Gewinn- und Verlustrechnung

Als **Maßstab für den Erfolg** eines Unternehmens wird in der Jahresabschlussanalyse das **Betriebsergebnis** verwendet.

Das **Betriebsergebnis** ist das **periodengerechte Ergebnis der gewöhnlichen Geschäftstätigkeit.** Es enthält alle dem jeweiligen Geschäftsjahr zuzuordnenden Aufwendungen und Erträge. Alle nicht dem Geschäftsjahr zurechenbaren Aufwendungen und Erträge und alle außerordentlichen Aufwendungen und Erträge bleiben unberücksichtigt.

■ Die strukturierte Gewinn- und Verlustrechnung

Das **Betriebsergebnis** wird über die Zwischenschritte

- **Gesamtleistung**,
- **Rohertrag** und
- **Teilbetriebsergebnis**

aus der Gewinn- und Verlustrechnung ermittelt.

Als weitere Größe kann aus der Gewinn- und Verlustrechnung der **Cashflow** abgeleitet werden.

■ Gesamtleistung

Die Gliederung der Gewinn- und Verlustrechnung der Carsten Peters GmbH entspricht dem im Deutschland **üblichen Gesamtkostenverfahren** (§ 275 Abs. 2 HGB). Bei Anwendung dieses Verfahrens werden in der Gewinn- und Verlustrechnung sämtliche Aufwendungen des Geschäftsjahres ausgewiesen, unabhängig davon, ob die Aufwendungen auf verkaufte oder nicht verkaufte Erzeugnisse entfallen. Die **Gesamtleistung** setzt sich zusammen aus

- **Umsatzerlösen**,
- **Veränderungen des Bestandes an fertigen und unfertigen Erzeugnissen** und
- **anderen aktivierten Eigenleistungen**.

Hat ein Produktionsunternehmen in einem Jahr Erzeugnisbestände aufgebaut, so kann im nächsten Jahr mehr verkauft werden als produziert wird. Werden die im Vorjahr erstellten Erzeugnisse verkauft und damit zu Umsatzerlösen, vermindert sich der Bestand an fertigen und unfertigen Erzeugnissen.

Bei **anderen aktivierten Eigenleistungen** handelt es sich um Erträge durch Erzeugnisse, die für den Eigenbedarf hergestellt wurden. Diese Erzeugnisse werden als Vermögenswerte auf der Aktivseite der Bilanz ausgewiesen. Im Jahr der Aktivierung entstehen in der Gewinn- und Verlustrechnung Erträge als rechnerischer Ausgleich. Der aktivierte Anlagegegenstand wird in den Folgejahren in der Gewinn- und Verlustrechnung als Aufwand über planmäßige Abschreibungen erfasst.

Umsatzerlöse werden in der Gewinn- und Verlustrechnung mit den erzielten **Verkaufspreisen** ausgewiesen. Dieser Preis enthält Gewinnanteile. **Bestandsveränderungen und andere aktivierte Eigenleistungen** werden dagegen nur zu **Herstellungskosten** ausgewiesen.

Alternativ zur Gliederung nach dem Gesamtkostenverfahren kann das **Umsatzkostenverfahren** (§ 275 Abs. 3 HGB) angewendet werden. Dieses Verfahren ist international üblich. In Deutschland wird es von publizitätspflichtigen Großunternehmen verwendet.

DEFINITION:

Die Gesamtleistung ist der Wert aller während des Geschäftsjahres produzierten Güter und Dienstleistungen.

BEISPIEL:

Umsatz   92 000 Einheiten

+ Erhöhung des Bestandes
an fertigen Erzeugnissen
*   7 800 Einheiten*

+ aktivierte Eigenleistungen
*   200 Einheiten*

= Gesamtleistung
*   100 000 Einheiten*

Im folgenden Jahr werden wieder 100 000 Einheiten produziert, aber 105 000 Einheiten verkauft. Für die Eigennutzung werden keine Erzeugnisse hergestellt.

Umsatz   105 000 Einheiten

– Verminderung des Bestandes
an fertigen Erzeugnissen
*   5 000 Einheiten*

+ aktivierte Eigenleistungen
*   0 Einheiten*

= Gesamtleistung
*   100 000 Einheiten*

▶ **Erläutern Sie die Veränderungen des Bestands an fertigen und unfertigen Erzeugnissen in der GuV der Carsten Peters GmbH.**

▶ Ermitteln Sie die Gesamtleistung der Carsten Peters GmbH.

📌 **BEISPIEL:** *Gesamtkostenverfahren und Umsatzkosten-verfahren*

Ein Produktionsbetrieb erstellt in einem Jahr 2 Erzeugnisse mit Fertigungslöhnen von jeweils 2 000 000,00 Euro und Materialaufwand von jeweils 1 000 000,00 Euro. Auf die Vertriebs- und auf die Verwaltungsmitarbeiter entfallen je 400 000,00 Euro. Eines der beiden Erzeugnisse wird für 4 000 000,00 Euro verkauft, das andere wird zu Herstellungskosten von 3 000 000,00 Euro im Vorratsvermögen aktiviert.

Gesamtkostenverfahren		**Umsatzkostenverfahren**	
	Tsd. Euro		*Tsd. Euro*
Umsatzerlöse	4 000	Umsatzerlöse	4 000
+ Erhöhung des Bestandes an fertigen Erzeugnissen	3 000	./. Herstellungskosten der zur Erzielung der Umsatzer-löse erbrachten Leistungen	3 000
= Gesamtleistung	7 000	= Bruttoergebnis vom Umsatz	1 000
./. Materialaufwand	2 000	./. Vertriebskosten	400
./. Personalaufwand	4 800	./. Verwaltungskosten	400
= Jahresüberschuss	200	= Jahresüberschuss	200

Das Beispiel zeigt die beiden wesentlichen Unterschiede:

1. Die GuV nach dem Gesamtkostenverfahren schlüsselt die Aufwandsarten nach Material- und Personalaufwand auf. In der GuV nach dem Umsatzkostenverfahren wird der gesamte Aufwand (Material- und Personalkosten), der sich auf den Umsatz bezieht, in einer Summe im Posten „Herstellungskosten der zur Erzielung der Umsatzerlöse erbrachten Leistungen" ausgewiesen.
2. Die GuV nach dem Umsatzkostenverfahren weist keine Bestandsveränderungen oder andere aktivierte Eigenleistungen aus. Die Posten sind nicht notwendig, da der Aufwand für nicht verkaufte Produkte nicht in der GuV ausgewiesen wird.

▶ Ermitteln Sie die Rohertragsquote: Rohertrag x 100 Gesamtleistung

▶ Welche Ursachen kann eine Verschlechterung der Rohertragsquote haben?

▶ Erklären Sie den Begriff Wareneinsatz.

■ Rohertrag

Der **Rohertrag** ergibt sich nach **Abzug** des **Materialaufwands** (Aufwand für Roh-, Hilfs- und Betriebsstoffe und bezogene Leistungen) **von der Gesamtleistung**. Bei Handelsunternehmen wird anstelle des Materialaufwands der Wareneinsatz in der Gewinn- und Verlustrechnung ausgewiesen. Die **Rohertragsquote** zeigt das Ergebnis der betrieblichen Preispolitik.

📌 **BEISPIEL:** *Ermittlung des Wareneinsatzes*

Anfangsbestand Waren	150 000,00 Euro
+ Wareneinkäufe während des Geschäftsjahres	780 000,00 Euro
./. Endbestand an Waren am 31.12.	60 000,00 Euro
= Wareneinsatz des Jahres	870 000,00 Euro

■ **Teilbetriebsergebnis**

Das **Teilbetriebsergebnis** ist der **Saldo aus Rohertrag und allen Aufwendungen**, die **durch die Erstellung der Betriebsleistung** entstanden sind. Zu diesen Aufwendungen gehören neben dem Personalaufwand (Löhne, Gehälter, soziale Abgaben usw.), den planmäßigen Abschreibungen auf Sachanlagen und immateriellen Anlagegütern auch Betriebssteuern und sonstige ordentliche Aufwendungen und sonstige ordentliche (periodengerechte) Erträge.

Ist eine Aufteilung der Posten „sonstige betriebliche Erträge und Aufwendungen" in periodenfremde und periodengerechte Erträge und Aufwendungen nicht möglich, gilt folgende Regel:
- „Sonstige betriebliche Erträge" werden als periodenfremd angesehen. Sie werden nach **dem Betriebsergebnis** als „übrige neutrale Erträge" erfasst.
- „Sonstige betriebliche Aufwendungen" werden als periodengerechter Aufwand vor **dem Betriebsergebnis** als „sonstiger Betriebsaufwand" erfasst.

Das Teilbetriebsergebnis ermöglicht mit der Kennzahl **Betriebsrentabilität** Aussagen zum Erfolg aus der operativen Tätigkeit. Es macht Unternehmen unabhängig von ihrer Finanzierungsstruktur vergleichbar. Zinserträge und Zinsaufwendungen, die von der Finanzierungsstruktur bestimmt sind, werden erst im Betriebsergebnis berücksichtigt.

■ **Betriebsergebnis**

Das **Betriebsergebnis zeigt den Erfolg der ordentlichen Geschäftstätigkeit** im Rechnungszeitraum (periodengerechter Erfolg). Zur Ermittlung wird das Teilbetriebsergebnis mit dem Ergebnis der Finanzierungsstruktur des Unternehmens, das heißt den Zinserträgen und Zinsaufwendungen, saldiert.

Das Betriebsergebnis ist die **zentrale Rentabilitätsgröße**, mit der Unternehmen beurteilt und verglichen werden können. Wird das Betriebsergebnis auf die Gesamtleistung bezogen, ergibt sich die **Umsatzrentabilität**. Diese Kennzahl zeigt den Erfolg aus der Leistungserstellung des Unternehmens.

■ **Cashflow**

Der **Cashflow ist der Überschuss der zahlungswirksamen Erträge (Einnahmen) über die zahlungswirksamen Aufwendungen (Ausgaben).** Er gibt den aus eigener Kraft im Unternehmen erwirtschafteten Überschuss der Einnahmen über die Ausgaben wieder. Der **Cashflow** stellt die **Innenfinanzierung** eines Unternehmens dar.

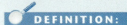 **DEFINITION:**

Das **Teilbetriebsergebnis** ist das Betriebsergebnis vor Zinsergebnis.

▶ **Berechnen Sie die Betriebsrentabilität der Carsten Peters GmbH:**
Teilbetriebsergebnis x 100
Gesamtleistung

 **DEFINITION:**

Betriebsergebnis =
Teilbetriebsergebnis
+ Zinserträge
./. Zinsaufwendungen

▶ **Errechnen Sie die Umsatzrentabilität der Carsten Peters GmbH.**
Umsatzrentabilität:
Betriebsergebnis x 100
Gesamtleistung

DEFINITION:

Cashflow (brutto) =
Betriebsergebnis
+ planmäßige Abschreibungen auf Sachanlagen und immaterielle Anlagen
+ Erhöhung langfristiger Rückstellungen (lt. Bilanz)

Cashflow (netto) =
Cashflow (brutto)
./. Steuern vom Einkommen und Ertrag (nur Kapitalgesellschaften)

Da nur die zahlungswirksamen Erträge und Aufwendungen des betrieblichen Bereichs relevant sind, geht das Ermittlungsschema vom Betriebsergebnis aus. Soweit im Betriebsergebnis Aufwendungen enthalten sind, die nicht zu Ausgaben geführt haben, müssen diese wieder addiert werden. Solche Aufwendungen sind planmäßige Abschreibungen auf Sachanlagen und auf immaterielle Anlagen sowie die Erhöhung langfristiger Rückstellungen.

Planmäßige Abschreibungen sind Aufwendungen, die bereits früher Ausgabe gewesen sind. Der Zahlungsmittelabfluss ist bereits bei Vornahme der Investition erfolgt. Die Investitionsausgaben werden in der Gewinn- und Verlustrechnung über die Nutzungsdauer als Abschreibungsaufwand verteilt.

Langfristige Rückstellungen sind Pensionsrückstellungen. Es handelt sich um Aufwendungen, die noch nicht zu Ausgaben geworden sind. Bis zur Zahlung der betrieblichen Pensionen beim Erreichen des Rentenalters oder eines anderen Pensionstatbestands bleiben die Rückstellungen in der Bilanz der Carsten Peters GmbH. Es handelt sich also um Kapital, das aus eigenen Mitteln gebildet wurde. Es kann bis zum Zeitpunkt der Inanspruchnahme genutzt werden.

Die Erhöhung der Pensionsrückstellungen kann durch Bilanzvergleich ermittelt werden:
Bestand der Pensionsrückstellungen in der Bilanz des Geschäftsjahres
./. Bestand der Pensionsrückstellungen in der Bilanz des Vorjahres
= Zuführung zu Pensionsrückstellungen während des Geschäftsjahres

▶ **Berechnen Sie den Cashflow (brutto) der Peters GmbH für das abgelaufene Geschäftsjahr.**

 **ERLÄUTERUNG:**

Die Pensionsrückstellungen der Carsten Peters GmbH erhöhten sich um 159 Tsd. Euro (Vorjahr 84 Tsd. Euro).

ERLÄUTERUNG:

Zuführungen zu Pensionsrückstellungen sind Bestandteil des Personalaufwands und werden in der GuV erfasst.

ERLÄUTERUNG:

GL = Gesamtleistung

▶ **Berechnen Sie für das Geschäftsjahr und das Vorjahr nachfolgende Kennzahlen und ermitteln Sie Abweichungen.**

Personalaufwandsquote:
Personalaufwand x 100
Gesamtleistung

Abschreibungsaufwandsquote:
Planmäßige Abschreibungen x 100
Gesamtleistung

Zinsaufwandsquote:
Zinsaufwendungen x 100
Gesamtleistung

Strukturierte Gewinn- und Verlustrechnung				
	Geschäftsjahr		Vorjahr	
	Tsd. Euro	in % der GL	Tsd. Euro	in % der GL
Umsatzerlöse	40 245		37 836	
+/./. Bestandsveränderungen	+ 413		./. 253	
+ andere aktivierte Eigenleistungen				
= **Gesamtleistung**	**40 658**	**100 %**	**37 583**	**100 %**
./. Materialaufwand/Wareneinsatz	./. 17 939		./. 15 820	
= **Rohertrag**	**22 719**	**55,9 %**	**21 763**	**57,9 %**
./. Personalaufwand	./. 13 689	33,7 %	./. 13 012	34,6 %
./. Planmäßige Abschreibungen auf Sach- und immaterielle Anlagen	./. 520	1,3 %	./. 285	0,8 %
./. Betriebssteuern	./. 34		./. 23	
./. sonstiger Betriebsaufwand	./. 7 729		./. 7 572	
+ sonstige periodengerechte Erträge	0		0	
= **Teilbetriebsergebnis**	**747**	**1,8 %**	**871**	**2,3 %**

Fortsetzung auf nächster Seite

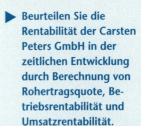

=	Teilbetriebsergebnis	747	1,8 %	871	2,3 %
+	Zinserträge	+ 150		+ 162	
./.	Zinsaufwand	./. 624	1,5 %	./. 634	1,7 %
=	Betriebsergebnis	273	0,7 %	399	1,1 %
./.	außerordentliche Abschreibungen				
+/./.	außerordentliches Ergebnis	+ 292		0	
+/./.	Beteiligungsergebnis				
./.	Steuern vom Einkommen und Ertrag	./. 498		./. 340	
+	übrige neutrale Erträge	+ 460		+ 292	
./.	übrige neutrale Aufwendungen				
=	Jahresüberschuss/Jahresfehlbetrag	+ 527		+ 351	
+	Gewinnvortrag				
./.	Verlustvortrag				
./.	Rücklagenzuführung				
+	Rücklagenentnahme				
=	Bilanzgewinn				

Ermittlung des Cashflows					
		Geschäftsjahr		Vorjahr	
		Tsd. Euro	in % der GL	Tsd. Euro	in % der GL
	Betriebsergebnis	273		+ 399	
+	planmäßige Abschreibungen auf Sach- und immaterielle Anlagen	+ 520		+ 285	
+	Erhöhung langfristiger Rückstellungen	+ 159		+ 84	
=	Cashflow (brutto)	952	2,3 %	768	2,0 %

Beurteilen Sie die Rentabilität der Carsten Peters GmbH in der zeitlichen Entwicklung durch Berechnung von Rohertragsquote, Betriebsrentabilität und Umsatzrentabilität.

ERLÄUTERUNG:

Die „sonstigen betrieblichen Erträge" wurden als neutrale Erträge und der Posten „sonstige betriebliche Aufwendungen" als periodengerechter Aufwand erfasst.

ERLÄUTERUNG:

Die Erhöhung der langfristigen Rückstellungen lässt sich durch Bilanzvergleich ermitteln.

■ Verwendung des Cashflows

Der **Cashflow** kann für Steuerzahlungen, Investitionsfinanzierungen, Schuldentilgungen und Gewinnausschüttungen verwendet werden.

Ermitteln Sie die Selbstfinanzierungsquote der Carsten Peters GmbH.

BEISPIELE:

Zahlungen von Einkommen- und Ertragsteuern	Die Carsten Peters GmbH zahlt im Geschäftsjahr 498 Tsd. Euro Steuern vom Einkommen und vom Ertrag.
Finanzierung von Investitionen	Die Carsten Peters GmbH hat im Geschäftsjahr Sachanlagen in Höhe von 3 166 Tsd. Euro (Vorjahr: 1 402 Tsd. Euro) neu gekauft.

Vergleichen Sie die Entwicklung der Schuldentilgungsdauer bei der Carsten Peters GmbH im Zeitablauf.

▶ Beurteilen Sie die Innenfinanzierungskraft der Carsten Peters GmbH mithilfe der Cashflow-Rate:

$$\frac{\text{Cashflow} \times 100}{\text{Gesamtleistung}}$$

Finanzierung von Gewinnausschüttungen	Laut Gewinnverwendungsbeschluss sollen von der Carsten Peters GmbH 500 000,00 Euro an die Gesellschafter ausgeschüttet werden.
Schuldentilgung	Bei gleichbleibendem Cashflow von 952 Tsd. Euro könnte sich das Unternehmen in 20 Jahren aus eigener Kraft entschulden (18 670 : 952 = 19,6 Jahre).

■ **Erfolgskennzahlen**

Für **Erfolgsvergleiche** werden **Rentabilitätskennzahlen** und **Strukturkennzahlen** ermittelt.

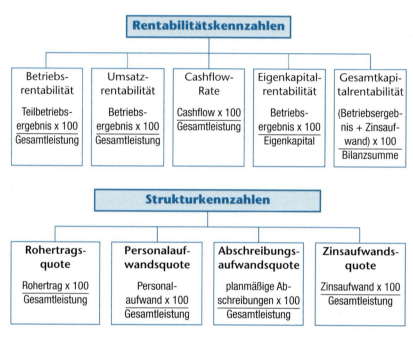

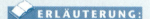
ERLÄUTERUNG:

Die Eigenkapitalrentabilität kann auch mit dem in der Gewinn- und Verlustrechnung ausgewiesenen Jahresergebnis anstelle des Betriebsergebnisses berechnet werden.

ERLÄUTERUNG:

Bei der Interpretation der Eigenkapitalrentabilität ist Vorsicht geboten, wenn ein Unternehmen nur ein geringes Eigenkapital hat. Bei einer Unterkapitalisierung entsteht eine optisch sehr hohe Eigenkapitalrentabilität.

ERLÄUTERUNG:

Grundsätzlich wird das Eigenkapital am Schluss des Geschäftsjahres zugrunde gelegt.

BEISPIEL:

Die Eigenkapitalrentabilität beträgt 25 %. Bei einer Anlage des Eigenkapitals am Kapitalmarkt kann für langfristige risikolose Anleihen (z. B. Bundesanleihen) eine Rendite von 6 % erzielt werden. Für die Übernahme des Risikos erhält der Eigenkapitalgeber eine Risikoprämie von 19 %.

Bei der **Berechnung der Eigenkapitalrentabilität** wird das Betriebsergebnis auf den Kapitaleinsatz der Eigentümer bezogen. Je höher das erwirtschaftete Betriebsergebnis im Verhältnis zum eingesetzten Eigenkapital ist, desto höher ist die Verzinsung des Eigenkapitals.

Eigenkapitalgeber sind nur bereit, Kapital zur Verfügung zu stellen, wenn eine **ansprechende Verzinsung** erwirtschaftet wird. Die Eigenkapitalrentabilität wird daher mit der alternativ erzielbaren Verzinsung am Kapitalmarkt verglichen. Sie sollte über der Kapitalmarktrendite liegen, da die Anlage im Unternehmen erheblich höhere Risiken enthalten kann. Zieht man die **Vergleichsrendite** von der Eigenkapitalrentabilität ab, so erhält man die **Risikoprämie**, die der Kapitalanleger bekommt.

Die **Gesamtkapitalrentabilität** drückt aus, wie sich im Unternehmen eingesetztes Kapital verzinst. Das Kapital kann entweder Eigen- oder Fremdkapital sein. Während das Eigenkapital das Betriebsergebnis erwirtschaftet hat, hat das im Unternehmen eingesetzte Fremdkapital den Zinsaufwand erwirtschaftet. Die Gesamtkapitalrentabilität ermöglicht Aussagen zur Rentabilität unabhängig von der Finanzierungsstruktur der Unternehmen.

Eigenkapitalrentabilität und Gesamtkapitalrentabilität

Unternehmen A und B haben jeweils eine Bilanzsumme von 100 Tsd. Euro.
A hat eine Eigenkapitalquote von 10 %, B von 80 %.
Der Zinssatz für das Fremdkapital beträgt für beide Unternehmen 10 %.
Beide Unternehmen erzielen ein Teilbetriebsergebnis von 15 Tsd. Euro.

- A erzielt damit ein Betriebsergebnis von 6 Tsd. Euro (15 Tsd. Euro ./. Zinsaufwand 9 Tsd. Euro). Die Eigenkapitalrentabilität beträgt 60 % (6 Tsd. Euro x 100 : 10 Tsd. Euro).
- B erzielt ein Betriebsergebnis von 13 Tsd. Euro (15 Tsd. Euro ./. Zinsaufwand 2,00 Euro). Die Eigenkapitalrentabilität beträgt nur 16,25 % (13 Tsd. Euro x 100 : 80 Tsd. Euro).

Durch die sehr unterschiedliche Finanzierungsstruktur sind beide Unternehmen nicht vergleichbar. Die Gesamtkapitalrentabilität ergibt dagegen in beiden Fällen 15 %, d. h., das Kapital wird in beiden Unternehmen gleich rentabel eingesetzt.

Die Gesamtkapitalrentabilität erlaubt auch eine Aussage darüber, ob das im Unternehmen arbeitende Fremdkapital rentabel eingesetzt ist. Wird Fremdkapital zu einem Zinssatz von 10 % p. a. aufgenommen, so muss die Gesamtkapitalrentabilität über 10 % liegen. Erst dann erwirtschaftet eingesetztes Fremdkapital mehr als es kostet. Liegt die Gesamtkapitalrentabilität dagegen unter 10 %, so erwirtschaftet aufgenommenes Fremdkapital weniger als es kostet. Der Einsatz des Fremdkapitals ist unrentabel, sofern keine nachhaltige Verbesserung der Gesamtkapitalrentabilität erwartet werden kann.

2.1.3 Jahresabschlusskritik

Im Anschluss an die Aufbereitung des Jahresabschlusses und die Berechnung von Kennzahlen **wird die Vermögens-, Ertrags- und Finanzlage analysiert und interpretiert.**

Die Interpretation bezieht sich nicht nur auf die Kennzahlen eines Bilanzstichtages. Wichtige Erkenntnisse lassen sich aus einem längerfristigen Zeitvergleich ziehen, z. B. aus einem Vergleich der letzten 3 Jahre. Bestimmte Entwicklungen der Vergangenheit lassen auf die mögliche Entwicklung des Unternehmens in der Zukunft schließen. Dadurch bekommt die vergangenheitsorientierte Jahresabschlussanalyse auch Prognosefunktion.
Außerdem werden Branchenvergleiche vorgenommen.

ERLÄUTERUNG:

Strukturkennzahlen zur Gewinn- und Verlustrechnung geben Informationen, warum sich die Rentabilitätskennzahlen im Zeitvergleich verändert haben.
Alle Strukturkennzahlen beziehen sich auf die Gesamtleistung, die als 100 % gesetzt wird.

ERLÄUTERUNG:

Häufig werden die entsprechenden Vergleichswerte der Branche nicht nur als rechnerischer Mittelwert angegeben, sondern als Streuungsbreite dargestellt. In diesem Rahmen können auch Unternehmen der Branche mit vergleichbarer Größenordnung ausgegliedert werden, um einen unteren und oberen Orientierungswert zu erhalten.

■ Die Vermögenslage der Carsten Peters GmbH

Kennzahlen Carsten Peters GmbH				Branche	
	Berechnung GJ	GJ	VJ	von	bis
Anlagenintensität	$\frac{3\,560 \times 100}{19\,278}$	18,5 %	6,3 %	10,9	23,1
Eigenkapitalquote	$\frac{608 \times 100}{19\,278}$	3,2 %	4,1 %	2,0	27,1
Kurzfristige Fremdkapitalquote	$\frac{13\,131 \times 100}{19\,278}$	68,1 %	62,1 %	42,2	72,1
Mittelfristige Fremdkapitalquote	$\frac{1\,475 \times 100}{19\,278}$	7,6 %	11,4 %	12,2	23,1
Langfristige Fremdkapitalquote	$\frac{4\,064 \times 100}{19\,278}$	21,1 %	22,4 %	10,5	36,3

Die Anlagenintensität hat sich durch die hohen Sachinvestitionen fast verdreifacht. Der damit verbundene Anstieg der Bilanzsumme hat bei nominell nahezu unverändertem Eigenkapital zu einem Rückgang der Eigenkapitalquote geführt. Das kurzfristige Fremdkapital hat stark zugenommen und ist mit einer Quote von 68,1 % Hauptträger der Finanzierung. Die Strukturbilanz zeigt insbesondere einen starken Anstieg der kurzfristigen Verbindlichkeiten gegenüber Kreditinstituten und Lieferanten. Fast alle Kennzahlen liegen im mittleren Branchenbereich.

■ Die Finanzlage der Carsten Peters GmbH

Kennzahlen Carsten Peters GmbH				Branche	
	Berechnung GJ	GJ	VJ	von	bis
Anlagendeckungsgrad I	$\frac{608 \times 100}{3\,560}$	17,1 %	64,8 %	0,0	52,3
Anlagendeckungsgrad II	$\frac{4\,672 \times 100}{3\,560}$	131,2 %	423,4 %	63,1	392,3
Liquiditätsgrad I	$\frac{97 \times 100}{13\,131}$	0,7 %	1,4 %	0,0	23,1
Liquiditätsgrad II	$\frac{8\,119 \times 100}{13\,131}$	61,8 %	74,8 %	44,1	112,4
Debitorenziel	$\frac{5\,717 \times 365}{40\,245}$	52 Tage	38 Tage	22 Tage	50 Tage
Kreditorenziel	$\frac{6\,506 \times 365}{17\,939}$	132 Tage	113 Tage	28 Tage	104 Tage
Verschuldungsgrad	$\frac{18\,670}{952}$	19,6 Jahre	17,9 Jahre	1,6	16,2
Selbstfinanzierungsquote	$\frac{952 \times 100}{3\,166}$	30,1 %	54,8 %	31,5	453,2

ERLÄUTERUNG:

Ein Urteil über die Liquiditätslage eines Unternehmens auf Basis von Bilanzzahlen ist problematisch. Die Bilanz zeigt lediglich Stichtagswerte, die zudem aus der Vergangenheit stammen. Die Liquidität als Fähigkeit des Unternehmens, allen finanziellen Verpflichtungen fristgemäß nachkommen zu können, muss eigentlich zukunftsbezogen beurteilt werden. Vergangenheitswerte zu einem Stichtag sind dazu nicht in der Lage.

In den Kennzahlen zur Finanzlage zeigt sich der starke Investitionsprozess des Geschäftsjahres. Während im Vorjahr beide Anlagendeckungsgrade oberhalb der mittleren Branchenstreubreite lagen, sind sie im Geschäftsjahr stark gesunken, der Anlagendeckungsgrad II liegt aber noch über 100 %. Die Entwicklung des Debitoren- und des Kreditorenziels zeigt eine angespannte Liquiditätslage. Bedenklich ist die Höhe des Verschuldungsgrades, da die theoretische Schuldentilgungsdauer mit 19,6 Jahren weit oberhalb der Branchenwerte liegt. Der Cashflow hat insbesondere von der starken Erhöhung der planmäßigen Abschreibungen als Folge der Sachinvestitionen profitiert. Ein überproportionaler Anstieg des Fremdkapitals hat diesen Effekt jedoch kompensiert. Die Investitionen konnten nur noch zu 30,1 % aus Innenfinanzierungsmitteln gedeckt werden. Dieser Kennzahlenwert liegt unter dem unteren Branchenwert.

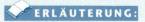

ERLÄUTERUNG:

Der Verschuldungsgrad drückt die theoretische Schuldentilgungsdauer in Jahren aus. Dabei wird unterstellt, dass der Cashflow vollständig zur Rückführung des Fremdkapitals eingesetzt wird.

■ Die Ertragslage der Carsten Peters GmbH

Kennzahlen Carsten Peters GmbH				Branche	
	Berechnung GJ	GJ	VJ	von	bis
Betriebsrentabilität	$\dfrac{747 \times 100}{40\,658}$	1,8 %	2,3 %	− 0,9	3,1
Umsatzrentabilitat	$\dfrac{273 \times 100}{40\,658}$	0,7 %	1,1 %	− 0,7	2,9
Cashflow-Rate	$\dfrac{952 \times 100}{40\,658}$	2,3 %	2,0 %	0,5	6,7
Eigenkapitalrentabilität	$\dfrac{273 \times 100}{608}$	44,9 %	68,7 %	− 6,3	92,1
Gesamtkapitalrentabilität	$\dfrac{273 + 624}{19\,278}$	4,7 %	7,2 %	− 0,9	16,3
Rohertragsquote	$\dfrac{22\,719 \times 100}{40\,658}$	55,9 %	57,9 %	39,5	56,1
Personalaufwandsquote	$\dfrac{13\,689 \times 100}{40\,658}$	33,7 %	34,6 %	25,7	38,0
Abschreibungsaufwandsquote	$\dfrac{520 \times 100}{40\,658}$	1,3 %	0,8 %	0,9	1,9
Zinsaufwandsquote	$\dfrac{624 \times 100}{40\,658}$	1,5 %	1,7 %	0,7	2,3

Nahezu alle Rentabilitätskennzahlen haben sich im Zeitvergleich verschlechtert. Grund hierfür ist, dass die hohen Investitionen noch nicht zu einer entsprechenden Umsatzausweitung geführt haben.

Die Strukturkennzahlen zeigen eine im Zeitverlauf abgeschwächte Rohertragsquote. Sie liegt aber noch am oberen Ende der Branchenwerte. Die Abschreibungsaufwandsquote erhöhte sich als Folge des Investitionsprozesses. Dies hat die Cashflow-Rate positiv beeinflusst, die sich als einzige Rentabilitätskennzahl leicht verbessern konnte. Insgesamt liegt das Unternehmen im mittleren Bereich der Branche.

Strukturwissen

Die Jahresabschlussanalyse (Bilanzanalyse) dient der Beurteilung der wirtschaftlichen Verhältnisse eines Unternehmens.
Sie verläuft in 3 Schritten:
1. Aufbereitung des Zahlenmaterials aus Bilanz und Gewinn- und Verlustrechnung in einer Strukturbilanz und einer Struktur-GuV;
2. Berechnung betriebswirtschaftlicher Kennzahlen aus der Strukturbilanz und der Struktur-GuV
   → Kennzahlen zur Vermögenslage,
   → Kennzahlen zur Finanzlage,
   → Kennzahlen zur Ertragslage;
3. Zusammenfassung der durch Kennzahleninterpretation (Zeit- und Branchenvergleich) gewonnenen Erkenntnisse in einer Jahresabschlusskritik.

Kennzahlen zur Finanzlage		
Anlagendeckungs-grad I	$\dfrac{\text{Eigenkapital} \times 100}{\text{Anlagevermögen}}$	Anlagevermögen sollte möglichst mit Eigenkapital finanziert sein. Ein Deckungsgrad I unter 100 % bedeutet, dass zur Finanzierung des Anlagevermögens Fremdkapital herangezogen wurde.
Anlagendeckungs-grad II	$\dfrac{\text{Langfristiges Kapital* } \times 100}{\text{Anlagevermögen}}$ * Eigenkapital + langfristiges Fremdkapital	Ein Deckungsgrad II unter 100 % bedeutet eine Anlagenunterdeckung. Es wurde mittel- und/oder kurzfristiges Fremdkapital zur Finanzierung des Anlagevermögens eingesetzt.
Liquiditätsgrad I	$\dfrac{\text{Liquide Mittel} \times 100}{\text{Kurzfristiges Fremdkapital}}$	Die Kennzahl zeigt, wieweit das kurzfristige Fremdkapital mit vorhandenen liquiden Mitteln zurückgezahlt werden kann.
Liquiditätsgrad II	$\dfrac{\text{Kurzfristiges Umlaufvermögen} \times 100}{\text{Kurzfristiges Fremdkapital}}$	Die Kennzahl gibt an, wieweit kurzfristig realisierbare Vermögenswerte das kurzfristige Fremdkapital decken.
Debitorenziel (Kundenziel)	$\dfrac{\text{Forderungen* } \times 365}{\text{Umsatzerlöse}}$ * aus Lieferungen und Leistungen	Die Kennzahl zeigt, wie lange sich die Kunden des Unternehmens (Debitoren) im Durchschnitt Zeit lassen, ihre Rechnungen zu bezahlen.
Kreditorenziel (Lieferantenziel)	$\dfrac{\text{Verbindlichkeiten* } \times 365}{\text{Materialaufwand**}}$ * aus Lieferungen und Leistungen ** bei Handelsunternehmen: Wareneinsatz	Die Kennzahl zeigt, wie lange sich das Unternehmen im Durchschnitt Zeit lässt, Rechnungen von Lieferanten (Kreditoren) zu bezahlen. Sofern Wechselverbindlichkeiten bei Lieferanten bestehen, sind sie in den Zähler der Formel einzurechnen.
Verschuldungsgrad	$\dfrac{\text{Fremdkapital}}{\text{Cashflow}}$	Die Kennzahl gibt die theoretische Schuldentilgungsdauer in Jahren an, wenn der Cashflow nur zur Tilgung des Fremdkapitals eingesetzt wird. Ein Wert von 15 Jahren sollte nicht überschritten werden.
Selbstfinanzierungs-quote	$\dfrac{\text{Cashflow} \times 100}{\text{Sachinvestitionen}}$	Die Kennzahl gibt an, wieweit Neuinvestitionen in Sachanlagen aus eigener Kraft finanziert werden können, wenn der gesamte Cashflow investiert wird.

Kennzahlen zur Vermögenslage

Anlagenintensität	$\dfrac{\text{Anlagevermögen} \times 100}{\text{Bilanzsumme}}$	Die Anlagenintensität zeigt den Anteil des Anlagevermögens an der Bilanzsumme. Eine hohe Anlagenintensität ist bei Produktionsbetrieben üblich. Die Differenz zu 100 % zeigt den Anteil des Umlaufvermögens an der Bilanzsumme. Die Kennzahl kann durch Leasing und Miete von Anlagegegenständen beeinflusst werden.
Eigenkapitalquote	$\dfrac{\text{Eigenkapital} \times 100}{\text{Bilanzsumme}}$	Die Eigenkapitalquote zeigt die Ausstattung des Unternehmens mit Eigenkapital. Der Wert ist branchenbezogen zu beurteilen. Eine hohe Eigenkapitalquote bedeutet ein begrenztes Risiko für Fremdkapitalgeber.
Fremdkapitalquote (Unterschiede nach Restlaufzeiten)	$\dfrac{\text{Kurzfristiges FK} \times 100}{\text{Bilanzsumme}}$ $\dfrac{\text{Mittelfristiges FK} \times 100}{\text{Bilanzsumme}}$ $\dfrac{\text{Langfristiges FK} \times 100}{\text{Bilanzsumme}}$	Die Fremdkapitalquoten nach Restlaufzeiten zeigen die Struktur der Verschuldung des Unternehmens. Sie sind nur im Branchenvergleich aussagekräftig.

Kennzahlen zur Ertragslage

Betriebsrentabilität	$\dfrac{\text{Teilbetriebsergebnis} \times 100}{\text{Gesamtleistung}}$	Die Kennzahl beurteilt die operative Leistungsfähigkeit unabhängig von der Finanzierungsstruktur.
Umsatzrentabilität	$\dfrac{\text{Betriebsergebnis} \times 100}{\text{Gesamtleistung}}$	Die Umsatzrentabilität ist die zentrale Kennzahl zur Beurteilung des ordentlichen Betriebserfolgs. Sie gibt Auskunft, welches Ergebnis mit 100,00 Euro Gesamtleistung erzielt wurde.
Cashflow-Rate	$\dfrac{\text{Cashflow} \times 100}{\text{Gesamtleistung}}$	Die Cashflow-Rate ergänzt die Aussagen der Umsatzrentabilität, weil bilanzpolitische Gestaltungen bei Abschreibungen und langfristigen Rückstellungen im Cashflow neutralisiert sind.
Eigenkapital-rentabilität	$\dfrac{\text{Betriebsergebnis} \times 100}{\text{Eigenkapital}}$	Die Kennzahl zeigt die Verzinsung des eingesetzten Eigenkapitals. Durch Vergleich mit dem Kapitalmarktzins lässt sich die Risikoprämie für das unternehmerische Risiko ermitteln.
Gesamtkapital-rentabilität	$\dfrac{(\text{Betriebsergebnis} + \text{Zinsaufwand}) \times 100}{\text{Bilanzsumme}}$	Mit dieser Kennzahl kann die Rentabilität des eingesetzten Kapitals unabhängig von der Kapitalstruktur beurteilt werden. Weiterhin lässt sich die Wirtschaftlichkeit des eingesetzten Fremdkapitals messen. Die Gesamtkapitalverzinsung sollte über den üblichen Fremdkapitalkosten liegen.
Rohertragsquote	$\dfrac{\text{Rohertrag} \times 100}{\text{Gesamtleistung}}$	Aus dem Rohertrag müssen alle ordentlichen Aufwandsposten bis zum Betriebsergebnis gedeckt werden. Die Höhe der Rohertragsquote gibt einen Hinweis auf die Qualität der Preiskalkulation.
Personalaufwands-quote	$\dfrac{\text{Personalaufwand} \times 100}{\text{Gesamtleistung}}$	Personalaufwendungen werden durch die Beschäftigtenzahl und deren Entlohnung beeinflusst.
Abschreibungs-aufwandsquote	$\dfrac{\text{Planmäßige Abschreibungen} \times 100}{\text{Gesamtleistung}}$	Die Quote zeigt die Folgen von Investitionen in Sachanlagen und immaterielle Anlagegüter, die planmäßig abgeschrieben werden. Die Kennzahl wird durch die Wahl der Abschreibungsmethode beeinflusst.
Zinsaufwandsquote	$\dfrac{\text{Zinsaufwand} \times 100}{\text{Gesamtleistung}}$	Die Kennzahl zeigt den Anteil der Fremdkapitalkosten an der Gesamtleistung.

Aufgaben

 1 Die Carsten Peters GmbH beantragt den Kredit über 672 000,00 Euro zur Anschaffung von Produktionsmaschinen. Die betriebsgewöhnliche Nutzungsdauer der neuen Maschinen beträgt 7 Jahre.

a) Begründen Sie, warum die Kreditlaufzeit der Nutzungsdauer der Maschinen entsprechen sollte.

b) Der Kredit über 672 000,00 Euro soll in gleichmäßigen monatlichen Raten von 8 000,00 Euro über 7 Jahre getilgt werden. Erläutern Sie, wie das Darlehen in der Bilanz der Carsten Peters GmbH aufgeteilt nach kurzfristigen Verbindlichkeiten (Restlaufzeit bis 1 Jahr), mittelfristigen Verbindlichkeiten (Restlaufzeit von mehr als 1 Jahr bis 5 Jahre) und langfristigen Verbindlichkeiten (Restlaufzeit von mehr als 5 Jahren) ausgewiesen wird, wenn es zum 30.12. zu 100 % ausgezahlt wird. Wie entwickeln sich die Bilanzwerte in den folgenden 3 Jahren?

2 Erläutern Sie, warum ein Wert von 100 % bei der Kennzahl Liquiditätsgrad I betriebswirtschaftlich wenig sinnvoll ist.

3 Bei der GuV-Analyse der Carsten Peters GmbH wurden die *„sonstigen betrieblichen Erträge"* den übrigen neutralen Erträgen zugewiesen, während die *„sonstigen betrieblichen Aufwendungen"* als sonstiger Betriebsaufwand erfasst wurden. Begründen Sie diese Vorgehensweise.

4 Rentabilitätsschwäche, gemessen an der Umsatz- oder der Betriebsrentabilität, ist häufig Ausdruck einer ungünstigen Kostenstruktur. Stellen Sie Maßnahmen zusammen, mit denen ein Unternehmen seine Kostenstruktur verbessern kann.

5 Tim Obermann entscheidet sich nach einem Beratungsgespräch bei der Europabank AG, eine Investition in eine Produktionsmaschine statt über ein Bankdarlehen durch Leasing zu finanzieren.

a) Stellen Sie den Einfluss der Entscheidung des Kunden auf Bilanz und GuV dar.

b) Mit welchen Wirkungen auf die Kennzahlen aus dem Jahresabschluss muss die Europabank AG rechnen?

6 Kai Peters führt einen mittelständischen Speditionsbetrieb in der Rechtsform der GmbH. Im Rahmen von Kreditverhandlungen legt er nachfolgend abgedruckte Bilanz und GuV vor. Führen Sie die Jahresabschlussanalyse unter Verwendung der im Anhang abgedruckten Strukturbilanz und Struktur-GuV durch. Beachten Sie:

- Die Beschlüsse der Gesellschafterversammlung über die Verwendung des Jahresüberschusses liegen nicht vor.
- Die Posten „sonstige betriebliche Erträge" und „sonstige betriebliche Aufwendungen" lassen keine Trennung in periodengerechte und neutrale Erträge und Aufwendungen zu. Ordnen Sie die Posten im Hinblick auf das Betriebsergebnis so zu, dass dies einem vorsichtigen Vorgehen entspricht.

Bilanz der Speditions GmbH

Aktiva

	Geschäftsjahr Euro	Geschäftsjahr Euro	Vorjahr Euro
A. Anlagevermögen			
I. Sachanlagen			
1. Grundstücke, grundstücksgleiche Rechte und Bauten einschl. der Bauten auf fremden Grundstücken	1 013 817,00		1 014 663,16
2. technische Anlagen und Maschinen	4,00		4,00
3. andere Anlagen, Betriebs- und Geschäftsausstattung	44 080,00	1 057 901,00	69 372,00
II. Finanzanlagen			
1. Beteiligungen		1 000,00	1 000,00
B. Umlaufvermögen			
I. Vorräte			
1. Roh-, Hilfs- und Betriebsstoffe		2 869,00	6 265,44
II. Forderungen und sonstige Vermögensgegenstände			
1. kurzfristige Forderungen aus Lieferungen und Leistungen	235 832,29		200 209,12
2. kurzfristige sonstige Vermögensgegenstände	25 227,85	261 060,14	12 219,46
III. Flüssige Mittel			
1. Kassenbestand, Bundesbank- und Postgiroguthaben	4 295,10		11 107,45
2. Guthaben bei Kreditinstituten	91 271,27	95 566,37	20 011,32
C. Rechnungsabgrenzungsposten		15 985,00	35 724,64
		1 434 381,51	1 370 576,59

	Euro	Geschäftsjahr Euro	Passiva Vorjahr Euro
A. Eigenkapital			
Gezeichnetes Kapital	50 000,00		50 000,00
Gewinnrücklagen	63 067,76		0,00
Jahresüberschuss	206 870,24	319 938,00	250 125,90
B. Rückstellungen			
1. Steuerrückstellungen	13 626,00		8 672,00
2. Sonstige Rückstellungen	84 866,00	98 492,00	79 030,00
C. Verbindlichkeiten			
1. kurzfristige Verbindlichkeiten gegenüber Kreditinstituten	25 055,38		46 906,51
2. mittelfristige Verbindlichkeiten gegenüber Kreditinstituten	183 286,63		198 621,19
3. langfristige Verbindlichkeiten gegenüber Kreditinstituten	341 802,04		403 975,56
4. kurzfristige Verbindlichkeiten aus Lieferungen und Leistungen	130 435,05		115 889,00
5. kurzfristige sonstige Verbindlichkeiten	334 251,40		216 628,11
6. Umsatzsteuerverbindlichkeit	1 121,01	1 015 951,51	728,32
		1 434 381,51	1 370 576,59

Gewinn- und Verlustrechnung der Speditions GmbH

	Euro	Geschäftsjahr Euro	Vorjahr Euro
1. Umsatzerlöse		2 433 252,32	2 239 868,07
2. sonstige betriebliche Erträge		**38 111,65**	175 499,85
3. Materialaufwand			
a) Aufwendungen für Roh-, Hilfs- und Betriebsstoffe und für bezogene Waren	0,00		0,00
b) Aufwendungen für bezogene Leistungen	– 137 581,86	– 137 581,86	– 152 729,30
4. Personalaufwand			
a) Löhne und Gehälter	– 712 012,60		– 686 126,48
b) soziale Abgaben und Aufwendungen für Altersversorgung und Unterstützung	– 172 712,50	– 884 725,10	– 165 730,02
5. Abschreibungen			
a) auf immaterielle Vermögensgegenstände des Anlagevermögens und Sachanlagen		– 56 961,46	– 127 878,00
6. Sonstige betriebliche Aufwendungen		– 1 040 325,07	– 855 255,80
7. Sonstige Zinsen und ähnliche Erträge		483,03	301,67
8. Zinsen und ähnliche Aufwendungen		– 61 909,18	– 99 861,65
9. Ergebnis der gewöhnlichen Geschäftstätigkeit		290 344,33	328 088,34
10. Steuern vom Einkommen und Ertrag	– 23 400,00		– 27 518,00
11. Sonstige Steuern	– 60 074,09	– 83 474,09	– 50 444,44
12. Jahresüberschuss		206 870,24	250 125,90

a) Berechnen Sie auf Basis der Strukturbilanz und der Struktur-GuV für das Geschäftsjahr und das Vorjahr alle betriebswirtschaftlichen Kennzahlen zur Finanzlage, Vermögenslage und Ertragslage. Die Sachinvestitionen betragen im Geschäftsjahr 104 Tsd. Euro (Vorjahr: 75 Tsd. Euro).

b) Erläutern Sie, warum das Unternehmen in der Bilanz ein so geringes Vorratsvermögen ausweist.

c) Erläutern Sie, warum die Gesamtleistung mit dem Umsatz des Unternehmens identisch ist.

d) Erläutern Sie, warum der Rohertrag des Unternehmens nahezu mit der Gesamtleistung identisch ist.

e) Erstellen Sie eine Bilanzkritik. Nehmen Sie dabei zur Entwicklung der betriebswirtschaftlichen Kennzahlen in den beiden Jahren Stellung. Betrachten Sie die Unternehmensentwicklung auch unter Berücksichtigung nachfolgender Branchenkennzahlen.

Kennzahl	Branche von – bis	Kennzahl	Branche von – bis
Anlagendeckungsgrad I	8,9 – 82,8	Betriebsrentabilität	./. 1,1 – 8,1
Anlagendeckungsgrad II	60,4 –177,2	Umsatzrentabilität	./. 2,5 – 6,3
Liquiditätsgrad I	0,4 – 19,3	Cashflow-Rate	4,4 – 15,7
Liquiditätsgrad II	40,1 – 98,1	Eigenkapitalrentabilität	./. 7,1 – 31,1
Debitorenziel (Kundenziel) in Tagen	29,3 – 54,1	Gesamtkapitalrentabilität	0,4 – 18,3
		Rohertragsquote	73,8 –100,0
Kreditorenziel (Lieferantenziel) in Tagen	59,1 –418,9	Personalaufwandsquote	22,3 – 40,1
Verschuldungsgrad in Jahren	1,9 – 7,5	Abschreibungsaufwandsquote	4,4 – 11,9
		Zinsaufwandsquote	1,1 – 4,1
Selbstfinanzierungsquote	44,9 –277,8		
Anlagenintensität	23,9 – 60,7		
Eigenkapitalquote	0,0 – 13,4		
Fremdkapitalquote kurzfristig mittelfristig langfristig	33,7 – 75,5 14,3 – 45,1 44,2 – 56,3		

Die Branchenwerte zeigen eine mittlere Streubreite über 1 460 ausgewertete Speditionsbetriebe. Der untere Wert zeigt das Ergebnis der Kennzahlenberechnung, nachdem die schlechtesten 25 % der Unternehmen ausgesteuert wurden. Der obere Wert zeigt das Ergebnis der Kennzahlenberechnung, nachdem die besten 25 % der ausgewerteten Unternehmen ausgesteuert wurden. Die Streubreite umfasst damit die mittleren 50 % der Unternehmen.

f) Formulieren Sie aus der Sicht des Bilanzanalytikers Anforderungen an die von Firmenkunden einzureichenden Jahresabschlüsse.

2.2 Analyse zukünftiger Entwicklungen

Fitnesscenter – Geschäftsidee mit Zukunft?

Petra Wiemann betreut das Kreditengagement der Fit & Fun Fitnesscenter GmbH bei der Europabank AG. Es besteht eine Kontokorrentlinie von 250 000,00 Euro, die in den letzten Monaten voll beansprucht, zum Teil sogar überzogen wurde.

Zur Vorbereitung eines Gesprächs mit dem Geschäftsführer der Gesellschaft liest Frau Wiemann in einem Branchenbericht:

„Mitte der Neunzigerjahre erlebte die Fitnessbranche einen Wachstumsschub, der die Anzahl der Center und auch die Mitgliederzahlen nach oben schnellen ließ. Aus den Angaben des Deutschen Sportstudio Verbandes (DSSV) errechnet sich aktuell eine durchschnittliche Mitgliederzahl von 660 je Studio. Gestiegene Qualitätsansprüche beim Training, Angebotserweiterungen wie Sonnenbank und Sauna ließen die durchschnittliche Studiofläche von 575 qm auf 776 qm ansteigen. Eine stärkere Marktausschöpfung erweist sich als Schlüssel für weitere Umsatzsteigerungen, zu der auch die Senkung der noch recht hohen Fluktuationsrate (ca. 20 %) bei den Mitgliedern beitragen könnte. Die Umsatzrentabilität sank im vergangenen Jahr auf durchschnittlich 3,6 %, wobei die mittlere Streubreite bei ./. 7,2 % bis + 17,3 % liegt.

Fitnesscenter weisen einen hohen Grad an Fixkosten auf, sodass nur größere Anlagen rentabel arbeiten können. Der Markt dürfte sich in den nächsten Jahren stabil, aber ohne dynamisches Wachstum bei Umsatz und Mitgliederzahlen entwickeln. Der Trend zur Spezialisierung scheint sich fortzusetzen.“

Handlungsaufträge

1. Welche zukunftsbezogenen Informationen lassen sich dem Branchenbericht über Fitnesscenter entnehmen?

2. Wie wirkt sich der hohe Fixkostengrad für die Ertragssituation der Fitnesscenter aus?

3. Welche Fragen sollte Petra Wiemann im Gespräch mit der Geschäftsleitung der Fit & Fun Fitnesscenter GmbH klären?

4. Welche Gründe können zur angespannten Liquiditätslage der Fit & Fun Fitnesscenter GmbH geführt haben?

Das Urteil der Unternehmensanalyse auf der Grundlage ausgewerteter Jahresabschlüsse vergangener Geschäftsjahre muss durch **zukunftsorientierte Analysen** ergänzt werden. Die Rückzahlung der gewährten Kredite hängt maßgeblich von der künftigen wirtschaftlichen Entwicklung des Unternehmens ab. **Wichtige Bestimmungsgrößen** dieser Entwicklung sind unter anderem ein **qualifiziertes Management** und eine **nachfrageorientierte Produktpalette**.

 **ERLÄUTERUNG:**

Die Ermittlung zukunftsbezogener Erfolgsfaktoren wird häufig über Checklisten durchgeführt.

2.2.1 Die Beurteilung der Unternehmensführung

■ Qualifikation des Managements

Das Management muss gewährleisten, dass künftige Entwicklungschancen des Unternehmens hinreichend wahrgenommen und genutzt werden.

Checkliste Managementqualifikation	
Zuverlässigkeit, Ruf	Sind die persönlichen Verhältnisse (einschließlich Familie) geordnet? Werden Zusagen und Absprachen eingehalten?
Entnahmeverhalten, Bilanzpolitik	Ist das Entnahmeverhalten angemessen? Ist das Jahresergebnis bilanzpolitisch beeinflusst? Welche Einflüsse sind erkennbar?
Führungsverhalten	Zeigen sich typische Misserfolgsfaktoren, z. B. fehlende soziale Kompetenz, fehlende Kontrolle, mangelnde Delegation, unangemessener Führungsstil?
Informationsweitergabe, Informationsqualität	Werden Informationen bereitwillig zur Verfügung gestellt? Wie sind Qualität und Aktualität der eingereichten Unterlagen?
Unterstützung durch Externe	Hat das Unternehmen kompetente Steuerberater/Wirtschaftsprüfer mit gutem Ruf?
Kaufmänische und technische Qualifikation	Welche Ausbildung/Vorbildung hat das Management? Zeigen sich die Manager (Unternehmer, Geschäftsführer) als kompetente Ansprechpartner?
Nachfolgeregelung	Ist bei Einzel- und Gesellschaftsunternehmen die Nachfolge geregelt? Ist der Nachfolger qualifiziert?

Bei Einzelunternehmen und Personengesellschaften ist auch auf eine ausreichende Zukunftssicherung für den Fall des altersbedingten Ausscheidens des Unternehmers zu achten. Ein Wechsel sollte von langer Hand vorbereitet werden. Die spannungsfreie Organisation einer Unternehmensnachfolge dauert nach Erfahrungswerten zwischen 5 und 7 Jahren.

■ Art der Unternehmensführung

Neben der Qualifikation des Managements und der Persönlichkeit spielt auch die Art der Unternehmensführung eine Rolle.

▶ Das Shareholder-Value-Konzept

Das Shareholder-Value-Konzept (shareholder = engl. für Anteilseigner) basiert auf einer **strategischen Ausrichtung** der gesamten Unternehmensführung **an den Interessen der Anteilseigner**, um den Unternehmens-

ERLÄUTERUNG:

Die Bedeutung des Faktors Management zeigt sich bei den Gründen für Unternehmensinsolvenzen: In 50 % der Fälle führten Managementfehler zu Unternehmenszusammenbrüchen.

ERLÄUTERUNG:

Checklisten können in der Praxis eine strukturierte Grundlage für ein Gespräch mit dem Firmenkunden über die zukünftige Geschäftsentwicklung sein. Alle wesentlichen Fragen sind auf einen Blick verfügbar. Fehlende Daten können im Kundengespräch erhoben werden.

ERLÄUTERUNG:

Vom Generationswechsel sind in den nächsten Jahren bundesweit bis zu 700 000 Unternehmen betroffen.

▶ Ein selbstständiger Architekt beschäftigt 12 Mitarbeiter. Als der Firmeninhaber plötzlich im Alter von 58 Jahren verstirbt, besteht keine Nachfolgeregelung. Diskutieren Sie die Folgen für Arbeitnehmer, Kunden, Lieferanten und die kreditgebende Bank.

wert langfristig zu steigern. Typische Elemente einer Shareholder-Value-Konzeption sind:

- Kosten-Nutzen-Betrachtungen bei allen Geschäftstätigkeiten, gegebenenfalls Einleitung von Umstrukturierungen, sofern ein Geschäftsfeld nicht den Anforderungen genügt. Häufig wird eine am Risiko eines Geschäftsfeldes ausgerichtete Mindestrendite verbindlich vorgegeben.
- Ausrichtung der Informationspolitik des Unternehmens auf Transparenz, um den Kapitalmarktteilnehmern den Erfolg der Bemühungen um die Steigerung des Unternehmenswerts nahe bringen zu können. Zur Informationspolitik gehört insbesondere auch eine informationsorientierte Rechnungslegung durch Anwendung international üblicher Standards, z. B. IFRS/IAS und US-GAAP.
- Motivation der Unternehmensleitung und aller Mitarbeiter zur Beachtung des Shareholder-Value-Konzepts durch Beteiligung am Mehrwert des Unternehmens, z. B. durch Aktienoptionspläne (sog. Stock-Options-Modelle).

▶ Das Stakeholder-Value-Konzept

Das Stakeholder-Value-Konzept fordert die **Berücksichtigung aller am Unternehmenserfolg Beteiligten** (Stakeholder). Als Stakeholder gelten neben den Arbeitnehmern auch Lieferanten, Kunden, Kreditgeber, der Staat und die Eigentümer. Die einseitige Ausrichtung der Unternehmensführung an den Interessen der Kapitalgeber hat Kritik insbesondere vonseiten der Arbeitnehmer und der Gewerkschaften hervorgerufen. Die Kritik beruht auf folgenden Aussagen:

- Der Shareholder-Value-Ansatz begünstigt Unternehmensentscheidungen, die einen drastischen Personalabbau zur Folge haben.
- Die Orientierung am kurzfristigen Unternehmenserfolg degradiert die Arbeitnehmer zu einem reinen Kostenfaktor und trägt der menschlichen Arbeit als Produktionsfaktor nicht ausreichend Rechnung.
- Die Unternehmensführung muss die Interessen aller Anspruchsgruppen (Stakeholder) beachten.

Außerdem wird dem Shareholder-Value-Konzept entgegengehalten, dass es nur für börsennotierte Aktiengesellschaften anwendbar ist, da nur hier über den Börsenkurs der Marktwert eines Unternehmens feststellbar ist.

2.2.2 Die Beurteilung der Marktentwicklung

Für die zukünftige Marktentwicklung sind sowohl die internen Stärken und Schwächen des Unternehmens als auch die Entwicklung der gesamten Branche entscheidend. Die Branchenentwicklung kann über Branchenberichte transparent gemacht werden, die von externen Branchendiensten bezogen werden können oder von den volkswirtschaftlichen Abteilungen der Kreditinstitute erstellt werden.

ERLÄUTERUNG:

Das Shareholder-Value-Konzept wurde durch Alfred Rappaport (1986: Creating Shareholder Value) bekannt gemacht. Ursache war, dass US-amerikanische Unternehmen im Zuge der Globalisierung auf den Kapitalmarkt angewiesen waren, um Finanzmittel für Großinvestitionen zu beschaffen. Da in den USA aber, anders als in Deutschland, kein ausgeprägtes Universalbanksystem vorhanden ist, sind große Investment- und Pensionsfonds die wichtigsten Kapitalgeber. Diese stellen eine attraktive Rendite für das eingesetzte Kapital in den Mittelpunkt ihrer Anlageentscheidung.

ERLÄUTERUNG:

Bei Aktienoptionsprogrammen erhält die Zielgruppe einen Teil des Gehalts in Form von Optionen, die zum Bezug von Aktien zu einem bestimmten Preis (Basispreis) berechtigen. Die Option darf häufig aber nur ausgeübt werden, wenn der Aktienkurs in einem bestimmten Zeitraum um einen vorher vereinbarten Prozentsatz über den Basispreis steigt. Dadurch wird die Zielgruppe motiviert alles zu tun, was den Börsenwert steigen lässt. Davon profitieren Aktionäre und die optionsberechtigten Mitarbeitergruppen.

► Erkunden Sie, ob es in Ihrem Ausbildungsbetrieb finanzielle Anreizsysteme gibt, über die Mitarbeiter am Unternehmenserfolg beteiligt werden. Beschreiben Sie diese Systeme.

► Führen Sie eine Diskussion im Plenum durch, bei der ein Teil der Gruppe den Shareholder-Value-Ansatz vertritt und der andere Teil den Stakeholder-Value-Ansatz.

► Informieren Sie sich in Ihrem Ausbildungsbetrieb über Branchenberichte.
→ Woher stammen die Branchenberichte?
→ Wie werden sie in der Firmenkundenberatung eingesetzt?

Checkliste Unternehmenspositionierung	
Standortwahl	Ist der Standort zweckmäßig gewählt? Gilt das auch für die Zukunft?
Personelle Ausstattung	Verfügt das Unternehmen über eine ausreichende Personalausstattung? Ist das Personal hinreichend qualifiziert? Wie ist der Bereich Forschung und Entwicklung besetzt?
Technische Ausstattung	Bestehen Überkapazitäten oder Engpässe? Ist das Unternehmen technisch zeitgemäß ausgestattet (Betriebsbesichtigung)? Werden erforderliche Neu- und Ersatzinvestitionen durchgeführt?
Produktpalette	Ist die Produktpalette marktgerecht? Wie hoch sind Ausgaben für Forschung und Entwicklung?
Preispolitik	Bestehen Abhängigkeiten von Kunden? Welche Rabatte und Skonti werden Kunden eingeräumt? Wie werden Rabatte und Skonti durch die Kunden in Anspruch genommen? Besteht eine Vor- und Nachkalkulation?
Konkurrenzsituation	Planen neue Wettbewerber den Markteintritt? Besteht ruinöser Preiswettbewerb?
Branchenentwicklung	Wie sind die Zukunftsaussichten der Branche? Welchen individuellen Vorteil hat das Unternehmen im Vergleich zur Branche? Wie groß ist das Marktpotenzial?
Leistungsabgabe	Wie wird die Umsatzentwicklung eingeschätzt? Wie entwickeln sich die Lagerbestände?
Leistungsqualität	Wie hoch sind Rückstellungen für Gewährleistungen? Drohen Prozesse, z. B. wegen Produkthaftung? Wie hoch ist der Aufwand für Nacharbeiten und Retouren?
Marktstellung des Unternehmens	Wie sind Liefertreue und Kundentreue einzustufen? Wie ist der Ruf des Unternehmens einzustufen?

2.2.3 Die Beurteilung von Umwelt und Unternehmen

Im Rahmen der zukunftsorientierten Unternehmensanalyse müssen Unternehmen auf ökologische Risiken untersucht werden. Das gilt insbesondere für Produktionsunternehmen.

Checkliste Umweltorientierung	
Produktionsbasis	Liegen behördliche Betriebsgenehmigungen vor? Drohen behördliche Eingriffe? Sind Altlasten auf dem Betriebsgelände bekannt oder sind andere Kreditsicherheiten durch Umweltbelastungen in ihrer Werthaltigkeit beeinträchtigt? Wurde ausreichend Vorsorge, z. B. durch Rückstellungen, getroffen?
Zukunftsaussichten	Ist die Produktion als umweltfreundlich einzustufen? Sind Gesetzesänderungen mit Umweltbezug geplant oder absehbar, die Auswirkungen für das Unternehmen haben werden? Welche zusätzlichen Umweltaktivitäten plant das Unternehmen?

2.2.4 Insolvenzprognosen

Die Kennzahlen der Bilanzanalyse (Jahresabschlussanalyse) bilden die Vermögens-, Ertrags- und Finanzlage des Unternehmens mit Zahlen der Vergangenheit ab. Im Rahmen der zukunftsorientierten Unternehmensanalyse werden die unternehmensbezogenen Kennzahlen nach ihrer Bedeutung für den zukünftigen wirtschaftlichen Erfolg zusammengestellt.

Ziel der Kombination von Einzelkennzahlen in einem System zukunftsorientierter Messziffern ist die Ableitung eines Indexwertes für das analysierte Unternehmen. Unterschreitet der Indexwert einen festgelegten Grenzwert, so wird das Unternehmen als „insolvenzgefährdet" eingestuft. Überschreitet der Indexwert den Grenzwert gilt das Unternehmen als nicht insolvenzgefährdet/solvent. Bei Prognose drohender Insolvenz kann das Kreditinstitut kreditsichernde Maßnahmen einleiten, z. B. zusätzliche Sicherheiten anfordern.

Entscheidend für die Insolvenzprognose ist die Auswahl der Kennzahlen und die Bestimmung des Grenzwertes. 2 Arten von Kennzahlensystemen sind zu unterscheiden:

- Expertensysteme (sie bilden das Entscheidungsverhalten von Experten nach) und
- mathematisch-statistische Systeme.

 **ERLÄUTERUNG:**

Kennzahlensysteme verfolgen das Ziel, Ursachen- und Wirkungszusammenhänge offen zu legen. Durch eine Kombination aussagekräftiger Kennzahlen sollen Zuordnungsprobleme, wie z. B. die Einordnung des Kreditnehmers in die Kategorie „insolvenzgefährdet" oder „solvent" gelöst werden.

■ Expertensysteme

Bei Expertensystemen werden Kennzahlen durch Experten ausgewählt und für Insolvenzprognosen gewichtet.

> **BEISPIEL:** *Das Kennzahlensystem von Weinrich*
>
> *Mithilfe statistischer Tests wurden 8 Kennzahlen herausgefiltert, die als bedeutsam für eine Insolvenzprognose angesehen werden.*
>
> ① $\dfrac{\text{Eigenkapital}}{\text{Fremdkapital}} \times 100$
>
> ② $\dfrac{\text{Liquide Mittel}}{\text{Gesamtkapital}} \times 100$
>
> ③ $\dfrac{\text{Bald verfügbare Geldmittel ./. kurzfristiges Fremdkapital}}{\text{Betriebsaufwand vor Abschreibung}} \times 100$
>
> ④ $\dfrac{\text{Unternehmensgewinn + Fremdkapitalzinsen}}{\text{Gesamtkapital}} \times 100$
>
> ⑤ $\dfrac{\text{Umsatzerlöse}}{\text{Gesamtkapital}} \times 100$
>
> ⑥ $\dfrac{\text{Fremdkapital}}{\text{Cashflow}} \times 100$
>
> ⑦ $\dfrac{\text{Fremdkapital ./. bald verfügbare Geldmittel}}{\text{Betriebliche Nettoeinnahmen}} \times 100$
>
> ⑧ $\dfrac{\text{Warenverbindlichkeiten + Schuldwechsel}}{\text{Wareneinkauf}} \times 100$

Punktwert / Kennzahl	1	2	3	4	5
①,	> 43,3	43,3 bis 12,1	12,0 bis 8,5	8,4 bis − 4,7	< − 4,7
②,	> 7,5	7,5 bis 2,0	1,9 bis 0,9	0,8 bis 0,2	< 0,2
③,	> − 8,8	8,8 bis − 29,3	− 29,4 bis − 46,2	− 46,3 bis − 89,9	< − 89,9
④,	> 21,3	21,3 bis 7,2	7,1 bis 4,3	4,2 bis 0,9	< 0,9
⑤,	> 257,4	257,4 bis 200,7	200,6 bis 90,7	90,6 bis 62,1	< 62,1
⑥,	< 284,9	284,9 bis 1 210,3	1 210,4 bis 1 451,7	1 451,8 bis 9 999,9	> 9 999,9
⑦,	< 165,3	165,3 bis 1 168,3	1 168,4 bis 1 231,2	1 231,3 bis 9 999,9	> 9 999,9
⑧,	< 9,7	9,7 bis 27,8	27,9 bis 47,9	48,0 bis 79,9	> 79,9

Quelle: A. Kerth, J. Wolf: Bilanzanalyse und Bilanzpolitik, Carl Hanser Verlag, München, 1986, S. 242

Nach der Berechnung der Einzelkennzahlen werden die Werte in ein Punktbewertungsschema eingeordnet. Im günstigsten Fall erhält das Unternehmen je Kennzahl einen Punkt, im ungünstigsten Fall 5 Punkte. Damit beträgt die Mindestpunktzahl 8 (8 x 1 Punkt) und die Höchstpunktzahl 40 (8 x 5 Punkte).

Der kritische Punktwert ist bei 24 Punkten festgelegt. Beträgt die Gesamtpunktzahl 24 und mehr, so wird das Unternehmen in die Rubrik „kritische bis insolvente Unternehmen" eingestuft. Bei weniger als 24 Punkten geht man davon aus, dass keine Insolvenzgefahr droht. Das Unternehmen wird als „solvent" klassifiziert.

ERLÄUTERUNG:

Entscheidend beim Einsatz von Kennzahlensystemen zur Insolvenzprognose ist die Trefferquote. Die einzelnen Systeme signalisieren teilweise mit einer Trefferquote von 90 % die Bestandsgefährdung eines Unternehmens bis zu 3 Jahre im voraus. Dadurch wird es möglich, rechtzeitig Maßnahmen einzuleiten, mit denen sich Vermögensverluste für die Bank durch Insolvenz des Kreditnehmers vermeiden lassen.

▶ Informieren Sie sich in Ihrem Ausbildungsbetrieb über das eingesetzte Kennzahlensystem zur Insolvenzprognose.

■ Mathematisch-statistische Systeme

Bei mathematisch-statistischen Systemen wird die Gewichtung der Kennzahlen nicht durch Experten festgelegt, sondern durch ein mathematisches Verfahren ermittelt.

Ausgangspunkt ist die Ermittlung einer Diskriminanzfunktion. Dazu wird mit vorher ausgewählten Kennzahlen eine Stichprobe von Unternehmen untersucht, bei denen bekannt ist, dass sie „solvent" geblieben oder aber „insolvent" geworden sind.

In der folgenden Grafik sind die solventen Unternehmen der Stichprobe mit (+) und die insolventen mit (–) gekennzeichnet.

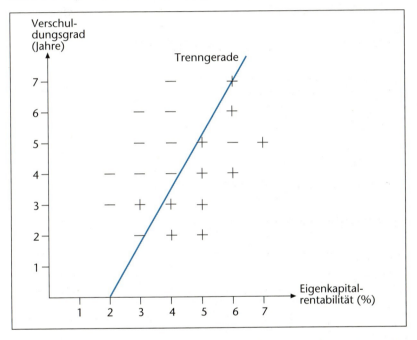

ERLÄUTERUNG:

Eigenkapitalrentabilität (%):
$$\frac{\text{Betriebsergebnis} \times 100}{\text{Eigenkapital}}$$

Verschuldungsgrad (Jahre):
$$\frac{\text{Fremdkapital}}{\text{Cashflow}}$$

Mittels eines mathematischen Verfahrens wird eine Gerade errechnet, die die Gruppe der solventen Unternehmen von der Gruppe der insolventen Unternehmen möglichst genau trennt.
Diese Trenngerade ist die gesuchte Diskriminanzfunktion.

Setzt man jetzt die Kennzahlenwerte des untersuchten Unternehmens in die Diskriminanzfunktion ein, so ergibt sich ein Indexwert. Damit kann das Unternehmen den „solventen" oder „insolventen" Unternehmen zugeordnet werden.

Strukturwissen

Unternehmens-analyse	Im Rahmen der Unternehmensanalyse werden Unternehmen sowohl vergangenheitsorientiert anhand vorliegender Jahresabschlüsse als auch zukunftsorientiert durch Beobachtung der Marktchancen, der Managementkonzeption und der Insolvenzanfälligkeit analysiert und beurteilt. Ziel der Unternehmensanalyse sind eindeutige Aussagen zur Kreditwürdigkeit eines Unternehmens.
Kennzahlensysteme	Im Rahmen der Analyse zukünftiger Entwicklungen werden die Kennzahlen der Jahresabschlussanalyse gewichtet und zu Kennzahlensystemen verknüpft. Ziel von Kennzahlensystemen ist es, einen Indexwert für das Unternehmen zu ermitteln, der durch Vergleich mit historischen Daten eine Prognose der Insolvenzanfälligkeit erlaubt.

Unternehmensanalysen		
	Jahresabschlussanalyse	**Analyse zukünftiger Entwicklungen**
Basis	Beurteilung des Jahresabschlusses (Bilanz und Gewinn- und Verlustrechnung) Bei Kapitalgesellschaften zusätzlich Beurteilung von Anhang und Lagebericht	Beurteilung der Unternehmensführung, Beurteilung der Marktentwicklung, Beurteilung von Umwelt und Unternehmen, Prognose der Insolvenzanfälligkeit
Instrumente	Kennzahlen der Jahresabschlussanalyse	Einsatz von Checklisten

Kennzahlensysteme zur Insolvenzprognose		
	Expertensysteme	**Mathematisch-statistische Systeme**
Urteilsfin-dung	Zusammenstellung und Bewertung (Gewichtung) der Kennzahlen hinsichtlich ihrer Bedeutung für die Insolvenzanfälligkeit des Unternehmens erfolgt durch subjektives Expertenurteil	Zusammenstellung und Bewertung (Gewichtung) der Kennzahlen hinsichtlich ihrer Bedeutung für die Insolvenzanfälligkeit des Unternehmens erfolgt durch mathematisch-statistische Verfahren

Aufgaben

 Werten Sie den Kurzbericht zur Branche *„Bau- und Heimwerkerbedarf"* zukunftsorientiert aus.

In Deutschland existierten zum 01.01.2005 insgesamt 2 505 Baumärkte, deren Verkaufsfläche bei 11 822 000 qm lag.[1] In 2004 belief sich die Zahl der wirklichen Baumarkt-Neueröffnungen auf nur noch knapp 40, sodass diese die erfolgten Schließungen nicht kompensieren konnten. Insgesamt ging somit die Zahl der Baumärkte weiter zurück, wobei die Abschmelzquote zum 01.01.2005 mit 1,8 % mehr als doppelt so hoch war wie im Vorjahr mit 0,7 %. Dagegen stieg die Verkaufsfläche zum 01.01.2005 um 1,1 % weiter an, blieb aber hinter der Wachstumsquote des Vorjahres (+ 1,5 %) zurück.

Die Entwicklung zeigt, dass gute neue Standorte langsam immer seltener werden. Seit ein paar Jahren ist auch schon an verschiedenen Standorten von einer Überbesetzung bzw. einem Overstoring die Rede. Sowohl in den alten als auch in den neuen Bundesländern ist der Verdrängungswettbewerb in den letzten Jahren zunehmend härter geworden.

Was den traditionellen Fachhandel mit Metallwaren, Anstrichmitteln und Bau- und Heimwerkerbedarf (ohne Bau- und Heimwerkermärkte) betrifft, so bestanden Anfang 2004 1 100 Heimwerkergeschäfte mit einem Umsatz von 540 Mio. Euro (in 2003), 4 300 Farben- und Tapetengeschäfte mit einem Umsatz von 2,390 Mrd. Euro und 4 040 Hausrat- und Eisenwarengeschäfte mit einem Umsatz von 3,075 Mrd. Euro.[2] Von der allgemein ungünstigen Einzelhandelskonjunktur waren sowohl der traditionelle Fachhandel mit Metallwaren, Anstrichmitteln und Bau- und Heimwerkerbedarf als auch die Bau- und Heimwerkermärkte betroffen.

Der Umsatz der Baumärkte in Einzelhandelsfunktion belief sich in 2004 auf 16,66 Mrd. Euro[3], was im Vergleich zum Vorjahr einem Umsatzwachstum von nur 1,0 % entspricht. Vom Gesamtumsatz entfielen dabei 13,38 Mrd. Euro auf die alten und 3,28 Mrd. Euro auf die neuen Bundesländer. Der Umsatzzuwachs in den Jahren ab 2002 generierte sich dabei im Wesentlichen aus Preiskämpfen und Rabattaktionen, von denen einzelne Unternehmen überdurchschnittlich profitierten, während andere davon negativ betroffen waren. Der Umsatzanteil der Bau- und Heimwerkermärkte – ohne den traditionellen Fachhandel – am DIY[4]-Markt betrug in 2004 17,084 Mrd. Euro bzw. 19,2 %.[5]

Der Umsatz im traditionellen Fachhandel sank in den letzten Jahren ständig. Die Gründe dafür lagen nicht nur in der allgemeinen Konsumschwäche und schlechten Konsumstimmung der Verbraucher, sondern auch in den ruinösen Preiskämpfen der Baumarktbetreiber und Discounter.

Die Preiskämpfe der Baumärkte in den letzten Jahren haben nicht nur die Branchenstabilität beeinträchtigt, sondern auch das Preisbewusstsein der Verbraucher geschärft. Die Umsatzrendite der Branche, die in den besten Jahren durchaus bei 5 % liegen konnte, ist zwischenzeitlich auf durchschnittlich 2 bis 3 % gefallen.

Die inländischen Marktchancen sind aufgrund des hohen Geschäfts- bzw. Baumarktbesatzes und des in vielen Regionen eingetretenen Overstoring weitgehend ausgereizt. Weitere Expansionschancen für deutsche Baumarktketten bestehen vor allem in den neuen Märkten in Mittel- und Osteuropa; ausgehend vom derzeitigen Expansionstempo ist aber in den nächsten Jahren auch in diesen Ländern ein starker Verdrängungswettbewerb zu erwarten.

Was die nächsten Jahre betrifft, so dürfte die Anzahl der reinen Baumarkt-Neueröffnungen weiterhin zurückgehen. Zunehmend stärker stehen Standorterweiterungen, -umbauten und -verlagerungen im Vordergrund. Der Trend zu immer größeren Verkaufsflächen setzt sich aber weiter fort. Damit einhergehend erweitert und vertieft man die Sortimente, um den Kundenwünschen besser Rechnung zu tragen. Der Marktanteil der Bau- und Heimwerkermärkte an den DIY-Sortimenten insgesamt dürfte damit im Zeitraum von 2004 bis 2008 auf über 19 % steigen.

[1] nach Angaben der gemaba (Gesellschaft für Markt- und Betriebsanalyse mbH)
[2] nach Angaben von A. C. Nielsen
[3] nach gemaba-Definition
[4] DIY = Do-it-yourself
[5] Berechnung der BBE-Unternehmensberatung (BBE)

Quelle: Deutscher Sparkassenverlag, BranchenReport EH Bau- und Heimwerkerbedarf, 2005, Herausgeber: Deutscher Sparkassen- Giroverband e. V.

2 Stellen Sie eine Liste mit Indikatoren zusammen, die mögliche finanzielle Schwierigkeiten des Kunden andeuten.

3 Nennen Sie Beispiele für Wirtschaftsbereiche mit hohen Umweltrisiken.

4 Analysieren Sie den Auszug aus einem Zwischenbericht der Deutschen Bank AG auf Konzepte zur Unternehmensführung:

„Auf der Grundlage einer zukunftsweisenden Strategie streben wir eine nachhaltige Steigerung des Unternehmenswertes an. Darin sehen wir unsere erste Verpflichtung gegenüber den Aktionären. Untrennbar damit verbunden sind unsere weiteren Ziele: zufriedene Kunden, motivierte Mitarbeiter, gesellschaftliches Engagement. Dieser „Vierklang" prägt das Selbstverständnis der modernen Deutschen Bank. Ihre Identität wird darüber hinaus durch Offenheit, Vertrauen, Integrität, Loyalität und Leistung verkörpert."

Quelle: Deutsche Bank, Geschäftsbericht 1998, S. 2

5 Neben dem Shareholder-Value wird in der zukunftsorientierten Unternehmensanalyse auch der Bondholder-Value untersucht. Unter Bondholder-Value wird der Wert verstanden, der für Anleihegläubiger (engl. Bondholder) geschaffen wird. Verbessert ein Unternehmen seine Bonität am Kapitalmarkt, steigt die Wahrscheinlichkeit, dass Zins- und Tilgungsleistungen vollständig und pünktlich erbracht werden. Dadurch sinkt das Risiko der Anleihe, was durch einen niedrigeren Renditeaufschlag der Anleihe gegenüber Anleihen gleicher Laufzeit von bonitätsmäßig erstklassigen Anleiheschuldnern, z. B. Bundesanleihen, honoriert wird. Durch eine höhere Bonitätseinstufung (Rating) steigt der Anleihekurs, Bondholder Value wird geschaffen.
Stellen Sie die Interessen eines Aktionärs (Shareholder) und eines Anleihegläubigers (Bondholder) an der zukünftigen Unternehmensentwicklung gegenüber.

6 Untersuchen Sie, ob ein Börsengang (Going Public) eines Unternehmens das Problem des Generationswechsels lösen kann.

7 Die folgende Übersicht zeigt die Hauptursachen von Unternehmensinsolvenzen.
In welchen Bereichen kann ein Kreditinstitut im Rahmen der vorhandenen Beratungskompetenz Hilfestellung geben und damit zur Insolvenzvermeidung beitragen?

Unternehmensinterne Ursachen (ca. 75 % der Insolvenzen)	Unternehmensexterne Ursachen (ca. 25 % der Insolvenzen)
Falsche Finanzierungsstruktur für Investitionen	Konjunktureller/struktureller Umsatzrückgang
Umsatzrückgang durch Schwächen in der Produkt- und Vertriebspolitik	Verschlechtertes Zahlungsverhalten der Kunden, Forderungsausfälle
Fehldisposition im Waren-/Rohstoffeinkauf	Preiserhöhungen von Lieferanten, Erhöhung der Rohstoffpreise
Überkapazitäten, zu hohe Produktionskosten	Erhöhung der Arbeitskosten durch Tarifabschlüsse

Anne Berghof übernimmt von ihrem Vater den Tischlereibetrieb. Sie stellt fest, dass eine gesicherte Existenz des Unternehmens nur dann gewährleistet ist, wenn zusätzliche Produkte und Dienstleistungen angeboten werden können. Daher sollen Parkettverlegung und -instandsetzung als neuer Geschäftszweig aufgebaut werden. Dazu muss in einen Ausstellungsraum und eine neue Maschine investiert werden. Der Vater hat sich aus der Unternehmensführung zurückgezogen und genießt zunächst den Ruhestand. Er erwartet jedoch, dass seine Tochter weitreichende Entscheidungen mit ihm bespricht, um von seinen Erfahrungen und Kenntnissen zu profitieren.

Als dies nicht passiert, fühlt er sich nutzlos und übergangen. Er sucht den Betrieb auf, um seiner Tochter über die Schulter zu sehen. Immer häufiger kritisiert er ihre Entscheidungen, sodass es schließlich zu einem offenen Streit in Anwesenheit der Mitarbeiter kommt. Auch die Mitarbeiter stellen die Kompetenz von Anne Berghof nun häufiger infrage und klären Probleme mit dem ehemaligen Chef. Nach 6 Monaten gibt Anne Berghof auf. Analysieren Sie den beschriebenen Sachverhalt.

3 Auswertung von Jahres- abschlüssen im Hinblick auf Anlageentscheidungen

ERLÄUTERUNG:

Als Outperformer werden Aktien bezeichnet, deren voraussichtliche Kursentwicklung besser sein wird als die Entwicklung des Gesamtmarktes oder der Branche.

Die Aktie der Reicher AG – eine Kaufempfehlung?

In einer Veröffentlichung der Finanzbank AG heißt es:

„Die Aktie des Handelskonzerns Reicher AG wird als Outperformer eingestuft. Der kürzlich realisierte Konzernumbau hat zu einer klaren Fokussierung auf 3 Geschäftsfelder geführt: Cash & Carry, NonFood-Fachmärkte und Warenhäuser. Das Ergebnis der gewöhnlichen Geschäftätigkeit erhöhte sich um 21,8 %, der Konzernumsatz stieg akquisitionsbedingt sogar um 61,2 %. Auch das laufende Geschäftsjahr zeigt weiter positive Tendenzen. Bereinigt um Unternehmenszukäufe und -verkäufe stieg der Umsatz im ersten Quartal gegenüber dem gleichen Zeitraum des Vorjahres noch einmal um 7,5 %. Besonders positiv entwickelte sich dabei der Auslandsumsatz in den ehemaligen Ostblockstaaten, der jetzt bereits zu einem Drittel zum Gesamtumsatz beiträgt. Dadurch kann sich die Reicher AG immer mehr von der inländischen Konjunkturentwicklung abkoppeln.

Die Aktie der Reicher AG liegt mit einem KGV von 10 auf Basis des letzten DVFA/SG-Ergebnisses über dem Branchendurchschnitt. Auf Basis des geschätzten DVFA/SG-Ergebnisses für das laufende Jahr wird das KGV der Aktie dem KGV der Branche entsprechen. Dies und die konsequente Umstrukturierung des Konzerns mit der Konzentration auf die margenstärksten Geschäftsfelder rechtfertigen die überdurchschnittliche Bewertung."

Handlungsaufträge

1 Aus welchen Gründen wird die Aktie der Reicher AG zum Kauf empfohlen?

2 Welche Bedeutung hat das Kurs-Gewinn-Verhältnis (KGV) für die Aktienanalyse?

3 Stellen Sie weitere Kennzahlen für die vergleichende Aktienanalyse zusammen.

4 Welche Bedeutung hat die Berechnung eines Ergebnisses nach DVFA/SG in der Aktienanalyse?

5 Stellen Sie mögliche Interessenkonflikte zwischen der Analyseabteilung der Finanzbank AG, dem Wertpapiereigenhandel, den institutionellen Kunden der Bank und der Öffentlichkeit dar.

Kreditinstitute untersuchen im Rahmen der Finanzanalyse auch Jahresabschlüsse börsennotierter Unternehmen. Während die Auswertungssysteme für Jahresabschlüsse zur Vorbereitung von Kreditentscheidungen in den einzelnen Institutsgruppen sehr unterschiedlich sind, hat sich bei der Auswertung von Jahresabschlüssen zum Zwecke von Anlagenentscheidungen ein einheitlicher Standard herausgebildet.

3.1 Ermittlung des Ergebnisses nach DVFA/SG

Wichtiges Kriterium für eine Anlageentscheidung ist die zukünftige Ertragsentwicklung eines Unternehmens. Für die Ermittlung und den Vergleich der Ertragskraft von Aktiengesellschaften nutzen Finanzanalysten ein von der Deutschen Vereinigung für Finanzanalyse und Assetmanagement e. V. (DVFA) in Zusammenarbeit mit der Schmalenbachgesellschaft (SG) entwickeltes Schema. Das Ermittlungsschema kann sowohl für das Ergebnis vergangener Geschäftsjahre als auch für die Schätzung des DVFA/SG-Ergebnisses im laufenden bzw. in folgenden Geschäftsjahren verwendet werden.

Das **Ergebnis nach DVFA/SG** und das daraus abgeleitete **Ergebnis je Aktie** stellt eine international anerkannte Kennzahl für die Beurteilung der Ertragskraft deutscher Unternehmen dar.

Das Ergebnis nach DVFA/SG erfüllt folgende Anforderungen:

- Unabhängigkeit von der vom Unternehmen verwendeten Rechnungslegungsnorm,
- Vergleich der Ertragskraft unabhängig von der Branche,
- zuverlässige Basis für die Schätzung der zukünftigen Ertragskraft des Unternehmens,
- Abbildung der Ergebnisentwicklung im Zeitablauf.

Das DVFA/SG-Ergebnis ist um alle Sondereinflüsse bereinigt, die die Vergleichbarkeit von Unternehmensergebnissen einschränken. Zudem berücksichtigt es Steuerwirkungen.

 BEISPIEL:

Der Konzernjahresabschluss der Reicher AG weist einen Konzernjahresüberschuss von 12,55 Mio. Euro aus. Im Geschäftsjahr waren 600 000 Aktien dividendenberechtigt. Folgende Sondereinflüsse sind zu bereinigen:
1. *Es wurden steuerlich bedingte Sonderabschreibungen in Höhe von 2,5 Mio. Euro vorgenommen.*
2. *In früheren Jahren wurden bereits Sonderabschreibungen verrechnet. Die dadurch vorweggenommenen Normalabschreibungen sind jetzt ergebnismindernd mit 4 Mio. Euro zu berücksichtigen. Der Ertragsteuersatz der Reicher AG beträgt 50 %.*
3. *Anderen Gesellschaftern stehen Gewinne von 4 Mio. Euro zu.*

ERLÄUTERUNG:

Aufgabe der Finanzanalyse ist es, anhand allgemein verfügbarer Informationen eine Beurteilung und Bewertung von Wertpapieren, Unternehmen, Volkswirtschaften, Kapitalmärkten oder Branchen vorzunehmen.

ERLÄUTERUNG:

Die 1960 gegründete DVFA hat bereits 1968 eine „Empfehlung zur Bildung eines einheitlichen Gewinnbegriffs zur Erleichterung der vergleichenden Aktienbeurteilung" veröffentlicht. Das Ermittlungsschema wurde konsequent weiterentwickelt und liegt seit 1998 erstmals in einer Definition vor, bei der alle zu bereinigenden Sondereinflüsse abschließend definiert sind.

ERLÄUTERUNG:

Nach dem HGB dürfen börsennotierte Aktiengesellschaften unter bestimmten Bedingungen auf die Aufstellung eines Konzernabschlusses nach deutschem Recht verzichten. Sie können stattdessen nach der internationalen Rechnungslegungsnorm (IFRS/IAS) oder der US-amerikanischen Norm (US-GAAP) bilanzieren. Die Ergebnisse nach HGB, IFRS/IAS und US-GAAP weichen z. T. deutlich voneinander ab.

ERLÄUTERUNG:

Um das Ergebnis je Aktie für Aktionäre der Muttergesellschaft zu ermitteln, müssen nach international einheitlicher Handhabung anderen Gesellschaftern zustehende Gewinne abgezogen und auf andere Gesellschafter entfallende Verluste addiert werden.

DVFA/SG-Ergebnis der Gesellschaft		Mio. Euro	Mio. Euro
Konzernjahresüberschuss			12,55
Posten mit steuerlicher Auswirkung:			
+ Sonderabschreibungen		+ 2,50	
./. anteilige vorweggenommene Normalabschreibungen		./. 4,00	
		./. 1,50	
+ 50 % Steueranteil darauf		+ 0,75	
= Netto		./. 0,75	./. 0,75
= DVFA/SG-Ergebnis vor Anteilen Dritter			+ 11,80
./. Gewinnanteile Dritter			./. 4,00
= DVFA/SG-Ergebnis der Muttergesellschaft			+ 7,80
DVFA/SG-Ergebnis je Aktie			
$\dfrac{DVFA/SG\text{-}Ergebnis\ der\ Gesellschaft}{Anzahl\ der\ Aktien}$	=	$\dfrac{7,8\ Mio.}{600\ 000}$	= **13,00 Euro**

ERLÄUTERUNG:

Um ein DVFA/SG-Ergebnis zu ermitteln, sind häufig interne Informationen aus dem Rechnungswesen des Unternehmens erforderlich. Allein aus den Jahresabschlusszahlen ist eine Ableitung nicht möglich.

Viele Unternehmen ermitteln selbstständig das Ergebnis nach DVFA/SG und veröffentlichen es im Geschäftsbericht.

▶ **Erläutern Sie am Beispiel junger Unternehmer in der Startphase, warum die Veröffentlichung des Ebit Angaben über die Gewinnsituation nur ergänzen, aber nicht ersetzen kann.**

Struktur des DVFA/SG-Schemas

1. Konzernjahresergebnis (Überschuss/Fehlbetrag)
2. Anpassungen des Konzernergebnisses aufgrund von Änderungen des Konsolidierungskreises (Anzahl der Unternehmen, die im Konzernabschluss berücksichtigt sind)
3. Latente Steueranpassungen
4. = angepasstes Konzernergebnis
5. Bereinigungspositionen in den Aktiva
6. Bereinigungspositionen in den Passiva
7. Bereinigung nicht eindeutig zuordnungsfähiger Sondereinflüsse
8. Fremdwährungseinflüsse
9. Zusammenfassung der zu berücksichtigenden Bereinigungen
10. = DVFA/SG-Konzernergebnis für das Gesamtunternehmen
11. Ergebnisbestandteile Dritter
12. DVFA/SG-Konzernergebnis für Aktionäre der Muttergesellschaft
13. Anzahl der zugrunde zu legenden Aktien
14. = Ergebnis nach DVFA/SG je Aktie (Basisergebnis)
15. Adjustiertes Ergebnis nach DVFA/SG je Aktie bei Veränderungen des Gezeichneten Kapitals nach dem Bilanzstichtag
16. Voll verwässertes Ergebnis nach DVFA/SG je Aktie

Quelle: Busse von Colbe u. a. (Hrsg.), Ergebnis je Aktie nach DVFA/SG, Stuttgart, 3. Auflage, S. 69

ERLÄUTERUNG:

Ebit = **E**arnings **b**efore **i**nterest and **t**axes (Ergebnis vor Zinsen und Steuern)

Ebitda = **E**arnings **b**efore **i**nterest, **t**axes, **d**epreciation and **a**mortization (Ergebnis vor Zinsen, Steuern und Abschreibung).

Im Zuge der Internationalisierung der Aktienanalyse werden zunehmend auch **Ebit und Ebitda** für Rentabilitätsvergleiche eingesetzt. Mit Ebit und Ebitda vergleichen Analysten die Gewinne aus dem Kerngeschäft. Außerordentliche Erträge und außerordentliche Aufwendungen bleiben unberücksichtigt.

Ebit misst den Gewinn vor Steuern und Zinsen. Es erfasst das Ergebnis der gewöhnlichen Geschäftstätigkeit ohne Zinsergebnis. Damit werden Unternehmen mit unterschiedlicher Zinsbelastung aufgrund verschiedener Kapitalstruktur und Unternehmen in Ländern mit unterschiedlicher Steuerbelastung vergleichbar. **Ebitda** klammert zusätzlich die Abschreibungen aus. Damit lassen sich Unternehmen mit besonders hohen Abschreibungen mit anderen Unternehmen vergleichen.

Ausgehend vom Betriebsergebnis errechnen sich die Kennzahlen:

Ebit = Betriebsergebnis + Zinsaufwand + kalkulatorischer Zinsaufwand für langfristige Rückstellungen

Ebitda = Ebit + Abschreibungen auf Sachanlagen, immaterielles Vermögen und Firmenwerte

3.2 Kennzahlen zur Aktienbeurteilung

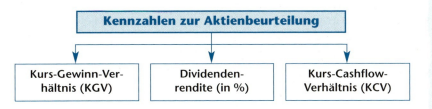

Kennzahlen zur Aktienbeurteilung

- Kurs-Gewinn-Verhältnis (KGV)
- Dividendenrendite (in %)
- Kurs-Cashflow-Verhältnis (KCV)

3.2.1 Kurs-Gewinn-Verhältnis

Das **Kurs-Gewinn-Verhältnis (KGV)** spielt vor allem in der **fundamentalen Aktienanalyse** eine wichtige Rolle. Als **Gewinn je Aktie** wird zur besseren Vergleichbarkeit häufig anstelle des Jahresergebnisses je Aktie das Ergebnis je Aktie nach DVFA/SG angesetzt.

Beträgt der Aktienkurs der Reicher AG an der Börse z. B. 130,00 Euro, so ergibt sich bei einem DVFA/SG-Ergebnis je Aktie von 13,00 Euro ein KGV von 10 (130 : 13).

Das KGV von 10 lässt sich in zweifacher Weise interpretieren:

1. Die Aktie der Reicher AG wird mit dem zehn fachen Jahresgewinn an der Börse gehandelt.
2. Bei gleichbleibenden Bedingungen wird das in der Aktie angelegte Kapital innerhalb von 10 Jahren durch das Unternehmen verdient.

Das KGV lässt Aussagen über die Preiswürdigkeit einer Aktie zu. Allerdings ist ein hohes KGV nicht automatisch als Verkaufssignal, ein niedriges KGV nicht automatisch als Kaufsignal zu werten. Das aktuelle KGV muss stets im Verhältnis zu Kurs-Gewinn-Verhältnissen früherer Zeitpunkte, anderer Unternehmen der Branche oder anderer Branchen gesehen werden.

Neben dem aktuellen KGV werden häufig auch Kurs-Gewinn-Verhältnisse (KGVe) mit erwarteten Ergebnissen je Aktie nach DVFA/SG berechnet und veröffentlicht.

Das KGV kann sowohl auf den aktuellen Börsenkurs als auch auf historische Börsenkurse bezogen werden. Häufig wird auch ein Jahresdurchschnittskurs zugrunde gelegt (arithmetisches Mittel der Tageskurse eines Jahres).

▶ **Warum argumentieren Unternehmen aus sogenannten Zukunftsbranchen, z. B. Telekom-, Medien- und Software-Unternehmen, gern mit dem Ebitda statt mit dem Gewinn pro Aktie?**

DEFINITION:

Kurs-Gewinn-Verhältnis (KGV):

$$\frac{\text{Aktienkurs (Börsenkurs)}}{\text{Gewinn (Ergebnis) je Aktie}}$$

▶ **Berechnen Sie das KGV der Reicher AG bei einem Börsenkurs von 195 Euro.**

ERLÄUTERUNG:

Ein hohes KGV zeigt eine relativ teure, ein niedriges KGV eine relativ billige Aktie an.

ERLÄUTERUNG:

Bei schwacher Ertragslage ergibt sich ein hohes KGV. Wird jedoch eine substanzielle Gewinnverbesserung in der Zukunft erwartet, so kann die im KGV hoch bewertete Aktie trotzdem billig sein und für einen Kauf empfohlen werden.

ERLÄUTERUNG:

Berechnet man das KGV mit einem erwarteten Ergebnis je Aktie, wird der Wert als KGVe (e für estimated = geschätzt) bezeichnet. Häufig werden die Abkürzungen PER (Price-Earnings-Ratio) bzw. PEE (Price-Earnings-Ratio estimated für das KGVe) verwendet.

▶ Errechnen Sie das KGV für das abgelaufene Geschäftsjahr der Reicher AG bei einem Höchstkurs von 210 Euro und einem Tiefstkurs von 100 Euro.

Neben dem KGV werden in der Regel auch **Höchst- und Tiefstkurse** der jeweiligen Aktie während der letzten 52 Wochen oder seit Jahresbeginn mitgeteilt. Sie geben dem Anleger einen Hinweis auf die Intensität von Kursschwankungen der Aktie des jeweiligen Unternehmens (Volatilität). Die **Volatilität** ist ein Gradmesser für die Schwankung von Aktien-, Devisen- oder Rohstoffpreisen und von Zinssätzen. Die Berechnung erfolgt i. d. R. als Standardabweichung der relativen täglichen Preisdifferenzen bezogen auf ein Jahr. Die Volatilität ist neben dem KGV ein wichtiges Kriterium bei der Zusammenstellung von Wertpapierdepots.

BEISPIEL:

Petra Mildenberg ist an einer konstanten Wertentwicklung ihres Aktiendepots interessiert. Die Anlagestrategie berücksichtigt deshalb eine ausgewogene Mischung von Aktien unterschiedlicher Volatilität. Ein Übergewicht von Aktien kleiner Unternehmen und Aktien moderner Wachstumsbranchen (z. B. Internet-Aktien) wird deshalb vermieden. Bei kleineren Unternehmen wird der Aktienkurs häufig schon durch wenige Kauf- und Verkaufsaufträge beeinflusst. Wachstumsbranchen sind typisch für hohe Volatilitäten.

▶ Wie beurteilt die Finanzbank AG das KGV der Reicher AG?

3.2.2 Dividendenrendite

Die Dividendenrendite zeigt die Verzinsung der Aktie bezogen auf ihren Börsenkurs. Die Dividendenrendite bei Aktien ist dadurch mit der laufenden Verzinsung festverzinslicher Wertpapiere (Nominalzinssatz x 100 / Kurs) vergleichbar.

DEFINITION:

Dividendenrendite:

$$\frac{\text{Dividende} \times 100}{\text{Aktienkurs}}$$

BEISPIEL:

Die Reicher AG schüttet eine Dividende von 4,00 Euro aus. Bei einem Börsenkurs von 130,00 Euro beträgt die Dividendenrendite 3,1 %.

Dividendenrendite: $\dfrac{4\ \text{Euro} \times 100}{130\ \text{Euro}} = 3,1\ \%$

▶ Welchen Kurs muss ein Anleger in die Formel einsetzen, der bereits Aktien im Bestand hält?

Ein Nachteil der Kennzahl Dividendenrendite ist, dass nur der ausgeschüttete Teil des Gewinns berücksichtigt wird.

Die Kennzahlen Dividendenrendite und KGV werden auch zur Beurteilung gesamter Aktienmärkte eingesetzt. So haben statistische Untersuchungen historischer Kursdaten belegt, dass der Gipfel einer Börsen-Hausse dann erreicht ist, wenn die durchschnittliche Dividendenrendite am Aktienmarkt unter 3 % sinkt und das KGV der Standardwerte über 20 steigt.

▶ Berechnen Sie die Dividendenrendite der Reicher AG bei einer Dividende von 6 Euro und einem aktuellen Börsenkurs von 150 Euro.

Abschnitt 2.1.2

3.2.3 Kurs-Cashflow-Verhältnis

Der Cashflow wird zur Beurteilung der Ertrags- und Selbstfinanzierungskraft eines Unternehmens herangezogen. Ziel der Cashflow-Berechnung ist es, den Teil der Umsatzerlöse zu errechnen, der nach Abzug aller Ausgaben (z. B. Ausgaben für Löhne, Material und Steuern) im Unternehmen

ERLÄUTERUNG:

Die Berechnung des Cashflow ist nicht einheitlich geregelt.

verbleibt und für Dividendenausschüttungen, Investitionen oder für die Rückzahlung von Fremdkapital verwendet werden kann.

Die Finanzbank AG berechnet den Cashflow nach folgender Formel:

Betriebsergebnis
+ planmäßige Abschreibungen auf Sachanlagen
+ Erhöhung langfristiger Rückstellungen
= Cashflow

Wird der Cashflow des Unternehmens auf die Anzahl der Aktien umgelegt, ergibt sich der **Cashflow je Aktie**.

Wird der Kurs der Aktie auf den Cashflow je Aktie bezogen, ergibt sich das **Kurs-Cashflow-Verhältnis (KCV)**.

Die Kennzahl Kurs-Cashflow-Verhältnis ergänzt das Kurs-Gewinn-Verhältnis eines Unternehmens. Abschreibungen auf Sachanlagen bei anlageintensiven Unternehmen belasten das Jahresergebnis und beeinflussen damit das Kurs-Gewinn-Verhältnis. Planmäßige Abschreibungen auf Sachanlagen führen aber nicht zu Ausgaben bzw. zu Mittelabflüssen. Die Mittel sind bereits beim Kauf der Sachanlagen abgeflossen. Bei der Cashflow-Berechnung wird Aufwand, der nicht zu Ausgaben geführt hat, hier also die planmäßigen Abschreibungen auf Sachanlagen, wieder zum Betriebsergebnis hinzugezählt. Damit wird die Gewinnminderung durch hohe planmäßigen Abschreibungen auf Sachanlagen neutralisiert. Der Cashflow des Unternehmens, der Cashflow je Aktie und damit auch das Kurs-Cashflow-Verhältnis bleiben unbelastet.

Das KCV unterschiedlicher Unternehmen sollte nur verglichen werden, wenn die Unternehmen aus der gleichen Branche kommen. Nur in diesem Fall kann von ähnlichen Kostenstrukturen ausgegangen werden. Zum Beispiel spielen die bei der Cashflow-Ermittlung berücksichtigten planmäßigen Abschreibungen auf Sachanlagen bei lohnintensiven Unternehmen und Branchen eine ganz andere Rolle als bei kapitalintensiven Unternehmen.

3.3 Fundamentalanalyse und Technische Analyse

Die **Auswertung von Jahresabschlüssen börsennotierter Aktiengesellschaften** soll die Entscheidung, ob eine Aktie gekauft, verkauft oder weiterhin im Wertpapiervermögen gehalten werden soll, erleichtern.

Die Jahresabschlussanalyse sowie die ergänzenden Kennzahlen DVFA/SG-Ergebnis je Aktie, KGV, KCV und Dividendenrendite gehören zur fundamentalen Aktienanalyse (Fundamentalanalyse).

In der **Fundamentalanalyse** werden wichtige Daten über die wirtschaftliche Lage des Unternehmens unter Berücksichtigung der aktuellen und zu erwartenden Branchen- und Konjunkturentwicklung analysiert und bewertet. Neben **der Substanzwertermittlung** steht insbesondere die **Ertragswertbetrachtung** im Vordergrund.

BEISPIEL:

Die Reicher AG hat ein Betriebsergebnis von 18 Mio. Euro. Die planmäßigen Abschreibungen auf Sachanlagen betrugen 15 Mio. Euro. Die langfristigen Pensionsrückstellungen erhöhten sich gegenüber dem Vorjahr um 1,5 Mio. Euro.

Betriebsergebnis
                        18,0 Mio. Euro
+ Abschreibungen
                        15,0 Mio. Euro
+ Erhöhung langfristiger
  Rückstellungen
                         1,5 Mio. Euro
= Cashflow   34,5 Mio. Euro

▶ **Die Reicher AG hat 600 000 dividendenberechtigte Aktien. Errechnen Sie den Cashflow je Aktie.**

DEFINITION:

Kurs-Cashflow-Verhältnis (KCV):

$$\frac{\text{Aktienkurs (Börsenkurs)}}{\text{Cashflow je Aktie}}$$

▶ **Errechnen Sie das KCV der Reicher AG bei einem aktuellen Börsenkurs von 130 Euro.**

DEFINITION:

Ein Chart ist eine grafische Darstellung von Kurs-, Index- oder Umsatzverläufen.

ERLÄUTERUNG:

Häufig werden Anlageempfehlungen zu Kurztipps nach dem Schema „Kaufen – Halten – Verkaufen" zusammengefasst. Dabei sind relative und absolute Einstufungssysteme zu unterscheiden.

Bei absoluten Empfehlungssystemen basiert die Empfehlung auf einer Prognose des Kurspotenzials einer Aktie unabhängig von der Entwicklung des gesamten Aktienmarktes.

Bei einem relativen Empfehlungssystem beruht die Einstufung auf einer Prognose der Aktienentwicklung im Verhältnis zum Gesamtmarkt. Wird sich z. B. die X-Aktie in den nächsten 12 Monaten um 20 % besser entwickeln als der Index (z. B. Dax), so wird eine Kaufempfehlung ausgesprochen.

Die Fundamentalanalyse wird durch die **Technische Analyse (Chartanalyse)** ergänzt. Hier werden Umsatz- und Kursverläufe (Charts) auf typische Entwicklungen (Chartformationen) hin untersucht. Daraus werden **Kauf- und Verkaufssignale** oder Aussagen zum **Kurstrend** einer Aktie abgeleitet.

BEISPIELE:

Quelle: Eigene Darstellung, Zahlen nach Hoppenstedt

Quelle: Eigene Darstellung, Zahlen nach Hoppenstedt

Während die Fundamentalanalyse die Auswahl der richtigen Aktie unterstützen soll, unterstützt die Technische Analyse die Entscheidung über den richtigen Kauf- bzw. Verkaufszeitpunkt. Sie dient dem Timing der Anlage.

ERLÄUTERUNG:

Die Ergebnisse der Aktienanalyse werden in Researchberichten zusammengefasst.

Strukturwissen

Ergebnis nach DVFA/SG	Ein wichtiges Kriterium für eine Anlageentscheidung in Aktien ist die Ertragskraft der Gesellschaft. Das von der DVFA/SG aufgestellte Schema berechnet nach einheitlicher Definition ein Ergebnis je Aktie.
Ebit und Ebitda	Ebit und Ebitda werden in der internationalen Aktienanalyse verwendet, um Ertragsvergleiche von Unternehmen mit unterschiedlicher Finanzierungsstruktur, unterschiedlicher Steuerbelastung und unterschiedlichem Abschreibungsbedarf durchzuführen. → Ebit bedeutet Gewinn vor Zinsergebnis und Steuern (Earnings before interest and taxes). → Ebitda bedeutet Gewinn vor Zinsergebnis, Steuern und Abschreibungen (Earnings before interest, taxes, depreciation and amortization).
Fundamentalanalyse	Die Fundamentalanalyse wertet quantitative Informationen (z. B. Jahresabschlüsse, Wirtschaftsdaten) und qualitative Informationen (z. B. Informationen über die Produktpolitik eines Unternehmens) aus. Die Fundamentalanalyse unterstützt die Auswahl von Aktienwerten.
Technische Analyse	Die Technische Aktienanalyse wertet insbesondere grafisch dargestellte Kursverläufe (Charts) aus, um das Timing bei Aktienanlageentscheidungen zu unterstützen.
Researchberichte	Researchberichte fassen die Beurteilung der Fundamentalanalyse und Technischen Analyse zu Empfehlungen zusammen.

Kennzahlen zur Aktienbeurteilung		
Kurs-Gewinn-Verhältnis (KGV)	**Dividendenrendite (in %)**	**Kurs-Cashflow-Verhältnis (KCV)**
$$\dfrac{\text{Kurs}}{\text{Gewinn je Aktie}}$$	$$\dfrac{\text{Dividende x 100}}{\text{Kurs}}$$	$$\dfrac{\text{Kurs}}{\text{Cashflow je Aktie}}$$
Berechnungsgrößen: • **Kurs:** Durchschnittskurs, Tageskurs, Höchst-/Tiefstkurs, Kurs vom ersten oder letzten Börsentag des Jahres • **Gewinn:** Ergebnis je Aktie des letzten Geschäftsjahres oder geschätztes Ergebnis für das laufende oder das nächste Geschäftsjahr ermittelt nach DVFA/SG	**Berechnungsgrößen:** • **Dividende:** Ausgeschüttete bzw. beschlossene Dividende • **Kurs:** Durchschnittskurs, Tageskurs, Höchst-/Tiefstkurs, Kurs vom ersten oder letzten Börsentag des Jahres	**Berechnungsgrößen:** • **Kurs:** Durchschnittskurs, Tageskurs, Höchst-/Tiefstkurs, Kurs vom ersten oder letzten Börsentag des Jahres • **Cashflow je Aktie:** Betriebsergebnis + planmäßige Abschreibungen auf Sachanlagen + Erhöhung langfristiger Rückstellungen geteilt durch die Anzahl der ausgegebenen Aktien

Aufgaben

 Über eine Aktie liegen folgende Angaben vor:

Ergebnis nach DVFA/SG: 600 000,00 Euro
Ausgegebene Aktien: 500 000 Stück
Durchschnittskurs: 37,50 Euro
Höchst-/Tiefstkurs: 64,50 Euro/33,60 Euro
Dividende: 0,70 Euro je Aktie
Betriebsergebnis: 850 000,00 Euro

a) Ermitteln Sie das KGV auf der Basis des Durchschnittskurses.

b) Erläutern Sie das Ergebnis.

c) Errechnen Sie das KGV auf der Basis von Höchst- und Tiefstkurs.

d) Errechnen Sie die Dividendenrendite auf der Basis des Durchschnittskurses.

e) Wie hoch ist der Cashflow des Unternehmens, wenn die planmäßigen Abschreibungen auf Sachanlagen 50 000,00 Euro betrugen und sich die langfristigen Rückstellungen gegenüber dem Vorjahr um 30 000,00 Euro erhöht haben?

f) Errechnen Sie das KCV auf der Basis des Durchschnittskurses.

2 Für die Aktienanalyse sind zeitnahe und aktuelle Informationen wichtig, um Trends in der Ergebnisentwicklung eines Unternehmens erkennen zu können. Welche Informationsquellen können Finanzanalytiker nutzen?

3 Welche Einschränkungen in der Informationsqualität ergeben sich, wenn die Analyse nur einen Jahresabschluss zugrunde legt?

4 Die Finanzbank AG ist als Konsortialführer mit der Platzierung und anschließenden Börseneinführung von Aktien eines Maschinenbauunternehmens betraut. Eine durchgeführte Unternehmensbewertung lässt einen Gewinn von 3,25 Euro je Aktie erwarten. Die Branche Maschinenbau hat ein durchschnittliches KGV von 19. Welcher Emissionspreis lässt sich auf Basis des Branchen-KGV festlegen?

5 Begründen Sie, warum die Kennzahl Dividendenrendite kein alleiniges Entscheidungskriterium bei der Geldanlage in Aktien sein kann.

6 Die folgende Bilanz (Vorjahreswerte in Klammern) und die Gewinn- und Verlustrechnung einer Aktiengesellschaft liegen vor:

A	Bilanz		P
	Mio Euro		Mio Euro
Anlage-vermögen	110 (100)	Eigen-kapital	50 (35)
Umlauf-vermögen	220 (200)	Pensions-rückstel-lungen	10 (8)
		Bank-verbindl.	270 (257)
	330 (300)		330 (300)

Gewinn- und Verlustrechnung

	Mio. Euro
Umsatzerlöse	115
+ Erhöhung des Bestandes an fertigen Erzeugnissen	15
./. Materialaufwand	45
./. Personalaufwand	30
./. Planmäßige Abschreibungen auf Sachanlagen	15
./. Zinsaufwand	10
= Ergebnis der gewöhnlichen Geschäftstätigkeit	30
./. Steuern vom Einkommen und Ertrag	15
= Jahresüberschuss	15

a) Ermitteln Sie Rohertragsquote, Personal-aufwandsquote, Abschreibungsauf-wandsquote und Zinsaufwandsquote.

b) Ermitteln Sie das Betriebsergebnis und die Umsatzrentabilität des Unter-nehmens.

c) Errechnen Sie die Eigenkapitalquote, die Anlagenintensität und den Anlagen-deckungsgrad I.

d) Unterstellen Sie, dass das unter b) ermittelte Betriebsergebnis dem Ergebnis nach DVFA/SG entspricht. Ermitteln Sie das Ergebnis je Aktie nach DVFA/SG bei 2,5 Mio. dividenden-berechtigten Aktien.

e) Ermitteln Sie das KGV bei einem durchschnittlichen Aktienkurs von 588,00 Euro.

f) Ermitteln Sie die Dividendenrendite bei einer Dividende von 2,50 Euro.

g) Berechnen Sie den Cashflow und das KCV.

7 Ein Anleger will 10 000,00 Euro anlegen. Er steht vor folgender Entscheidung: Kauf von Aktien zum Kurs von 40,00 Euro je Stück oder Kauf eines festverzinslichen Wertpapiers mit einer Rendite von 5 %. Beurteilen Sie die Alternativen unter Vernachlässigung von Kosten bei einem erwarteten Gewinn je Aktie von 2,00 Euro.

8 Die Handels-AG erzielte im abgelaufenen Geschäftsjahr 125 Mio. Euro Umsatz ein Betriebsergebnis von 15 Mio. Euro. Bei seiner Gewinnprognose nennt der Vorstand für das Betriebsergebnis des nächsten Quartals ein Ziel von 4 Mio. Euro. Die Umsatzrentabilität soll stabil bleiben. Auf welchem erwarteten Jahres-umsatz basiert die Prognose?

9 Die folgende Tabelle zeigt die Umsatz- und Ertragsprognosen von Finanzanalysen der Banken, die am Emissionskonsortium für die Platzierung der Aktie der Fraport AG beteiligt waren.

Bank	Umsatz (Mill. Euro)		Ebitda (Mill. Euro)		Gewinn je Aktie (Euro)	
	VJ	GJ	VJ	GJ	VJ	GJ
Morgan Stanley	1 674	1 755	538	578	1,96	2,17
Dresdner	1 680	1 766	518	576	2,03	2,24
J. P. Morgan	1 655	1 760	523	560	1,56	1,94
HSBC	1 671	1 753	535	584	1,75	2,03

Quelle: Bewertung von Fraport stößt auf Skepsis, Herz, C. und Maisch, M. Handelsblatt vom 18./19.5.2001, S. 43

VJ = Vorjahr GJ = Geschäftsjahr

a) Berechnen Sie die Spannbreite der operativen Marge (Ebitda x 100 : Um-satz) im Geschäftsjahr.

b) Berechnen Sie die Spannbreite des KGV auf Basis einer Bookbuilding-Preisspanne von 39,00 Euro bis 47,00 Euro für das Vorjahr.

c) Beurteilen Sie die Aussagekraft Ihrer Berechnungen unter a) und b) im Hin-blick auf die Unterstützung von Anla-geentscheidungen.

10 Erläutern Sie folgende Aussage eines In-vestmentbankers: „Nach den neuen US-GAAP-Regeln werden Firmenwerte aus Unternehmensübernahmen nicht mehr planmäßig abgeschrieben. Dies erhöht das Ergebnis je Aktie und ist gut für das KGV und den Shareholder-Value. Wirt-schaftlich ändert sich aber nichts."

11 Erläutern Sie folgende Aussage: „Die Ver-wendung des Ebitda als Gewinngröße ist absurd. Sie zeigt nur eine hohe Anla-genintensität und hohe Sachinvestitionen. Über die Zukunft des Unternehmens sagt die Zahl nichts."

4 Rücklagen- und Ausschüttungspolitik der Unternehmen

Verwendung des Jahresüberschusses

Tom Klein ist Aktionär der Wert AG. Vor dem Besuch der Hauptversammlung beschäftigt er sich mit dem Jahresabschluss des Unternehmens:

Jahresüberschuss		16 395 961,00 Euro
Gewinnvortrag aus dem Vorjahr	+	378 338,00 Euro
Einstellung in andere Gewinnrücklagen	./.	8 000 000,00 Euro
Bilanzgewinn		8 774 299,00 Euro

HINWEIS:

GJ = Geschäftsjahr
VJ = Vorjahr

Die Bilanz zeigt:

A **Eigenkapital**	GJ in Euro	VJ in Tsd. Euro
I. Gezeichnetes Kapital	55 400 000	55 400
II. Kapitalrücklage	99 902 367	99 902
III. Gewinnrücklagen		
Gesetzliche Rücklagen	3 308 633	3 309
Andere Gewinnrücklagen	43 921 000	35 921
IV. Bilanzgewinn	8 774 299	8 688
davon Gewinnvortrag 378 338 Euro		
(Vorjahr: 0)		
	211 306 299	203 220

Zur Gewinnverwendung wird folgender Vorschlag gemacht:
Auf das dividendenberechtigte Kapital von 55,4 Mio. Euro bestehend aus 1 108 000 Aktien wird eine Dividendenausschüttung von 7,50 Euro je Aktie vorgeschlagen. Für die Verwendung des Bilanzgewinns ergeben sich folgende Zahlen:

Ausschüttung	8 310 000,00 Euro
Gewinnvortrag	464 299,00 Euro
Bilanzgewinn	8 774 299,00 Euro

Handlungsaufträge

1 Erläutern Sie mögliche Konflikte zwischen dem Vorstand und den Interessen der Aktionäre hinsichtlich des Dividendenvorschlags.

2 Beschreiben Sie die Funktionen der Gewinnrücklagen und der Kapitalrücklagen.

3 Untersuchen Sie den Zusammenhang zwischen dem Jahresüberschuss und dem Bilanzgewinn.

4 Stellen Sie den Zusammenhang zwischen der Dotierung von Rücklagen und der Ausschüttung von Dividenden her.

Erwirtschaftete Gewinne können ausgeschüttet oder in die offenen Rücklagen des Unternehmens eingestellt werden.

Gewinnausschüttungen verursachen Mittelabflüsse. Ausgeschüttete Gewinne stehen dem Unternehmen nicht mehr zur Verfügung.

Rücklagenbildung bedeutet Verzicht auf Gewinnausschüttung. Rücklagen ermöglichen, die Mittel im Unternehmen zu halten und ertragbringend anzulegen bzw. zu investieren. Rücklagen stärken das Unternehmen. Sie können entstehende Verluste auffangen, bevor auf das nominelle Haftungskapital zurückgegriffen werden muss. Sie bieten damit auch den Gläubigern zusätzliche Sicherheit.

Rücklagen- und Ausschüttungspolitik hängen zusammen: Den offenen Rücklagen zugeführte Beträge können im Geschäftsjahr nicht mehr ausgeschüttet werden, andererseits können Ausschüttungen in den Folgejahren aus zuvor gebildeten offenen Rücklagen erfolgen.

Entscheidungen über die Bildung und Auflösung von offenen Rücklagen sind Gegenstand der Rücklagenpolitik. Entscheidungen über Art, Zeitpunkt und Höhe der Ausschüttungen an Anteilseigner sind Gegenstand der Ausschüttungspolitik.

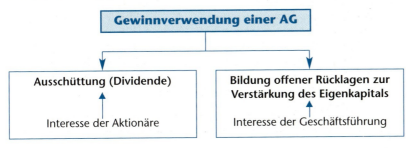

4.1 Entstehung und Ausweis von Rücklagen

Rücklagen werden auf der Passivseite der Bilanz ausgewiesen und zählen zum Eigenkapital (offene Rücklagen). Sie können aber auch in einem Bilanzposten der Aktiv- oder Passivseite als stille Reserve vorhanden sein (stille oder verdeckte Rücklagen).

Die Bildung offener Rücklagen ist nur in Kapitalgesellschaften und Genossenschaften üblich. Verdeckte Rücklagen werden dagegen in allen Unternehmensformen gebildet.

4.1.1 Offene Rücklagen

Das Gliederungsschema der Bilanz einer Kapitalgesellschaft zeigt 2 Hauptgruppen offener Rücklagen:

- **Kapitalrücklagen** und
- **Gewinnrücklagen.**

ERLÄUTERUNG:

Einige Unternehmer holen ausgeschüttete Gewinne über attraktive Kapitalerhöhungen zurück (sog. Schütt-aus-Hol-zurück-Politik).

ERLÄUTERUNG:

Die Einbehaltung von Gewinnen wird auch als Gewinnthesaurierung bezeichnet. Es handelt sich um Innenfinanzierung.

▶ Welche Posten gehören zum Haftungskapital
  • einer AG,
  • einer Sparkasse,
  • einer Genossenschaft?

▶ Stellen Sie fest, welche Rücklagen in der Bilanz Ihres Ausbildungsbetriebs ausgewiesen sind.

ERLÄUTERUNG:

Rücklagenbildung ist Selbstfinanzierung

▶ Beurteilen Sie die Zusammensetzung des Eigenkapitals der Wert AG.

BEISPIEL:

Eine AG erhöht ihr Grundkapital um 50 Mio. Euro. Durch den Verkauf der Aktien fließen dem Unternehmen 70 Mio. Euro zu. Der über den Nennbetrag bzw. rechnerischen Wert hinausgehende Betrag von 20 Mio. Euro (Agio) ist in die Kapitalrücklage (§ 272 Abs. 2 HGB) einzustellen.

▶ **Entwickeln Sie ein Schema für die Umsetzung der Vorgaben in § 150 Abs. 2 AktG.**

▶ **Prüfen Sie, ob die gesetzliche Rücklage in der Bilanz der Wert AG den gesetzlichen Anforderungen entspricht.**

BEISPIEL:

	Euro
Grundkapital	10 Mio.
Jahresüberschuss	1 Mio.
Verlustvortrag	100 000

Kapitalrücklagen und gesetzliche Rücklagen sind nicht vorhanden.

	1 000 000 Euro Jahresüberschuss
./.	100 000 Euro Verlustvortrag
=	900 000 Euro korrigierter Jahresüberschuss
./.	45 000 Euro 5 % gesetzliche Rücklage
=	855 000 Euro
./.	427 500 Euro Zuführung zu anderen Gewinnrücklagen (50 % von 855 000)
=	427 500 Euro Bilanzgewinn

■ Kapitalrücklagen

Kapitalrücklagen werden dem Unternehmen von außen zugeführt, z. B. als Agio bei Kapitalerhöhungen. Sie entstehen durch Außenfinanzierung.

■ Gewinnrücklagen

Gewinnrücklagen entstehen im Unternehmensprozess aus einbehaltenen Gewinnen. Sie stellen deshalb Innenfinanzierung dar. **Gewinnrücklagen** werden in **4 Unterposten** ausgewiesen:

- gesetzliche Rücklage,
- Rücklage für eigene Anteile,
- satzungsmäßige Rücklagen,
- andere Gewinnrücklagen.

Gesetzliche Rücklagen werden nach § 150 Abs. 2 AktG bei der AG und der KGaA gebildet. In diese ist der zwanzigste Teil (5 %) des um einen Verlustvortrag geminderten Jahresüberschusses einzustellen, bis die gesetzliche Rücklage zusammen mit der Kapitalrücklage den zehnten (10 %) oder den in der Satzung der AG bestimmten höheren Anteil des Grundkapitals erreicht. Kapitalrücklagen und gesetzliche Rücklage stehen zur Verlustabdeckung bereit, wenn andere Gewinnrücklagen nicht mehr vorhanden sind. Sinn dieser Regelung ist der Schutz der Gläubiger.

Eine Vorschrift zur Bildung gesetzlicher Rücklagen besteht auch im Falle der Gründung einer **Unternehmensgesellschaft** (haftungsbeschränkt) bzw. UG (haftungsbeschränkt) mit einem Mindestkapital von 1,00 Euro. Diese Rechtsform ist eine Sonderform der normalen GmbH. Die UG hat ein Viertel des um einen Verlustvortrag geminderten Jahresüberschusses in die gesetzliche Rücklage einzustellen, um die Mindestkapitalausstattung der normalen GmbH zu erreichen.

Die **Rücklage für Anteile an einem herrschenden oder mehrheitlich beteiligten Unternehmen wird** nach § 272 Abs. 4 HGB in der Einzelbilanz eines Unternehmens gebildet, wenn das Unternehmen auf der Aktivseite erworbene Anteile an einem Unternehmen ausweist, welches das erwerbende Unternehmen beherrscht oder an dem es mit Mehrheit beteiligt ist (sog. Rückbeteiligung).

Satzungsmäßige Rücklagen entstehen auf der Basis von Satzungsvorschriften. Sie sind i. d. R. zweckgebunden.

In **andere Gewinnrücklagen** werden nicht ausgeschüttete Anteile des Jahresergebnisses eingestellt. Bei ihrer Einstellung sind diese Gewinne bereits um Körperschaftsteuer gemindert.

Nach § 58 Abs. 2 AktG dürfen Vorstand und Aufsichtsrat, wenn sie den Jahresabschluss feststellen, nicht mehr als 50 % des um einen Verlustvortrag und Zuführungen zur gesetzlichen Rücklage gekürzten Jahresüberschusses in die anderen Gewinnrücklagen einstellen, es sei denn, sie sind dazu durch die Satzung ermächtigt. Diese Regelung gilt, bis die anderen Gewinnrücklagen die Hälfte des Grundkapitals erreicht haben.

Aktiengesellschaften müssen nach § 158 AktG die Gewinnverwendungsrechnung veröffentlichen. Sie zeigt den Zusammenhang zwischen Gewinn- und Verlustrechnung und Bilanz.

Schema der Gewinnverwendungsrechnung einer AG

Gewinnvortrag/Verlustvortrag aus dem Vorjahr
+ Entnahmen aus der Kapitalrücklage
+ Entnahmen aus Gewinnrücklagen
    a) aus der gesetzlichen Rücklage
    b) aus der Rücklage für Anteile an einem herrschenden oder mehrheitlich beteiligten Unternehmen
    c) aus satzungsmäßigen Rücklagen
    d) aus anderen Gewinnrücklagen
./. Einstellung in Gewinnrücklagen
    a) in die gesetzliche Rücklage
    b) in die Rücklage für Anteile an einem herrschenden oder mehrheitlich beteiligten Unternehmen
    c) in satzungsmäßige Rücklagen
    d) in andere Gewinnrücklagen
= Bilanzgewinn/Bilanzverlust

4.1.2 Verdeckte Rücklagen (stille Reserven)

Stille Reserven können in Bilanzposten der Aktiv- und Passivseite durch Unterbewertung von Vermögensgegenständen oder Überbewertung von Schulden entstehen

- aufgrund der gesetzlichen Bewertungsvorschriften, die dem Gläubigerschutzprinzip folgen,
- aufgrund bewusster Unter- bzw. Überbewertung.

4.2 Ausschüttungspolitik

Durch Ausschüttungen werden dem Unternehmen Mittel entzogen, die ihm sonst für Finanzierungs- und Investitionszwecke zur Verfügung stehen könnten.

Bei allen Unternehmensformen, bei denen die Unternehmensleitung nicht vom Eigentümer selbst ausgeübt wird, ergibt sich hierdurch ein Konfliktpotenzial.

Die Unternehmensleitung ist an einer starken Selbstfinanzierung durch Rücklagenbildung interessiert. Rücklagen erhöhen die Unabhängigkeit der Unternehmensleitung bei Entscheidungen über Investitionen. Projekte können u. U. ohne Außenfinanzierung realisiert werden.

Die Eigentümer sind dagegen an möglichst hohen Ausschüttungen interessiert.

Ziel der Ausschüttungspolitik ist der Interessenausgleich zwischen Management und Anteilseignern.

Lernfeld 9

▶ Erstellen Sie eine Tabelle, in der Sie die Arten der Rücklagen nach Zielsetzung und Bildung vergleichen.

Lernfeld 3

Abschnitt 7

BEISPIEL:

In der Bilanz wird ein Grundstück mit den Anschaffungskosten von 250 000 Euro ausgewiesen. Der Verkehrswert beträgt 400 000 Euro. Damit besteht eine stille Reserve, da die Anschaffungskosten nach HGB die Bewertungsobergrenze für Vermögensgegenstände bilden.

DEFINITION:

Die Ausschüttungspolitik (Gewinnverwendungspolitik, Dividendenpolitik) umfasst als Bestandteil der gesamten Unternehmenspolitik die Gestaltung aller Zahlungen (z. B. Dividenden, Bezugsrechte, Sonderausschüttungen, auch Liquidationserlöse) zwischen dem Unternehmen und den Anteilseignern bzw. Gesellschaftern.

▶ Warum sind Aktionäre in der Regel an hohen Ausschüttungen interessiert, obwohl eine hohe Selbstfinanzierung auch in ihrem Interesse ist?

Strukturwissen

Rücklagen	Rücklagen sind Bestandteil des Eigenkapitals eines Unternehmens. Offene Rücklagen werden auf der Passivseite der Bilanz als Kapitalrücklage und Gewinnrücklagen ausgewiesen. Verdeckte Rücklagen (stille Reserven) werden nicht in der Bilanz ausgewiesen. Sie entstehen durch Unterbewertung von Aktiva und Überbewertung von Passiva.
Kapitalrücklagen	Kapitalrücklagen werden aus von außen zugeflossenen Eigenmitteln gebildet (Außenfinanzierung).
Gewinnrücklagen	Gewinnrücklagen umfassen die im Geschäftsjahr oder in früheren Geschäftsjahren einbehaltenen Gewinne (Innenfinanzierung).
Ausschüttungspolitik	Zur Ausschüttungspolitik gehören alle Maßnahmen, die der Gestaltung von Zahlungen zwischen dem Unternehmen und den Anteilseignern dienen. Ziel der Ausschüttungspolitik ist der Ausgleich zwischen dem Interesse der Unternehmensleitung an Selbstfinanzierung und dem Interesse der Anteilseigner an Ausschüttungen.

Zusammensetzung des Eigenkapitals von Kapitalgesellschaften

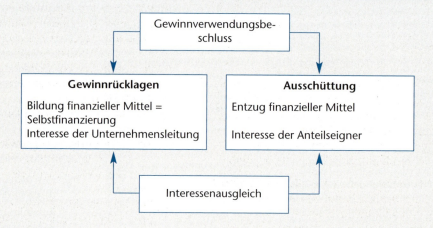

Zusammenhang zwischen Rücklagen- und Ausschüttungspolitik

Aufgaben

1 Welchen Einfluss hat die Anwendung internationaler Rechnungslegungsnormen (z. B. IAS, IFRS) auf die Ausschüttungspolitik?

2 Die Politik der Dividendenverstetigung birgt Gefahren für ein Unternehmen. Begründen Sie diese Aussage.

3 In der Bilanzpressekonferenz eines Automobilherstellers trägt der Vorstandsvorsitzende vor: *„Bei genauerem Hinsehen werden Analysten unsere Bilanz noch besser bewerten, als sie schon aussieht. Wir haben die Rücklagen mit über 300 Mio. Euro dotiert. Gegenüber dem Vorjahr ist das ein Anstieg von mehr als 34 %. Damit ist unsere Bilanz gut ausgepolstert. Eine Anhebung der Dividende schließen wir für dieses Jahr, trotz der sehr zufriedenstellenden Ergebnisse, aus. Die existenzbedrohende Krise vor fünf Jahren treibt uns zu dieser bilanziellen Vorsorge."* Kommentieren Sie die Aussagen des Vorstandsvorsitzenden.

4 Aus dem Jahresabschluss der Ameropa AG liegen folgende Zahlen vor:

Gezeichnetes Kapital	540 Mio. Euro
Kapitalrücklage	30 Mio. Euro
Gesetzliche Rücklage	12 Mio. Euro
Andere Gewinnrücklagen	34 Mio. Euro
Gewinnvortrag aus dem Vorjahr	14 Mio. Euro
Summe der Erträge	1 660 Mio. Euro
Summe der Aufwendungen	1 580 Mio. Euro

a) Berechnen Sie den Betrag, der insgesamt noch den gesetzlichen Rücklagen zugeführt werden muss, damit die Vorschriften des Aktiengesetzes erfüllt sind.

b) Wie hoch ist die Zuführung zu den gesetzlichen Rücklagen aus dem Jahresüberschuss des Geschäftsjahres?

5 Nehmen Sie an, dass anstelle des Gewinnvortrags der Ameropa AG ein Verlustvortrag von 14 Mio. Euro besteht. Welche Auswirkungen ergeben sich?

6 Pressemitteilung vom 10. März 2011.

„Vorstand und Aufsichtsrat der Deutschen Bau AG werden der Hauptversammlung vorschlagen, eine Bardividende von drei Euro pro Aktie auszuschütten. Die Ausschüttungsquote beträgt 21 Prozent bezogen auf den Konzernjahresüberschuss. Die Dividende für das Geschäftsjahr 2010 liegt unter der Dividende für das letzte Geschäftsjahr, als der gesamte Gewinn ausgeschüttet wurde. Finanzvorstand Mathias Luck, der den Verzicht auf eine Vollausschüttung zuletzt mehrfach angekündigt hatte, sagte, eine Ausschüttung des gesamten Gewinns sei nicht vereinbar mit einer Kapitalaufnahme über einen Börsengang. Wir werden die Gewinnrücklagen des Geschäftsjahres 2010 und das frische Kapital aus dem Börsengang für Investitionen in die Zukunft einsetzen, so Luck. Darüber hinaus sollen die Aktionäre bei der Hauptversammlung am 3. Mai über einen Aktiensplit im Verhältnis 10:1 abstimmen. Dem Aktiensplit soll eine Erhöhung des Grundkapitals aus Gesellschaftsmitteln um 76,49 Mio. Euro auf 102,76 Mio. Euro vorausgehen. Nach dieser Kapitalmaßnahme beträgt der Anteil der nennwertlosen Stückaktien am Grundkapital einen Euro. Das Ergebnis je Aktie hat sich von 9,54 Euro auf 19,88 Euro mehr als verdoppelt."

a) Wie hoch ist der gesamte Ausschüttungsbetrag, wenn im Geschäftsjahr 2006 insgesamt 10 276 000 Aktien dividendenberechtigt waren?

b) Berechnen Sie die Dividendenrendite und das KGV bei einem Aktienkurs von 335,00 Euro.

c) Wie hoch ist der Konzernjahresüberschuss?

d) Wie hoch ist der Bilanzgewinn, wenn neben der Ausschüttung noch 11 Mio. Euro den Gewinnrücklagen zugeführt werden?

e) Beschreiben Sie die Ausschüttungspolitik der Deutschen Bau AG.

5 Unterschiede zwischen Jahresabschlüssen von Industrie-, Handels-, Dienstleistungs- und Handwerksunternehmen

Ein Projekt

Bilanz der Industrie AG

Aktiva	Tsd. Euro	Passiva	Tsd. Euro
A. Anlagevermögen		**A. Eigenkapital**	
I. Immaterielle Vermögensgegenstände	11 570	I. Gezeichnetes Kapital	304 880
II. Sachanlagen	1 101 900	II. Kapitalrücklage	452 220
III. Finanzanlagen	298 639	III. Gewinnrücklagen	479 848
	1 412 109	IV. Bilanzgewinn	85 420
B. Umlaufvermögen			1 322 368
I. Vorräte		**B. Rückstellungen**	
1. Roh-, Hilfs- und Betriebsstoffe	130 287	1. Rückstellungen für Pensionen	456 721
2. Fertige Erzeugnisse und Waren	366 340	2. Sonstige Rückstellungen	312 675
II. Forderungen und sonstige Vermögensgegenstände			769 396
1. Forderungen aus Lieferungen und Leistungen	336 828	**C. Verbindlichkeiten**	
		1. Anleihen	143 000
2. Sonstige Vermögensgegenstände	74 348	2. Verbindlichkeiten gegenüber Kreditinstituten	25 790
III. Kassenbestand, Guthaben bei Kreditinstituten	104 456	3. Verbindlichkeiten aus Lieferungen und Leistungen	90 934
	1 012 259	4. Sonstige Verbindlichkeiten	71 920
C. Rechnungsabgrenzungsposten	1 040		331 644
		D. Rechnungsabgrenzungsposten	2 000
	2 425 408		2 425 408

Bilanz der Handels AG

Aktiva	Tsd. Euro	Passiva	Tsd. Euro
A. Anlagevermögen		**A. Eigenkapital**	
I. Immaterielle Vermögensgegenstände	296 271	I. Gezeichnetes Kapital	301 570
II. Sachanlagen	347 816	II. Kapitalrücklage	237 822
III. Finanzanlagen	148 322	III. Gewinnrücklagen	88 497
	792 409	IV. Bilanzgewinn	15 964
B. Umlaufvermögen			643 853
I. Vorräte		**B. Rückstellungen**	
1. Roh-, Hilfs- und Betriebsstoffe	3 018	1. Rückstellungen für Pensionen	65 707
2. Fertige Erzeugnisse und Waren	702 932	2. Sonstige Rückstellungen	284 066
II. Forderungen und sonstige Vermögensgegenstände			349 773
1. Forderungen aus Lieferungen und Leistungen	632 664	**C. Verbindlichkeiten**	
		1. Verbindlichkeiten gegenüber Kreditinstituten	894 445
2. Sonstige Vermögensgegenstände	80 844	2. Verbindlichkeiten aus Lieferungen und Leistungen	326 850
III. Kassenbestand, Guthaben bei Kreditinstituten	45 713	3. Sonstige Verbindlichkeiten	61 613
	1 465 171		1 282 908
C. Rechnungsabgrenzungsposten	20 802	**D. Rechnungsabgrenzungsposten**	1 848
	2 278 382		2 278 382

Bilanz der Reisedienst AG				
Aktiva	Tsd. Euro	Passiva		Tsd. Euro
A. Anlagevermögen		**A. Eigenkapital**		
I. Immaterielle Vermögensgegenstände	82 952	I. Gezeichnetes Kapital		150 000
II. Sachanlagen	290 000	II. Kapitalrücklage		82 592
III. Finanzanlagen	122 321	III. Gewinnrücklagen		18 931
	495 273	IV. Bilanzgewinn		12 982
B. Umlaufvermögen				264 505
I. Vorräte	2 988	**B. Rückstellungen**		
II. Forderungen und sonstige Vermögensgegenstände		1. Rückstellungen für Pensionen		15 675
1. Forderungen aus Lieferungen und Leistungen	932 012	2. Sonstige Rückstellungen		166 200
2. Sonstige Vermögensgegenstände	23 122			181 875
III. Kassenbestand, Guthaben bei Kreditinstituten	61 675	**C. Verbindlichkeiten**		
	1 019 797	1. Verbindlichkeiten gegenüber Kreditinstituten		396 943
C. Rechnungsabgrenzungsposten	2 521	2. Verbindlichkeiten aus Lieferungen und Leistungen		610 807
		3. Sonstige Verbindlichkeiten		61 613
				1 069 363
		D. Rechnungsabgrenzungsposten		1 848
	1 517 591			1 517 591

Im Rahmen eines Projektes der Kreditabteilung wollen Kerstin Brauer, Ute Mönckemeier und Anton Zangerl durch einen Vergleich veröffentlichter Kurzbilanzen ermitteln, ob es gravierende Unterschiede zwischen den Bilanzen von Industrie-, Handels- und Dienstleistungsunternehmen gibt.

Die Projektgruppe will anschließend prüfen, ob sich die gewonnenen Aussagen auch auf Bilanzen von Handwerksunternehmen übertragen lassen.

Handlungsaufträge

1 ▶ Erörtern Sie, welche Unterschiede zwischen den Bilanzen von Industrie-, Handels- und Dienstleistungsunternehmen bestehen könnten.

2 ▶ Erarbeiten Sie eine geeignete grafische Darstellungsform für die Ergebnisse und stellen Sie die Ergebnisse dar.

3 ▶ Begründen Sie die ermittelten Ergebnisse.

4 ▶ Ermitteln Sie für jedes der 3 Unternehmen
(1) die Anlagenintensität,
(2) die Eigenkapitalquote,
(3) die Fremdkapitalquoten.

HINWEIS:

Beachten Sie:
– Die Industrie AG hat die Zuführung des Bilanzgewinns zu den Gewinnrücklagen beschlossen.
– Die Handels AG und die Reisedienst AG haben noch keinen Beschluss über die Gewinnverwendung gefasst.
– Rückstellungen für Pensionen sind jeweils langfristiges Fremdkapital.
– Sonstige Rückstellungen und passive Rechnungsabgrenzung sind kurzfristiges Fremdkapital.
– 40 % der Verbindlichkeiten bei der Industrie AG und 20 % bei der Handels AG und Reisedienst AG haben eine Restlaufzeit von länger als 5 Jahren.
– 20 % der Verbindlichkeiten der Industrie AG, 70 % der Handels AG und 60 % der Reisedienst AG haben eine Restlaufzeit von unter 1 Jahr.

BEISPIELE:

Wählt ein Unternehmen Leasing als Finanzierungsform, so wird das geleaste Anlagegut i. d. R. nicht in der Bilanz des Unternehmens ausgewiesen, sondern beim Leasinggeber. Dies führt zu einer geringeren Bilanzsumme als beim fremdfinanzierten Kauf von Anlagevermögen. Ist Leasing in der Branche unüblich, zeigt das Unternehmen im Branchenvergleich eine untypisch niedrige Anlagenintensität.

Allgemeingültige Aussagen zu Bilanzstrukturen von Industrie-, Handels-, Dienstleistungs- und Handwerksunternehmen sind sehr schwierig zu treffen. Individuelle Gegebenheiten, wie z. B. Rechtsform, Finanzierungsstrategie, Branche und Marktposition können zu sehr unterschiedlichen Strukturen führen.

Einige grundsätzliche Unterschiede zwischen Industrie-, Handels- und Dienstleistungsunternehmen zeigt das Balkendiagramm.

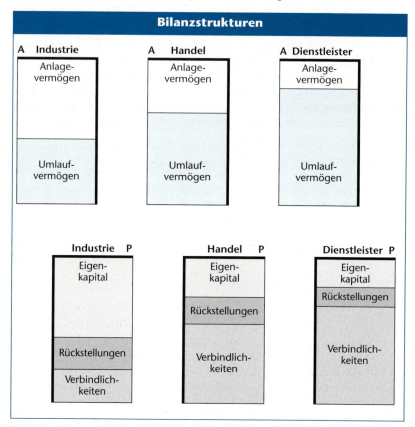

ERLÄUTERUNG:

In vielen Kreditinstituten werden die Ergebnisse der Jahresabschlussanalyse dem Unternehmen zur Verfügung gestellt. Häufig finden auch Besprechungen der Analyseergebnisse mit dem Unternehmer (u. U. zusammen mit dem Steuerberater) statt. Diese Bilanzgespräche eröffnen Cross-Selling-Ansätze für das Kreditinstitut.

Um ein Bonitätsurteil auf Basis von Jahresabschlussanalysen über ein Unternehmen fällen zu können, werden die Kennzahlenwerte des Unternehmens mit entsprechenden Kennzahlenwerten der Branche verglichen (**Branchenvergleich**). Branchenvergleiche ermöglichen die Einordnung eines Unternehmens in Relation zu den Mitwettbewerbern. Die relative Stärke oder Schwäche eines Unternehmens im betriebswirtschaftlichen Kennzahlenvergleich mit der Branche ermöglicht die Erarbeitung von Fragestellungen, die in einem gemeinsamen Gespräch mit dem Unternehmen zur Klärung der wirtschaftlichen Situation beitragen können (Bilanzgespräch).

Um die strukturellen Besonderheiten von Industrie-, Handels-, Dienstleistungs- und Handwerksunternehmen berücksichtigen zu können, ist bei der Aufbereitung der Zahlen des zu analysierenden Unternehmens auf eine Zuordnung zur **richtigen Branche** zu achten. Gerade bei Unternehmen mit unterschiedlichen Tätigkeitsschwerpunkten ist dies u. U. schwierig.

Individuelle Besonderheiten wie Rechtsform und Unternehmensgröße können in den Branchendiensten der Kreditinstitutsgruppen häufig dadurch berücksichtigt werden, dass aus einer speziellen Branche, z. B. Herstellung von Spielwaren, Vergleichsdaten einer bestimmten Rechtsform, z. B. nur GmbH, und Größenklasse, z. B. Gesamtleistung bis 10 Mio. Euro, einzeln angefordert werden können.

Industrielle Produktionsunternehmen haben in der Regel eine hohe Anlagenintensität. Da für den Produktionsprozess Sachanlagen in Form von Maschinen und Anlagen erforderlich sind, hat das Anlagevermögen eine stärkere Bedeutung als das Umlaufvermögen. Das Ergebnis der Leistungserstellung sind materielle Güter (Erzeugnisse), die gelagert werden können. Die Bilanz der Industrie AG zeigt diese typische Struktur.

Die Anlagenintensität von **Handelsunternehmen** ist geringer. In Handelsunternehmen werden keine Erzeugnisse produziert, sondern fremdbezogene Waren ohne Be- oder Verarbeitungsprozess weiterveräußert. Die bezogenen Waren werden mit einem Preisaufschlag in kleineren Mengen z. B. an Endverbraucher abgegeben.

Warenbestände von Handelsunternehmen werden am Bilanzstichtag im Vorratsvermögen unter „fertige Erzeugnisse und Waren" bilanziert. Das Bilanzgliederungsschema trennt nicht zwischen dem Warenbestand eines Handelsunternehmens und dem Bestand im Lager für fertige Erzeugnisse eines Produktionsunternehmens.

Bei **Dienstleistungsunternehmen** werden keine Erzeugnisse produziert oder Waren verkauft, sondern Leistungen erstellt. Diese Leistungen sind nicht lagerfähig. Die Leistung der Reisedienst AG muss in dem Augenblick erbracht werden, in dem der Kunde die Leistung abfragt. Ein zeitliches Auseinanderfallen von Produktion und Absatz wie in industriellen Produktionsunternehmen bzw. von Einkauf und Verkauf wie in Handelsunternehmen ist nicht möglich.

Bilanzen von **Handwerksunternehmen** sind in den meisten Fällen zunächst durch kleinere Bilanzsummen gekennzeichnet. Typische Rechtsformen sind Einzelkaufmann, Personengesellschaft und Einmann-GmbH. Bei der Einmann-GmbH ist der Inhaber des Handwerksunternehmens einziger Gesellschafter (Eigentümer) und gleichzeitig Geschäftsführer (Manager). Das produzierende Handwerk hat Bilanzstrukturen, die eher mit industriellen Produktionsunternehmen vergleichbar sind. Bilanzstrukturen des Reparaturhandwerks ähneln dagegen eher den Bilanzstrukturen von Dienstleistungsunternehmen.

BEISPIEL:

Eine Brauerei vertreibt über ihren Auslieferungsdienst auch zugekaufte Waren (z. B. Softdrinks). Soll das Unternehmen mit Kennzahlenwerten der Braubranche oder dem Getränkehandel verglichen werden?

▶ **Stellen Sie fest, welche Branchenvergleichsdaten Ihr Ausbildungsbetrieb verwendet.**

▶ **Welcher Zusammenhang besteht zwischen Anlagenintensität und Abschreibungsaufwandsquote?**

DEFINITION:

Eine Dienstleistung ist jede einem anderen angebotene Tätigkeit oder Leistung, die im Wesentlichen immaterieller Natur ist und keine direkten Besitz- oder Eigentumsveränderungen mit sich bringt. Die Leistungserbringung kann auch mit einem materiellen Produkt verbunden sein.

ERLÄUTERUNG:

Aufgrund der Größenordung von Handwerksunternehmen besteht i. d. R. kein Zugang zum Kapitalmarkt. Die Aufnahme von vergleichsweise günstigem Fremdkapital über die Emission von Anleihen ist nur Großunternehmen möglich. Handwerksunternehmen finanzieren sich überwiegend über Bankkredite.

Strukturwissen

Branchenvergleiche	Zeitvergleiche der Kennzahlen eines Unternehmens werden durch Branchenvergleiche ergänzt. Dadurch kann die relative Stärke oder Schwäche im Vergleich zu Mitwettbewerbern festgestellt werden. Wegen der strukturellen Besonderheiten von Bilanzen von Industrie-, Handels-, Dienstleistungs- und Handwerksunternehmen ist auf die richtige Zuordnung zur Branche zu achten. Dies zeigt beispielhaft der Vergleich der Kapitalstrukturen von Unternehmen des verarbeitenden Gewerbes, des Baugewerbes sowie des Groß- und des Einzelhandels.

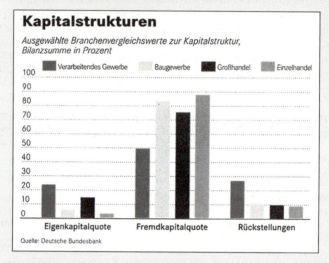

Bilanzgespräche	Über die Ergebnisse von ausgewerteten Jahresabschlüssen wird mit dem Unternehmen ein Gespräch geführt. Darin können weitergehende Fragestellungen, die sich aus der Jahresabschlussanalyse ergeben haben, geklärt werden. Dies dient zur Abrundung von Erkenntnissen über die wirtschaftliche Situation des Unternehmens und zur Nutzung von Cross-Selling-Chancen.

Art des Unternehmens	**Besonderheiten in der Bilanz**
Industrieunternehmen	Hohe Bedeutung des Anlagevermögens und damit hohe Anlagenintensität
Handelsunternehmen	Hohe Bedeutung des Umlaufvermögens (Warenlager, aber keine unfertigen oder fertigen Erzeugnisse)
Dienstleistungsunternehmen	Keine Vorräte im Umlaufvermögen; Leistungserstellung und Lieferung fallen zeitlich zusammen
Handwerksunternehmen	Je nach Branche unterschiedliche Bedeutung von Anlage- und Umlaufvermögen

Aufgaben

Der folgende Jahresabschluss (Bilanz und Gewinn- und Verlustrechnung) der Hoch- und Tiefbau GmbH soll ausgewertet werden.

a) Erstellen Sie eine Strukturbilanz und eine Struktur-Gewinn- und Verlustrechnung. Nutzen Sie dazu das Schema im Anhang. Gehen Sie davon aus, dass alle Verbindlichkeiten kurzfristig sind und dass die Eröffnungsbilanz des Vorjahres einen Bestand an Pensionsrückstellungen von 50,1 Tsd. Euro auswies. Ein Gewinnverwendungsbeschluss liegt nicht vor. Daher ist die Summe der ausschüttungsfähigen Erfolge dem kurzfristigen Fremdkapital zuzuordnen.

Eine Trennung der Posten „sonstige betriebliche Erträge" und „sonstige betriebliche Aufwendungen" in periodengerechte und periodenfremde Erträge und Aufwendungen ist nicht möglich. Ordnen Sie die Posten in der GuV-Analyse so zu, dass dem Vorsichtsprinzip der Jahresabschlussanalyse Rechnung getragen wird.

b) Ermitteln Sie die erforderlichen Kennzahlen.

c) Vergleichen Sie mithilfe der Kennzahlen die Bilanzstruktur des Bauhandwerkers mit der der Carsten Peters GmbH (siehe Lernfeld 9, Abschnitt 2.1).

Aktiva	Bilanz		
		Geschäftsjahr Euro	Vorjahr Tsd. Euro
A. Anlagevermögen			
I. Sachanlagen			
1. andere Anlagen, Betriebs- und Geschäftsausstattung		50 529,00	83,7
II. Finanzanlagen			
1. Wertpapiere des Anlagevermögens		550,00	0,3
B. Umlaufvermögen			
I. Vorräte			
1. Roh-, Hilfs- und Betriebsstoffe	28 645,10		
2. unfertige Bauten	1 497 836,00		
3. fertige Bauten	219 197,00		
4. geleistete Anzahlungen	113 684,21	1 859 362,31	1 926,7
II. Forderungen und sonstige Vermögensstände			
1. Forderungen aus Lieferungen und Leistungen	498 867,32		
2. Sonstige Vermögensgegenstände	197 164,35	696 031,67	835,7
III. Kassenbestand, Guthaben bei Kreditinstituten		254 049,29	336,2
C. Rechnungsabgrenzungsposten		18 500,80	9,4
		2 879 023,07	3 192,0

Bilanz			Passiva
		Geschäftsjahr Euro	Vorjahr Tsd. Euro
A. Eigenkapital			
I. Gezeichnetes Kapital	100 000,00		100,0
II. Gewinnvortrag	23 188,73		132,0
III. Jahresüberschuss	98 633,26	221 821,99	266,2
B. Rückstellungen			
1. Rückstellungen für Pensionen und ähnliche Verpflichtungen	71 397,00		59,9
2. Steuerrückstellungen	178 495,00		282,7
3. Sonstige Rückstellungen	273 172,00	523 064,00	311,6
C. Verbindlichkeiten			
1. Verbindlichkeiten gegenüber Kreditinstituten	58 080,47		152,5
2. Erhaltene Anzahlungen	1 685 071,95		1 394,6
3. Verbindlichkeiten aus Lieferungen und Leistungen	64 606,93		59.8
4. Sonstige Verbindlichkeiten	326 377,73	2 134 137,08	430,9
D. Rechnungsabgrenzungsposten		–,–	1,8
		2 879 023,07	3 192,0

Gewinn- und Verlustrechnung		
	Geschäftsjahr Euro	Vorjahr Tsd. Euro
Umsatzerlöse	3 299 898,76	2 629,0
Erhöhung des Bestandes an fertigen und unfertigen Erzeugnissen	+ 166 469,00	+ 703,7
Sonstige betriebliche Erträge	+ 93 991,96	+ 71,9
Materialaufwand	./. 1 377 042,22	./. 1 090,0
Personalaufwand	./. 1 541 129,82	./. 1 442,5
Abschreibungen auf Sachanlagen	./. 49 689,64	./. 50,5
Sonstige betriebliche Aufwendungen	./. 405 164,48	./. 395,1
Zinsen und ähnliche Erträge	+ 10 113,22	+ 1,4
Zinsen und ähnliche Aufwendungen	./. 11 704,17	./. 26,4
Ergebnis der gewöhnlichen Geschäftstätigkeit	185 742,61	401,5
Steuern vom Einkommen und Ertrag	./. 79 955,00	./. 124,5
Sonstige Steuern	./. 7 154,35	./. 10,9
Jahresüberschuss	98 633,26	266,1

a) Analysieren Sie die folgende Bilanz eines Motorenwerks.
b) Vergleichen Sie die Ergebnisse mit der Bilanz der Carsten Peters GmbH.
c) Beurteilen Sie die Aussagefähigkeit eines solchen Vergleichs.

Aktiva	Geschäftsjahr Tsd. Euro	Vorjahr Tsd. Euro
Anlagevermögen		
Immaterielle Werte	903	190
Sachanlagen	28 888	25 270
Finanzanlagen	7 592	6 611
Vermietete Vermögensgegenstände	17 715	13 824
	55 098	45 895
Umlaufvermögen		
Vorräte	15 124	13 078
Forderungen und Sonstige Vermögensgegenstände	51 502	43 344
Wertpapiere	3 500	3 244
Kassenbestand, Bundesbankguthaben und Guthaben bei Kreditinstituten	5 877	11 668
	76 003	71 334
Rechnungsabgrenzungsposten	170	124
Bilanzsumme	131 271	117 353
Passiva		
Eigenkapital		
Gezeichnetes Kapital	2 089	2 086
Kapitalrücklagen	8 361	8 360
Gewinnrücklagen	8 093	7 125
Bilanzgewinn	646	625
	19 189	18 196
Rückstellungen	42 697	40 984
Verbindlichkeiten	65 578	55 206
Rechnungsabgrenzungsposten	3 807	2 967
Bilanzsumme	131 271	117 353

Der Posten Rückstellungen besteht je zur Hälfte aus Pensionsrückstellungen und Steuerrückstellungen. Die Verbindlichkeiten haben zu 10 % (Vorjahr 15 %) eine Restlaufzeit von mehr als 5 Jahren. Ein Fünftel (Vorjahr: ein Viertel) wird innerhalb der nächsten 12 Monate zur Rückzahlung fällig.

 Stellen Sie tabellarisch Cross-Selling-Ansätze zusammen, die sich aus einer Jahresabschlussanalyse für eine Bank ergeben können.

 Erläutern Sie die Bedeutung von Branchenvergleichen.

Anhang zu Lernfeld 9, Abschnitt 2.1: Auswertung des Jahresabschlusses

1 Strukturbilanz Aktivseite

2 Strukturbilanz Passivseite

3 Struktur-GuV

4 Cashflow-Ermittlung

1 Strukturbilanz Aktivseite

Aktiva	GJ		VJ	
	Tsd. Euro	% der BS	Tsd. Euro	% der BS
Immaterielles Anlagevermögen				
Grundstücke und Gebäude				
Anlagen und Maschinen				
Betriebs- und Geschäftsausstattung				
Anzahlungen und Anlagen im Bau				
Sachanlagevermögen				
Beteiligungen				
Ausleihungen				
sonstige Finanzanlagen				
Finanzanlagevermögen				
SUMME ANLAGEVERMÖGEN				
Roh-, Hilfs- und Betriebsstoffe				
unfertige Erzeugnisse				
fertige Erzeugnisse, Waren				
geleistete Anzahlungen				
Vorräte				
Forderungen aus Lieferungen und Leistungen				
Wertpapiere				
sonstiges Umlaufvermögen				
Flüssige Mittel				
Übriges Umlaufvermögen				
SUMME UMLAUFVERMÖGEN				
BILANZSUMME		100,0 %		100,0 %

GJ = Geschäftsjahr, VJ = Vorjahr, BS= Bilanzsumme

2 Strukturbilanz Passivseite

Passiva	GJ		VJ	
	Tsd. Euro	% der BS	Tsd. Euro	% der BS
Gezeichnetes Kapital				
Rücklagen				
nicht ausgeschüttete Gewinne				
Eigenkapital				
Pensionsrückstellungen				
langfristige Bankverbindlichkeiten				
sonstige langfristige Verbindlichkeiten				
langfristiges Fremdkapital				
SUMME LANGFRISTIGES KAPITAL				
mittelfristige Rückstellungen				
mittelfristige Bankverbindlichkeiten				
sonstige mittelfristige Verbindlichkeiten				
mittelfristiges Fremdkapital				
kurzfristige Rückstellungen				
kurzfristige Bankverbindlichkeiten				
Verbindlichkeiten aus Lieferungen und Leistungen				
Erhaltene Anzahlungen				
Wechselverbindlichkeiten				
sonstige kurzfristige Verbindlichkeiten				
Gewinnausschüttungen				
kurzfristiges Fremdkapital				
BILANZSUMME		100,0 %		100,0 %

GJ = Geschäftsjahr, VJ = Vorjahr, BS= Bilanzsumme

3 Struktur-GuV

	GJ		VJ	
	Tsd. Euro	% der GL	Tsd. Euro	% der GL
Umsatzerlöse				
+/./. Bestandsveränderungen				
+ andere aktivierte Eigenleistungen				
= **Gesamtleistung**		100,0 %		100,0 %
./. Materialaufwand/Wareneinsatz				
= **Rohertrag**				
./. Personalaufwand				
./. Planmäßige Abschreibungen auf Anlagen				
./. Betriebssteuern				
./. sonstiger Betriebsaufwand				
+ sonstige periodengerechte Erträge				
= **Teilbetriebsergebnis**				
+ Zinserträge				
./. Zinsaufwand				
= **Betriebsergebnis**				
./. außerordentliche Abschreibungen				
+/./. außerordentliches Ergebnis				
+/./. Beteiligungsergebnis				
./. Steuern vom Einkommen und Ertrag				
+ übrige neutrale Erträge				
./. übrige neutrale Aufwendungen				
= **Jahresüberschuss/Jahresfehlbetrag**				
+ Gewinnvortrag				
./. Verlustvortrag				
./. Rücklagenzuführung				
+ Rücklagenentnahme				
= **Bilanzgewinn**				

GJ = Geschäftsjahr, VJ = Vorjahr, GL = Gesamtleistung

4 Cashflow-Ermittlung

	GJ		VJ	
	Tsd. Euro	% der GL	Tsd. Euro	% der GL
Betriebsergebnis				
+ Planmäßige Abschreibungen auf Anlagen*				
+ Erhöhung langfristiger Rückstellungen				
= **Cashflow (brutto)**				

GJ = Geschäftsjahr, VJ = Vorjahr, GL = Gesamtleistung
* Sachanlagen und immaterielle Anlagegüter

Kontenrahmen einer Kreditbank (Muster)

Klasse 1	Klasse 2	Klasse 3

Klasse 1

Barreserve, kurz und mittel-fristige Anlagen, Wertpapiere

10 Kassenbestand
100 Kasse
101 Sorten
102 Nebenkassen

11 Deutsche Bundesbank
110 Bundesbank

12 (nicht besetzt)

13 Zentralinstitute
130 Girozentrale (bei Sparkassen)
131 Zentralbank
(bei Kreditgenossenschaften)

14 Devisen- und Edelmetalle
140 Euro-Devisen
141 Edelmetalle

15 Zins- und Dividendenscheine
150 Zins- und Dividendenscheine
(Kupons)

16 Inkassopapiere
160 Inkassopapiere (Inland)
161 Inkasso-Dokumente (Export)
162 Inkasso-Dokumente (Import)

17 Wechsel
170 Diskontwechsel

18 Geldmarktpapiere
180 Geldmarktpapiere

19 Wertpapiere
190 Eigene Wertpapiere
(Anlagevermögen)
191 Eigene Wertpapiere
(Handelsbestand)
192 Eigene Wertpapiere
(Liquiditätsreserve)

Klasse 2

Forderungen und Verbindlichkeiten

20 Kreditinstitute
200 Banken-KK
201 Banken-Akkreditivforderungen
202 Befristete Forderungen-Banken
203 Befristete Verbindlichkeiten-Banken

21 Kontokorrent-Kunden
210 Kunden-KK
211 Kunden-Kreditsonderkonto
212 Kunden-Trattenforderungen
213 Konto pro Diverse (CpD)

22 Spareinlagen, Termineinlagen
220 Spareinlagen mit vereinbarter
Kündigungsfrist von 3 Monaten
221 Spareinlagen mit vereinbarter Kündigungsfrist von mehr als 3 Monaten
222 Termineinlagen

23 Verbriefte Verbindlichkeiten
230 Spar(kassen)briefe
231 Spar(kassen)obligationen
232 Begebene Schuldverschreibungen
233 Begebene Geldmarktpapiere
234 Eigene Akzepte
235 Solawechsel

24 Retouren
240 Rückgaben von Inkassopapieren

25 Darlehen
250 Ratenkredite
251 Realkredite

26 Eigene Ziehungen
260 Im Umlauf befindliche Bundesbank-
Schecks
261 Kommissionsweise verkaufte
Euro-Reiseschecks

**27 Sonstige Vermögensgegenstände und
sonstige Verbindlichkeiten**
270 Sonstige Forderungen
271 Vorsteuer
272 Sonstige Bestände
273 Umsatzsteuer
274 Sonstige Verbindlichkeiten

**28 Eventualforderungen und Eventual-
verbindlichkeiten**
280 Kunden-Avalforderungen
281 Avalverbindlichkeiten
282 Kunden-Akkreditivforderungen
283 Akkreditivverpflichtungen

Klasse 3

Sonstige Vermögens- und Schuldenwerte

**30 Beteiligungen und Anteile an
verbundenen Unternehmen**
300 Beteiligungen
301 Anteile an verbundenen
Unternehmen

31 Treuhandgeschäfte
310 Treuhandkredite Aktiva
311 Treuhandkredite Passiva

32 Ausgleichsforderungen
320 Ausgleichsforderungen

33 Sachanlagen
330 Grundstücke und Gebäude
331 Betriebs- und Geschäftsausstattung
332 Immaterielle Anlagewerte
333 Geringwertige Wirtschaftsgüter

Klasse 4

*Verrechnungs- und
Zwischenkonten*

40 Zahlungsverkehrs-Verrechnung
400 Filiale-Verrechnung
401 Zentrale-Verrechnung

**41 Zwischenkonten im
Wertpapiergeschäft**
410 Wertpapierumsätze
411 Courtagezwischenkonto

**42 Zwischenkonten im
Auslandsgeschäft**
420 Courtagezwischenkonto
421 Export-Dokumente-Einreicher
422 Export-Dokumente-Versand

Klasse 5	Klasse 6	Klasse 7	Klasse 9
Erträge aus der normalen Geschäftstätigkeit	***Aufwendungen aus der normalen Geschäftstätigkeit***	***Außerordentliches Ergebnis***	***Kapital, Privat, Rückstellungen, Abschlusskonten***
50 Zinserträge 500 Zinserträge aus Kreditgeschäften 501 Diskonterträge 502 Zinserträge aus Wertpapieren	**60 Zinsaufwendungen** 600 Zinsaufwendungen **61 Provisions- und ähnliche Aufwendungen** 610 Provisionsaufwendungen 611 Courtageaufwendungen	**70 Außerordentliche Erträge** 700 Außerordentliche Erträge **71 Außerordentliche Aufwendungen** 710 Außerordentliche Aufwendungen	**90 Nominalkapital** 900 Gezeichnetes Kapital **91 Hafteinlagen nach § 10 Abs. 4 KWG** **92 Genussrechtskapital**
51 Laufende Erträge aus Aktien und anderen nicht festverzinslichen Wertpapieren sowie aus Beteiligungen 510 Dividendenerträge 511 Beteiligungserträge	**62 Aufwendungen aus Finanzgeschäften** 620 Kursverluste aus Wertpapieren 621 Kursverluste aus Devisen 622 Kursverluste aus Edelmetallen		**93 Sonderposten mit Rücklageanteil** **94 Rücklagen** 940 Kapitalrücklage 941 Gesetzliche Gewinnrücklagen 942 Andere Gewinnrücklagen
52 Provisionserträge 520 Provisionserträge **53 Erträge aus Finanzgeschäften** 530 Kursgewinne aus Wertpapieren 531 Kursgewinne aus Devisen 532 Kursgewinne aus Edelmetallen	**63 Personalaufwand** 630 Löhne und Gehälter 631 Sozialabgaben 622 Aufwendungen für Altersversorgung	**Klasse 8** ***Steuern vom Einkommen und Ertrag*** **80 Steuern vom Einkommen und Ertrag** 800 Ertragsteuern	**95 Rückstellungen** 950 Pensionsrückstellungen 951 Steuerrückstellungen 962 Andere Rückstellungen
54 Spesen- und Gebührenersatz 540 Spesen- und Gebührenersatz	**64 Andere Verwaltungsaufwendungen** 640 Aufwendungen für Sachanlagen *(Aufwendungen für Grundstücke, Betriebs- und Geschäftsausstattung und Fuhrpark)* 641 Mietaufwendungen 642 Büroaufwendungen 643 Allgemeine Verwaltungsaufwendungen 644 Werbungs- und Reiseaufwendungen 645 Pflichtbeiträge, Gebühren 646 Prüfungs- und Abschlussaufwendungen *(Aufwendungen für Pflichtprüfungen und für den Jahresabschluss)*		**96 Wertberichtigungen** 960 Einzelwertberichtigungen auf Sachanlagen 961 Einzelwertberichtigungen auf Forderungen 962 Einzelwertberichtigungen auf Wertpapiere 963 Unversteuerte Pauschalwertberichtigungen 964 Vorsorgewertberichtigungen für allgemeine Bankrisiken
55 Erträge aus Zuschreibungen sowie der Auflösung von Wertberichtigungen und Rückstellungen 550 Erträge aus dem Eingang abgeschriebener Forderungen 551 Erträge aus der Auflösung von Wertberichtigungen 552 Erträge aus der Auflösung von Rückstellungen 553 Erträge aus Zuschreibungen zu Forderungen und Wertpapieren 554 Erträge aus der Auflösung offener Vorsorgereserven		***Beispiele für Konten in der Fremdwährungsbuchführung*** (mit Zusatz USD, YEN, GBP usw.) FW-Verrechnung FW-Kundenkontokorrent FW-Bankenkontokorrent FW-Zinserträge FW-Provisionserträge FW-Zinsaufwendungen FW-Provisionsaufwendungen	**97 Fonds für allgemeine Bankrisiken** **98 Abschlusskonten** 980 Aktive Rechnungsabgrenzung 981 Passive Rechnungsabgrenzung 982 Gewinn- und Verlustkonto 983 Bilanzgewinn 984 Bilanzverlust 985 Gewinnverteilungskonto 986 Gewinnvortrag 987 Verlustvortrag 988 Eröffnungsbilanzkonto 999 Schlussbilanzkonto
56 Sonstige betriebliche Erträge 560 Mieterträge 561 Sonstige betriebliche Erträge *Die Kontengruppe 55 ist notwendig, um Übereinstimmung bei der Erfassung von Erträgen aus der Auflösung von Wertberichtigungen und Rückstellungen herzustellen. Andernfalls wäre eine Erfassung als „Sonstige betriebliche Erträge" die Folge.*	**65 Kostensteuern** 650 Kostensteuern *(Grundsteuer, Vermögensteuer, Kfz-Steuer)* **66 Abschreibungen** 660 Abschreibungen auf Sachanlagen 661 Abschreibungen auf Forderungen 662 Abschreibungen auf Wertpapiere **67 Einstellung in den Fonds für allgemeine Bankrisiken** 670 Einstellung in den Fonds für allgemeine Bankrisiken **68 Sonstige betriebliche Aufwendungen** 680 Sonstige betriebliche Aufwendungen		

Kontenplan der ZPA

Klasse 1	Klasse 2	Klasse 3	Klasse 4
10 Kasse	20 Banken-KK	30 Betriebs- und Geschäftsausstattung	40 Umsatzsteuer
11 Bundesbank	21 Kunden-KK	31 Grundstücke und Gebäude	41 Vorsteuer
12 Eigene Wertpapiere	22 Spareinlagen	32 Sammelposten (Geringwertige Wirtschaftsgüter)	
	23 Termineinlagen		
	24 Begebene Schuldverschreibungen		

Klasse 5	Klasse 6	Klasse 7
50 Zinserträge aus Kreditgeschäften	60 Zinsaufwendungen	70 Gezeichnetes Kapital
51 Zinserträge aus Wertpapieren	61 Provisionsaufwendungen	71 Kapitalrücklage
52 Provisionserträge	62 Kursverluste aus Wertpapieren	72 Gesetzliche Gewinnrücklagen
53 Kursgewinne aus Wertpapieren	63 Andere Verwaltungsaufwendungen	73 Andere Gewinnrücklagen
54 Erträge aus Zuschreibungen zu Wertpapieren	64 Einstellungen in den Fonds für allgemeine Bankrisiken	74 Rückstellungen
55 Erträge aus Zuschreibungen zu Forderungen	65 Abschreibungen auf Sachanlagen	75 Einzelwertberichtigungen auf Forderungen
56 Sonstige betriebliche Erträge	66 Abschreibungen auf Wertpapiere	76 Pauschalwertberichtigungen auf Forderungen
	67 Abschreibungen auf Forderungen	77 Fonds für allgemeine Bankrisiken
	68 Sonstige betriebliche Aufwendungen	78 Gewinn- und Verlustkonto
		79 Bilanzgewinn/ -verlust

Sachwortverzeichnis